刑事法研究

第二卷
国际刑法学

张智辉 著

中国检察出版社

作者简介

张智辉,男,陕西武功人,1954年10月生。法学博士,国务院政府特殊津贴享有者,首批"当代中国法学名家"。现任湖南大学教授、博士生导师,最高人民检察院咨询委员,国家检察官学院教授。兼任国际刑法学协会中国分会副主席、中国廉政法制研究会副会长、中国刑法学研究会学术委员会副主任。曾任最高人民检察院检察理论研究所所长,中国检察官协会秘书长,中国检察学研究会秘书长,最高人民检察院司法体制改革领导小组办公室主任。

自　序

　　人到了老年往往会怀旧，喜欢回忆曾经的辉煌和趣事。一个学者，当学术思想枯竭的时候，也会追溯以往的成就，一方面是总结学术研究之路，宽慰自己的一生没有白过；另一方面也是给自己的家人、同行、亲友及弟子一个交待，留下一生劳苦的瞬间喜悦。

　　我与大多学者有所不同。一方面，我不是一个专门从事学术研究或教学的学者。自1984年从中国人民大学刑法专业硕士研究生毕业之后，在中国人民公安大学学报编辑部（后来并入中国人民公安大学出版社）当编辑、编辑部主任、副总编辑，到1996年调入最高人民检察院检察理论研究所（亦称"中国检察理论研究所"）担任编译部主任、《检察理论研究》副主编、《中国刑事法杂志》主编（2012年卸任），我一直从事"为他人作嫁衣裳"的工作。同时，在最高人民检察院检察理论研究所和司法体制改革领导小组办公室工作期间，我的"主业"是科研管理和行政管理工作。直到2014年退休以后被湖南大学聘为全职教授，才算专门从事法学教学研究工作。所以，我的理论研究，在很大程度上是一种业余爱好。另一方面，我虽然学的是刑法，但研究的范围并不全是刑法。围绕着刑法学的研究，我把自己的视野扩展到与刑法学密切相关的国际刑法学、犯罪学、犯罪被害者学、刑事诉讼法学、检察学、司法制度及其改革等多个领域，形成刑事一体化的研究领域。《刑事法研究》中所汇集的就是我这些年来围绕刑事法学进行研究所取得的部分成果。这些成果，对于现今的学者是否有参考意义我不敢断言，但对我个人而言，毕竟是值得珍视的。

(一) 关于刑法学的研究

在大学读书时，我虽然每一门功课都是优秀，但自己还是比较喜欢刑法，觉得刑法是惩恶扬善、伸张正义的法律。大学三年级选择学年论文时，我写了"论过失犯罪"，其中第二部分以"试论过失犯罪负刑事责任的理论根据"为题发表在《法学研究》1982年第2期。1982年2月，我提前毕业，考入中国人民大学，跟随高铭暄、王作富教授攻读刑法专业硕士学位。硕士学位论文《我国刑法中的流氓罪》，由群众出版社1988年出版（1991年获北京市高等学校第二届哲学社会科学中青年优秀成果奖），成为新中国成立以来第一部以单个罪名为题出版的学术著作。1999年，我重返中国人民大学跟随高铭暄教授攻读博士学位。博士学位论文《刑法理性论》（2003年获中国人民大学优秀博士学位论文，2004年获教育部和国务院学位委员会颁发的"全国优秀博士学位论文"），由北京大学出版社2006年出版。

在刑法学研究中，我针对当时刑法立法中"宜粗不宜细"的指导思想，首次提出了刑法立法的明确性原则（1991年）；针对不同地方的不同定罪标准，首次提出了刑法的公平观（1994年）；针对刑法适用中存在的问题，把刑事司法引入刑法学研究的视野，首次指出了刑事司法中的地方化、行政化、大众化对刑法适用的负面影响（2002年）；作为大陆学者，首

自 序

次在我国台湾地区出版了"学术著作·大专用书"之《刑事责任比较研究》（1996年）。

作为一个业余的刑法学者，我未能参加每年的全国刑法学年会，但在30年来的历届刑法学年会优秀论文评选中，我都获得了一等奖或特别奖，成为最幸运的学者：《论刑法的公平观》一文，2000年获中国法学会"海南杯世纪优秀论文"（中国法学会刑法学研究会1984—1999优秀年会论文）一等奖；《论贿赂外国公职人员罪》一文，2006年获中国法学会"西湖杯优秀论文"（中国法学会刑法学研究会2000—2005优秀年会论文）一等奖；《社会危害性的刑法价值》（与我的博士研究生陈伟强联合撰写）一文，2011年获中国法学会"马克昌杯优秀刑法论文"（中国刑法学研究会2006—2010优秀年会论文）特别奖；《网络犯罪：传统刑法面临的挑战》一文，2016年获中国刑法学研究会（2011—2016）优秀年会论文一等奖；《刑事责任通论》一书（警官教育出版社1995年版），1999年获全国检察机关精神文明建设"金鼎奖"图书奖一等奖第一名；《刑法改革的价值取向》一文（载《中国法学》2002年第6期），2003年获全国检察机关精神文明建设"金鼎奖"文章类一等奖第一名，并被收入《改革开放三十年刑法学研究精品集锦》（中国法制出版社2008年版）。

此外，我有幸参与了高铭暄教授主编的系统总结新中国成立30年刑法学研究的代表作《新中国刑法学研究综述》（河南人民出版社1988年版）和高铭暄、王作富教授联合主编的代表新中国成立30年来刑法学研究最高水平的著作《新中国刑法的理论与实践》（河北人民出版社1989年版）的撰写；参与了中国与法国刑法合作研究项目（该项目的研究成果以中文版三卷本在中国人民公安大学出版社出版、法文版四卷本在法国巴黎第一大学出版社出版);参与了香港城市大学与中国人民大学为香港回归所做的香港法律中文文本的编撰工作。我还有幸作为最高人民检察院刑法修改研究小组成员参加了1997年刑法修改的相关工作。这些学术活动对我研究刑法问题提供了极好的机会和很大的帮助。

(二) 关于国际刑法学的研究

我在1983年就与大学同学刘亚平携手翻译了巴西奥尼代表国际刑法学协会起草的《国际刑法及国际刑法典草案》(译稿全文经夏登俊、杨杜芳老师审校,西南政法学院《国外法学参考》以1983年增刊的形式印发),部分内容收录在群众出版社1985年出版的《国际刑法与国际犯罪》和四川人民出版社1993年出版的《国际刑法概论》等著作中,是中国大陆最早出现的国际刑法学译文。1991年应邀撰写了《中华法学大辞书·刑法学卷》中国际刑法部分的全部词条。1993年出版了《国际刑法通论》(中国政法大学出版社1993年版),1999年出版了《国际刑法通论》(增补版),2009年出版了《国际刑法通论》(第三版)。20多年来,该书一直被许多大学作为刑法专业研究生的教材或必读参考书。

我从1990年加入国际刑法学协会以来,参加了一系列国际刑法学方面的会议、论坛及活动。1995年起担任国际刑法学协会中国分会秘书长,2002年起担任国际刑法学协会中国分会副主席,2009—2014年担任国际刑法学协会理事。2002年起草了中国分会向国际刑法学协会提交的国别报告《国际经济交往中的贿赂犯罪及相关犯罪》;2003年带领中国法学会代表团出席了在东京大学召开的第17届国际刑法大会专题预备会;

2004年全程参与了国际刑法学协会第17届世界刑法大会的筹备和会务工作,并担任了第三单元大会讨论的联合主持人;2005年参加了在北京召开的第22届世界法律大会,并作为中方代表作了题为"惩治腐败犯罪应加强国际合作"的大会发言。这些活动,促使我不得不关注国际刑法问题,也为我研究国际刑法提供了素材和灵感。

(三) 关于刑事诉讼法学的研究

尽管在大学读书时就学习过刑事诉讼法学,但对这门科学只是初步的了解。1984年研究生毕业后分配到中国人民公安大学学报编辑部继而并入出版社工作期间,因为负责法学方面的稿件,我开始学习有关刑事诉讼法学方面的知识。在检察院工作期间,经常接触到刑事诉讼方面的问题,于是便开始了对刑事诉讼法学的研究。特别是2000年,我带领最高人民检察院代表团应香港保安局的邀请赴香港对内地与香港的刑事诉讼制度进行比较研究,为香港市民撰写了宣传内地刑事诉讼制度的小册子,这件事进一步激发了我研究刑事诉讼法学的兴趣。2000年,我协助主编完成了国家哲学社会科学研究规划基金资助的重点课题"庭审改革后的公诉问题研究",并撰写了该项目的结题报告;2003年主持召开了"预防超期羁押与人权保障研讨会";2006年主持完成了国家哲学社会科学基金项目"刑事非法证据排除规则研究";2009年主持完成了福特基金会资助项目"辩诉交易制度比较研究";2011年主持完成了丹麦人权研究中心资助项目"附条件不起诉制度研究"。此外,我还主持完成了"认罪案件程序改革研究""强制措施立法完善""简易程序改革研究"等刑事诉讼方面重要课题的研究。作为最高人民检察院刑事诉讼法修改研究的职能部门负责人,我有幸参与了2012年刑事诉讼法修改后期的部门协商工作。

在刑事诉讼法学研究领域,我不仅是一个业余研究人员,而且是一个后学者,对刑事诉讼的许多问题都缺乏深入的研究。值得一提的是,2001年最高人民检察院检察理论研究所最早把"量刑建议"作为研究课题,我有幸主持召开了检察机关量刑建议研讨会,先后在《检察日报》和《法制日报》上组织发表了两版有关量刑建议的文章,促进了检察机关量刑建议工作的开展和最高人民法院对量刑问题的重视。从2007年起,检察理论研究所就协同全国8个地方的公检法机关开展认罪案件从简从轻处理试点研究,2009年在我主持召开的"认罪案件程序改革试点"总结会议上,我提出的对犯罪嫌疑人认罪的案件在程序上应当从简、在实体上应当从轻的观点,受到与会的全国人大法工委刑法室的领导和其他刑事诉讼法学界专家们的认同。这个观点与2012年修改后的刑事诉讼法关于简易程序的规定高度契合,即对认罪案件,除特殊情况外,都可以适用简易程序审理,对不认罪案件适用普通程序审理。此外,我在1999年就提出了刑事司法的理性原则,2005年提出了检察机关有权介入死刑复核程序的观点,2006年提出了"二审全面审理制度应当废除"的观点等,都受到了有关领导机关和刑事诉讼法学界的广泛关注。

(四)关于犯罪学与犯罪被害者学的研究

在读研究生期间,我翻译了《经济犯罪学》(载北京政法学院1984年编印的《犯罪学概论》),和同届研究生一起翻译了《新犯罪学》(华夏出版社1989年版)。此后,我出版了个人著作《犯罪学》(四川人民出版社1993年版)。1992年,中国犯罪学研究会成立时,我有幸成为第一批理事(以后担任常务理事,后来由于工作繁忙未能坚持参加研究会的活动而脱离了中国犯罪学研究会)。我参与了《美国犯罪预防的理论实践与评价》(中国人民公安大学出版社1993年版)的翻译,参与了《中国劳改法学百科辞书》(中国人民公安大学出版社1993年版)犯罪学部分的联合主编和部分词条的撰写,参与了《犯罪学大辞书》(甘肃人民出版社1995年版)部分犯罪被害者词条的撰写,参与了国家哲学社会科学"九五"规划重点科研项目《中国预防犯罪通鉴》(人民法院出版社1998年版)第一编的联合主编和部分章节的撰稿。1997年参与了司法部法学教材编辑部编审的高等学校法学教材《犯罪学》(法律出版社1997年第一版)的撰写,该书此后曾多次再版,成为普通高等教育"十一五"国家级规划教材和教育部普通高等教育精品教材。2009年,我与国务院法制办副主任张穹联合主持完成了国家社会科学基金重点项目"权力制约与反腐倡廉",提出了制度链理论。

在犯罪学与犯罪被害者学的研究方面,我首次提出了犯罪的制度性原因;首次把日本学者宫泽浩一的《犯罪被害者学》三卷本编译成中文;针对国内学者多数运用第二、第三手资料研究西方犯罪学的状况,邀请从国外留学回国的学者,首次运用不同国家的第一手资料共同编写了《比较犯罪学》;首次提出了治安预防、技术预防、刑罚预防三位一体的犯罪预防思路。

(五)关于检察学的研究

我调入最高人民检察院检察理论研究所(原称"中国检察理论研究所")工作后,研究重心转向了检察学的研究。特别是在我主持检察理论研究所工作期间,我力主检察机关的研究机构要把研究检察理论作为自己的中心工作,并身体力行地带领研究人员从事检察理论研究。幸运的是,这期间的三任检察长和主管领导都非常重视检察理论研究,最高人民检察院还专门下发了《关于加强检察理论研究的决定》。据此,我主持筹备了12届全国检察理论研究年会(2000—2011年),主编了《中国检察》(1—20卷),创办了《中国检察论坛》,先后主持完成了加拿大刑法改革与刑事政策国际中心资助项目"检察官作用与准则比较研究"(2001年)、最高人民检察院重点研究课题"检察改革宏观问题研究"(2004年)、国家社会科学基金重点项目"检察权优化配置研究"(2014年)等课题,主持编写了最高人民检察院教材编审委员会审定的《拟任检察官培训教程》(2004年),与朱孝清副检察长联合主编了《检察学》。我独立撰写的《检察权研究》(中国检察出版社2007年版)于2008年获得了最高人民检察院2007年度检察基础理论研究优秀成果特等奖,同年获得了中国法学会首次评审的"中国法学优秀成果奖"三等奖。此外,我主持了《法制日报》"检察话语"专栏52期(2004—2005年)。

在检察学研究领域,我重点论证了中国把检察机关作为国家的法律监督机关来建设的历史必然性和现实合理性,论证了法律监督的基本内涵及其与其他类型监督的异同,论证了检察权的基本构造和运行机制,提出了检察权优化配置的指标体系。

(六)关于司法改革的研究

1997年党的十五大报告提出司法改革的任务之后,我与国内的多数学者一样,对中国的司法制度及其改革投入了较大的热情,一直关注司法改革的进程,并就司法改革中的问题进行

自　序

研究。2000年，在与刘立宪联合主编的《司法改革热点问题》一书中，我提出了把理想与现实结合起来，理性地对待司法改革的观点。同年，我在《检察日报》上分期介绍了法国、澳大利亚、日本、德国的司法改革，希望借鉴国外司法改革的经验，冷静地思考和对待中国司法制度与司法实践中存在的问题。由于工作原因，我对司法改革的研究重点在检察制度的改革方面，先后提出了检察改革的宏观目标和切入点。特别是2012年担任最高人民检察院司法体制改革领导小组办公室主任以后，我有幸参与了第四轮司法体制改革的顶层设计，并主持完成了司法部重点课题"司法体制改革问题研究"（2014年）和国家哲学社会科学基金重点项目"优化司法职权配置研究"（2018年），就司法体制改革中的一些重大问题提出了自己的看法。

马克思说过"人是最名副其实的社会动物"。[1]人的一生，都与他所处的社会有着千丝万缕的联系，既离不开前人所创造的物质财富和精神文明而独自生存，也不能摆脱社会环境的羁绊如天马行空。一个人的学术道路和学术思想总是不可避免地印着他所处时代的烙印。我们这一代人处在新旧交替的改革年代，我们的学术研究无论在内容上还是在深度上都难以避免地带有这个时代的特殊性和局限性。就个人而言，我是在农村长大的孩子，骨子里有着吃苦耐劳的精神，从不吝惜自己的体力和智力，但是学术上的每一个成就，一方面离不开部队的锤炼、老师的教诲、领导的要求、同学同事的帮助、家人的支持，另一方面离不开改革开放的时代所提出的研究课题、所提

---

[1]《马克思恩格斯全集》（第12卷），人民出版社1962年版，第734页。

供的学术环境,以及研究空间供给的学术资源。加之我本人又是在工作与生活的夹缝中进行学术研究的,难以进行深入的思索和系统的考证。在个人的学术生涯中,我虽然奉行刑事一体化的思路,倡导理性地对待犯罪问题,力图多视角地研究犯罪及其对策,但仍未能把这些方面有机地结合为一个整体,所研究的成果也未必都是自己的理想之作。但它毕竟是时代的产物,是自我思考的成果。诚望《刑事法研究》能给后来的学者提供一些研究的线索和批判的笑料。

需要说明的是,为了反映研究的历史足迹,《刑事法研究》中收集的文章基本保留了发表时的原貌,只是为了减少重复,对个别文章作了删节。原文中引用的法律条文,也是以当时有效的法律为蓝本。由此给阅读带来的不便,敬请读者见谅。

张智辉

2019年9月12日于北京广泉小区

目 录

国际化与刑法 ……………………………………（ 1 ）
 一、人类活动的国际化 ……………………………（ 1 ）
 二、国际化带来的犯罪变化 ………………………（ 2 ）
 三、国际化引起的刑法变革 ………………………（ 4 ）
 四、确立刑法国际化原则的必要性 ………………（ 8 ）
 五、刑法国际化原则的基本内涵 …………………（ 14 ）
 六、刑法国际化原则的实施途径 …………………（ 19 ）

试论国际刑法规范在国内刑法中的确认和体现 …………（ 21 ）
 一、国际刑法规范应体现在国内刑法中 …………（ 21 ）
 二、国际刑法实体规范在中国刑法中的体现 ………（ 25 ）
 三、中国刑法修改中与国际刑法有关问题的
   立法建议 ………………………………………（ 30 ）

国际刑法的国内立法研究 ……………………………（ 40 ）
 一、国际刑法国内立法的必要性 …………………（ 40 ）
 二、国际刑法国内立法的主要内容 ………………（ 43 ）

三、国际刑法国内立法的基本途径…………………………（ 48 ）

国际刑法的基本问题………………………………………（ 53 ）
　　一、关于国际刑法的概念……………………………………（ 53 ）
　　二、关于国际刑法的渊源……………………………………（ 63 ）
　　三、关于国际犯罪问题………………………………………（ 68 ）
　　四、关于国际犯罪的刑事责任………………………………（ 86 ）
　　五、关于国际刑事管辖问题…………………………………（ 93 ）
　　六、国际刑事合作……………………………………………（103）
　　七、引渡问题…………………………………………………（113）
　　八、国际刑事司法协助………………………………………（120）

论国际刑法中的普遍管辖原则……………………………（126）
　　一、普遍管辖原则的形成与发展及基本内容………………（126）
　　二、普遍管辖与国家主权……………………………………（130）
　　三、普遍管辖原则与其他管辖原则的关系…………………（134）
　　四、普遍管辖原则的国际实践………………………………（138）

论国际刑事法院的管辖权…………………………………（141）
　　一、确立国际刑事管辖的历史背景…………………………（142）
　　二、关于国际刑事法院管辖的范围…………………………（145）
　　三、国际刑事法院管辖权的行使……………………………（157）
　　四、对国际刑事法院管辖权的异议及其解决方式
　　　　…………………………………………………………（160）
　　五、国际刑事法院行使管辖权的法律原则…………………（161）

目 录

论国际刑事法院的管辖权与国家刑事管辖权的关系……（166）
    一、国际刑事法院管辖范围的有限性…………………（166）
    二、国际刑事法院行使管辖权的条件限制……………（168）
    三、缔约国的义务………………………………………（174）
    四、缔约国行使刑事管辖权的主动性…………………（175）

国际刑事法院的检察官………………………………………（179）
    一、检察官的独立性……………………………………（179）
    二、检察官的职权………………………………………（183）
    三、检察官行使职权的制约机制………………………（192）

引渡问题研究…………………………………………………（199）
    一、引渡的概念与特征…………………………………（199）
    二、引渡的提出与根据…………………………………（203）
    三、引渡的一般原则……………………………………（206）
    四、引渡的接受与拒绝…………………………………（222）
    五、我国的引渡问题……………………………………（225）

国际刑事司法协助的新发展…………………………………（246）
    一、刑事司法协助的概念进一步明确…………………（246）
    二、刑事司法协助的范围进一步扩大…………………（247）
    三、司法协助的限制性条款进一步减少………………（251）
    四、司法协助的程序进一步具体………………………（255）

区际刑事司法协助的理性基础………………………………（258）
    一、中国区际刑事司法协助的基础……………………（259）

二、区际刑事司法协助的目的性……………………（260）
　　三、区际刑事司法协助的有效性……………………（267）

国际经济交往中的腐败犯罪
　　——来自中国的报告………………………………（269）
　　一、腐败犯罪的范围界定……………………………（270）
　　二、中国关于惩治腐败犯罪的立法…………………（271）
　　三、中国惩治腐败犯罪的情况………………………（276）
　　四、中国跨国性贿赂犯罪的立法现状、立法建议
　　　　以及需要研究的问题……………………………（279）
　　五、国际经济交往中腐败犯罪的预防………………（299）
　　六、国际协作打击国际经济交往中的腐败犯罪……（302）

国际经济交往中的腐败及其相关犯罪…………………（309）
　　一、惩治国际经济交往中的腐败犯罪的重要性……（309）
　　二、中国关于惩治腐败犯罪的刑事立法……………（312）
　　三、中国惩治腐败犯罪的实践………………………（316）
　　四、完善惩治腐败犯罪法律机制的建议……………（319）

惩治腐败犯罪应加强国际刑事司法合作………………（326）
　　一、国际公约关于腐败犯罪的规定…………………（327）
　　二、建立惩治腐败犯罪国际合作机制的必要性……（330）
　　三、惩治腐败犯罪国际合作的主要形式……………（332）
　　四、加强惩治腐败犯罪国际刑事合作的建议………（336）

打击腐败犯罪的国际合作………………………………（339）
　　一、关于腐败犯罪的定义……………………………（339）

目 录

  二、关于腐败犯罪的管辖问题……………………（340）
  三、关于腐败犯罪所得或财产的没收……………（343）
  四、关于没收赃款的国际合作……………………（345）
  五、关于没收的犯罪所得或财产的处置…………（349）

反腐败犯罪的国际刑事司法合作……………………（352）
  一、惩治腐败犯罪国际刑事司法合作的有关规定
    …………………………………………………（352）
  二、惩治腐败犯罪国际刑事司法合作实践的障碍
    和问题……………………………………………（357）
  三、加强惩治腐败犯罪国际刑事司法合作的建议
    …………………………………………………（361）

反腐败公约在中国的实施……………………………（365）
  一、加入《联合国反腐败公约》的意义…………（365）
  二、中国实施反腐败公约的法律基础……………（367）
  三、实施反腐败公约需要解决的问题……………（369）

《联合国反腐败公约》与中国贿赂犯罪的立法完善……（375）
  一、《联合国反腐败公约》产生的背景…………（375）
  二、中国刑法中有关贿赂犯罪的立法和《联合国
    反腐败公约》的契合与冲突……………………（379）
  三、完善贿赂犯罪立法的建议……………………（393）

论贿赂外国公职人员罪………………………………（401）
  一、国际社会联合禁止贿赂外国公职人员行为的
    努力………………………………………………（401）

二、贿赂外国公职人员罪的构成要素…………………（406）
　　三、中国刑法如何应对贿赂外国公职人员罪………（414）

预防和引渡外逃贪官的理论思考……………………………（419）
　　一、建立预防机制，防止贪官外逃…………………（419）
　　二、加强国际合作，有效追缉外逃贪官……………（427）
　　三、预防重于引渡……………………………………（432）

战犯审判的理念与启示…………………………………………（434）
　　一、审判战犯的国际实践……………………………（434）
　　二、审判战犯的理论根据……………………………（439）
　　三、审判战犯面临的问题与启示……………………（444）

附录：有关国际刑法学的成果索引……………………………（446）

国际化与刑法

国际化是现代社会的发展趋势。国际化引起跨国性犯罪的日益增多,给传统刑法提出了严峻的挑战。应对这种挑战,是刑法发展的必然选择。

一、人类活动的国际化

现代社会的发展使人们的社会活动明显地出现了国际化的趋势。这种国际化的趋势突出地表现在以下几个方面:

(一)人员的国际化流动

现代社会为人员的流动提供了便捷的交通工具。一个人,昨天还在北美洲出席酒会,今天就可能出现在首尔的会议室里。互免签证的协议,更为人们跨越国边境的活动提供了便利。人们可以按照自己的安排跨洋过海,出入他国。经济上的富裕,也为人们在更大空间活动提供了财政上的保障。所有这些,都使人们的活动空间不再严格地局限在一个国家的领域之内,而随时可以从事跨国性的活动,以致人员的流动越来越呈现出国际化的态势。

(二)经济的国际化市场

市场经济的发展使经济主体的贸易活动早就打破了国边境

的限制。世界贸易组织在世界各国的经济贸易中发挥了极为重要的作用，尤其是为建立全球化的市场经济秩序制定了统一的规则，从而最大限度地促成跨国性的经济主体在世界范围内按照相同的规则运作。经济的国际化不仅表现为贸易市场的全球化，而且表现为金融资本的跨国运作。通过股票证券等金融活动，企业融资的范围可以延伸到世界的各个角落。

（三）信息的国际化网络

现代科学技术的发展，使国际互联网络成为人们生活和工作须臾离不开的工具，也使信息的传播和交流呈现出势不可当的国际化趋势。互联网的运行，打破了传统的时间和空间的概念，世界各地的信息随时随地可以出现在远隔千山万水的异国他乡，也使一个国家或地区发生的事件同时在许多不同的地方产生共鸣和回应。信息的国际化向传统的意识形态提出了严峻的挑战，也为不同意识形态下人们的信息和思想交流提供了便捷和快速的工具，人们可以借助互联网传递信息，交流思想，甚至可以通过互联网处理彼此间的商贸、金融等事务。

二、国际化带来的犯罪变化

在人类活动的国际化过程中必然出现犯罪的国际化趋势。因为犯罪活动本身是人类活动的组成部分，并且从一定意义上讲，犯罪活动的动因源自人类的经济活动、社会活动和其他实践活动，因而必然会伴随着人类的正常活动而出现。随着人类活动的国际化，犯罪也呈现出国际化的趋势。犯罪态势的变化突出表现在四个方面：

（一）跨国性犯罪增多

犯罪在一国境内策划、在他国或多国实施的情况明显增多。在经济全球化、资本流动国际化及信息网络高速发展的情况下，不仅传统的毒品犯罪、恐怖主义犯罪越来越多地呈现出有组织跨国性犯罪的趋势，而且洗钱犯罪也日益呈现出国际化的趋势，并同贩毒、走私、贪污贿赂等犯罪活动交织在一起，成为国际社会严重关注的跨国性犯罪。

（二）跨国公司、企业的犯罪增多

随着市场经济的国际化和跨国公司、企业的增加，与跨国性公司、企业有关的犯罪也越来越呈现出增长的趋势。一方面，公司、企业实施的跨国性犯罪增多。如跨国性股份制企业侵害股东利益的犯罪，国际性的商业贿赂犯罪等，严重违反市场经济的根本准则，危害到国际经济运行秩序，受到国际社会的普遍关注。另一方面，侵害公司、企业利益的犯罪也在增多。如跨国性商业诈骗犯罪、证券诈骗犯罪等多以跨国性企业为目标，给犯罪披上了国际性的色彩。

（三）犯罪后外逃的增多

人员流动的便捷性，为犯罪分子在犯罪后快速逃往他国提供了更多的机会。一些犯罪分子在一国境内实施犯罪之后迅速逃往他国的现象明显增多。有的犯罪分子甚至在逃往他国之前就先行把犯罪所得或资产转移到国外。这种现象，使原本是国内法上的犯罪，在处理时越来越多地包含了国际因素。

（四）无国界犯罪出现

随着国际互联网的发展，新型的无国界犯罪开始出现并呈快速发展态势。一些犯罪分子利用国际互联网实施跨国性的金融诈骗活动，甚至利用国际互联网窃取国家秘密和商业秘密等情报或技术。一些犯罪分子利用黑客技术攻击他国的国防或商业网站，破坏其数据资料或正常运行，给他国的国家安全和财产安全造成重大威胁。这类犯罪有的是单个人实施的，也有的是多人合作实施的，甚至共同犯罪的人彼此之间素昧平生，既没有直接接触，也不是通过建立起严密的犯罪组织，与传统的国内犯罪和国际犯罪都不完全相同。

三、国际化引起的刑法变革

犯罪的国际化态势，使传统模式下的刑法时常会感到鞭长莫及，由此就促进了国际刑法公约的频繁出现和国际刑法的发展。《联合国打击跨国有组织犯罪公约》《联合国反腐败公约》和一系列反恐公约的出现，以及国际刑事法院的建立，都是国际社会联合对付犯罪国际化趋势的有益实践。但是仅有国际刑法的发展是不够的。因为对付犯罪，最常用和最主要的当属国内刑法。没有国内刑法的应对，难以有效地打击跨国性犯罪。

在国内刑法方面，笔者认为，重要的是做好以下三个方面的工作：

（一）刑法观的转变

在国际化的背景下，不仅跨国性犯罪日益增多，而且某些原本是国内法上的犯罪也会掺杂一些国际性因素。如果严格固守传统的刑法观念，过分强调刑事管辖上的国家主权原则，就会给打击犯罪平添一些人为的障碍。因此，刑法观念的转变对有效地打击犯罪具有重要的意义。

转变刑法观念，主要是破除刑事管辖上的国家主权神圣不可侵犯的传统刑法观，逐渐放宽对他国刑法规范和刑事司法的认可。

首先，应当有条件地许可他国的刑事司法人员到本国管辖区内调查取证。一国的刑事执法人员能否在他国司法机关的协助下，直接到该国调查取证？在传统刑法观念下，这显然是违反国家主权原则的。但是面对国际犯罪的严重形势，有的国际公约已经确认了这种做法。如《联合国反腐败公约》第48条"执法合作"中规定："二、为实施本公约，缔约国应当考虑订立关于其执法机构间直接合作的双边或多边协定或者安排，并在已经有这类协定或者安排的情况下考虑对其进行修正。如果有关缔约国之间尚未订立这类协定或者安排，这些缔约国可以考虑以本公约为基础，进行针对本公约所涵盖的任何犯罪的相互执法合作。"第49条"联合侦查"规定："缔约国应当考虑缔结双边或多边协定或者安排，以便有关主管机关可以据以就涉及一国或多国侦查、起诉或者审判程序事由的事宜建立联合侦查机构。如无这类协定或者安排，可以在个案基础上商定进行这类联合侦查。有关缔约国应当确保拟在其领域内开展这种侦查的缔约国的主权受到充分尊重。"这些规定，意味着不同国家之间的刑事侦查人员可以建立联合侦查机构在一国或多国领域内进行调查取证的活动。这在一定程度上就打破了他国的司法人员不得到本国领土上调查取证的传统观念，鼓励国家之间开展联合侦查。其实，国际刑警组织在这方面早就有实践。《联合国反腐败公约》不过是对这种实践的肯定而已。除了国际公约的明确规定之外，在对付其他严重的跨国性犯罪或犯罪人外逃的国内犯罪方面，能否认可境外取证或联合执法以有效地打击严重犯罪，就涉及刑法观念的转变问题。

其次，应当认可他国的法律传统和司法程序。一国请求他国提供刑事司法协助，应当尊重他国的法律传统和司法程序。只要是按照他国法律的规定和程序取得的证据，只要在他国被认为是合法有效的证据，他国应本国的请求提供给本国的，本国的刑事司法机关就应该认可该证据的合法性，并作为证据在刑事审判中使用，而不应因为该证据的取得不符合本国法律的规定或习惯而拒绝使用。同样的，在法律文书送达等刑事司法协助方面，只要符合对方的法律规定并且不违反本国法律的明文规定，就应该予以认可。

最后，应当放松对本国管辖范围内的犯罪无论外国是否追究都必须由本国追诉的固守。本国人在他国实施的犯罪或者在本国实施犯罪之后逃往他国，除了危害国家安全的犯罪之外，如果就同一罪行，他国已经通过合法正当的司法程序予以追究，本国刑法还要不要管辖，也是一个值得研究的问题。

（二）刑法规范的完善

为了适应犯罪态势的变化和国际刑事合作的需要，国内刑法的修改完善势在必行。国内刑法的修改完善，主要包括以下几个方面的内容：

一是有关尊重和认可他国刑事管辖权的内容。一国的国内刑法应当明确规定在坚持本国刑事管辖权的原则下尊重和认可他国的刑事管辖权。对于本国刑法中规定的犯罪，他国已经按照合法正当的程序行使了刑事管辖权的，除了危害国家安全的犯罪之外，就不应再行使刑事管辖权；对于他国依照国际刑法公约对国际犯罪进行侦查的或按照本国法律的规定对国内刑法上的犯罪进行侦查的，本国刑事司法机关应当在不违反本国法律的情况下按照有关条约的规定或者根据互惠原则给予充分的协助或认可其合法的侦查活动。

二是按照国际刑法公约的规定修改完善本国刑法。对于本国已经批准加入的国际公约，应当按照公约的要求修改本国的相关法律以符合公约的规定。特别是对于公约中有关刑事定罪条款的内容，如果本国刑法中现有的规范与之不吻合，就应当按照公约的明文规定修改本国刑法，以便在国际刑事合作中具有统一的定罪标准。

三是根据国际化引起的犯罪变化，增设新的罪名或者修改现有的刑法规范。对于新出现的犯罪形态，在刑事立法中应当及时作出反应。如贿赂外国公职人员和国际组织工作人员的犯罪、无国界犯罪等，国内刑法就应当将其犯罪化。随着犯罪手段的变化，国内刑法中某些有利于打击犯罪的规定也应该作出相应的调整。例如，关于共同犯罪的规定，就不能完全局限于自然人之间的犯罪，法人之间、法人与自然人之间也应该可以构成共同犯罪。

四是根据国际化背景下打击犯罪的需要，修改完善诉讼程序和证据规则。例如，在犯罪人逃往国外的情况下，能否就犯罪所得问题进行缺席判决？在共同犯罪的情况下，能否就本国境内的犯罪人单独进行审判？证人在境外作证的电话记录或者通过他人转交给司法机关的物品能否作为证据使用？这些在国内的刑事立法中应该有明确的规定。

（三）刑事司法合作的加强

近些年来，国际社会高度重视国际刑事合作，国际刑法公约中也对国际刑事合作问题作出了一系列明确具体的规定，一些国家之间签订了许多刑事合作方面的条约。这对加强国际刑事合作，打击跨国性犯罪发挥了重要的作用。但是在国际刑事合作方面，仍然存在一些值得重视和研究的问题。

一是人员培训问题。在国际刑事合作过程中，一国的刑事执法人员对他国法律制度和司法运作的了解，是合作的先决条件。特别是在联合执法过程中，执法人员对对方法律制度和法律传统的了解和理解是有效合作的基本保障。如果不了解他国法律的相关规定和司法运作的规则，就很难开展真正有效的合作。而在目前的情况下，各国的刑事执法人员中真正了解和熟悉他国法律制度和司法运作的人员恐怕都是十分有限的。通过什么途径，在较短时间内，培训出了解有关国家法律规定和司法运作的执法人员，是各国在开展刑事司法合作中普遍面临的难题。

二是情报交换问题。尽管有关国际刑法公约中都提出了相互交换情报的要求,但是各国是否愿意把自己所掌握的有关犯罪的情报及时准确地提供给他国,仍然是一个值得关注的问题。实践中这个问题往往取决于相关国家之间的关系,而不是取决于打击严重犯罪的需要。如何建立有效的情报交换机制,是一个值得重视的问题。

三是侦查合作问题。尽管《联合国反腐败公约》《联合国打击跨国有组织犯罪公约》以及一系列反恐公约都规定了联合侦查的合作方式,但是真正开展联合侦查仍然面临许多障碍。如联合侦查中的指挥权问题、人员之间的语言沟通问题、调查取证所依据的法律规则问题、联合侦查中有关费用的承担问题等,都可能影响到联合侦查的商定和开展。

四是为开展国际刑事合作提供便捷有效的法律保障问题。过去,国内法中的规定,往往基于保护国家主权原则的需要,对开展国际刑事合作的工作规定了较多的限制性条款。这些规定不利于国际刑事合作的开展,至少是不利于便捷地开展国际刑事合作。随着国际刑法公约有关规定的加强和刑法观念的转变,特别是随着打击严重跨国性犯罪的需要,有必要重新审视有关引渡、司法协助等方面的国内法规定,减少不必要的限制性审查或审批环节,以保障国际刑事合作快速便捷的进行。

四、确立刑法国际化原则的必要性

由于经济交往的全球性和人员的流动性,特别是随着世界市场的产生和发展,侵犯人身权利的犯罪和经济犯罪越来越呈现出国际化的趋势。这种国际化趋势严重地危害了人类社会共同追求的两个重要价值——经济发展和人格尊严,以致危及整个人类社会的利益。这种现实促使各个国家不得不在主权原则的基础上考虑在某些领域建立统一运作的法律反应机制——刑法的国际指导原则。

在这个问题上，可以说各国的专家学者和实务工作者早有共识，甚至可以说建立统一的国际刑法制度早已是一些国际性学术团体和国际著名学者不懈努力的主要目标之一。1935年，国际刑法学协会主席佩尔拉就曾起草过一个国际刑法典草案大纲。从70年代中期起，国际刑法学协会就致力于制定统一的国际刑法典和建立国际刑事法院的努力。1979年现任的国际刑法学协会主席巴西奥尼根据国际刑法学协会的委托草拟了《国际刑法典草案》，1987年他又根据国际刑法学协会多数学者的意见，将其修改补充为《国际刑法典及国际刑事法庭法草案》。国际法学会和国际社会防卫协会也在这方面作了许多积极的努力。1989年国际刑法学协会第14届代表大会在《关于国际犯罪和国内刑法的决议》中开宗明义，确认联合国、欧洲理事会、国际刑法学协会、国际法学会和许多学者为制定国际刑法典以有效地预防、追诉和制裁国际犯罪，以及为制定程序性保障，特别是那些已为国际人权公约所接纳的程序性保障方面所作的努力。这次代表大会在《关于刑法与现代生物医学技术问题的决议》中还指出，在人体研究、器官移植、人工授精和基因技术方面，既要考虑科学研究的自由，也要考虑人们对自己的肌体完整和发展的自由权。在平衡这些相冲突的利益时，鉴于这些问题的相互交错，以及不同国家之间日益增长的相互依赖性，需要制定一些国际性的标准和规则。如果可能，还应该在国际范围内制定一些有拘束力的法律。1994年召开的国际刑法学协会第15届代表大会再次忆及国际刑法学协会在它105年历史中，一直支持建立一个由国际刑事法院根据一套法律来实现的国际刑事司法制度的创议，确信建立一个常设的国际刑事法院将有力地促进对国际法的遵守和对人权的尊重。

1994年11月，联合国经济及社会理事会组织召开的有组织跨国犯罪问题世界部长级会议曾作出过《那不勒斯政治宣言和打击有组织跨国犯罪的全球行动计划》。其中指出，国际社会应当对有组织犯罪形成一种普遍接受的概念，以此为基础，制定更为协调一致的国家措施，进行更为有效的国际合作。会议深信迫切需要建立更有效的国际机制，协助各国促进预防和打击有组织跨国犯罪共同战略的执行。

在有 90 个国家的 919 名代表参加的 1995 年在北京召开的第七届国际反贪污大会上，许多国家的代表都一致指出，贪污贿赂犯罪是当今世界各国的一大通病，无论是在发展中国家，还是在发达国家，都难以避免贪污之患。贪污腐败日益国际化的趋势给各个国家和地区带来的危害越来越明显。面对日益严重的跨国跨地区贪污贿赂犯罪，任何一个国家单靠自己的力量，都不可能有效地予以遏制。这就要求我们不仅在一国范围内而且在国际范围内对这一问题进行系统性的思考和集中的探讨，对反贪污贿赂中的国际合作问题取得一致的看法和共许的前提，采取联合行动。因此，加强反贪污贿赂中的国际司法协助，共同对付这些犯罪，已成为当今世界形势发展的迫切需要。正如瑞士联邦总检察长卡尔松·德蓬特夫人在大会开幕式上所指出的："建立国际上同贪污作斗争的标准和战略、打破法律上的种种障碍和鼓励在法律问题上进行国际合作，是我们最为关心的问题。"

确立刑法国际化原则，不仅是有识之士的远见卓识，而且是保护世界各国共同利益的国际法律框架自身发展的客观要求。这种客观要求主要表现在以下三个方面：

（一）共同认可的价值原则

人格尊严和人身权利对于整个人类来说，无疑是一种具有普遍性质的价值，它关系到整个人类社会的利益，因而历来是国际社会共同关注的目标。仅从第二次世界大战后的《联合国宪章》算起，就有一系列国际性文件关注人身权利和人格尊严的保护问题。1945年6月26日的《联合国宪章》序言中就重申了基本人权、人格尊严与价值，以及男女及大小各国平等权利之信念，并把促进国际合作，以解决国际间属于经济、社会、文化及人类福利性质之国际问题，且不分种族、性别、语言或宗教，增进并激励对于全体人类之人权及基本自由之尊重。1948年12月10日联合国大会通过的《世界人权宣言》以及其后陆续出现的《儿童权利宣言》《联合国消除一切形式种族歧视宣言》《关于消除对妇女歧视宣言》《德黑兰宣言》《保护人人不受酷刑和其他残忍、不人道或有辱人格的待遇或处罚宣言》《非居住国公民个人人权宣言》等国际性文件都反复强调了对人格尊严和人身权利的保护。

与此同时，国际社会先后制定了一系列国际公约，把某些严重侵犯人格尊严和人身权利的犯罪规定为国际犯罪，如《公民权利和政治权利国际公约》《经济、社会、文化权利国际公约》《妇女政治权利公约》《禁止贩卖人口及取缔意图营利使人卖淫的公约》《关于修正废除奴隶制及奴隶贩卖之国际公约的议定书》《废止奴隶制、奴隶贩卖及类似奴隶制之制度与习俗补充公约》《消除一切形式种族歧视国际公约》《禁止并惩治种族隔离罪行国际公约》《反对劫持人质国际公约》《禁止酷刑和其他残忍、不人道或有辱人格的待遇或惩罚公约》等。这些公约明确规定，对严重侵犯人格尊严和人身权利的犯罪必须采取包括刑法在内的各种法律对策和社会对策予以坚决禁止，这是世界各国义不容辞的国际义务。

经济发展虽然不像人格尊严那样受到国际社会的反复强调，但也对人类社会的发展有至关重要的价值。在惩治国际经济犯罪方面，国际社会给予了应有的重视和很大的关注。早在1929年4月20日，包括中国和法国在内的20多个国家就签署了一项《防止伪造货币国际公约》。关于贪污贿赂犯罪，1977年1月10日，联合国经济社会理事会提出了一项《关于禁止贿赂外国官员的公约草案》，针对各国法律只规定贿赂本国官员的犯罪的现状，要求各国制裁贿赂外国官员的犯罪。关于洗钱犯罪，1988年12月19日签订的《联合国禁止非法贩运麻醉药品和精神药物公约》作了明确规定。这个反洗钱的法律规范得到了许多国家的赞成。关于假冒伪造犯罪，国际社会也给予了极大的关注。1967年7月14日修订的《保护工业产权巴黎公约》、1971年7月24日修订的《保护文学艺术作品伯尼尔公约》、1961年10月26日签订的《保护表演者、录音制品制作者与广播组织的国际公约》、1971年10月29日签订的《保护唱片制作者防止唱片被擅自复制公约》、1989年5月26日的《集成电路知识产权条约》等，都强调要保护知识产权及其产品，禁止侵犯知识产权的假冒伪造行为，1994年关贸总协定乌拉圭回合部长级会议最后文件中的《知识产权协议》专门规定了保护知识产权、防止假冒伪造行为的刑事程序（第二部分第五节），要求签署本协定的全体成员国提供刑事程序及刑事惩罚，至少对于故意以商业规模假冒商标或对版权盗版的情况规定刑事制裁。

上述国际性规范文件表明，人身权利、人格尊严和经济发展历来是国际社会共同关心的两大价值。这为世界各国携手对付日益增长的跨国性经济犯罪和侵犯人身权利犯罪奠定了思想基础和实践基础。上述国际性规范文件以及各国为之实施所作的努力也表明，禁止和制裁严重侵犯这两大价值的犯罪，既是世界各国共同的利益要求，也是世界各国不断努力和相互合作的实践过程。而跨国性经济犯罪和侵犯人身权利犯罪愈演愈烈的趋势，使这种利益要求在新的历史条件下更为强烈；各国在追诉跨国性经济犯罪和侵犯人身权利犯罪方面不断遇到的障碍，使惩治这类犯罪的实践过程对建立更为有效的国际性法律对策机制的需求更为迫切。

(二) 刑事管辖权的冲突

刑事管辖权是国家主权的重要组成部分，每个国家对国家主权的固守必然禁止其他任何国家司法机关在自己的领土上行使刑事管辖权。但是同时，每个国家又都主张按照属人管辖对在他国领土上犯罪的本国公民或者犯罪后出现在他国领土上的本国公民行使刑事管辖权，或者按照保护管辖原则在犯罪的受害人是自己的国家或本国公民的情况下对犯罪行使刑事管辖权。这种状况必然引起各个国家在对含有涉外因素的犯罪行使刑事管辖权时的法律冲突，而这种冲突在犯罪的国际化趋势越来越明显、犯罪的涉外因素越来越多的国际环境下，变得日益频繁和尖锐。这对惩治和预防严重危害人类社会共同利益的国际犯罪，造成了诸多人为的屏障。面对日益猖獗的、含有国际因素的经济犯罪和侵犯人身权利犯罪，建立和谐的国际性的法律反应机制，排除刑事管辖中的人为障碍，以便更有效地对付这类犯罪，应该说是保护世界各国共同利益的客观要求。

(三) 法律反应机制有效性的内在要求

由于各国的法律文化传统和社会制度的不同，各国的法律框架并不完全相同，有的甚至相去甚远。对于危害人类社会至关重要的共同价值的犯罪，即使各国都认为应当制裁，也会因为法律框架的不同而作出不同的反应。并且，各国在自己的法律框架内所采取的制裁行动，很难在他国领土范围内进行。缺乏共同认可的法律原则、缺乏和谐与合作的法律反应机制，在各种不同法律框架共存的国际环境下,要想有效地对付含有涉外因素的犯罪,必然是举步维艰,事倍功半。因此,要想有效地同含有涉外因素的经济犯罪和侵犯人身权利犯罪作斗争,实现人类共同的价值追求,就必须在必要限度内破除不同法律框架之间的樊篱,建立通行于世界各国的法律反应机制。

基于以上理由,我们认为,在一定范围内,即在保护人类最重要的基本价值所绝对必要的范围内,制定最低限度的国际法律原则和制裁规范,以指导各国在自己的法律框架内就惩治那些严重危害人类共同利益的犯罪进行相互合作与配合,从而在现存的国际环境下建立、形成统一和谐的法律反应机制,不仅是非常必要的,而且是充满了现实可能性的。

五、刑法国际化原则的基本内涵

刑法国际化原则是指在惩治严重侵犯人类最重要的价值的犯罪方面确立通行于世界各国的最低限度的刑事实体性和程序性原则规范,以指导各国在各自现存法律框架内补充修改对付跨国性犯罪的制裁规范和行为规则,建立能够与其他国家相互配合和密切合作的司法体系,形成和谐一致的世界性法律反应机制。刑法国际化原则并不意味着把某个国家的意志强加于其他国家而强求他国改变自己的法律框架或法律制度,也不意味着建立"世界宪兵",无视他国主权地到他国领土上行使刑事管辖权。我们认为,刑法国际化原则,主要包括以下内容:

(一) 以各国国内法律框架和法律制度为前提

刑法国际化原则应当以各国现存的法律框架和法律制度为前提,充分考虑和尊重各国法律文化和法律传统,这是国家主权原则的必然要求,也是确立刑法国际化原则时不可动摇的前提。在这个前提下,应当广泛研究各国现存法律框架和法律制度在预防和制裁跨国性犯罪方面的不足和漏洞,研究各国在共同对付跨国性犯罪的相互合作过程中遇到的困难和障碍，寻求在对付共同关注的跨国性犯罪方面能够为各国所接受并能在各种不同法律框架下密切合作的有效途径。

正如欧方课题组负责人戴尔玛斯－马蒂教授在第一阶段研究大纲序言中所指出的：这些指导原则不求各国刑事司法规则的同一，但求在保留各种法律制度差异性（但不是绝对不相容性）的同时使它们趋于和谐。这与那种骨子里包藏着确立一种文化对其他文化的霸权地位的统一梦相比，更显得现实一些。我们也认为，只有在承认和尊重各国现有法律框架和法律制度的前提下，并以现有的法律框架为基础，刑法国际化原则才有可能得到世界各国最广泛地认可、支持和合作，才有可能形成真正具有国际意义的共同指导原则。

（二）以国际社会共同认可的价值追求为基础

刑法国际化原则的目标应当是保护对世界各国来说都是最重要的价值、最关注的利益，因而制裁规范应当针对诸如危害人类罪，跨国性贩卖妇女儿童、强迫其卖淫或遭受非人待遇的犯罪，毒品犯罪，跨国性诈骗犯罪和以商业规模伪造假冒犯罪，贿赂外国公务员或贪污国际组织资金的犯罪等危害国际社会公认的根本性共同利益的犯罪，而不应当是所有含有涉外因素的犯罪。作为共同指导原则，涉及的范围越广，共同遵守的可能性就越小。并且，离开了共同认可的价值追求，在主权独立的国际社会上就很难建立共同遵守的刑法指导原则。所以，我们不认为刑法国际化原则中包含的内容越多越好。可以首先在容易达成共识的问题上确立刑法国际化的共同指导原则，然后在国际合作实践中不断达到新的共识之基础上逐步建立新的指导原则。

(三) 完善现有国际公约规范

基于以上考虑，我们认为，刑法国际化原则应当以现有的国际公约为基本的法律渊源和规范依据，适当吸收和借鉴某些区域性公约的实践，本着有助于在世界各国最关心的问题上进行有效合作的精神来确立。其具体内容主要包括以下几个方面：

1. 一般定义

共同的普遍接受的定义，是有效的国际合作的基础。因为许多国际公约和双边的或多边的条约在很大程度上都是以双重犯罪原则为前提的。只有在对付共同认可的犯罪时，国际刑事合作才会发生。所以，作为共同的指导原则，首先应当就某些基本问题作出定义性的说明，以便就严重危害共同利益的国际犯罪和跨国性犯罪最基本的构成要件达成共识。这是共同对付国际犯罪和跨国性犯罪的基本条件。我们注意到，目前出现的大多数含有制裁规范的国际公约正是这么做的。

2. 实体处罚的最低限度

对于即使是含有涉外因素的犯罪，各国都是根据自己长期形成的刑法价值观，在本国法律框架内根据罪刑均衡的原则来确定制裁程度的。这种状况造成了同一种犯罪在不同国家所受刑事处罚相去甚远的现实。就国际犯罪和跨国性犯罪而言，由于往往有两个或更多的国家具有刑事管辖权，其在哪个国家接受审判，这本身就可能决定犯罪人的命运，而不是罪行的严重程度决定犯罪人的命运。此外，国际犯罪和跨国性犯罪都是严重危害人类共同利益的重大犯罪，对之处罚太轻，不足以遏制其在世界范围内的蔓延。因此，我们认为，有必要对刑法国际化原则所涉及的犯罪规定最低限度的刑事处罚标准，以防止这类犯罪人逃避应受的法律制裁。

3. 解决管辖冲突的规则

如上所述,对于国际犯罪和跨国性犯罪,往往是两个或更多的国家都有刑事管辖权,但是通常只能有一个国家实际行使管辖权。那么,对于实际发生的某个具体的国际犯罪或跨国性犯罪,很可能出现各个国家都要行使管辖权或者都不行使管辖权的状况。在这种情况出现的时候,究竟由哪个国家审判罪犯,就是国际刑事合作中一个不容回避的问题。作为共同的指导原则,应当就如何解决这种管辖冲突的问题作出明确的规定。这是各国之间有效合作的重要方面。

从现有的国际公约规范来看,解决管辖冲突的原则通常是:

(1) 犯罪地国家 [主要犯罪地国(航空器或船舶的所属国或登记国)和其他犯罪地国(航空器的降落地国或船舶的登陆国)];

(2) 犯罪人所属国家(无国籍人的永久居住地国);

(3) 犯罪的受害人所属国家(无国籍人的永久居住地国);

(4) 在其领土上发现犯罪人的其他国家。

尽管有上述规则,在解决具体案件的管辖冲突时,总是要受到各种其他因素的影响。如何调解、协商解决管辖冲突问题,以便更有效地对国际犯罪和跨国性犯罪行使刑事管辖,仍然是一个值得认真研究和解决的问题。

4. 合作与协助的内容及规则

刑法国际化原则要求各国在对付国际犯罪和跨国性犯罪方面进行最广泛的合作与协助,建立国际性的对策机制。其内容主要包括:

(1) 相互及时交换情报。对于将要或正在实施的国际犯罪和跨国性犯罪,各国应就自己所掌握的情报及时提供给有关国家,以便其能够采取有效的预防性措施,减少犯罪的成功率,尽可能地避免犯罪所造成的危害。

(2) 采取应急性措施。不论有关犯罪最终由哪个国家管辖,有关国家都应当尽可能地采取有效的应急性措施制止犯罪。这种应急性措施包括两个方面:一是保护犯罪受害人的应急性措施。当某一国际犯罪或跨国性犯罪发生时,犯罪地国或航空器降落地国或船舶登陆国应当立即采取必要的保护性措施,尽可能地防止和减少犯罪造成的人员或财产损害。二是对犯罪人所采取的临时性强制措施。任何国家在自己的领土上发现国际犯罪或跨国性犯罪的犯罪人时,都应当立即采取有效措施,拘留、逮捕犯罪人,扣押犯罪工具和犯罪资金或物品,以防止犯罪的继续和为审判罪犯保存证据。

(3) 引渡或起诉罪犯。对于国际犯罪和跨国性犯罪,已经对罪犯采取了强制措施的国家,应当在有权管辖的国家提出引渡请求时及时地将罪犯引渡给请求国,以便审判其罪行。如果认为引渡请求不符合有关公约的规定或者可能违反国际社会公认的价值准则而不予引渡时,有关国家应依照国内法对罪犯进行起诉,以便审判机关对其进行审判。对于严重危害人类共同利益的国际犯罪和跨国性犯罪,任何国家都不应当引用庇护条款予以庇护。

(4) 开展刑事司法协助。在对国际犯罪和跨国性犯罪进行审判的过程中,有关国家应当在可能的范围内为其提供帮助,包括协助收集刑事证据和移让自己所掌握的刑事证据,帮助送达刑事诉讼文书,承认或代为执行有关刑事判决等。

为了保障国际刑事合作的有效进行,有关国际公约还规定了一系列禁止性规范。例如,各国不应采取任何有碍就侦查、逮捕、引渡和惩治国际犯罪所承担的国际义务的立法或其他措施；不得对有重大理由可认为犯有国际罪行的人给予庇护；不得将公约的任何规定解释为可以违背《联合国宪章》、侵害一国的领土完整和政治独立；不得以保守银行秘密为由拒绝按照有关公约对洗钱活动提供法律协助等。

六、刑法国际化原则的实施途径

在目前的国际环境下，建立统一的国际刑法典并由一个机构在世界范围内行使刑事司法权的构想，显然是不现实的。而在各个主权国家独立行使刑事司法管辖权的条件下，刑法国际化就只能作为一种指导原则，通过各个国家的国内司法机关来实现。我们认为，刑法国际化原则，可以通过以下一些途径来实施：

（一）刑法国际化原则在国内法中的体现

在世界各国协商一致的基础上签订的国际公约中有关指导性的刑事规范，缔约各国都应当通过国内立法，将其确立为国内法律规范，以便为国内司法机关提供执法依据。因为每个国家的司法机关都是依照国内法律制度进行活动的。即使是在有关对付国际犯罪和跨国性犯罪的国际刑事合作的过程中，各个国家的司法机关都不可能逾越本国法律框架和法律规范的樊篱。刑法国际化原则如果不能通过各国国内立法确认或确立为国内法律规范，国内的司法机关就很难参与国际刑事合作。即使是在那些具有本国缔结的国际公约本国司法机关可以当然适用的法律传统的国家，刑法的国际指导原则也应当通过国内立法使之具体化。

（二）建立专业化的国内协调机构

在进行国际刑事司法协助与合作的过程中，每个国家都应当指定一个中央国家机关作为代表国家对外联络和对内协调的机关。这是因为，国际刑事司法协助与合作是在各个国家主权完整和独立的前提下进行的，因而任何国家希望给予刑事司法协助的请求都只能向有关国家提出，而不能直接对他国国内司法系统的地方机关提出协助请求，更不能直接从他国的地方司法机关调取刑事诉讼证据。不仅如此，开展国际刑事司法协助与合作本身也需要司法机关内部的协调与合作，没有统一的中央机关组织协调，就很难有效地与其他国家进行刑事司法协助或合作。在中国，全国人民代表大会常务委员会曾在批准有关条约时，指定中华人民共和国司法部为对外进行司法协助的中央机关。

（三）通过多边或双边条约建立联系与合作关系

在国际社会就刑事合作中的某些问题尚未达成一致看法的时候，具有共识的有关国家相互签订双边或多边条约，以便在对付跨国性犯罪中建立联系与合作关系，是实现刑法国际化原则的必要步骤。欧洲国家由于地域和历史的原因，率先签订《欧洲引渡公约》等多边条约，在开展司法协助与合作方面为世界各国提供了可资借鉴的实践经验。目前，中国也在积极寻求与其他国家进行司法协助与合作的渠道，先后签订了一系列双边的司法协助条约。

（四）充分利用国际刑警组织

在开展国际刑事司法协助方面，国际刑警组织做了大量积极有益的工作，促进了各国之间在刑事问题上的合作，并在同国际犯罪和跨国性犯罪作斗争中发挥了重要的作用。不断加强同国际刑警组织的联系，充分利用和协助国际刑警组织对付国际犯罪和跨国性犯罪，是实现刑法国际化原则的重要途径。

[第一、二、三部分为在首届当代刑法国际论坛上的发言稿；第四、五、六部分原载《刑法论丛》（第1卷），法律出版社1998年版]

试论国际刑法规范在国内刑法中的确认和体现

自中国实行对外开放政策以来，中国公民和外国人跨越中国国（边）境的活动在急剧增多，一些国际犯罪组织借机企图甚至正在向中国渗透；中国公民实施或参与国际犯罪的事件也时有发生并存在增多的趋势。这种犯罪状况使中国刑法面临着国际化的客观要求。中国刑法的国际化，在许多方面涉及中国刑法与国际刑法的衔接问题。而这个问题的解决，有赖国内刑法在何种程度上以及如何确认和体现国际刑法规范。因此，研究国际刑法规范在国内刑法中的确认和体现，既是履行中国在有关国际公约中承诺的义务的需要，也是中国刑法自身适应同国际犯罪作斗争的形势的需要。

一、国际刑法规范应体现在国内刑法中

国际刑法是国际公约中旨在禁止和制裁国际犯罪、维护各国共同利益的各种刑事法律规范的总称，是世界各国在保卫自身利益的过程中相互开展刑事合作的产物。在当今世界上，国际刑法在同国际犯罪作斗争中发挥着毋庸置疑的作用。它的实体规范，在各国国内刑法中，应当得到最充分的确认和体现。

首先，国际刑法的产生本身意味着各个主权国家对国际刑法的确认，这种确认应当反映在本国的国内刑法中并且应当使之具体化。

国际刑法是世界各国在独立自主的原则基础上、在意思表示一致的情况下，通过缔结国际公约的形式制定的。尽管在国际刑法产生的过程中，各个主权国家之间往往存在激烈的争论和重大的分歧，但是每个主权国家缔结和参加有关国际刑法规范的国际公约的行为，除了保留条款之外，总是意味着该国承认公约所指出的国际罪行是一种严重危害包括本国在内的国际社会共同利益的，应当受到刑事制裁而严格禁止的犯罪，同时也意味着该国愿意通过自己的努力包括国内刑事立法和司法活动、通过国家之间刑事合作同这类犯罪作斗争。因此，确认自己缔结和参加的国际公约中规定的国际犯罪同时也是本国国内刑法中的犯罪，并保证通过国内刑事司法系统在本国领土上追究这类犯罪的刑事责任，应当是每个主权国家缔结和参加有关国际公约的行为本身的逻辑要求。

其次，在国内刑法中确认和体现国际刑法规范，也是有关缔约国应尽的国际义务。

在专门规定禁止和惩治国际犯罪的国际公约中，几乎都毫无例外地规定着缔约各国采取必要措施确保对国际犯罪的制裁的义务。例如，《反对劫持人质国际公约》第5条、第2条分别规定："每一缔约国应采取必要的措施来确立该国对第1条所称任何罪行的管辖权"，"每一缔约国应按照第1条所称罪行严重性处以适当的惩罚"。《关于防止和惩处侵害应受国际保护人员包括外交代表的罪行的公约》第2条和第3条中规定："每一缔约国应将下列罪行定为其国内法上的犯罪"，"每一缔约国应采取必要措施，以确立其在下列情况下对第2条第1款所列举的罪行的管辖权"。《联合国禁止非法贩运麻醉药品和精神药物公约》第 3 条中规定,"各缔约国应采取可能必要的措施将下列故意行为确定为其国内法中的刑事犯罪"。《关于制止非法劫持航空器的公约》和《关于制止危害民用航空安全的非法行为的公约》,也都表明各缔约国承允对本公约规定的罪行给予严厉的惩罚,并明确规定"各缔约国应采取必要措施",对公约规定的犯罪实行管辖。这些公约中规定的"必要措施",显然都包含立法措施,即通过国内立法把公约中规定的国际犯罪确认为国内刑法中的犯罪并对之规定相应的刑罚。按照这些公约的规定,在国内刑法中确认和体现国际刑法规范,使之取得与国内相关法律规范同等的法律效力,并保障国际刑法的国内适用,不仅仅是各个主权国家的权利,而且是有关国际公约的缔约国根据公约规定承担的条约义务。

最后,在各国国内刑法中确认和体现国际法规范,是实现国际刑法功能的必要前提。

国际刑法作为禁止和制裁国际犯罪的法律规范,它只有实际运用于制裁国际犯罪的实践,只有对实际发生的国际犯罪产生效力,才能发挥其在国际社会生活中的作用,体现出自身存在的价值。已经形成的国际刑法规范,如果不能有效地适用于已经发生的国际犯罪,不能在禁止和制裁国际犯罪的实践中发挥作用,它的存在就将黯然失色。但是在目前的国际环境下,由于很难建立起一个内部协调一致的、可以超越各国主权而直接把国际刑法的制裁性规范适用于世界各地的国际犯罪的刑事司法系统,国际刑法的适用不得不依赖于各国的国内刑事司法系统。通过各国国内的刑事司法系统在本国主权所及的范围内追诉国际犯罪活动、制裁国际犯罪人,是目前国际刑法适用的基本模式。这种模式的基本前提,便是国际刑法规范必须在国内刑法中得以确认和体现。因为国内的刑事司法系统都是各个主权国家的国内执法机关，对于绝大多数国家来说，其职能活动必须以国内法为依据，特别是追诉犯罪的活动中，如果缺乏国内法上的依据，通常都被认为是无效的。国际刑法规范如果没有为国内刑法所确认、没有体现在国内刑法中，它就很难被国内刑事司法系统适用于追诉国际犯罪的实践。因此，国际刑法要在同国际犯罪作斗争中发挥其应有的作用，它的实体法规范就必须在各国国内刑法中得以确认和体现，必须转化为各国国内刑事司法系统追诉国际犯罪的直接的法律依据。

此外，国际刑法与国内刑法的紧密联系也为国际刑法规范在国内刑法中得以体现奠定了理论基础。国际刑法是不同于国内刑法的独立的法律体系，但是这并不意味着国际刑法与国内刑法毫不相关。事实上，国际刑法的许多规范，都是从各国国内刑法适用的实践中发展而来的，都是各国国内刑法中的某些共性因素在国际实践中为国际社会普遍认可的结果。特别是国际刑法中的国际犯罪，在形式上通常是各国国内刑法中的犯罪由于其向国际化的方向发展以至危害到整个国际社会共同关心的利益，而为国际刑法所禁止的，它们在本质上一般同时具有各国国内刑法中的犯罪的基本特征，国际刑法中的制裁规范，几乎照搬了国内刑法制裁规范的基本内容。国际刑法与国内刑法的密切联系和共通之处，为国际刑法在国内刑法中得以确认和体现，在形式上成为国内刑法的一部分，奠定了坚实的基础。

在国内刑法中确认和体现国际刑法规范，既是国际刑法在自身发展中必然遇到的问题，也是国际刑法学者们十分关注的问题之一。1989年在维也纳召开的国际刑法学协会第14届代表大会，曾就"国际刑法与国内刑法"的关系问题形成过一个决议。该决议认为,"包含刑事条款的国际公约给我们提出了一个重要任务,那就是要使某些条款在国内立法中刑事化","缔约国应尽最大努力将国际条约中包含的刑法条款纳入本国法律"。这种观点,反映了国际刑法学者中的主流认识,值得我们认真思考。

二、国际刑法实体规范在中国刑法中的体现

从中国现行刑法的具体规定来看,中国刑法中禁止和惩罚的某些犯罪,与国际刑法中禁止和惩罚的某些国际犯罪,在犯罪构成上是相通的。中国刑法中有关这类犯罪的规定,既适用于纯粹的国内犯罪,也在一定程度上适用于相应的国际犯罪。如刑法第3条规定:"凡在中华人民共和国领域内犯罪的,除法律有特别规定的以外,都适用本法";"犯罪行为或者结果有一项发生在中华人民共和国领域内的,就认为是在中华人民共和国领域内犯罪"。第5条规定:"中华人民共和国公民在中华人民共和国领域外犯前条以外的罪,而按本法规定的最低刑为三年以上有期徒刑的,也适用本法;但是按照犯罪地的法律不受处罚的除外。"第6条规定:"外国人在中华人民共和国领域外对中华人民共和国国家或者公民犯罪,而按本法规定的最低刑为三年以上有期徒刑的,可以适用本法;但是按照犯罪地的法律不受处罚的除外。"按照这些规定,中国刑法除了完全适用于在中国领域内实施犯罪的中国公民之外,还可以适用于:(1)在中国领域内实施犯罪但是享有外交特权的外国人和无国籍人;(2)在中国领域外犯按中国刑法最低刑为3年以上有期徒刑之罪的中国公民;(3)在中国领域外对中国或中国公民犯按中国刑法最低刑为3年以上有期徒刑之罪的外国人和无国籍人。并且,不论是中国人还是外国人和无国籍人,不论其犯罪行为和犯罪结果全部发生在中国领域内还是犯罪行为或犯罪结

果之一项发生在中国领域内,都可以适用中国刑法。因此,国际刑法所禁止和惩罚的国际犯罪,只要符合中国刑法分则中规定的某个犯罪的构成要件,在上述范围内就可以适用中国刑法。从这个意义上讲,中国刑法与国际刑法实体规范相吻合的条款,在一定程度上体现了国际刑法的实体性规范;其中所禁止和惩罚的犯罪,既是中国国内法上的犯罪,也可视为相应的国际犯罪构成在中国刑法中的具体化。

在中国刑法中,可以体现或包容国际刑法实体规范内容的条款,还有以下几种:

(一)关于战争犯罪

《惩治军人违反职责罪暂行条例》第 20 条规定:"在军事行动地区,掠夺、残害无辜居民的,处七年以下有期徒刑;情节严重的,处七年以上有期徒刑;情节特别严重的,处无期徒刑或死刑。"第 21 条规定:"虐待俘虏,情节恶劣的,处三年以下有期徒刑。"这两条规定,虽然只适用于中国人民解放军的现役军人,但是也体现了国际刑法中关于战争犯罪所列举出的某些罪行,与相应的战争犯罪具有相通之处,中国人民解放军的现役军人如果在中华人民共和国领域外实施这类犯罪行为,被中国军事法院判处刑罚,即可以视为国际刑法规范通过中国刑法在中国国内的适用。

(二)关于危害公共安全的犯罪

刑法虽然把劫持船舰、飞机的行为规定为"反革命破坏罪"之一种,但是在"危害公共安全罪"一章中又规定了某些破坏公共运输秩序的行为。例如该法第 107 条、第 108 条分别规定:"破坏火车、汽车、电车、船只、飞机","破坏轨道、桥梁、隧道、公路、机场、航道、灯塔、标志……","足以使火车、汽车、电车、船只、飞机发生倾覆、毁坏危险,尚未造成严重后果的，处三年以上十年以下有期徒刑"。第110条规定："破坏交通工具、交通设备、电力煤气设备、易燃易爆设备造成严重后果的，处十年以上有期徒刑、无期徒刑或死刑。"其中，破坏船只、飞机或者破坏机场、航道、灯塔、标志，足以使其发生倾覆、毁坏危险或者造成严重后果的行为，与《关于制止危害民用航空安全非法行为的公约》中规定的"破坏使用中的航空器或对该航空器造成损坏，使其不能飞行或将会危及其飞行安全""用任何方法在使用中的航空器内放置或使人放置一种将会破坏该航空器或对其造成损坏使其不能飞行或对其造成损坏而将会危及其飞行安全的装置或物质""破坏或损坏航行设备或妨碍其工作，将会危及飞行中航空器的安全"的行为，以及《制止危及海上航行安全非法行为公约》中规定的"毁坏船舶或对船舶或其货物造成有可能危及船舶航行安全的损坏""以任何手段把某种装置或物质放置或使之放置于船上，而该装置或物质有可能毁坏船舶或对船舶或其货物造成损坏而危及或有可能危及船舶航行安全""毁坏或严重损坏海上导航设施或严重干扰其运行，而此种行为有可能危及船舶的航行安全"的行为，是一致的。这类犯罪，如果其行为或结果发生在中华人民共和国领域之内，如果由中国公民在中国领域外实施，如果是在中国领域外对在中国登记的民用航空器或船舶实施，那么，在构成相应的国际犯罪的同时，就可以对之适用中国刑法来定罪判刑。

（三）关于贩卖妇女儿童罪

刑法第141条规定："拐卖人口的，处五年以下有期徒刑；情节严重的，处五年以上有期徒刑。"这一规定，虽然不甚明确，但是实际上包含了《禁止贩卖人口及取缔意图营利使人卖淫的公约》中规定的国际贩卖人口使其卖淫的行为。另外，

《关于严惩拐卖、绑架妇女、儿童的犯罪分子的决定》第 1 条规定，拐卖妇女、儿童的，处 5 年以上 10 年以下有期徒刑，并处一万元以下罚金；有下列情形之一的，处 10 年以上有期徒刑，并处一万元以下罚金或者没收财产；情节特别严重的，处死刑，并处没收财产：（1）拐卖妇女、儿童集团的首要分子；（2）拐卖妇女、儿童 3 人以上的；（3）奸淫被拐卖的妇女的；（4）诱骗、强迫被拐卖的妇女卖淫或者将被拐卖的妇女卖给他人迫使其卖淫的；（5）造成被拐卖的妇女、儿童或其亲属重伤、死亡或者其他严重后果的；（6）将妇女、儿童卖往境外的。拐卖妇女、儿童是指以出卖为目的，有拐骗、收买、贩卖、接送、中转妇女、儿童的行为之一的。这一规定，明确地将跨国性贩卖妇女、奸淫被拐卖妇女或者诱骗、强迫被拐卖妇女卖淫或者将被拐卖妇女卖给他人迫使其卖淫的行为宣布为犯罪，并对之规定了严厉的刑罚。这就使《禁止贩卖人口及取缔意图营利使人卖淫的公约》中关于国际贩卖人口罪的规定在中国刑法中得到了充分的体现。国际贩卖人口的犯罪活动，如果在中华人民共和国境内谋划或实施；如果是由中国公民或中国公民与外国人或无国籍人共同实施，如果被贩卖的妇女儿童是中国公民，如果罪犯在中华人民共和国领土上出现，那么，中国的刑事司法系统就可以依照中国刑法的上述规定对其行使管辖权。

（四）关于毒品犯罪

刑法第 171 条规定："制造、贩卖、运输鸦片、海洛因、吗啡或其他毒品的，处五年以下有期徒刑或者拘役，可以并处罚金。一贯或者大量制造、贩卖、运输前款毒品的，处五年以上有期徒刑，可以并处没收财产。"近年来，鉴于毒品犯罪活动猖獗，特别是国际贩毒集团假道中国进行国际贩毒活动的日益严重，全国人民代表大会常务委员会通过并颁行了《关于禁毒的决定》。这个决定全面具体地体现了《联合国禁止非法贩运麻醉药品和精神药物公约》的基本精神，其中规定的毒品犯罪几乎包容了该公约中要求各缔约国将其确定为国内法中的刑事犯罪的行为形态（尽管上述决定和公约的用语都不尽如人意），对各毒品犯罪所规定的制裁措施也按照公约的要求顾及了这些罪行的严重性质，特别是对公约中规定的应当严厉制裁的犯罪情节按照中国刑罚体系规定了最重的刑罚。这些规定，无疑是国际刑法中有关毒品犯罪的规范在中国刑法中的具体体现。

（五）关于酷刑罪

坚决反对和禁止一切形式的酷刑，是中国政府一贯坚持的主张。这一主张，在中国现行刑法中得到了充分的体现。刑法第136条明确规定："严禁刑讯逼供。国家工作人员对人犯实行刑讯逼供的，处三年以下有期徒刑或者拘役。以肉刑致人伤残的，以伤害罪从重论处。"这里所指出的刑讯逼供，是指国家工作人员对人犯使用肉刑或变相肉刑逼取口供的行为，其中包括捆绑、悬吊、毒打或用各种刑具进行肉体摧残，以及使用其他方法对人犯身体进行折磨等行为形态。这种刑讯逼供罪，是酷刑罪的基本类型之一。此外，刑法第189条也规定："司法工作人员违反监管法规，对被监管人实行体罚虐待，情节严重的，处三年以下有期徒刑或者拘役；情节特别严重的，处三年以上十年以下有期徒刑。"本条规定的体罚、虐待被监管人员罪，是指司法工作人员违反监管法规，对一切已经判决或未经判决的在押人犯以及其他被拘留、监管的人实行体罚、虐待，情节严重的行为，其中包括对被监管人进行打骂、冻饿、无故禁闭、强迫从事过度劳动、侮辱人格、滥施戒具等行为。

这类犯罪行为也是酷刑罪的基本类型之一。

可见，中国刑法中规定的刑讯逼供罪的体罚、虐待被监管人罪，实际上也可以视为《禁止酷刑和其他残忍、不人道或有辱人格的待遇或处罚公约》中的实体法规范在中国刑法中的体现，二者的基本精神和具体内容是一致的。

除了上述具体规定之外，为了适应同国际犯罪作斗争的需要，同时也为了切实履行我国在有关国际刑法条约中担承的义务，全国人民代表大会常务委员会于1987年6月23日作出决定：对于中华人民共和国缔结或者参加的国际条约所规定的罪行，中华人民共和国在所承担条约义务的范围内，行使刑事管辖权。这一规定，明确反映了中国在反对恐怖主义等国际犯罪斗争中一贯坚持的严正立场，表明了中国作为国际公约的缔约国信守自己在有关国际公约中对制裁国际犯罪所作出的承诺，把中国刑法与国际刑法联系起来，同时也消除了中国刑法关于刑法适用规范的规定与中国所承担的国际义务不相适应的现象，为刑事司法系统制裁有关国际刑法条约中规定的国际犯罪提供了国内法上的依据。此外，这种规定方式，作为一种概括立法，可以避免以后审批这类条约时在刑事管辖范围方面的一事一决的繁复。

三、中国刑法修改中与国际刑法有关问题的立法建议

中国刑法虽然在某些方面体现了国际刑法的若干内容，但是从总体上看，应当说还有许多有待完善的方面。对此，在修改完善中国现行刑法的理论探讨中，一些学者提出了许多很有见地的立法建议。通览这些立法建议，结合中国缔结和参加的国际条约中的有关刑事实体法方面的规定，笔者认为，为了使中国刑法适应同国际犯罪作斗争的需要，更好地体现国际刑法的实体规范，中国刑法在修改过程中，至少应当重视如下几点：

(一) 明确规定对国际犯罪的普遍管辖原则

对国际犯罪实行普遍管辖，是国际刑法的基本原则之一。中国先后缔结和参加的一系列国际公约在规定国际犯罪构成的同时，都要求缔约国对有关犯罪行使管辖权。全国人民代表大会常务委员会虽已作出了"对于中华人民共和国缔结或者参加的国际条约所规定的罪行，中华人民共和国在所承担条约义务的范围内，行使刑事管辖权"的决定，但是在中国现行刑法中，对普遍管辖原则并没有明确完整的规定。我国刑法关于适用范围的规定，实际上是根据属地管辖原则、属人管辖原则和保护管辖原则作出的。既不在中国领域内实施，又不是中国公民实施，也不是针对中国国家或公民实施的国际犯罪，按照刑法的规定，中国就不能对之进行刑事管辖。也正是因为这样，才有了立法机关的上述规定。然而，上述决定的高度概括性使它未能充分表达对国际犯罪应当确立的管辖原则，有必要在刑法修改时对之具体化。

从中国刑法的现有规定看，其第3条、第4条、第5条、第6条已经分别规定了属地管辖、属人管辖和保护管辖的原则，这些规定，使中国刑法完全可以适用于外国人和无国籍人在中国领域内实施的或者针对中国国家或公民实施的国际犯罪，也完全适用于中国公民在中国领域内和中国领域外实施的国际犯罪。所以，中国刑法在管辖权问题上的修改完善，应当是在刑法第3—6条现有的规定的基础上，适当增设条款，扩大中国刑法的适用范围，以确立对外国人和无国籍人在中国领域外实施的国际犯罪的刑事管辖权。

按照有关国际公约的规定，一国对外国人和无国籍人在其领域外实施的国际犯罪行使刑事管辖权，并不是任意性的，而是有条件的，即必须是犯有或被指控犯有国际犯罪的人在本国领土上被发现。如果犯有或被指控犯有国际犯罪的人，既不是本国公民，又没有出现在本国领域内，所犯罪行既不是发生在本国领域内，又不是针对本国国家或公民实施的，那么，它就没有对该犯罪和罪犯行使管辖的权力。

有鉴于此，中国刑法关于适用范围的规定需要增设的条款，应当是："外国人或无国籍人在中华人民共和国领域外实施的中华人民共和国缔结或参加的国际条约中规定的犯罪而在中华人民共和国领土内出现时，可以适用本法。"

此外，一些国际公约还规定，在其内发生国际犯罪的航空器的降落地国或承租人主要营业地国和永久居所所在地国，犯有国际罪行的无国籍人其领土内有惯常居所的国家，都有权对所称的国际犯罪行使刑事管辖权。根据这些规定，我国刑法第5条在现有规定的基础上，也应相应地增加一款，其内容应当是："中华人民共和国公民或在中华人民共和国领土内有惯常居所的无国籍人，在中华人民共和国领域外实施中华人民共和国缔结或参加的国际条约中规定的犯罪，亦适用本法，并且不受前款规定的最低刑的限制。"

（二）增设引渡条款

中国先后缔结和参加的一系列有关国际刑法的条约中都包含引渡罪犯的内容。但是中国现行刑法和刑事诉讼法中并没有关于引渡罪犯的规定，这与中国在所缔结和参加的国际条约中允诺承担的国际义务是不相适应的。因此，为了切实履行自己应当承担的国际义务，在同国际犯罪作斗争中加强同世界各国的刑事合作，更有效地打击国际犯罪，中国刑法应当增设引渡条款，建立引渡罪犯的制度。

不仅如此，从中国刑法的适用本身来看，建立引渡罪犯的制度也是非常必要的。随着改革开放政策的贯彻和发展，中国人民与世界各国人民之间的经济文化交流日益增多，这为中国公民和外国公民出入中国国（边）境提供了更多的机会，同时也为中国公民和外国人在中国境内犯罪后迅速逃往国外或者在外国犯罪后迅速逃到中国提供了便利的条件。如果不建立引渡罪犯的制度，不仅作为犯罪地的外国不能从中国引渡罪犯，中国本身也很难对在中国境内实施犯罪后逃至国外的罪犯追究刑事责任，不能切实有效地适用中国刑法。

此外，建立引渡罪犯的制度也是世界各国刑法发展的大势。中国刑法不应在这种世界潮流面前孤芳自赏。

在中国刑法中增设引渡条款，既要维护国家主权，又应当坚持国际刑法中公认的引渡规则。对此，一些学者认为，引渡立法在内容上应当包括：政治犯不引渡原则、双重犯罪原则、罪行特定原则、本国公民不引渡原则、国际条约优先适用原则等。

那么，如何在刑法中规定引渡制度？笔者认为，不应当将引渡的有关问题不加区别地笼统规定在刑法中，而应根据其功能分别加以规定，即在刑法中规定一般原则，在刑事诉讼法中规定具体操作程序。作为实体刑法中的规定，采取如下用语似乎更为妥当：

第×××条　犯本法规定的最低刑为三年以上有期徒刑之罪，可以引渡。但是，按照有关当事国的法律不构成犯罪的除外。

有足够理由认为请求国可能基于民族、种族、宗教信仰或其他政治原因对被请求引渡者予以不公正的审判或待遇的，不予引渡，但是中华人民共和国缔结或参加的国际条约中明示或在逻辑上含有不得视为政治犯的犯罪，不得拒绝引渡。

除国际条约明示承诺外，本国公民不得引渡。

这样规定，可以使引渡罪犯的制度在中国刑法中得以明确具体的体现。其中第 1 款，不仅确立了引渡制度，而且确立了双重犯罪原则，即可以成为引渡理由的犯罪，必须是按照中国刑法构成犯罪的行为，并且是最低刑为 3 年以上有期徒刑的犯罪，同时也必须是按照引渡的另一当事国的法律也构成犯罪的行为，如果按照另一当事国的法律不构成犯罪，就不符合双重犯罪的原则，因而不得引渡。第 2 款，既确立了政治犯不引渡原则，又承认了这一原则的例外。这是国际刑法中确立的国际犯罪不得视为政治犯这一原则的贯彻。第 3 款，确立了本国公民不引渡原则，但是没有把这一原则绝对化。该款实际上承认了国际公约优先的原则。只要是已经缔结或参加的国际公约中明确规定的条款，加入时又没有声明持有保留，那就应当切实执行。这一原则虽然目前尚无先例，但是在立法上应当考虑到这种情况出现的可能性。

除上述三点之外，笔者认为，引渡罪犯的其他问题，例如引渡请求的提出、受理和审查，引渡的实施机关以及不引渡可起诉等，应当在刑事诉讼法的相应条款中加以规定，而不应规定在实体刑法中。关于引渡条款的归属，应当放在"刑法的适用范围"中，在现行刑法中，应当置于第 6 条之后。

（三）明确规定战争犯罪

关于战争方面的国际犯罪，中国刑法中没有作出明确的规定，但是《惩治军人违反职责罪暂行条例》第 20 条、第 21 条所规定的掠夺无辜居民罪和残害无辜居民罪、虐待俘虏罪，可以看作与 1946 年 12 月 11 日联合国大会决议一致确认的欧洲国际军事法庭宪章原则所指出的战争罪的部分内容相对应的规定。然而按照该条例的规定，这些犯罪只适用于现役军人，而不适用于其他人员，更不适用于外国人。这与对国际犯罪实行普遍管辖的原则是不相称的。中国刑法中没有关于反和平罪、反人道罪的规定，也许是基于中华人民共和国在国际交往中一贯奉行和平共处五项原则，绝不会对他国发动侵略战争的考虑。但是这种考虑不应当妨碍在刑法中规定有关战争方面的犯罪。因为：第一，中国不对外推行战争政策并不意味着我们国家的任何个人都不会实施这方面的犯罪，特别是作为法律上的一种假设，更不应当排除这类犯罪被实施的可能性。第二，在刑法中规定有关战争方面的犯罪，可以为我国根据国际刑法规范制裁其他国家或个人对我国实施战争方面的犯罪提供国内法上的依据。有了国内法上的依据，一旦这类犯罪在我国领域内发生或者对我国公民实施，我国司法机关便可以依据国内法直接对之进行起诉和审判。第三，在国内刑法中规定有关战争方面的犯罪，可以明确我国在同战争犯罪做斗争，维护世界和平与安全方面的原则立场，表明我国切实履行自己承担的对国际犯罪行使普遍管辖权的义务的决心。因此，我国刑法在修改时应当增设这方面的内容，对国际社会公认的反和平罪、战争罪、反人道罪和非法使用武器罪的构成和处罚作出明确的规定。

基于以上理由，笔者认为，中国刑法在修改完善的过程中，应当根据中国参加和承认的有关战争犯罪的国际刑法规范，在刑法典中而不仅仅是在惩治军人违反职责罪的条例中，对战争犯罪作出相应的规定。这种规定，可以放在"危害国家安全罪"一章中。其规定方式可以考虑使用如下文字：

第××条　未经国家最高权力机关授权而采取的敌对行动，或者以其他非法行动，使中华人民共和国卷入战争状态的，处十年以上有期徒刑、无期徒刑或者死刑。

在战争或武装冲突中，违反中华人民共和国参与制定或承认的战争法规则，滥杀无辜，或者非法使用武器造成严重后果的处三年以上十年以下有期徒刑；情节特别严重的，处十年以上有期徒刑、无期徒刑或者死刑。

(四) 增设侵犯应受国际保护人员罪

应受国际保护人员的人身权利和住宅不受侵犯，是保障国际交往正常秩序所必需的，也是与他国保持正常的国际关系、维护本国的安全所必需的。中国已经加入了《关于防止和惩处侵害应受国际保护人员包括外交代表的罪行的公约》，承认制裁这种犯罪的必要性并承担了制裁这种犯罪的义务，因此在中国刑法中，应当对这种犯罪作出明确的规定并确定一定幅度的法定刑。

根据《关于防止和惩处侵害应受国际保护人员包括外交代表的罪行的公约》中的规定，侵犯应受国际保护人员罪，在立法上可以作如下规定：

对处在中华人民共和国境内的外国元首包括依照本国宪法行使国家元首职责集体机构成员、政府首脑、外交部长和他们的随行家属以及其他应受国际保护的外交人员实施谋杀、绑架或者其他侵害人身和自由的行动；或者对这类人员的住宅、办公室或交通工具进行暴力攻击；或者以进行任何这类攻击相威胁的，处三年以上十年以下有期徒刑；情节特别恶劣的，处十年以上有期徒刑、无期徒刑或者死刑。

前款规定亦适用于对处在外国境内的中华人民共和国的应受国际保护人员所犯之罪。

(五) 完善关于危害公共安全罪的立法

中国刑法分则第二章对危害公共安全罪作了专门的规定。但是从近年来同这类犯罪作斗争的实践中看，这些规定还存在进一步完善的余地。特别是就现行刑法关于危害公共安全罪的规定与中国缔结和参加的有关国际公约中的刑法规定的衔接而言，现行刑法中的某些规定值得研究，值得修改完善。例如，刑法在第100条反革命破坏罪中列举了抢劫船舰、飞机的行为；在第107条、第108条破坏交通工具罪中指出破坏船只、飞机、机场、航道、灯塔、标志，足以使船只、飞机发生倾覆、毁坏之危险的行为。这可以看作与国际刑法中所禁止的破坏公海秩序和航空秩序罪中的某些行为相关的犯罪。但是，第一，把抢劫船只、飞机的犯罪作为反革命罪，是与国际刑法排除政治罪的原则不相符合的。这将给对这类犯罪依普遍管辖原则进行追诉、引渡等活动造成不应有的障碍；第二，这些规定并没有明确、全面地反映出我国已经加入的有关国际公约中相关犯罪所应包括的罪行，与中国在这方面应当承担的义务不相吻合。因此，对之进行修改补充，应当说是必要的。

至于如何完善这方面的立法，笔者认为至少有两种可供选择的方案：一是增设专门条款，分别规定国际公约中有关国际恐怖主义罪行的犯罪；二是在现有立法的基础上进行必要的修改和补充。第一种方案需要打破刑法分则第二章的现在格局，对其进行大的调整，似乎难度更大一些。如果从立法的简便上考虑，第二种方案较为可取。按照上述第二种方案，可以对刑法分则第二章作如下的修改和补充：

其一，修改破坏交通工具、交通设备罪。

可将刑法第107条修改为："破坏正在使用中的船舶、航空器、火车、汽车、电车，足以使其发生倾覆、毁坏危险，或者以其他危险方法危害公共交通安全，尚未造成严重后果的，处三年以上十年以下有期徒刑。"

可将刑法第108条修改为："破坏航道、机场、轨道、桥梁、隧道、公路、灯塔、标志，或者进行其他破坏活动，足以使船舶、航空器、火车、汽车、电车发生倾覆、毁坏之危险，危害公共交通安全，尚未造成严重后果的，处三年以上十年以下有期徒刑。"

这两条规定与现有的第110条相结合，便可以包括危害海上航行安全罪和危害民用航空安全罪的基本内容，构成对类似国际犯罪进行制裁的法律依据。

其二，增设海盗罪和劫持交通工具罪。

根据有关国际公约的规定，我国刑法中应当增设海盗罪和劫持交通工具罪（其中包括空中劫持罪和海上劫持罪）。其规定方式可以使用如下文字：

第×××条　在公海或内海上实施海盗行为的，处三年以上十年以下有期徒刑；情节特别恶劣的，处十年以上有期徒刑、无期徒刑或者死刑。

第×××条　非法劫持或控制正在使用中的船舶、航空器、火车、汽车、电车、危及公共交通安全的，处三年以上十年以下有期徒刑；情节恶劣或者造成严重后果的，处十年以上有期徒刑、无期徒刑或者死刑。

这样规定，可以填补中国现行刑法关于危害公共安全罪的立法中的不足，使国际刑法中的实体规范在中国刑法中得以更充分的体现。

其三，修改刑法第115条。

为了使国际刑法中的非法获取和使用核材料罪在中国刑法中得以体现，同时也为了全面反映近年来同犯罪作斗争的实际需要，现行刑法第115条可考虑作如下修改：

非法获取或使用爆炸性、易燃性、放射性、毒害性、腐蚀性物品，足以危害公共安全的，处三年以上十年以下有期徒刑；造成严重后果的，处十年以上有期徒刑、无期徒刑或者死刑。

在合法生产、储存、运输、使用爆炸性、易燃性、毒害性、腐蚀性物品中违反有关规定，发生重大责任事故，造成严重后果的，处三年以下有期徒刑或者拘役，后果特别严重的，处三年以上七年以下有期徒刑。

（六）增设劫持人质罪

中国刑法中原没有劫持人质犯罪的规定，在《关于严惩拐卖、绑架妇女、儿童的犯罪分子的决定》中规定有绑架勒赎罪。但是，从世界各国同这类犯罪作斗争的实践中看，劫持人质罪行的目的也并不都是财产性利益。通过劫持人质要挟某个国家、某个组织或个人为或不为一定的与交付钱财无涉的行为的犯罪，在一些国家屡见不鲜。在国际社会中，跨国性劫持人质的国际犯罪，通常都被公认为国际恐怖主义罪行之一。

有鉴于此，笔者认为，中国刑法中不仅应当增设劫持人质罪，而且应当把这种犯罪作为一种危害公共安全的犯罪，或者至少应当作为一种侵犯人身权利的犯罪加以规定。这种犯罪在构成上不仅应当包括以财产为目的的犯罪，而且应当包括非财产性目的的犯罪。只要在客观上实施了劫持人质的行为，并且以伤害人质来要挟第三者为或不为一定行为，就应当视为劫持人质罪。所以，该罪的立法宜用如下文字：

第×××条 为了获取财产、情报或其他物质，或者为了强迫某人或第三者实施或不实施某种行为，非法劫持或拘禁他人的，处三年以上十年以下有期徒刑；情节特别恶劣或者造成严重后果的，处十年以上有期徒刑、无期徒刑或者死刑。

这样规定，可以较为全面地概括劫持人质罪的各种表现，同时也可以更充分地体现《反对劫持人质国际公约》中关于劫持人质罪的规定，解决中国刑法与国际刑法相应规范的衔接问题。

（原载《法律科学》1993年第1期）

国际刑法的国内立法研究

近年来，国际社会通过了一系列旨在惩治国际犯罪的国际刑法公约。这些国际刑法公约对于维护世界各国人民的共同利益，保障国际公共秩序的安宁，具有重要的意义。但是，在目前的国际环境下，这些国际刑法公约的适用，大量的主要的还是通过各国国内刑事司法系统在本国主权所及范围内追诉国际犯罪的活动即国内刑事司法活动来实现的。通过各个国内刑事司法系统来适用国际刑法，首先就必须是国际刑法规范在形式上变成国内刑法的一部分，即在国内刑法中确认和体现国际刑法的基本内容。从这个意义上说，国际刑法规范在国内刑法中的确认，是国际刑法国内适用的首要前提。因此，研究国际刑法公约中规定的国际犯罪如果在国内刑法立法中得以体现和确认，对于国际刑法的适用具有重要的意义。

一、国际刑法国内立法的必要性

关于国际刑法在国内的适用，世界各国存在不尽相同的看法和不同的实践方式，如何在国内刑法中确认和体现国际公约中规定的国际刑法规范，各国的做法也不尽相同。在某些英美法系国家，国际法通常被认为是国内法的一部分。凡是国会批准缔结和参加的国际条约，其中设定的法律规范，只要不与国会制定的基本法律相抵触，并且该条约本身没有明示或暗示必须有进一步的立法使之生效，它就自然成为本国法律的一部分，可直接由国内司法系统依其职权予以适用。有的国家甚至赋予这类法律高于国内法的地位。例如美国宪法第4条第2款中规定，条约是"美国最高法律"，它"优于国内法"。对于这些国家来说，概括的立法或者长期的实践，已经确认了本国缔结和参加的国际条约在国内的法律地位，有关国际公约中的国际刑法规范可以直接通过国内刑事司法系统予以适用。因而只要是对本国生效的国际公约，其中的国际刑法规范就自然表现为本国国内刑法的一部分。但是在大多数国家包括中国，国际刑法规范在国内刑事司法中得以适用的基本前提是国际犯罪在国内刑法中的确认和体现。对于这些国家来说，它在有关国际公约中承诺的制裁国际犯罪的义务，就必须通过立法的形式在国内刑法中加以确认和体现，使之成为国内刑法的一部分，才能为国内刑事司法系统所适用。因为，国内刑事司法系统作为主权国家的国内执法系统，其职能活动必须以国内法为依据。国际刑法公约中关于国际犯罪的规定，如果不能在国内刑法中得以体现，就很难为国内刑事司法系统在具体的司法活动中适用。

不论是直接确认国际刑法规范的国内法律效力，还是通过立法形式确认和体现国际刑法规范，都应当在国内刑法中加以明确规定和具体化。因为，第一，国际刑法规范与各国的国内刑法体系之间总是或多或少地存在差异。只有通过进一步的明确立法，才能解决国际刑法与国内刑法的衔接和协调问题，使国际刑法规范有可能更好地为国内刑事司法系统适用。第二，目前现有的国际刑法中关于国际犯罪的规定，都只规定犯罪构成和应受刑罚处罚，而没有规定具体的刑罚尺度。在这种情况下，如果只承认国际刑法的效力而不通过国内立法为国际犯罪规定具体的法定刑，国际刑法就很难由本国的国内刑事司法系统来适用。因此，只有通过国内立法，在确认国际刑法法律效力的同时，在国内刑法中作出具体明确的规定，才能为国内刑事司法系统适用国际刑法创造必要的、便利的条件。在这方面，国际刑法学协会第14届代表大会的决议中也指出："目前，国际刑法尚处在发展阶段，国家以立法的方式颁布特别法令，将国际条约的刑法条款纳入本国法律是为上策"；"最好的方法莫过于制定新的刑事法规。就战争犯罪而言，至少对严重践踏日内瓦公约的罪行应尽快地在国内立法上得到反映"。这种观点，应该说是有其现实意义的。

从另一方面看，国内刑法的本质和任务也要求它确认和体现国际刑法规范。各国的国内刑法，是本国的统治阶级、统治集团禁止和惩罚危害本国国家和人民利益的犯罪的意志表现。其基本任务都是维护本阶级、本集团在政治上、经济上的统治地位，保护和维持国家存在和发展的基本条件。刑法的这种基本属性促使每个国家都适时地把严重危害本国存在和发展的基本条件从而需要动用刑罚予以禁止的行为宣布为犯罪，予以刑事制裁。国际刑法中规定的犯罪，都是严重危害国际社会共同利益的行为。但是对于每个有关国际公约的缔约国来说，国际犯罪所危害的，并不仅仅是与已无关的他国的利益，而是为统治者所认识到了的同时危害本国国家和人民利益、危害本国存在和发展的基本条件的行为。如果说缔结和参加有关国际公约是各个主权国家制裁有关犯罪的意志的对外表现，那么，在国内刑法中禁止和制裁这类犯罪、确认和体现国际刑法规范，就应当是各个主权国家的同一意志的对内表现,是保护和维持本国国家和人民利益的一致要求。

二、国际刑法国内立法的主要内容

为了保证国际刑法公约在缔约国的贯彻执行,国内立法应该全面反映国际刑法公约所规定的内容。从国际刑法公约的具体内容看,国际刑法国内立法的内容主要应当包括以下几个方面:

(一)有关国际犯罪的实体法规定

在国际刑法公约中普遍包含着有关国际犯罪的实体法规定。例如,《反对劫持人质国际公约》第1条规定:"1.任何人如劫持或扣押并以杀死、伤害或继续扣押另一个人(以下称"人质")为威胁,以强迫第三方,即某个国家、某个国际政府间组织、某个自然人或法人或某一群人,作或不作某种行为,作为释放人质的明示或暗示条件,即为犯本公约意义范围内的劫持人质罪行。2.任何人(a)图谋劫持人质,或(b)与实行或图谋劫持人质者同谋而参与其事,也同样犯有本公约意义下的罪行。"第2条规定:"第一缔约国应按照第一条所称罪行的严重性处以适当的惩罚。"又如,《联合国打击跨国有组织犯罪公约》第5条"参加有组织犯罪集团行为的刑事定罪"规定:"1.各缔约国均应采取必要的立法和其他措施,将下列故意行为规定为刑事犯罪:(a)下列任何一种或两种有别于未遂或既遂的犯罪的行为:(一)为直接或间接获得金钱或其他物质利益而与一人或多人约定实施严重犯罪,如果本国法律要求,还须有其中一名参与者为促进上述约定的实施的行为或涉及有组织犯罪集团;(二)明知有组织犯罪集团的目标和一般犯罪活动或其实施有关犯罪的意图而积极参与下述活动的行为:a.有组织犯罪集团的犯罪活动;b.明知其本人的参与将有助于实现上述犯罪目标的该有组织犯罪集团的其他活动；（b）组织、指挥、协助、教唆、便利或参谋实施涉及有组织犯罪集团的严重犯罪。2. 本条第1款所指的明知、故意、目标、目的或约定可以从客观实际情况推定。3. 其本国法律要求根据本条第1款（a）项（一）目确立的犯罪须涉及有组织犯罪集团方可成立的缔约国，应确保其本国法律涵盖所有涉及有组织犯罪集团的严重犯罪。"

在国际刑法国内立法的过程中，这些实体性的规定，首先应当按照国内法律传统，转化为国内刑法中关于犯罪和刑罚的规定。

1. 关于犯罪构成的规定

国际刑法公约中规定的国际犯罪，在转化为国内刑法中的犯罪的过程中，应当按照本国法律传统进行。特别是关于犯罪构成的规定，要充分考虑本国法律关于犯罪构成的基本原理和规定模式，满足本国刑事司法系统进行诉讼的一般规则。从世界各大法系的情况看，英美法系强调在犯罪构成中强调"犯意"和"犯罪行为"两个要素和不负刑事责任的辩护理由；大陆法系特别是德、日刑法强调犯罪成立的构成要件相符性、违法性和有责性；而中国刑法则坚持犯罪构成四要件的理论。在中国，要把国际刑法公约中规定的国际犯罪在国内刑法中加以规定，就应当按照犯罪构成四要件的原理和中国刑法中规定犯罪的方式，对公约规定的国际犯罪进行类型化整理，使国际犯罪真正融入中国刑法中的犯罪体系。例如，关于贿赂罪的规定，《联合国反腐败公约》第15条贿赂本国公职人员中规定："各缔约国均应当采取必要的立法措施和其他措施，将下列故意实施的行为规定为犯罪：（一）直接或间接向公职人员许诺给予、提议给予或者实际给予该公职人员本人或者其他人员或实体不正当好处，以使该公职人员在执行公务时作为或者不作为；（二）公职人员为其本人或者其他人员或实体直接或间接索取或者收受不正当好处，以作为其在执行公务时作为或者不作为的条件。"该罪在中国刑法中，如果完全照搬反腐败公约的规定，就可能与中国刑法关于贿赂犯罪的规定格格不入。但是如果按照中国刑法的传统，把受贿罪与行贿罪分别加以规定，并且按照中国法律的用语习惯来规定，就能够很好地与中国刑法规定的犯罪体系相融合，便于刑事司法人员理解和执行。

此外，关于犯罪的预备、未遂和中止的规定，关于法人犯罪等问题，国内立法时也应当一并作出规定。没有特殊规定的，应当明确适用本国刑法中就相关问题规定的一般原则。

2. 关于刑罚的规定

由于世界各国刑罚制度之间存在很大的差异，所以在国际刑法公约中，关于刑罚的规定一般都比较原则。通常的规定模式是：每一缔约国应酌情采取必要措施，使本公约规定的罪行受到适当惩罚，这种惩罚应考虑到罪行的严重性。这类规定都要求缔约国对国际刑法公约中规定的国际犯罪规定与其罪行相适应的刑罚。至于是什么样的刑罚以及刑期是多少，则要根据各个国家的刑罚制度和刑罚体系来确定。因此，在国际刑法国内立法的过程中，为国际犯罪选择适当的刑罚是一个需要研究的问题。对国际犯罪规定刑罚，选择什么刑种，确定什么样的法定刑幅度，首先要充分考虑国际社会在将其规定为国际犯罪的时候对该行为性质及其严重程度的所达成的共识，其次要考虑该犯罪在本国刑法规定的犯罪体系中所居的位置，以及本国刑法对严重程度相当的犯罪所规定的刑罚，要保持本国刑法中罪刑关系的均衡性。对国际犯罪所规定的刑罚，只有在本国的罪刑体系中符合罪刑关系均衡性，才是适当的刑罚。例如，关于恐怖主义爆炸罪，如果造成死亡重伤等严重后果，在中国刑法中就应当规定有死刑，才能够与其他危害公共安全罪保持罪刑体系中的均衡。如果顾及其他国家对同类犯罪没有规定死刑，而将其最高法定刑规定为无期徒刑，那就会破坏中国刑法的罪刑关系体系，违背适当刑罚的要求。

3. 关于管辖权的规定

国际刑法公约对国际犯罪普遍确立了普遍管辖的原则。国内刑法对国际犯罪的规定，也应该遵循这个原则，对国际犯罪规定普遍管辖，以确保外国人对国外实施国际犯罪之后进入本国领域的，可以根据本国刑法的规定对其行使刑事管辖权。

（二）有关程序和证据规则的规定

国际刑法公约中大多没有关于程序和证据规则方面的规定。国内刑事司法系统追究国际犯罪的刑事责任，应当按照国内刑事诉讼法的规定进行。但是有的国际刑法公约中包含了这方面的内容。例如，《联合国打击有组织犯罪公约》中就有关于起诉、审判和制裁跨国有组织犯罪以及没收、扣押犯罪所得等方面的规定；《联合国反腐败公约》中也有对腐败犯罪起诉、审判和制裁以及冻结、扣押和没收犯罪所得等方面的规定；上述两个公约中都有关于保护证人以及帮助和保护被害人的规定等。对于这类规定，作为缔约国，就有义务在本国的刑事法律中加以规定，并使之具体化。当然，在一般情况下，对国际犯罪的起诉、审判和制裁，是按照与国内刑法中规定的其他犯罪相同的程序规则进行的。但是针对国际犯罪的特殊情况，如果需要特别规定的，国内立法中应当作出相应的规定。例如，中国刑法中明确规定：外国人犯罪的刑事案件，由中级人民法院管辖。这就是不同于一般刑事案件的管辖规定。

(三) 有关刑事合作的规定

国际刑法公约中包含大量的有关国际刑事合作方面的规定。这些规定是国际刑法得以实现的基本保证。在国际刑法国内立法的过程中，这类规定无疑需要给予高度地关注，使之成为国内法律的重要组成部分。从国际刑法公约的规定中看，这方面的内容涉及以下十个方面：(1) 采取必要的应急措施和强制措施；(2) 开展执法合作；(3) 引渡罪犯；(4) 开展刑事司法协助；(5) 刑事诉讼的转管；(6) 没收犯罪所得；(7) 相互交换情报；(8) 承认和执行外国刑事判决；(9) 被判刑人移管；(10) 开展技术援助。有关国际刑事合作方面的国内立法，应当在国家主权原则的前提下尊重国际公约中确立的基本原则，充分考虑国际刑事合作的需要，便于本国的刑事司法系统与外国开展刑事合作，而不应当违背公约确立的原则，过多地为刑事合作设置障碍。

(四) 有关预防性措施的规定

在一些国际刑法公约中，对如何有效地预防国际犯罪，防止犯罪危害的扩展，作出了明确的规定。这类规定也是缔约国应当履行的国际义务，有必要在国内立法中加以具体化。特别是《联合国打击有组织犯罪公约》和《联合国反腐败公约》，对防止跨国有组织犯罪和腐败犯罪的预防性措施作了明确的规定。如《联合国打击有组织犯罪公约》第31条"预防"中规定："1. 缔约国应努力开发和评估各种旨在预防跨国有组织犯罪的国家项目，并制订和促进这方面的最佳做法和政策。2. 缔约国应根据其本国法律基本原则，利用适当的立法、行政或其他措施努力减少有组织犯罪集团在利用犯罪所得参与合法市场方面的现有或未来机会。这些措施应着重于：(a) 加强执法机构或检察官同包括企业界在内的有关私人实体之间的合作；

(b) 促进制定各种旨在维护公共和有关私人实体廉洁性的标准和程序，以及有关职业，特别是律师、公证人、税务顾问和会计师的行为准则；（c）防止有组织犯罪集团对公共当局实行的招标程序以及公共当局为商业活动所提供的补贴和许可证作不正当利用；（d）防止有组织犯罪集团对法人作不正当利用，这类措施可包括：（一）建立关于法人的建立、管理和筹资中所涉法人和自然人的公共记录；（二）宣布有可能通过法院命令或任何适宜手段，在一段合理的期间内剥夺被判定犯有本公约所涵盖的犯罪的人担任在其管辖范围内成立的法人的主管的资格；（三）建立关于被剥夺担任法人主管资格的人的国家记录；（四）与其他缔约国主管当局交流本款（d）项（一）目和（三）目所述记录中所载的资料。3. 缔约国应努力促进被判犯有本公约所涵盖的犯罪的人重新融入社会。4. 缔约国应努力定期评价现有有关法律文书和行政管理办法，以发现其中易被有组织犯罪集团作不正当利用之处。5. 缔约国应努力提高公众对跨国有组织犯罪的存在、原因和严重性及其所构成的威胁的认识。可在适当情况下通过大众传播媒介传播信息，其中应包括促进公众参与预防和打击这类犯罪的措施。"《联合国反腐败公约》第三章专门就腐败犯罪的预防措施作出了规定。这些有关预防措施的规定，在国内立法时应当予以高度关注，并加以规定。

三、国际刑法国内立法的基本途径

由于各国的法律制度和立法模式不同，在国内立法中确认和体现国际刑法规范的方式和途径也会有所不同。从中国法律制度和立法的实际情况看，国际刑法的国内立法可以通过四个途径得以实现：

(一) 制定单行法律

对于中国参加的国际刑法公约中的重要而集中的内容，国家最高立法机关可以通过制定单行刑事法律的方式，将其加以明确具体的规定，以便为中国的刑事司法系统提供可以遵循的国内法律依据。如2000年12月28日第九届全国人民代表大会常务委员会第十九次会议通过的引渡法，就是根据中国在履行条约义务开展引渡合作的现实需要，在总结中国与外国开展引渡合作的主要做法和成功经验的基础上，制定的单行刑事法律。中国的引渡法，包括四章55个条文，明确规定了引渡法制定的目的及其适用范围、引渡的原则与途径，具体规定了外国向中国提出引渡请求的条件和程序，以及国内有关国家机关对引渡请求的审查和执行的具体程序，也规定了中国向外国提出引渡请求的主体及其程序。这些规定，集中反映了中国与外国签订的引渡条约以及中国参加的国际公约中有关引渡问题的基本内容和主要精神，为中国刑事司法系统对外开展引渡合作提供了明确具体的国内法律依据。

除了引渡之外，在国际刑法公约中出现频率比较高而且对国际刑事合作十分重要的另一个问题是刑事司法协助的问题。对于刑事司法协助问题，一些国家通过专门立法加以规定，一些国家则在刑事诉讼法中加以规定。中国过去没有这方面的专门规定。1996年修改后的刑事诉讼法第17条就此作了规定，即"根据中华人民共和国缔结或者参加的国际条约，或者按照互惠原则，我国司法机关和外国司法机关可以相互请求刑事司法协助"。这个规定只是明确"可以相互请求"刑事司法协助，但是如何开展，没有进一步的程序规则。

在1991年4月9日第七届全国人民代表大会第四次会议通过的民事诉讼法中，对民事诉讼中的司法协助问题，是设专章予以规定的。在刑事诉讼中，有关司法协助的问题，是设专章予以规定还是制定专门的单行刑事法律予以规定，是一个值得研究的问题。笔者认为，刑事司法协助的问题，在国际刑事合作中具有特别重要的意义。开展刑事司法协助，不仅是履行国际刑法公约规定的国际义务，联合打击国际犯罪的重要手段，而且是在惩治包含涉外因素的国内犯罪中与有关国家开展刑事合作的重要途径。国际刑事司法协助，涉及的内容广泛、复杂而且专业性很强，涉及的部门也比较多，有必要像引渡立法那样，通过制定单行刑事法律的方式，对之专门加以规定。

（二）补充修改法律

就国际刑法公约中规定的大部分内容而言，它应当成为国内刑法的一部分，而且应当融入国内刑法之中，以便国内刑事司法系统按照统一的法律原则来适用法律。对于国内刑事法律中尚未规定的以及国际刑法公约中新出现的国际犯罪以及惩治国际犯罪的刑事措施，在国内立法方面，可以通过补充修改已有法律的方式加以规定。例如，关于毒品犯罪，中国刑法中已经对之作出了明确具体的规定，并且其内容涵盖了有关国际公约中关于毒品犯罪的规定，因而就没有必要再进行国内立法。但是对于腐败犯罪、跨国有组织犯罪，中国刑法中虽然也有规定，但已有的规定不能完全涵盖中国参加的有关国际公约的内容，因而就有必要通过补充修改刑法的方式，如通过颁布刑法修正案的方式，修改中国刑法中有关腐败犯罪和有组织犯罪的规定，实现国内刑法与国际刑法的对接，以便国内刑事司法系统更好地履行公约规定的义务，有效地打击公约规定的犯罪。

（三）进行立法解释

在中国，立法解释是立法的方式之一。2000年3月15日第九届全国人民代表大会第三次会议通过的立法法第42条规定：

"法律解释权属于全国人民代表大会常务委员会。法律有以下情况之一的，由全国人民代表大会常务委员会解释：（一）法律的规定需要进一步明确具体含义的；（二）法律制定后出现新的情况，需要明确适用法律依据的。"第47条规定："全国人民代表大会常务委员会的法律解释同法律具有同等效力。"立法解释是在法律已有规定但规定不明确或者含义较窄的情况下，由立法机关对法律条文的含义进行释义解释或者扩张解释，以便明确法律条文的含义，或者使原有法律条文可以适用于新的情况的一种准立法的方式。立法解释相对于制定新的法律，具有简便易行的特点。当然，立法解释要受到法律原则、解释权限和解释对象本身的涵盖面等方面的限制。

对于国际刑法公约中规定的某些内容，如果国内法律中已有规定，只是规定得不够明确或者可能有不同的理解时，可以通过立法解释的方式，明确其可能涵盖的国际刑法公约中规定的相关内容。对于国际刑法公约中规定的某些内容，如果国内法律中已有的规定，按照严格的字面解释难以涵盖的，可以通过立法解释，对已有的规定进行扩张解释，使之包括国际刑法公约中的相关内容，同样可以有效地实现国内刑法与国际刑法的对接问题。当然，通过立法解释方式来解决国内刑法与国际刑法的对接问题，其范围和功能是有限的。对于国际刑法公约中规定的新内容和重要内容，往往需要通过正式立法的途径来规定。立法解释只是补充性的解决方式。

（四）进行司法解释

在中国的法律体系中，最高司法机关有权就法律适用问题作出司法解释，这种解释对司法机关适用法律的活动，也具有拘束力。1980年第五届全国人民代表大会常务委员会通过了《关于加强法律解释工作的决定》。其中规定：凡属于法院审判工作中具体应用法律的问题,由最高人民法院进行解释;凡属于检察院检察工作中具体应用法律的问题,由最高人民检察院进行解释。这种解释对司法机关具有拘束力。按照这个决定,中国司法机关就法律适用中的许多问题作出了司法解释。这些司法解释对于法律的正确实施发挥了重要的作用。

在国际刑法国内立法的过程中,最高司法机关的司法解释权,在弥补立法不足或不便方面,同样可以发挥作用。对于国际刑法公约中规定的某些内容,在国内法律已有规定的情况下,最高司法机关可以根据法律的规定和精神,就如何适用的问题进行解释,以便满足司法机关在履行国际义务、开展刑事司法合作方面的国内法律依据问题。例如,关于国际刑事合作中对双重犯罪的理解问题,关于具体案件中刑事管辖权的确定问题,关于具体的刑事合作程序中的主体问题,关于司法审查的内容和程序问题等,都可以由最高司法机关根据有关国际刑法公约的规定和中国法律的相关规定,加以解释,使之明确化。当然,司法解释本身要受到严格的限制,既不能违背被解释的法律的原义,也不能过分地扩张,不能用司法解释来代替立法。尽管如此,司法解释在国内刑法与国际刑法的对接方面,仍然可以有所作为,不失为国际刑法国内立法的一种方式。

(原载《现代法学》2009 年第 6 期)

国际刑法的基本问题

我国对国际刑法的研究始于20世纪80年代初。1983年，中国人民大学高铭暄教授在给刑法专业的硕士研究生授课时开设了"国际刑法"专题讲座。中国政法大学余叔通教授为1984年出版的《中国大百科全书（法学）》撰写了"国际刑法"词条。笔者和刘亚平翻译了巴西奥尼1980年出版的《国际刑法及国际刑法典草案》，并由西南政法学院于1983年印发。与此同时，一些国际法教科书和著作中出现了关于国际刑法和国际犯罪的论述。90年代初，陆续出版了一批系统研究国际刑法的著作。21世纪以来，随着国际刑事法院规约的出现，我国再次出现了研究国际刑法的热潮。综观我国关于国际刑法的研究，主要是围绕着以下几个方面展开的：

一、关于国际刑法的概念

国际刑法是一种新型的法律体系。如何理解这种法律体系，是研究国际刑法的学者首先面临的问题。对国际刑法概念的理解，主要涉及三个问题：

（一）国际刑法的定义

关于国际刑法的定义，主要有以下几种：

"国际刑法是国际社会在同国际犯罪作斗争中,通过国际协议确立起来的,规定国际犯罪和国际禁止行为,调整国家之间刑事合作方面的实体法和程序法规范、原则、制度的总称。"[1] 按照这种理解,国际刑法发源于多边条约,是由国际法的刑事方面和国内刑法的国际方面汇集而成的(前者主要构成国际刑法的实体法部分,后者主要构成国际刑法的程序法部分)。国际刑法的内容,主要包括刑事实体法和刑事程序法两个部分。

"国际刑法应该是各国统治阶级代表本国参与制定的旨在维护国际社会的公共秩序及各国的共同利益而规定国际犯罪行为及对策,调整国家之间刑事合作关系的法律规范的总称。"[2] 按照这种理解,国际刑法具有两个特征:第一,国际刑法体现了各国维护国际社会公共秩序及共同利益的愿望;第二,国际刑法以国际犯罪行为及对策、国家之间的刑事合作关系为调整对象。

"国际刑法是调整国际刑事法律关系的实体法与程序法的总称,主要包括国际社会预防和惩治国际犯罪以及国际刑事司法协助与合作的原则、规则和制度。"[3] 这种定义包含了四个含义:第一,国际社会是国际刑法产生、形成和发展的基础。第二,国际刑法所调整的关系是国际刑事关系。所谓国际刑事关系,主要是国家之间的关系,这种关系既有双边的关系,也有多边的关系。第三,国际刑法所预防和惩治的对象是国际犯罪。第四,国际刑法既有实体法,也有程序法,是调整国际刑事法律关系的实体法和程序法的原则、规则和制度的总称。

---

[1] 黄肇炯:《国际刑法概论》,四川大学出版社1992年版,第7页。
[2] 陆晓光主编:《国际刑法概论》,中国政法大学出版社1991年版,第3页。
[3] 邵沙平:《现代国际刑法教程》,武汉大学出版社1993年版,第4页。

国际刑法是指"为了维护国际社会的公共秩序和共同利益，国家间以条约、惯例等形式制定或认可的，关于国际犯罪及其刑事责任和由此产生的国际刑事合作的法律规范，以及各国国内法中相应法律规范的总和"。[1] 这种定义，强调国际刑法的立法宗旨在于维护国际社会的公共秩序和共同利益；国际刑法的渊源既包括国家间的条约、习惯和原则，也包括各国国内法中与这些条约、习惯和原则相应的法律规范；国际刑法的内容不仅包括关于国际罪行及其刑事责任的刑事实体法，而且包括关于如何将国际罪犯诉诸法律的刑事程序法。

"国际刑法是规定国际犯罪行为、刑事责任和司法制度，以及国际刑事司法协助和域外犯罪刑事管辖权的法律规范的总称。"[2] 按照这种理解，国际刑法具有四个特点：第一，国际刑法的范围包括国际法的刑事方面和国内刑法的国际方面；第二，国际刑法的内容包括实体法和程序法；第三，国际刑法的管辖权包括国际法承认的、根据国内法行使的刑事管辖权和根据国际法行使的刑事管辖权；第四，国际刑法的司法制度由直接审理和间接审理两种形式组成。

笔者在1993年出版的拙作《国际刑法通论》中也曾提出了国际刑法的定义。笔者认为，国际刑法是国际公约中旨在制裁国际犯罪、维护各国共同利益的各种刑事法规范的总称，主要由国际社会共同制定的国际公约中有关规定和惩罚国际犯罪、进行国际刑事合作的规范性条款组成。

上述学者都认为，国际刑法是国际社会同国际犯罪作斗争的法律规范，因而不同于国内的法律规范。但是，在上述定义

---

[1] 贾宇：《罪与罚的思辨》，法律出版社2002年版，第339页。
[2] 林欣主编：《国际刑法问题研究》，中国人民大学出版社2000年版，第11页。

中存在明显的差别：首先是定义所包含的要素不同。其次是定义所涉及的范围的差别。再次是定义中包含的观点上的分歧。尽管学者们之间对国际刑法的理解存在某些不同的看法，但是在一些基本问题上看法还是比较一致的，即都认为，国际刑法是一系列法律规范的总称；这些法律规范的内容是有关预防和惩治国际犯罪、开展国际刑事司法协作与合作的；这些法律规范既包括实体性的法律规范，也包括程序性的法律规范。

国际刑法将制裁国际犯罪的实体法、程序法和执行法通过国际公约的形式融为一体，构成一个独立的法律体系，具有如下特征：第一，国际刑法是国际社会共同制定的刑事法规范。国际刑法不是"涉外刑法"。它既不是一个国家的刑法所包含的涉外因素，也不是一个国家的刑法的域外适用。不能把一个国家按照自己的国内刑法处理含有涉外因素的犯罪的实践活动视为国际刑法的实践。同时，国际刑法也不是两个国家之间的刑事条款。两个国家之间为了制裁各自国内法上的犯罪而签订的条约不能视为国际刑法规范。国际刑法制定的主体只能是国际社会。只有世界上大多数国家至少是一定数量的国家共同认可的制裁国际犯罪的法律规范，才能称之为国际刑法规范。造法主体的国际性，是国际刑法效力的必要保障，也是国际刑法区别于国内刑法的显著特征。第二，国际刑法是以国际犯罪为制裁对象的刑事法律规范。国际刑法虽然要通过各个主权国家之间的通力合作来实施，但它不是调整国家之间关系的法律，而是调整国际社会与实施国际犯罪行为的主体之间关系的法律。国际刑法的产生旨在把国际社会作为一个整体来共同对付国际犯罪。因此，如果要说国际刑法调整国际刑事法律关系的话，也只能是各个主权国家联合构成国际刑事法律关系的一方主体，而与国际犯罪的主体相对抗，而不是国家之间的刑事法律关系。第三，国际刑法是以国家主权为前提、以国际合作为基础的刑事法律规范。国际刑法的产生不是各个个人意志一致的结果，而是各个主权国家意志一致的结果。在国际刑法公约产生的过程中，每个国家都是以其享有的国家主权为前提，并运用国家主权在刑事管辖上的自主权，来参与公约的草拟和签订活动。国际刑法公约的产生，反映了各个主权国家维护本国利益、制裁国际犯罪方面彼此合作的共同要求。国际刑法不是对国家主权的否定，而是国家主权在对付国际犯罪方面的表现形式。国际刑法的产生，依赖于各个主权国家的彼此合作，国际刑法的适用更是离不开国家之间的合作。因为国际刑法规范的最大特点，是它的跨国适用。在国际刑法规范具体适用的每一个场合，都可能涉及一个以上的国家。没有有关国家之间的彼此合作，国际刑法就很难实行。因此，国际刑法不仅是以承认各国主权为前提的法律规范，而且是依赖各个主权国家的共同努力来实施的法律规范。第四，国际刑法具有法律规范的完整人格。国际刑法虽然是各个国家国内刑法的国际方面在与国际法的刑事方面相结合的过程中逐渐形成的，但是作为一个独立的法律部门，它具有法律规范的一般特性，具有自己的完整人格。如果认为在国际刑法结构中，国际法的刑事部分和国内刑法的国际部分是"并存"的，具有"相对独立性"，那么，即使承认它们之间有相互联系，这两个部分也不可能构成一个"体系"。国际刑法的上述特征，决定了它不同于其他法律部门的一系列特点。正确认识国际刑法的基本特征，对于理解国际刑法的各个方面的问题，很有帮助。

（二）国际刑法的内容

学者们普遍认为，国际刑法，既包括刑事实体法方面的内容，也包括刑事程序法方面的内容；既包括惩罚国际犯罪方面的内容，也包括国际刑事合作方面的内容。

有的学者认为，国际刑法的内容，不仅包括国际公约中有关国际犯罪及其刑事责任、国际刑事合作方面的内容，而且包括国内刑法中涉外方面的内容。如有的学者认为："国际刑法是指存在于国际法和国内刑法之中，旨在同国际性犯罪和跨国性犯罪作斗争，规定国际犯罪和国际禁止行为，调整国家之间、地区之间刑事司法协助方面的实体法和程序法规范、原则和制度的总称。"[1] 有的学者认为，国际刑法是为了维护国际社会的公共秩序和共同利益，国家间以条约、惯例等形式制定或认可的关于国际犯罪及其刑事责任和由此产生的国际刑事合作的法律规范，以及各国国内法中相应法律规范的总和。国际刑法的渊源主要是国家间的条约、习惯和原则，但还包括各国国内法中与这些条约、习惯和原则相应的法律规范。作为国际刑法渊源的法律规范，就其内容而言，应该包括关于国际刑事合作的国际法与内国法规范。[2] 按照这些学者的观点，国际刑法如果不包括各国国内法中与国际犯罪和国际刑事合作有关的法律规范，国际刑法就是不完整的。

但是，有的学者认为，国际刑法中不包括国内刑法中的内容。国际刑法是一个独立的法律部门。尽管国际刑法的内容应当通过国内刑法来体现和执行，但是不应当把国内刑法中的规定视为国际刑法规范。

（三）关于国际刑法的独立性

关于国际刑法的性质，有三种观点。

第一种观点认为，国际刑法只是一个学科，还很难说是一

---

[1] 张旭：《国际刑法论要》，吉林大学出版社2000年版，第8页。
[2] 参见贾宇：《罪与刑的思辨》，法律出版社2002年版，第339—341页。

个法律部门。如有的学者认为:"国际刑法作为国际法的一个分支学科,目前还仅处于形成阶段,还没有与国际法脱离而成为一门独立的学科。"〔1〕

第二种观点认为,国际刑法已经形成一个法律部门,但它应当隶属于国际法,是国际法中的一个分支法律部门。如有的学者认为:"国际刑法因其所调整对象的特殊性而与国际法中的其他法律部门如海洋法、环境法、战争法、经济法、航空法等相区别,形成独立的法律部门。……国际刑法已经形成了国际法律部门中的一个独立的法律部门,并且已经在国际事务中发挥着重要的作用。"〔2〕"国际刑法是国际法的一个有机组成部分。从宏观的法律观点看,它与国际法的关系是部分与整体的关系。"〔3〕支持这种观点的理由主要是:第一,现存国际公约中有关反国际犯罪的规则、原则和规章、制度,是国际刑法的重要组成部分,也是国际法的重要内容。有谁会否认这些国际公约属于国际法的规范?第二,现存的有关反国际犯罪的程序法规范,如引渡罪犯制度、国家间的刑事司法协助制度等,是国际刑法的基础,而引渡制度又是国际法的传统规范,国际刑事司法协助制度是现代国际法的制度。第三,国际刑法作为国际反国际犯罪规则的形成过程是国际协议的结果,与国际公法的形成过程相一致。第四,从法律调整对象来看,国际刑法不仅仅调整国家与罪犯之间的关系,而且更重要的是要调整国家之间在处理国际犯罪事宜方面的刑事合作关系。而调整国家间关系正是国际法的根本任务。但是,持这种观点的学者又认为,任何一种法律如果没有独自的内在调整对象,没有特殊的

---

〔1〕 黄肇炯:《国际刑法概论》,四川大学出版社1992年版,第8页。
〔2〕 陆晓光主编:《国际刑法概论》,中国政法大学出版社1991年版,第4页。
〔3〕 赵永琛:《国际刑法与司法协助》,法律出版社1994年版,第14页。

法律手段，便没有存在的必要了。国际刑法是由一系列反国际犯罪的规则、原则、规章、制度所共同组成的，有其特殊规范。它首先是一种法律，然后才是一门科学的研究对象，因而任何简单化的企图都是有碍国际刑法发展的。[1] 这就提出一个问题：与国际法相比，国际刑法究竟有没有自己独自的调整对象、有没有自己的特殊规范？

与之相类似，有的学者认为，国际刑法是国际法的一个分支法律科学。但是持这种观点的学者又认为，在国际刑法与国际法的关系中要严格区分国际犯罪的主体与国际法的主体。国际犯罪的主体属国际刑法的范畴，国际法的主体属国际法的范畴。个人是国际犯罪的主体，但不是国际法的主体；国家是国际法的主体，但不是国际犯罪的主体。[2] 这同样使人无法理解：既然国际法的主体与国际刑法中的主体不属于同一个范畴，国际刑法如何又属于国际法的一个分支？

第三种观点认为，国际刑法是一个独立于国际法的法律部门。它虽然与国际法有着极为密切的联系，但不同于国际法；同时它也不同于国内刑法，而是一个具有自身独立性的法律部门。如有的学者指出："有不少国际法学者倾向于把国际刑法说成是国际法的一个分支，笔者不同意这种观点。第一，国际刑法与国际法的渊源有区别。……第二，国际刑法与国际法调整的对象有区别。"[3]

笔者在1993年出版的拙作《国际刑法通论》中提出了国际刑法独立性的观点。理由是：第一，国际刑法在本质上不同于国际法。当人们划分法律部门的时候，总是借助于法律调

---

[1] 参见赵永琛：《国际刑法与司法协助》，法律出版社1994年版，第14—16页。
[2] 参见林欣主编：《国际刑法问题研究》，中国人民大学出版社2000年版，第12—16页。
[3] 贾宇：《罪与刑的思辨》，法律出版社2002年版，第342—343页。

整的对象。根据不同的调整对象人们对法律规范进行归类从而划分出不同的法律部门。作为人们普遍接受的国际法，主要是以国家之间的关系为调整对象的。这种调整对象的特殊性，不仅使国际法在制定和实施方面不同于国内法，而且十分明确地把个人排除在国际法律关系主体的范围之外。个人既不具有国际法律关系的主体资格，也不承担国际法律关系中的义务。因此，一种法律，当它以国家与个人之间的关系为调整对象时，它就不应当属于国际法的范畴。正如我国国际法权威读本中指出的，"如果个人成为国际法的主体，那么，国际法就从根本上被破坏了，它就成为世界法，而不成为国际法了"[1]。与国际法相反，国际刑法在实质上正是以国际社会与罪犯个人之间的关系为调整对象的法律。国际刑法中规定的犯罪总是个人的行为和以个人行为为前提的行为，是罪犯个人违犯国际刑法的禁止性规范的表现；国际刑法中规定的刑事责任，也总是由犯罪者个人承担的，即使是个人以国家名义实施的国际罪行，受审判的也总是犯罪者个人，而国家只是负连带的赔偿责任和道义责任。诚然，国际刑法的适用需要各个主权国家之间的合作，需要有关国家承担一定的义务。但是正如我们不能因为国内刑法在适用过程中需要各个法院互相配合并承担一定义务（特别是审判流窜作案的罪犯时要求相关法院所做的那种配合）而把调整国家与罪犯个人之间关系的刑法视为调整审判机关相互关系和活动的法院组织法一样，我们不能因为国际刑法在制定和适用过程中需要国家之间的合作，而把这种调整代表各国的国际社会与罪犯个人关系的法律视为调整国家间关系的国际法的组成部分。第二，国际刑法不同于国内刑法。国际刑法虽

---

〔1〕《国际法》（高等学校法学试用教材），法律出版社1981年版，第6页。

然与国内刑法有着极为密切的联系，但是二者又有许多不同的特点，使它们不能合二为一。国际刑法与国内刑法有着不同的制定方式；国际刑法与国内刑法有着不尽相同的内容和范围；国际刑法与国内刑法有着不同的适用形式。这种区别表明，国际刑法与国内刑法不仅分属于不同的法律体系，反映着不同主体的意志，具有不尽相同的法律结构，而且具有不同的适用范围和适用方式。所以很难把它们中的任何一个归属于另一个。第三，国际刑法赖以产生、存在和发展的根据在于其自身的特殊性。国际刑法是由国际法的某些品格和国内刑法的某些品格相结合，而造就的一种边缘性的独立的法律制度。这种法律制度独立存在的基础，主要在于它所禁止的国际犯罪的特殊性和制裁国际犯罪的特殊方式。国际刑法所禁止的国际犯罪，不论与国家行为有无关系，都是个人的行为，但是另外，它们又都威胁着国际社会的共同利益并且常以跨国形式出现。因此，国际社会同国际犯罪的斗争，既不能当作国家间关系来处理，不能依靠国际法中公认的国际制裁手段来制裁，又不能完全依赖于各自独立的各个主权国家的国内刑法来制裁，而必须依靠国际社会中逐渐产生的国际刑法规范来解决。这些国际刑法规范，通过在各个主权国家之间签订公约的形式，在宣布禁止性规范的同时，要求各个主权国家联合起来共同承担运用刑事制裁手段同国际犯罪作斗争的义务，以保证其禁止规范被遵守。这种各个主权国家联合制裁国际犯罪的公约规定和国际实践，又赋予国际刑法另一个鲜明的特性，即国际刑法的适用必须依靠国家间的刑事合作。总之，国际刑法具有自身的特殊性，它既不同于一般的国际法，也不同于一般的国内刑法，而是由国际法的刑事部分和国内刑法的国际部分相结合而逐渐形成的一个独立的法律体系。它有自身存在的价值和根据，因而无法被其他部门法所取代。当然,无论是在其产生过程中,还是在其进一步的发展中,它都有赖国际法和各国国内刑法的发展。它的独立性并不意味着否定它与国际法和国内刑法之间的联系。

二、关于国际刑法的渊源

(一) 关于国际刑法渊源的不同理解

关于国际刑法的渊源,在学者们中间,存在一种扩大解释的倾向。有的学者认为,国际刑法的渊源除了国际条约之外,还应当包括国际习惯、司法判例、一般法律原则和国际组织的决议,[1] 甚至有的学者把国际组织的咨询意见、国际法学团体的学术见解和权威学者的学说也视为国际刑法的渊源[2]。按照这些学者的观点,国际刑法的渊源,首先是国际条约,其中包括国际公约(一般性国际刑法方面的公约,如《公民权利和政治权利国际公约》《关于难民地位的公约》;国际犯罪的实体法规范方面的公约,国际刑法的程序法方面的公约)、区域性公约(如《欧洲刑事司法协助公约》《美洲引渡公约》)、双边条约(即国家间缔结的关于预防和惩治犯罪方面的双边条约)、国际组织的协定、国际组织和两国间有关国际刑法的外交文件(如《世界人权宣言》《联合国消除一切形式种族歧视宣言》)。其次是国际习惯,即各国重复类似行为,并被各国认为是有法律拘束力的默示。至于哪些国际习惯可以成为国际刑法的渊源,则没有统一的标准。再次是司法判例,即各国学者在研究国际刑法时经常予以特别关注的资料。如纽伦堡国际军事法庭和远东国际军事法庭的审判判例。进而是国内法的一般原则和规范。国内法的一般原则是指为世界各国刑法典中所普

---

[1] 参见邵沙平:《现代国际刑法教程》,武汉大学出版社1993年版,第6—12页。
[2] 参见赵永琛:《国际刑法与司法协助》,法律出版社1994年版,第16—28页。

遍认同的原则，如法定主义原则、罪刑相一致原则、刑罚人道主义原则、普遍管辖原则等。至于国内刑事法中的具体规范，按照这些学者的观点，在刑事实体法方面，只有一国刑法的规范正好满足了国际刑法的要求，而且符合国际刑法的必备条件时，这种规范才能得到国际刑法的认可；在刑事程序法方面，是指各国在其国内刑事程序法中规定的有关处理具有涉外因素的犯罪的程序。最后是法律意见和权威学者的学说。前者是指国际组织的咨询意见和国际法学团体的学术见解；后者是指一些权威学者关于国家责任等方面发表的学说。[1]

有的学者认为，国际条约和国际习惯是国际刑法的渊源。但是，司法判例不能成为国际刑法的渊源，因为国际法院只有适用法律的职权而没有造法的功能，其判决只对本案有拘束力，而不能成为国际刑法的渊源。一般法律原则不是独立的国际刑法渊源，而是人们在已订立的协议中找出的一般原则，是国际协议的一部分内容或基本精神。联合国大会的决议只是决议而不是立法，其他国际组织的决议就更不能成为立法了，因而国际组织的决议不是国际刑法的渊源。至于国内刑法中的涉外规范，并不是两个以上主权国家意志的结果，如果将其确认为国际刑法的一种渊源，不仅各国、各法系刑法之间会发生严重冲突，而且还可能为大国主义、霸权主义提供可乘之机。[2]

有的学者认为，国际刑法的渊源不仅包括国家间的条约、习惯和原则，而且包括各国国内法中与这些条约、习惯和原则相应的法律规范。[3]

笔者曾对泛化国际刑法渊源的观点提出了批评，认为这些

---

[1] 赵永琛：《国际刑法与司法协助》，法律出版社1994年版，第18—28页。
[2] 参见黄肇炯：《国际刑法概论》，四川大学出版社1992年版，第25—28页。
[3] 贾宇：《罪与罚的思辨》，法律出版社2002年版，第340页。

观点混淆了国际刑法与国际刑法学之间的差别，把国际刑法学中的某些学术观点和研究项目视为国际刑法规范的存在方式。这些主张本身是很难自圆其说的。按照这些学者的观点，罪刑法定原则是各国刑事法所确认的最一般的法律原则。[1] 然而罪刑法定原则的基本要求正是"法无明文不为罪，法无明文不处罚"。按照这个原则，没有经过公认的造法程序上升为法律规范的"咨询意见"和"法律学说"，无论多么权威，也不应当视为法律的存在形式即法的渊源。

　　按照笔者的观点，国际刑法的渊源只能是世界各国共同签订的国际条约。其理由主要是：第一，国际刑法必须具有明确性，才能为各国所遵循。国际刑法是世界各国同国际犯罪作斗争的法律依据，也是世界各国在处理涉及国际犯罪的刑事案件中必须遵守的行为准则。然而，世界各国在行使作为国家主权重要组成部分的刑事管辖权时所信守的主权独立性原则，又不允许任何国家把自己的意志和习惯强加给别的国家。国际刑法的内在要求与国际社会的这种现实，使国际刑法要想取得国际社会的普遍承认和共同遵守，它就必须是世界各国在自愿协商基础上意志表示一致的产物，必须表现为通过国际造法程序签订的、各国承诺信守的国际条约。第二，国际刑法必须具有明确性，才能发挥其功能。国际刑法不同于一般的国际法，它在把某种行为宣布为国际犯罪的同时，总是要对犯罪者规定一定的刑事制裁，或者要求各国依照本国刑法承担制裁这种犯罪者的义务。而刑事制裁本身又总是表现为对犯罪人一定权利和自由的限制或剥夺，总是要给犯罪人造成严重的痛楚甚至生命的丧失。刑罚的这种基本特质使国际刑法的规定是否确属必要、

---

[1] 参见赵永琛：《国际刑法与司法协助》，法律出版社1994年版，第26页。

是否合理恰当、是否会被滥用,直接关系到基本人权的国际保护。因此,国际刑法必须是经过严格的国际造法程序确认的、世界各国普遍认可和明示信守的同国际犯罪作斗争的行为规则。如果把没有经过严格的国际造法程序确认的、没有被世界各国普遍认可和明示信守的某些国际习惯,甚至某个主体在个别场合下作出的司法判例统统视为国际刑法规范,赋予其对世界各国的普遍效力,即使其可能有利于同国际犯罪作斗争,也难以保障国际刑法规范的必要、恰当和不被滥用,难以避免在世界范围内造成对基本人权的侵犯,甚至还可能构成为国家主权的不当干预。

有的学者引用《国际法院规约》第38条的规定来说明一般国际必要借助于习惯国际法甚至权威的法律学说。但是国际刑法是解决实施国际犯罪的个人包括组织与国际社会之间的冲突的法律,作为国际刑法适用对象的国际犯罪的犯罪主体,与国际社会以及有关国家之间,在诉讼中的法律地位,绝不可能是平等的。这是性质完全不同的两个领域。适用于国际法院的法律规范,未必都能适用于国际犯罪。所以,国际法院认可的法律渊源未必就能成为国际刑法的法律渊源。《国际法院规约》的规定,并不能成为否定按照国际社会公认的刑法原则和国际人权保护的要求将国际刑法的渊源严格限定在"罪刑法定原则"之下的理由。

(二)构成国际刑法渊源的条件

针对有些学者提出的双边条约也是国际刑法的渊源的观点,有的学者指出:条约是国际刑法的渊源,并不是泛指一切条约都可以成为国际刑法的渊源。可以成为国际刑法的渊源的条约,必须具备两个条件:第一,条约必须是由多数国家共同签订的。从立法主体上看,国际刑法的渊源必须是国际上多数国家共同签订的条约。国际刑法是世界各国在同国际犯罪作斗争中必须共同遵守的行为准则，因此它必须是由世界各国至少必须是由世界上占绝对多数的国家共同制定的法律规范，才能够具有普遍的约束力。如果是个别国家或少数国家制定的，它就不具有普遍的约束力。因此，双边性的条约不能成为国际刑法的渊源。少数国家之间签订的条约也不能成为国际刑法的渊源。地区性的条约只对本地区有关国家具有约束力，因而也不能成为一般的国际刑法规范，但是它可以在本地区内适用。只有占绝对多数的国家在自愿协商的基础上共同签订的国际书面协议，包括在联合国及其他政府间国际组织主持下签订的书面协议，才能成为国际刑法的渊源，成为国际刑法规范的存在形式。第二，条约中必须含有国际刑法的造法性条款。从具体内容上看，国际刑法的渊源必须包含同国际犯罪作斗争的世界各国应当共同遵守的行为准则。这类行为准则，既包括对国际犯罪的禁止性、定义性、制裁性规定，也包括在制裁国际犯罪问题上各个国家的权利义务以及相互合作的规定。因此，不是所有条约都包含国际刑法规范、都可以构成国际刑法的渊源。因为条约具有造法性条约和契约性条约之分。造法性条约是规定普遍遵守的行为规则的协议，它通常表现为国家间签署的规范性文件。契约性条约是就特定事项中的权利义务签署的协议，它一般不具有普遍的拘束力，既不能约束非当事国的行为，也不能约束有关当事国在协议事项之外的类似行为。如前所述，国际刑法是世界各国在同国际犯罪作斗争中必须共同遵守的行为准则，因而它的渊源只能是造法性条约而不可能是契约性条约。成为国际刑法渊源的条约中必须具有创设能够适用于世界各国同国际犯罪作斗争实践的规范性条款，这些规范性条款在实体上必须具有刑事方面的内容、在效力上必须能够成为缔约各国自愿承诺的义务而对缔约各国具有普遍的拘束力。总之，国际刑法的渊源，作为国际刑法规范的载体和国际刑法的存在形式，应当是世界上多数国家共同签订的含有将某种行为宣布为犯罪并规定各国在同该犯罪作斗争中进行刑事合作的行为规则的国际条约。[1]

三、关于国际犯罪问题

世界各国对国际犯罪及其危害性的共同认识、对禁止和惩治国际犯罪必要性的一致理解，是国际刑法得以产生的基础。国际公约中关于国际犯罪的规定，是国际刑法的重要内容。因此，中国学者对国际刑法的研究，如同其他国家的学者一样，都在国际犯罪的问题上倾注了很多精力。关于国际犯罪的研究，主要涉及以下几个方面：

（一）国际犯罪的定义与特征

国际犯罪是国际刑法中的基本范畴之一。但是由于在联合国范围内，就国际犯罪的定义，曾经出现过三次争论，因而在中国学者之间，对国际犯罪的理解，也存在某些明显的差异。

有的学者按照国内刑法中的犯罪定义思维模式中来定义国际犯罪，如"所谓国际犯罪，是指违反国际社会利益，而为国际刑法规定为应受刑罚处罚的行为"[2] 第一，这种行为所损害的利益为所有国家或绝大多数国家所关注；第二，这种行为一般涉及两个以上的国家；第三，国际犯罪的主体一般应是个人或代表国家行为的个人；第四，这种行为是国际刑法规定应

---

[1] 参见拙作《国际刑法通论》（增补版），中国政法大学出版社1999年版，第33—36页。
[2] 贾宇：《罪与刑的思辨》，法律出版社2002年版，第352页。在该书中，作者亦认为，"国际犯罪是指违反国际法中的刑事法律规范、惯例或国内刑事法律规范而在构成要件和管辖方面具有外国性或国际相关性的、应当受到刑事惩罚的严重危害国际社会的行为"（第372页）。

予刑事处罚的行为。与之相类似，有的学者将国际犯罪定义为"危害国际社会的利益，为国际刑法所禁止，并依照国际刑法应当承担刑事责任的行为"。[1] 从这种定义出发，学者们将国际犯罪的特征概括为三点，即"危害性"是指国际犯罪是危害国际社会的行为，或称严重危害国际社会或者违背国际义务；"刑事违法性"是指国际犯罪是国际刑法所禁止的行为，或称违犯国际性刑事法规或惯例；"应受刑罚处罚性"是指国际犯罪是依照国际刑法应当承担刑事责任的行为，或称应受到刑罚惩罚。[2]

有的从国际法的角度来定义国际犯罪，如将其定义为"违反国际社会所公认的国际刑法规范，严重危害国际社会共同利益的不法行为"。[3] 按照这种理解，国际犯罪的特征表现为两个方面：其一，国际犯罪必须是违反国际社会公认的国际刑法规范的不法行为；其二，国际犯罪是严重危害国际社会共同利益的不法行为。[4] 有的学者认为，"国际犯罪是指国际法规定的、对国际社会具有危害性并应受刑事处罚的行为"。[5] 从这种定义出发，这些学者认为，国际犯罪的特征有三：第一，国际犯罪必须是国际社会所公认的严重危害国际社会共同利益的行为。第二，国际犯罪必须是触犯国际刑事法律规范的行为，即具有国际法上的刑事违法性。第三，国际犯罪是应当受到刑事处罚的行为。

有的学者按照国内刑法犯罪定义的思维模式来定义国际犯

---

[1] 邵沙平：《现代国际刑法教程》，武汉大学出版社1993年版，第88页。
[2] 参见邵沙平：《现代国际刑法教程》，武汉大学出版社1993年版，第88—93页；杨春洗等主编：《刑事法学大辞书》，南京大学出版社1990年版，第204页。
[3] 陆晓光主编：《国际刑法概论》，中国政法大学出版社1991年版，第47页。
[4] 陆晓光主编：《国际刑法概论》，中国政法大学出版社1991年版，第47—50页。
[5] 林欣主编：《国际刑法问题研究》，中国人民大学出版社2000年版，第17页。

罪，而又从国际法的角度来解释国际犯罪的特征，如认为，"国际犯罪是国际社会公认的违犯国际法刑事方面的规范或惯例，危害国际社会或者违背国际义务，应当受到惩罚的严重国际不法行为",[1] 或者说，"国际犯罪，是指违反国际社会所公认的国际刑法规范，严重危害国际社会共同利益的不法行为"[2]。持这种观点的学者认为国际犯罪的基本特征有两个：一是国际犯罪必须是危害国际社会的行为；二是国际犯罪必须是为国际社会公认的严重国际不法行为。

有的学者认为，"国际犯罪是指严重侵犯国际社会的共同利益，违背国际刑事法律规范（包括国际条约和国际习惯），经国际社会公认应当承担刑事责任的行为"[3]。国际犯罪的成立包括五个条件：一是实质条件，即国际犯罪对国际社会具有严重的危害性。二是形式条件，即国际犯罪具有国际刑事违法性。三是时间条件，即国际犯罪既可以根据事前订立的国际条约来确认，也可以以事后国际社会根据国际习惯订立的国际条约来进行认定，而且在极个别的情况下，通过国际社会公认，国际刑事法律规范对国际犯罪还可以有溯及既往的效力。四是空间条件，即国际犯罪的实施在空间上具有广阔性，其危害具有广泛性。五是责任条件，即国际犯罪应当承担刑事责任。

以上引述表明，关于国际犯罪的定义与特征，目前在国内学者的研究中，还没有一个统一的公认的解释。这意味着如何理解国际犯罪的概念，特别是如何把握国际犯罪的本质，仍然是一个值得研究的课题。

依笔者之见，国际犯罪是国际社会通过国际公约的形式予

---

[1] 参见刘亚平：《国际刑法学》，中国政法大学出版社1992年版，第135—138页。
[2] 陆晓光主编：《国际刑法概论》，中国政法大学出版社1991年版，第47页。
[3] 黄芳：《国际犯罪国内立法研究》，中国方正出版社2001年版，第25页。

以明文禁止并确认其实施者应当受到刑事制裁的行为。这是国际社会在创设国际刑法规范、规定国际犯罪中表达共同愿望的基础，也是世界各国在对国际犯罪的各种不同理解中最基本的共同点。由此可以将国际犯罪的主要特征概括为以下几点：

1. 国际犯罪是国际公约明文禁止的行为。把某种行为宣布为国际犯罪，并不仅仅是哪一个国家的意志体现，而是国际社会共同意志的体现。尽管对于公海上发生的海盗罪最早是通过国际惯例和审判实践予以确认的，甚至对于战争犯罪的确认也是从习惯国际法上的犯罪即尚未在国际公约中出现而被各国普遍认可的犯罪发展而来的，但是这些都发生在国际刑法的孕育与形成阶段，都是国际刑法初创时代的产物。而在现代，国际刑法已经得到了充分地发展，国际犯罪的确认应当受到罪刑法定原则的限制，应当以国际公约中有明文规定为限。并且由于国际斗争的复杂性，由于人们对罪刑法定主义的固守，由于各国法律制度和法律文化背景的差异，特别是由于各国国家利益的不同，对于显然是严重危害国际社会共同利益的行为，各国在是否将其确认为国际犯罪时常常发生意见分歧。如果按照国际习惯也认定国际犯罪，必将进一步加剧这种分歧。因此，按照世界各国公认的罪刑法定原则，只有国际公约中明文禁止并确认为犯罪的行为，才能被认为是国际犯罪；没有在国际公约中明文禁止并被确认为犯罪的行为，不构成国际犯罪。这也是世界各国在国际犯罪问题上共同坚持的原则立场。

2. 国际犯罪是在国际公约中规定了刑事制裁措施的行为。把某种行为宣布为犯罪，其根本目的是要用刑事制裁的手段来禁止这种行为的实施。这不仅是国内犯罪的一般原理，也是国际犯罪的一般原理。因此，国际犯罪必须是按照有关国际公约的规定能够引起其实施者的刑事责任的行为。在国际公约中仅有禁止性规定而没有伴随刑事制裁措施的行为，亦不构成国际犯罪。

3. 国际犯罪从本质上讲是危害国际社会共同利益的行为。一种行为之所以被世界各国普遍认为是应当禁止的行为，就在于它是危害国际社会共同利益的行为。一种行为，如果只危害到一个国家的利益，或者根本没有危害到任何利益，它就不可能引起国际社会的普遍关注，更不可能使国际社会一致同意联合制裁这种行为。这是不言而喻的。

4. 国际犯罪通常涉及一个以上的国家。国际犯罪虽然在绝大多数情况下同时也是国内刑法中规定的犯罪，但是与单纯的国内犯罪相比，国际犯罪往往涉及一个以上的国家，或者犯罪行为从准备到完成是在一个以上国家的领域内实施的，或者实施犯罪行为的人是由一个以上国家的国民构成的，或者犯罪人和被害人分属不同的国家，或者犯罪人与犯罪地分属不同的国家。不包含任何涉外因素的国际犯罪，是极个别的（如与种族有关的国际犯罪）。如果一个犯罪没有任何涉外因素，即使它与国际刑法公约所禁止的犯罪行为完全相同，通常也只是国内刑法中的犯罪，只能由有关的主权国家自行处罚，而不能对之实行普遍管辖，更不能由他国干涉其处罚结果。

（二）国际犯罪与国内犯罪、跨国犯罪的联系与区别

对于国际犯罪的理解，涉及刑法领域的三个既有联系又有区别的概念，即国际犯罪、国内犯罪和跨国犯罪。

中国学者普遍注意到这三个概念之间的区别。如有的学者指出：域外犯罪必须是在一个主权国家领土管辖范围以外发生的犯罪，而该犯罪与非犯罪发生地的国家密切相关。

域外犯罪是一种普遍的犯罪形式，其认定标准是国内法，而不是国际法。

跨国犯罪指的是犯罪行为人在两国或两个以上国家所实施的犯罪，它仍然属于国内法管辖的范畴，其准据法是国内法，只要犯罪分子的行为构成国内法所认定的犯罪事实，各有关国家就可以以本国法为准绳予以科罪量刑。

涉外犯罪既包括域外犯罪，也包括跨国犯罪。[1]

有的学者认为，国际犯罪与国内犯罪的区别有三：第一，国际犯罪一般以有关国际条约和国际习惯确立的国际刑事法律规范为依据，而国内犯罪则以本国的刑法为依托；第二，国际犯罪所侵害的是人类共同利益，而国内犯罪所侵害的是本国利益；第三，对国际犯罪的管辖凭借的是国际条约所确立的普遍管辖原则，而国内犯罪的管辖权是根据属地管辖权、属人管辖权和保护管辖权来确定的。跨国犯罪是犯罪分子流窜于两国或两个以上国家作案的一种犯罪形式，它与国际犯罪之间存在明显的区别：跨国犯罪属于国内法管辖的范围；跨国犯罪虽然必然危害所涉及国家的利益，但并非必然危害整个国际社会的共同利益，而国际犯罪必然危害整个国际社会的共同利益；如果不是跨国犯罪的当事国，一般无权对其直接进行管辖，而国际犯罪的犯罪分子一旦逃脱了其犯罪当事国的刑事管辖，其他国家根据国际条约的规定依照普遍管辖原则可以直接对其进行刑事管辖；跨国犯罪必然涉及两个或两个以上的国家，而有的国际犯罪的实施，也可以是在一国领域内完成的。涉外犯罪仍然是国内刑法中的犯罪，而不能仅仅因为其含有涉外因素就变成国际犯罪。国际犯罪与涉外犯罪的主要区别表现在两个方面：一是国际犯罪的成立是因为其违背了国际刑事法律规范，而涉外犯罪的成立是按照国内刑法确定的；二是国际犯罪侵犯了整

---

[1] 参见赵永琛：《国际刑法与司法协助》，法律出版社1994年版，第37—40页。

个国际社会的共同利益,而涉外犯罪所侵犯的主要是某个国家及其公民的利益。[1]

笔者曾在拙作《国际刑法通论》中指出:国际犯罪具有犯罪的一般特性。国际犯罪与国内犯罪和跨国性犯罪一样,都具有行为性,都是由人所实施的某种表现其意志过程的行动。这种行为性,不仅可以表现为各种各样的积极作为的活动,而且可以表现为在各种应当作为的场合的不作为。国际犯罪也是危害一定社会利益的行为,具有危害性。具有严重的危害性是国际犯罪之所以被规定为犯罪的内在根据。不具有严重的危害性,国际社会就不会采取联合行动来制裁它。国际犯罪也是一种违犯刑法规范的行为,具有违法性。罪刑法定主义的普遍要求,使国际犯罪和国内犯罪一样,必须是法律明文禁止的行为。不违犯任何法律规范的行为,既不能构成国内犯罪,同样也不能构成国际犯罪。国际犯罪与国内犯罪一样,都是以个人责任为基础的,都具有有责性。如果是行为人不应当对其承担刑事责任的行为,或者行为人不具有承担刑事责任的能力,那么,这种行为就不应当归责于行为人,这种行为本身就既不能视为国内犯罪,也不能视为国际犯罪。正因为如此,国际犯罪不论与国家行为或集体行为或上级命令有无关系,其实施者都必须对其承担个人的刑事责任。行为性、危害性、违法性和有责性,是国际犯罪能够通过传统的刑事制裁程序和制裁手段予以禁止的基本前提,也是国际犯罪能够在各国的国内刑法中得以体现并作为国内犯罪之一部分予以禁止和制裁的根据。国际犯罪如果不具有国内犯罪的这些一般特性,它就无法作为国内犯罪的一部分出现在各国的国内刑法中,对它的刑事管辖和制

---

[1] 黄芳:《国际犯罪国内立法研究》,中国方正出版社2001年版,第22—24页。

裁也就无以落实。

但是,国际犯罪之所以能够作为一种独立的犯罪现象存在并受到国际社会的普遍关注,又是因为它具有不同于一般的国内犯罪和跨国性犯罪的特点。与一般的国内犯罪相比,国际犯罪具有国际性。这种国际性可以从国际犯罪的各个方面表现出来:第一,从行为特征上看,国际犯罪的实施在多数场合不只发生在一个国家,甚至有些国际犯罪本身就是由国际犯罪组织策划、组织和实施的,犯罪分子的活动从一个国家到另一个国家,在若干个国家范围内完成同一项犯罪计划,是国际犯罪常见的现象。国际犯罪在活动范围上的这种广阔性是国内犯罪无法比拟的。第二,从危害性质上看,国际犯罪是对全人类的犯罪,而不仅仅是对某个国家及其公民的犯罪。国际犯罪的危害性往往表现为对国际社会的和平与秩序的严重破坏,对人类共同的生存安全的严重威胁,对最基本的人身权利的侵犯,以及对其他国际社会公认的共同利益的危害。国际犯罪的这种危害性使它在本质上不同于国内犯罪,从而在主权独立的国际社会中能够超越国内刑法的界限成为国际社会公认的犯罪。国际犯罪的这种危害性,也是使它的禁止和惩罚规范在各自独立的国内刑法中得到普遍认可的根据。正是对国际社会共同利益的关注,世界各国的代表才能够坐在一起共同研究防止和制裁危害国际社会共同利益的国际犯罪的措施。不具有国际危害性的行为,不可能受到国际社会的一致禁止,不可能构成国际犯罪。第三,从禁止规范上看,国际犯罪所违反的不仅是有关国家的国内刑法,而且是国际社会通过缔约国际公约的形式制定的国际刑法规范。违反国际公约的禁止性规定,是国际犯罪区别于国内犯罪的最显著的外部特征。只有被国际公约所禁止并确认为犯罪的行为才是国际犯罪,没有国际公约中的明文规定，即使是危害特别严重的行为甚至是对国际社会造成严重危害的行为，也不能认为是国际犯罪。国内刑法中的某些犯罪，可能在若干国家甚至世界上多数国家的国内刑法中被规定为犯罪，但是这类犯罪，只要没有出现在国际公约的禁止规范中，它就仍然只是国内刑法中的犯罪，而不能被视为国际犯罪。国际犯罪必须得到国际社会的公认，并且必须上升为国际公约的禁止规范的国际刑法规范，这是国际刑法的内在要求，这也是由国际犯罪的本质属性所决定的，是确立对国际犯罪的普遍管辖原则的需要。第四，从制裁规范上看，对国际犯罪的刑事制裁具有国际性，并且，制裁国际犯罪具有强制性。对国际犯罪的刑事制裁具有国际性，是指在国际刑法公约中，对每一个国际犯罪都实行普遍管辖原则，实施国际犯罪的罪犯，不论走到世界上的任何一个地方，不论在哪个国家被发现，都要受到刑事制裁。制裁国际犯罪具有强制性，是指按照国际刑法公约的规定，每一个国家都有义务制裁国际犯罪，并且都有义务与其他国家进行刑事合作，协助对国际犯罪行使管辖权的国家完成制裁国际犯罪的任务。所以，国际犯罪在世界各国都是可管辖之罪，这就不像国内犯罪那样容易受到国内刑事管辖权的地域限制，以至很难对犯罪后逃至国外的罪犯进行制裁。

国际犯罪不仅不同于一般的国内犯罪，而且也不完全等同于跨国性犯罪。如前所述，跨国性犯罪是指犯罪过程跨越了两个或两个以上国度的犯罪。国际犯罪通常也符合跨国性犯罪的定义。但是从外延上看，跨国性犯罪不仅包括国际犯罪，而且包括某些纯粹的国内刑法中的犯罪。例如，为了谋杀自己的仇人，跟踪其到国外而后实施杀人行为。这种犯罪就符合跨国性犯罪的特征，但这是纯粹的国内刑法中的犯罪，而不是国际公约中规定的国际犯罪。又如，通过签订跨国性贸易合同的手段进行财产诈骗，其犯罪亦具有明显的跨国性，但是由于缺乏国际公约的禁止性和刑事惩罚性规范，所以也不能视为国际犯罪。因此，国际犯罪只是跨国性犯罪的一部分，是跨国性犯罪中由国际刑法予以禁止的那一部分，而不包括未被国际社会公认为国际犯罪的那些以跨国的方式实施的国内犯罪。同样的，有些国际犯罪，既可以是跨国性实施的犯罪，也可以是在一国领域内实施的犯罪。这类犯罪由于都是有关国际公约所禁止和惩罚的犯罪，所以不论是否具有跨国性，都是国际犯罪。实施这类犯罪的罪犯一旦逃脱了犯罪地国的刑事管辖范围，其他国家就可以根据普遍管辖原则对其进行刑事管辖。而对于非国际犯罪的跨国性犯罪来说，罪犯所在地国如果不是其犯罪的当事国（犯罪地国、犯罪人国籍国、受害国），就无权对其进行刑事管辖。这是国际犯罪与其他跨国性犯罪的重大区别。

从国际犯罪与国内犯罪和跨国性犯罪的联系和区别中可以发现，国际犯罪具有国内犯罪的某些基本属性，因而本身包含着成为国内犯罪之一部分的趋向，这是它能够在各国国内刑法中得以具体化的基础；同时，国际犯罪又不同于一般的国内犯罪，不能将其完全视为国内犯罪的一部分而在处罚时不顾及国际公约中的有关规定。国际犯罪在行为特征、危害性质、禁止规范和制裁规范上的特殊性，是它作为一种独立的犯罪现象存在的基础，对国际犯罪的确认和管辖，不能不注意它的这种特殊性；同国际犯罪作斗争，不能不研究它的这种特殊性及其产生、存在和变化的规律。

（三）关于国际犯罪的构成

国际犯罪与任何国家的国内犯罪一样，它的构成包含一定的要件。但是具体包括哪些要件，学者们之间存在不同的看法。

有些学者完全按照中国刑法中的犯罪构成理论来分析国际犯罪的构成，认为，国际犯罪的构成应当包括四个要件。如有的学者提出，国际刑法中的国际犯罪构成是指国际刑法规定的、决定某一具体行为的国际危害性及其程度，而为该行为构成国际犯罪所必须具备的一切客观要件和主观要件的有机总和。关于国际犯罪构成的要件，我们认为应包括以下四个方面：国际犯罪客体、国际犯罪构成的客观方面、国际犯罪主体和国际犯罪构成的主观方面。[1] 有的论著中写道："我们主张国际犯罪构成的一般要件包括四个方面：国际犯罪的客体；国际犯罪的客观方面；国际犯罪的主体；国际犯罪的主观方面。"[2]

但是有的学者不同意这种观点，明确指出，认识国际犯罪一般构成要件的方法，完全从一国国内刑法的犯罪构成理论出发，是不尽妥当的。认识国际犯罪的构成要件，需要同时考虑"国际"与"刑法"两个方面。[3]

有些学者认为，国际犯罪的构成包括三个要件。如认为"国际犯罪的一般构成要件应包括三个，即国际犯罪的行为主体要件、国际犯罪的主观方面要件和国际犯罪的客观方面要件"。[4] 有的学者指出："我们在说明国际犯罪的实质特征时，就已经指明了国际犯罪所侵犯的利益，这就是国际犯罪的客体，没有必要再把客体纳入国际犯罪的构成要件。因此，我们认为，国际犯罪构成的一般要件包括客观要件、主体和主观

---

[1] 参见邵沙平：《现代国际刑法教程》，武汉大学出版社1993年版，第94—96页。另见赵永琛：《国际刑法与司法协助》，法律出版社1994年版，第41页。

[2] 林欣主编：《国际刑法问题研究》，中国人民大学出版社2000年版，第32页。

[3] 张旭：《国际刑法论要》，吉林大学出版社2000年版，第105页。

[4] 张旭：《国际刑法论要》，吉林大学出版社2000年版，第106页。

要件。"[1]

至于构成要件中具体包含什么内容，主张"四要件"的学者认为，国际犯罪的客体是指国际刑法所保护的而为国际犯罪所侵害的国际社会的根本利益。其中包括国际的和平与安全、人类的生存与发展、国家之间的正常关系和国际公共秩序等。

无论是主张"四要件"的学者，还是主张"三要件"的学者，都认为，国际犯罪的客观方面是指国际刑法所规定的危害国际社会的行为、行为所造成的危害结果以及危害行为与危害结果之间的因果关系等客观事实，如实施危害行为的时间、地点、方法、对象等。笔者曾详细论述过危害国际社会共同利益从而构成国际犯罪客观要件的行为，指出其形态包括：（1）直接作用于特定客体（犯罪对象）的危害行为；（2）以某种加害相威胁的危害行为（胁迫行为）；（3）图谋进行某种国际犯罪的行为（预谋行为）；（4）煽动或教唆行为；（5）参与行为，包括从犯行为、共同预谋行为、帮助行为；（6）造成特定危害结果的行为。

国际犯罪的主观方面是指行为人实施危害国际社会的行为时，对该行为及其结果的心理态度。有人认为这种心理态度包括蓄意故意或目的故意，即行为人有意识的目标或目的要达到国际法律规定为犯罪的结果，或实施国际法律规定为犯罪的行为；明知故意，即行为人清楚地知道其行为对已经出现的或已具有现实可能性的某种情况可能产生一定的结果；轻率过失或称重大过失，即行为人有意识地忽视一个具有实际可能的不应有的危险，以致这种可能的结果成为其行为的可预见的结

---

[1] 陆晓光主编：《国际刑法概论》，中国政法大学出版社1991年版，第55页。

果。[1] 有人认为，从实践看，过失构成国际犯罪的可能性很小；从确认和惩治国际犯罪的宗旨上看，也不宜把过失构成的国际犯罪范围搞得过大。因此，国际犯罪的主观要件应以犯罪的故意为主，犯罪的过失成为国际犯罪构成要件则应限定在一定的范围内。[2] 也有人认为，国际犯罪的主观方面，除了故意、过失之外，还包括动机、目的。[3]

关于国际犯罪的主体，普遍认为，是指实施国际犯罪行为、依照国际刑法规定应负刑事责任的行为者。但是国际犯罪主体具体包括哪些行为者，学者之间存在不同的看法。

有人认为，"国际犯罪的主体有国家也有个人"。[4] 有人认为，"国际犯罪的主体包括国家机关、团体、法人和个人。国家机关作为国际犯罪主体是以国家行为所造成的国际危害来认定的。国家元首以其国家元首资格或政府成员以其政府成员的资格所为的一切作为均可构成国家行为。……团体、法人作为国际犯罪的主体是得到国际公认的"。[5] 还有人认为，国家能够成为国际不法行为的主体，因而能够成为国际犯罪的主体。并且，国际刑法实践已经表明国家可以成为国际犯罪的主体。[6]

与上述观点相反，有的学者明确提出：国家不是国际犯罪的主体。正如纽伦堡国际军事法庭的判决书所指出的，国家是抽象的实体。作为抽象实体的国家是没有意识的，根本不具备

---

[1] 参见林欣主编：《国际刑法问题研究》，中国人民大学出版社2000年版，第38—39页。
[2] 参见张旭：《国际刑法论要》，吉林大学出版社2000年版，第108页。
[3] 参见赵永琛：《国际刑法与司法协助》，法律出版社1994年版，第42页。
[4] 陆晓光主编：《国际刑法概论》，中国政法大学出版社1991年版，第99页。
[5] 赵永琛：《国际刑法与司法协助》，法律出版社1994年版，第41页。
[6] 参见陆晓光主编：《国际刑法概论》，中国政法大学出版社1991年版，第59—60页。

国际犯罪构成的要素，所以国家不能成为国际犯罪的主体。纽伦堡审判和东京审判，只对德国和日本的战争罪犯个人判处了刑罚，并没有给德国和日本这两个国家判处刑罚。这种审判本身充分地证明了只有个人能负担刑事责任，而国家是不能负担刑事责任的观点。当然，国家是要对侵略战争负担责任的，但是这种责任不是刑事责任，而是政治责任（如被占领和被管制）和赔偿损失的责任。由此可见，国家不是国际犯罪的主体。[1] 笔者曾在1993年出版的《国际刑法通论》中认为国家可以成为国际犯罪的主体，但在1999年版的《国际刑法通论》（增补版）中对国家能否成为国际犯罪的主体表示怀疑，认为国际犯罪是以个人的犯罪行为为基础的，国际犯罪的刑事责任是以"个人的刑事责任"为基本原则的。因此，国际犯罪的主体主要是实施国际犯罪行为的个人，包括以个人的犯罪行为为基础的有组织犯罪中的犯罪组织。国际犯罪的主体主要是个人、国际犯罪的刑事责任主要是个人责任。这种观点，不仅源于现有国际刑法公约中规定的国际犯罪都是以个人的犯罪行为和个人的刑事责任为基础的，而且因为这一点在一系列官方的和非官方的国际文献中得到了充分地体现和反复地强调。国家能否成为国际犯罪的主体、是否应当对可以归因于它的国际犯罪承担刑事责任，仍然是一个尚待研究的课题。

个人在以下情况下，可能成为国际犯罪的主体，亦即刑事责任的主体：（1）以自己的作为或不作为行为实施或者参与实施国际刑法公约中规定的国际犯罪；（2）组织、领导、指挥他人实施国际刑法公约中规定的国际犯罪行为；（3）预谋、共谋、意图和准备实施国际刑法公约中规定的国际犯罪；（4）教

---

[1] 林欣：《国际法中的刑事管辖权》，法律出版社1988年版。

唆、怂恿、公然煽动他人实施国际刑法公约中规定的国际犯罪;(5) 以领导者、公务员等法定职务所享有的权力,命令他人实施国际刑法公约中规定的国际犯罪行为;(6) 依其身份或职责要求,根据或服从上级的命令、指示实施国际刑法公约中规定的国际犯罪;(7) 资助、帮助或便利他人实施国际刑法公约中规定的国际犯罪。

(四) 关于国际犯罪的分类

国际犯罪的分类,涉及两个问题:一是究竟有哪些国际犯罪?二是对于这些国际犯罪如何进行分类?围绕这两个问题,学者们提出了不同看法。

1. 国际犯罪的种类

在现有的国际刑法规范中究竟有多少种国际犯罪,关于这个问题的争论,一方面是由于国际刑法规范本身的含混造成的,另一方面是由于对国际刑法规范的不同理解造成的。

在我国,有的学者认为,国际犯罪有15种,即:(1) 侵略罪(或称危害和平罪);(2) 战争罪;(3) 灭绝种族罪;(4) 种族歧视罪(包括种族隔离罪);(5) 非法使用武器罪;(6) 贩卖人口罪;(7) 贩卖毒品罪;(8) 劫持航空器罪(包括扣留人质罪);(9) 恐怖活动罪;(10) 破坏环境罪;(11) 破坏交通工具罪;(12) 伪造货币及走私罪;(13) 盗窃文物罪;(14) 贿赂外国公职人员罪;(15) 贩卖淫秽印刷品罪。[1] 有的认为,国际犯罪有20种,即:侵略罪,战争罪,危害人类罪,灭绝种族罪,种族隔离罪,酷刑罪,蓄奴、贩奴罪,非法人体试验罪,毒品罪,海盗罪,破坏海底电缆和管道罪,危及海上航行安全罪,危及大陆架固定平台安全罪,危害国际民用

---

[1] 盛愉、魏家驹:《国际法新领域简论》,吉林人民出版社1984年版。

航空安全罪，侵害应受国际保护人员罪，非法获取、处置、使用核材料罪，邮递恐怖罪，劫持人质罪，伪造货币罪。[1]

综合各方面的解释，笔者认为，目前已出现在国际刑法公约中的国际犯罪至少可以包括以下25种，其罪名分别可以称为：（1）侵略罪；（2）战争罪；（3）反人道罪[2]；（4）非法使用武器罪；（5）灭绝种族罪；（6）种族隔离罪；（7）种族歧视罪；（8）劫持人质罪；（9）贩卖和使用奴隶罪；（10）国际贩卖人口罪；（11）酷刑罪；（12）侵害国际受保护人员罪；（13）劫持航空器罪；（14）危害民用航空安全罪；（15）妨害国际航空罪；（16）海盗罪；（17）危害海上航行安全罪；（18）危害大陆架固定平台安全罪；（19）破坏海底电缆、管道罪；（20）非法使用邮件罪；（21）毒品罪；（22）破坏环境罪；（23）非法获取和使用核材料罪；（24）伪造国家货币罪；（25）毁损、盗窃、非法转移国家珍贵文物和文化财产罪。

2. 按照不同标准对国际犯罪进行的分类

对于国际犯罪，可以从不同的角度进行分类。分类的角度不同，采取的标准自然也就不同。按照不同的标准对国际犯罪进行划分的结果，必然出现不同的类别。中国学者对国际犯罪所作的分类，主要有以下几种：

（1）按主体进行的分类。有的学者，按照犯罪主体的不同，把国际犯罪分为国家的国际犯罪和个人的国际犯罪，或称与国家行为或国家政策有关的国际犯罪和个人从事的国际犯罪。[3] 国家的国际犯罪是指可以归责于某个特定国家的国际犯

---

[1] 林欣主编：《国际刑法问题研究》，中国人民大学出版社2000年版。
[2] 按照罗马规约的提法，应称为"危害人类罪"。
[3] 参见邵沙平：《现代国际刑法教程》，武汉大学出版社1993年版，第125—226页；黄肇炯：《国际刑法概论》，四川大学出版社1992年版，第101—104页。

罪。这类犯罪往往是以特定国家的集体决定、政策、活动甚至命令为前提的，或者是由有权代表某个国家的人以国家名义实施的，或者是为了推行某个特定国家的国家政策而实施的。因此这类犯罪可以视为某个国家的国际不法行为，该国应当对这类犯罪承担刑事责任。这类犯罪主要包括侵略罪、战争罪、反人道罪、非法使用武器罪、灭绝种族罪、种族隔离罪、种族歧视罪。个人的国际犯罪是指由个人或集团实施的与国家政策和国家行为无关的国际犯罪。这类犯罪，是犯罪者在个人意志的支配下或在犯罪集团的活动中实施的。它只能归责于实施国际犯罪的有关个人及其所属的犯罪集团，而不能同时归责于任何一个国家。个人实施的国际犯罪包括其他各种国际犯罪。

（2）按照行为特征进行的分类。有的学者按照犯罪行为的外部特征，把国际犯罪分为战争犯罪、国际恐怖主义犯罪及其他犯罪。战争犯罪是指与战争相联系的国际犯罪，如侵略罪、战争罪、反人道罪、非法使用武器罪等。恐怖主义犯罪一般指劫持人质罪、劫持航空器罪、危害国际航空安全罪、危害海上航行安全罪、侵害应受国际保护人员罪、非法获取和使用核材料罪等。随着国际恐怖主义活动的猖獗，国际社会对恐怖主义犯罪给予了越来越多的关注，不少学者对国际社会同恐怖主义犯罪作斗争的现状表示不满，要求进一步加强这方面的国际立法和刑事合作。

（3）按照法律渊源进行的分类。有些学者按照犯罪的法律渊源把国际犯罪分为战争法中的犯罪、国际人权法中的犯罪、航空法中的犯罪、海洋法中的犯罪、危害国际公共秩序罪、国际反恐怖主义法中的犯罪、国际环境法中的犯罪、国际经济法中的犯罪。[1]

(4) 按照侵犯利益进行的分类。由于对国际犯罪所侵犯的利益本身存在不同的认识和分类，所以按照侵犯利益对国际犯罪进行的分类也不尽相同。有些学者把国际犯罪分为危害人类和平与安全罪、侵犯人权罪、危害国际安全罪、危害国际社会秩序罪。[2] 有的学者把国际犯罪分为破坏人类和平罪、危害人类生存与健康罪、破坏国际秩序与安全罪、国际危害国家利益罪。[3]

其实，任何一种国际犯罪都是直接侵害人类共同利益的行为。人类共同利益，由于国际社会的共同关注而成为受保护的对象。这种受国际社会所保护的人类共同利益，按照其具体内容，可以分为若干种类。按照国际犯罪所侵害的这种受保护利益的种类，便可以对国际犯罪进行分类。但是，绝大多数国际犯罪往往并不是只侵害一种具体的受国际保护的人类共同利益，而是可能同时侵害两种或更多种类的受保护利益。因此，对国际犯罪进行分类，应当以其侵害的受国际保护利益的主要方面为根据，并且，按照同一标准进行的分类不应当彼此交叉。据此，笔者在《国际刑法通论》中把国际犯罪分为如下五类：危害人类和平与安全的犯罪，侵犯基本人权的犯罪，破坏国际公共秩序的犯罪，危害公众利益的犯罪，危害国家利益的犯罪。

值得说明的是，中国学者在自己的著作中普遍对各种具体的国际犯罪进行了论述，但是这种论述多限于对国际公约中规定的构成要件及其同这些国际犯罪作斗争的意义的论述，缺乏

---

[1] 参见赵永琛：《国际刑法与司法协助》，法律出版社1994年版，第44—89页。
[2] 参见陆晓光主编：《国际刑法概论》，中国政法大学出版社1991年版，第198页。
[3] 参见刘亚平：《国际刑法学》，中国政法大学出版社1992年版，第181页以下。

对其实际情况的具体分析。

四、关于国际犯罪的刑事责任

国际犯罪的刑事责任是学者们重点研究的问题之一。这方面的研究主要涉及以下几个方面:

(一) 关于国际犯罪刑事责任的称谓

关于国际犯罪的刑事责任,我国一些学者将其称为"国际刑事责任"。如认为,"国际刑事责任的基本含义,是指国际罪行的主体因其实施了国际刑法所禁止的行为,严重违反了国际义务而承担的法律后果"。[1] "行为人实施了国际犯罪行为,就应受国际社会依据国际刑法进行否定性评价,并由此承担相应的法律后果,这就是国际刑事责任。"[2] "国际刑事责任,是指国家或者个人对严重违背国际义务从而构成国际犯罪的行为所引起的刑事法律后果(包括刑罚,但不限于刑罚)的一种应有的承担。从国际社会而言,国际刑事责任也就是国际社会依照国际刑事法律规范,对犯有国际罪行的国家或者个人所作的最严厉的否定的评价。"[3] 对于上述观点,笔者曾提出过不同看法。在《国际刑法通论》(增补版)中,笔者指出:"国际刑事责任"的提法是一个容易引起歧义的、错误的用语,应当摒弃。因为,第一,从用语习惯上看,"个人刑事责任"是指个人应当承担的刑事责任,"国家刑事责任"是指国家应当承担的刑事责任。而"国际刑事责任"无论如何也不能将其解释为国际社会应当承担的刑事责任。显然,与作为同类术语的其他常用术语相比,"国际刑事责任"的提法,在语言逻辑上是讲不通的。第二,从实际内容上看,按照我国学者的解释,

---

[1] 赵永琛:《国际刑法与司法协助》,法律出版社1994年版,第90页。
[2] 林欣主编:《国际刑法问题研究》,中国人民大学出版社2000年版,第128页。
[3] 陆晓光主编:《国际刑法概论》,中国政法大学出版社1991年版,第68页。

"国际刑事责任"是指国际罪行的主体因其实施了为国际刑法所禁止的行为,严重违反了国际义务而承担的法律后果;或者是指犯有国际罪行者对其所犯国际罪行依国际刑法的规定所承担的刑事责任。[1] 如果按照这种解释,实施了国内刑法所禁止的行为,依照国内刑法所承担的刑事责任,岂不就可以称为"国家刑事责任"了?这种定义方式,显然是违背常识。第三,现有的国际刑法规范中并没有关于国际犯罪的刑事责任具体内容和实现方式的规定,因而有关国际刑法公约都要求各缔约国依照本国宪法制定必要的法律对国际犯罪规定有效的惩罚,并要求各缔约国按照国内法律的规定防止和惩治国际犯罪。按照国际刑法公约的明确规定,对国际犯罪追究刑事责任,既要根据国际刑法的规定,又要依照有关国家国内刑法的规定。离开了有关国家国内刑法关于刑罚及其具体适用的规定,单纯依照国际刑法,是难以追究国际犯罪的刑事责任的。这本身意味着,国际犯罪的刑事责任并不是独立于国内刑法中规定的刑事责任之外的法律现象,不是与国内犯罪的刑事责任完全不同的责任类型。第四,从国际实践中看,对国际犯罪追究刑事责任,在绝大多数场合,也都是按照有关国家的国内刑法追究刑事责任的。依照国内刑法对实施国际犯罪的人追究刑事责任,与依照国内刑法对实施国内刑法上的犯罪的人追究刑事责任,别无二致。因此,没有必要在刑事责任之前画蛇添足地加上"国际"二字。

按照笔者的理解,国际犯罪的刑事责任,既不是"国际上的"刑事责任,也不是"国际性的"刑事责任,而是国际犯罪的主体依照国际刑法和有关国家的国内刑法,应当承担的刑事

---

[1] 参见邵沙平:《现代国际刑法教程》,武汉大学出版社1993年版,第101页。

责任。这种刑事责任，与国内犯罪的刑事责任一样，都表现为接受刑事审判和承担刑罚处罚的法定义务。这一点，可以从联合国国际法委员会1994年提交给联合国大会的《国际刑事法院规约草案》中得到证实。该规约草案第47条规定，国际刑事法院对于其所管辖的国际犯罪可以适用的刑罚是终身监禁、有期监禁和罚金，并且规定国际刑事法院在确定有期监禁的期限和罚金的数额时，应当考虑被定罪的人的国籍国、犯罪地国以及其他对被告人有管辖权的国家的法律所规定的刑罚。1998年通过的《国际刑事法院规约》第77条正式规定，国际刑事法院对于其管辖范围内的犯罪，可以判处有期徒刑、无期徒刑等监禁，还可以判处罚金或没收的刑罚。

（二）关于国际犯罪承担刑事责任的原则

如何追究国际犯罪的刑事责任，是一个需要认真研究的问题。笔者认为，对于已经发生的国际犯罪，应当按照以下原则，追究刑事责任。

1. 有罪必罚原则

任何人在任何地方实施了国际犯罪，都应当承担刑事责任，都应当受到刑事制裁。这是追究国际犯罪的刑事责任时必须坚持的首要原则，也是国际刑法的内在生命。如果不能确保对于已经发生的国际犯罪追究刑事责任，国际刑法规范就会形同虚设，就无法发挥国际刑法在同国际犯罪作斗争中的应有作用，从而违背国际社会创建国际刑法的初衷。在国际刑法中，普遍管辖原则的确立，正是为了保障对于国际犯罪的有罪必罚原则的贯彻。对于国际犯罪，不得作为政治犯予以庇护，也是国际社会为了保障对犯有国际罪行的人的刑事追究而作出的努力。

但是从国际实践中看，各个国家在行使对国际犯罪的刑事管辖权时，并不完全是从同国际犯罪作斗争的实际需要、从国际刑法的具体规范出发的。国家的对外政策、处理国家间关系上的种种考虑，往往直接影响到刑事管辖权的行使，以致出现某些在一国境内实施了国际犯罪之后逃跑到另一国家的犯罪分子并没有受到应有的刑事追究的情况。

2. 个人责任原则

个人责任原则是现代世界各国国内刑法中普遍坚持的原则。个人责任原则包括两层含义：一是任何人都应当对自己所实施的犯罪行为承担刑事责任，而不能以任何借口推卸和逃避应当承担的刑事责任；二是任何人都只对自己所实施的犯罪行为承担刑事责任，而不对其他人的犯罪行为承担刑事责任。

个人责任原则也是国际刑法中的刑事责任原则。这一原则在《国际刑事法院规约》第25条中得以明确规定。按照这个原则，任何具有刑事责任能力的个人，都必须对自己所实施的国际犯罪承担刑事责任，这是国际社会公认的并在国际刑法规范中得到体现的基本原则。因此，凡是具有刑事责任能力的自然人，在其生命延续期间，只要实施了国际犯罪，只要其行为符合有关国际犯罪的构成要件，他就自然成为国际犯罪的主体，就应当按照国际刑法的有关规定承担刑事责任。至于刑事责任能力的确认，现有国际刑法规范中并无明确的规定。有权追究国际犯罪刑事责任的国家可以根据本国刑法中关于刑事责任年龄及其承担刑事责任主体要件的规定来确定。

个人犯罪并不意味着国际犯罪仅仅是单个人的犯罪。不论是在一般共同犯罪的场合，还是在有组织犯罪的场合，都是以个人的犯罪行为为基础的，都是以个人为犯罪主体的。当然，在一般共同犯罪或有组织犯罪的场合，刑事责任的分担要受到共同犯罪或有组织犯罪的制约，每个人并不完全是根据其本人的独立的犯罪行为来确定应负的刑事责任。

3. 罪刑均衡原则

罪刑均衡原则是指每个人所承担的刑事责任的大小和其所受刑罚的轻重与其犯罪的严重程度,应当大致平衡。重罪应当适用重刑,轻罪则应适用轻刑。罪刑均衡是近代刑法中普遍倡导的原则,也是社会主义国家确认的刑法原则。

在国际刑法中,罪刑均衡原则也得到了程度不同的确认和体现。例如,《反对劫持人质国际公约》第2条专门规定:"每一缔约国应按照第一条所称罪行的严重性处以适当的惩罚。"《关于防止和惩处侵害应受国际保护人员包括外交代表的罪行的公约》和《核材料实物保护公约》也以类似条款,明确规定各缔约国应按照犯罪的严重性质给予适当惩罚。《联合国禁止非法贩运麻醉药品和精神药物公约》更进一步规定,"各缔约国应使按本条第一款确定的犯罪受到充分顾及这些罪行的严重性质的制裁,诸如监禁或以其他形式剥夺自由,罚款和没收"。这些规定所确认和体现的,无疑是罪刑均衡原则。

但是,罪刑均衡原则在国际刑法实践中真正贯彻甚为艰难。首先,罪刑均衡原则要求在衡量犯罪的严重程度和刑罚的轻重程度上坚持统一的标准,从而使各种不同的犯罪在相互比较中受到与其罪行相适应的惩罚。对于现有的国际犯罪,有些国家已经通过国内立法将其规定为国内刑法中的犯罪。在这些国家,对于国际犯罪所规定的刑罚,一般都能与在国内刑法中规定的其他严重性质相当的犯罪的刑罚保持均衡。但是有许多国家,国内刑法中并没有对本国缔结和参加的国际公约中禁止和惩罚的国际犯罪作出具体的规定。在这些国家,要保持对国际犯罪的惩罚在轻重程度上与国内刑法中规定的其他严重性质相当的犯罪的刑罚轻重一致,就是极为困难的。其次,罪刑均衡原则要求在对同一犯罪的量刑上坚持相同的标准，从而使犯有相同罪行的人不论在哪里都能受到大致相等的刑事制裁。然而，在现有的国际刑法规范中，始终没有关于各种犯罪的最低刑和最高刑的规定，对各种国际犯罪确定刑罚，完全由各国自己决定，这就使罪刑均衡原则在实际贯彻中失去了共同的标准。在这种情况下，各国由于政治经济形势不同、社会秩序的状况不同，特别是由于法律传统和价值观念的不同，对犯罪危害程度的认识以及刑法中规定的刑罚轻重是很不相同的。例如，就死刑而言，有些国家已经废除了死刑，有些国家却存在死刑扩大适用的趋势。因此，按照犯罪的严重性质决定对其应处的刑罚，虽然可能在一国刑法内做到罪刑均衡，但是作为国际犯罪，在国际范围内就很难保证各国所决定的惩罚之间的均衡。这就会使实施了相同性质的国际犯罪的人仅仅由于受审法院的国度不同而承担相去甚远的刑事责任，甚至在同一国际犯罪中由于各共同犯罪人的国籍国或受审法院的所属国的不同，从犯可能受到远远重于主犯的刑事制裁。这对国际刑法中的罪刑均衡原则是个极大的冲击。

4. 双重责任原则

双重责任原则是个人责任原则的补充，即在某些特殊情况下确保对负有直接责任的个人追究刑事责任的同时，也追究应当对这种犯罪承担责任的有关组织的刑事责任。这里所说的某些特殊情况，一般是指有关个人在职务活动中或在职权范围内以某个组织的名义实施的国际犯罪。在这种情况下，有关个人实际上是代表该组织而行事的，他的犯罪行为，不仅是他个人的行为，而且是他所代表的组织的行为。因此有关组织对其成员所实施的这类国际犯罪也应承担相应的刑事责任。

在个人代表某个组织实施国际犯罪的场合，个人的犯罪行为既是其个人的行为,也是该组织的犯罪活动,该组织因此也就成为犯罪组织。对此,应当按照共同犯罪(犯罪集团的犯罪或法人犯罪)的原理来追究有关个人和组织的刑事责任。至于专为实施跨国性犯罪而形成或建立的跨国性犯罪集团,其中任何个人按照该组织的宗旨或指令实施的国际犯罪,该组织和实施者个人当然都应当对之承担刑事责任。

(三) 关于国家的刑事责任问题

这个问题与国家能否成为国际犯罪的主体相联系。认为国家不能成为国际犯罪主体的学者,都否定国家刑事责任的存在,而认为国家可以成为国际犯罪主体的学者都承认国家应当对自己实施的国际罪行承担刑事责任。

主张国家对某些国际罪行应当承担刑事责任的学者认为,实施国际犯罪的国家应该也必须被认定为国际犯罪的主体和刑事责任的承担者而受到应有的制裁。[1] 国家承担刑事责任主要有三种情况:一是代表国家或以国家名义行事的权威人士实施国际犯罪,不论其行为按国内法是否合法,国家应为此负国际刑事责任;二是个人或团体以官方资格行事,其行为应视为国家的行为,由此构成的犯罪亦为国家的犯罪;三是国家不履行国际刑事法律规范所要求它履行的义务,或者新建立的国家新成立的政府负有起诉或引渡其团体中的国际犯罪者的义务,而国家不为此行为的,国家应负国际刑事责任。总之,国家应当为代表它的自然人的行为负责,如该行为构成国际犯罪,国家则应承担刑事责任。国家刑事责任的实现方式,除了可以规定罚金刑之类的刑罚方法外,还可以规定非刑罚的国际制裁方法。非刑罚的国际制裁包括限制主权、赔偿或道歉以及动用武

---

[1] 张旭:《国际刑法论要》,吉林大学出版社2000年版,第110页。

力或经济制裁等。限制主权除了军事占领、军事管制、限制军备外,还可以包括剥夺犯有严重罪行的国家在一定时期内加入一定国际组织的资格或剥夺其参与一定项目的国际活动的权利等(有的学者甚至认为,国家承担刑事责任的方式还包括剥夺国际社会成员身份[1])。不过,主张这种观点的学者也承认,自己的上述主张目前只能算是在国际刑法理论中所作的初步探讨,究竟能否行得通,则最终依赖于国际刑事实践的发展来检验和解决。[2] 事实上,国际刑法发展的实践恰恰否定了"国家刑事责任"的观点。不仅前南国际刑事法庭和卢旺达国际刑事法庭没有对在前南斯拉夫领土和卢旺达领土上实施的战争罪行和危害人类罪行追究有关政府的刑事责任,而且其后通过并生效的《国际刑事法院规约》对于国际刑事法院管辖的犯罪,明确规定了罪刑法定原则和个人责任原则,而没有对国际刑事法院管辖的战争罪和侵略罪规定任何的国家刑事责任。这个事实清楚地表明,国际刑法的发展否定了国家刑事责任的主张。

五、关于国际刑事管辖问题

国际刑事管辖是国际刑法研究中的一个十分重要的问题,也是学者们普遍关注的一个问题。早在20世纪80年代后期,中国就有专门研究国际刑事管辖权的著作出现,即林欣先生所著《国际法中的刑事管辖权》。[3] 该书对当时已有的国际公约中关于对国际犯罪的管辖权规定,按照国际法的分类,分别进行了研究,并就与管辖权的行使有关的问题进行了探讨。90年代以来出版的国际刑法论著中,几乎都有关于刑事管辖权的论述。关于国际刑事管辖的研究,主要是围绕以下几个方面展开的:

---

〔1〕 张旭:《国际刑法论要》,吉林大学出版社2000年版,第217页。
〔2〕 陆晓光主编:《国际刑法概论》,中国政法大学出版社1991年版,第76—89页。
〔3〕 法律出版社1988年版。

(一) 国际刑事管辖的意义

刑事管辖就是对刑事犯罪进行侦查、起诉、审判和惩治的追诉活动。在国际刑法中，刑事管辖所要解决的问题是：对于已经发生的国际犯罪案件，谁有权进行管辖。国际刑事管辖涉及两个层次的管辖权：一是在国际刑法直接适用模式中如何确定对国际犯罪的管辖权，即国际刑事法院与各个主权国家对国际犯罪进行管辖的范围和条件的确定；二是在国际刑法间接适用模式中如何确定对国际犯罪的管辖权，即各个主权国家之间对国际犯罪进行管辖的原则和条件。

学者们普遍指出，管辖权的确定，既是有效地受理国际犯罪案件并保证对国际犯罪进行合法追诉的先决条件，也是引渡罪犯、开展刑事司法协助、刑事诉讼移管以及对外国刑事判决的承认和执行等国际刑事合作的基础。对具体犯罪没有管辖权的国家或法院，就没有合法的资格启动对该案件的刑事诉讼程序。因此，追诉国际犯罪、适用国际刑法，首先需要研究和解决对国际犯罪的刑事管辖权问题。

笔者在拙作《国际刑法通论》中也指出，对于惩治国际犯罪来说，仅有国内刑法中的刑事管辖权是远远不够的。因为第一，每个国家国内刑法中确立的刑事管辖权，都是针对本国刑法中的犯罪规定的。它尽管完全适应同国内犯罪作斗争的需要，但是未必适应同国际犯罪作斗争的需要。特别是在现代，现代化交通运输工具和情报通信工具的广泛使用，国际犯罪更具跨国性。仅仅依靠各个独立的国内刑法上的刑事管辖权，是无法适应同这类犯罪作斗争的需要的。第二，每个国家国内刑法中确立的刑事管辖权，都是以各自国家主权的自主性和排他性为基础确立的。各个国家按照不同的管辖原则所确立的刑事管辖权，在追诉国际犯罪的过程中常常会出现管辖上的冲突。

同一个国际犯罪案件，有的国家可能根据属地管辖原则对其主张刑事管辖，有的国家可能根据属人原则对其主张刑事管辖，有的国家还可能根据保护原则对其主张刑事管辖。在这种情况下，如果没有国际刑事管辖的协调与指导，仅仅依靠各自独立的国内刑法，便会出现在对国际犯罪的刑事管辖上无法解决的争执，以致对国际犯罪的追诉由于对国家主权的固守而搁置。第三，每个国家在国内刑法中确立刑事管辖权时的独立自主性，使各国所确立的管辖自成一体，而不可能构成一个相互衔接的统一整体。如果仅仅依靠各自独立的国内刑法确立的刑事管辖权，就可能使对国际犯罪的立法在管辖范围上出现空隙和漏洞，以致某些实施了国际犯罪的罪犯得不到应有的制裁，这于同国际犯罪作斗争是极为不利的。因此，为了有效地同国际犯罪作斗争，有关国际公约在规定构成了国际刑事管辖的体系和原则。

国际刑事管辖，对于国际刑法的发展，对于更有效地同国际犯罪作斗争，具有重要的意义。它可以通过确立世界各国对国际犯罪的刑事管辖权，在世界范围内形成一套统一的完整的管辖体系，解决各国国内刑事管辖在同国际犯罪作斗争中的不足，保障国际刑法的适用，防止国际犯罪分子利用各国刑事管辖上的空隙，逃避刑事制裁；也可以通过协调各国刑事管辖权之间的矛盾和冲突，保障同国际犯罪作斗争的效率，促进各国在同国际犯罪作斗争中的国际合作。

有的学者还认为，国际刑法中的刑事管辖权包括根据国际公约行使的刑事管辖权和国际法承认的、根据国内法行使的刑事管辖权两种。

（二）国际刑事管辖的原则

关于国际刑事管辖的原则，学者们普遍认为，包括四项原则：

1. 属地管辖原则[1]

它是指凡是在本国领域内实施的一切犯罪，无论犯罪者是本国人还是外国人或无国籍人，除国际公约豁免的外，都受本国法律的管辖，都适用本国法律。

属地管辖原则，是以国家主权的域内效力为基础确立的刑事管辖原则。按照属地管辖原则，凡是在本国主权所及的领域内实施的行为，其是否构成犯罪、是否对其进行追诉，完全依照本国刑法的规定来确定。本国人也好，外国人或无国籍人也罢，只要是在本国领域之内犯罪，都得受本国刑法管辖。

属地管辖原则是各国国内刑法中普遍采用的、最基本的刑事管辖原则，也是国际刑法公约中确立的基本管辖原则。例如，1973年《关于侦察、逮捕、引渡和惩治战争罪犯和危害人类罪犯的国际合作原则》规定：对战争罪和危害人类罪行使管辖权的"一般原则是，有证据证明犯战争罪和危害人类罪的人应在犯罪地国家受审，如经判定有罪，由犯罪地国家加以惩治"。《联合国禁止非法贩运麻醉药品和精神药物公约》规定："在遇到下述情况时，应采取可能必要的措施，对其按第三条第1款确定的犯罪，确立本国的管辖权：（一）犯罪发生在其领土内；（二）犯罪发生在犯罪时悬挂其国旗的船只或按其法律注册的飞行器上……"这些公约规定表明，国际刑法中不仅确认了属地管辖原则，而且都把属地管辖原则作为对国际犯罪行使管辖权的第一根据。

属地管辖原则的运用，在惩治国际犯罪的国际实践中，常常引起争议。因为国际犯罪的行为和结果，往往涉及一个以上

---

[1] 有人将该原则称为"领土管辖"或"领土原则"，但是该原则所确立的管辖范围，实际上既包括领土，也包括领海和领空。所以这种称谓并不确切。

的国家，如果有关各国都以属地管辖为由主张对同一犯罪行使管辖权，最终由哪个国家对该犯罪进行管辖，就难免出现意见分歧。这种争议出现时，有关各国应当从最有利于追究国际犯罪人的角度出发协商解决。如果不能达成协议，应当提交国际法院仲裁，或者交由可能成立的国际刑事法院审判。

有的学者在属地管辖原则中还论述到拟制领土或称浮动领土上的管辖权问题。《联合国海洋法公约》《关于制止非法劫持航空器的公约》《关于在航空器内的犯罪和其他某些行为的公约》等国际刑法公约中，都对在公海上航行的船舶、在飞行中的航空器内的犯罪规定了行使刑事管辖权的原则，即由船旗国、航空器的登记国或只要营业地国或永久居所地国管辖。

有的学者认为，这是属人管辖原则的新发展。也有学者认为，这实际上确立了一项新的管辖原则即拟制领土管辖原则。

2. 属人管辖原则[1]

它是指凡本国国民或在本国有常住地的人犯罪，不论其在本国领域之内实施还是在本国领域之外实施，都适用本国刑法。[2] 按照属人管辖原则，只要是本国国民，不论走到哪里，都受本国主权的管辖，其行为是否构成犯罪、是否需要追诉刑事责任，应当按照本国刑法来确定，并且应当由本国的刑事司法系统来确定。

属人管辖原则可以适用于以下四种情况：（1）本国国民在

---

[1] 该原则最初只适用于拥有本国国籍的犯罪人，故称"国籍管辖"。但是在现代，该原则并不仅限于拥有本国国籍的犯罪人，而且适用于在本国有常住地的犯罪人。所以将其翻译为"属人管辖"，似乎比"国籍管辖"更为恰当。

[2] 有的学者认为，属人管辖原则包括积极的属人管辖和消极的属人管辖。前者是被告人所属国的管辖；后者是受害人所属国的管辖。（参见邵沙平：《现代国际刑法教程》，武汉大学出版社1993年版，第245—247页。）这是对属人管辖原则的误解。受害人所属国的管辖，实际上是按照保护管辖的原则享有管辖权的，而不是按照属人管辖原则享有管辖权的。

本国领域内实施犯罪并且犯罪之后仍然处在本国权力所及的范围之内时，完全由本国刑事司法系统依照本国刑法进行管辖；(2) 本国国民在本国领域之内犯罪之后逃至国外时，通过引渡程序，将其引渡回国而后依照本国刑法对其进行刑事管辖；(3) 本国国民在本国领域之外实施犯罪之后回到本国时，依照本国刑法对其进行管辖；(4) 本国国民在本国领域之外犯罪并且仍在国外时，通过引渡程序，将其引渡回国而后依照本国刑法对其进行刑事管辖。

属人管辖原则，是作为属地管辖原则的补充被提出的。在国际刑法公约中，属人管辖原则也得到了确认。例如，《关于防止和惩处侵害应受国际保护人员包括外交代表的罪行的公约》规定，"每一缔约国应采取必要措施，以确定其在下列情况下对第二条第1款所列举的罪行的管辖权：……(b) 嫌疑犯是本国国民时"。《禁止酷刑和其他残忍、不人道或有辱人格的待遇或处罚公约》规定，"每一缔约国对下列情况中的罪行应采取一些必要的措施，以确立第四条中所述的管辖权：……(b) 被指控的罪犯是该国国民"。这些规定表明，属人管辖原则作为属地管辖原则的补充，即第二位的管辖原则，已被国际刑法公约确认为可适用于国际犯罪的管辖原则之一；并且属人管辖原则在发展过程中已经超出了国籍的范围，而被扩大到经常居住于其领土内的无国籍人或在其领土内有惯常（永久）居所的人。

3. 保护管辖原则

它是指凡侵害本国国家利益或本国国民利益的犯罪，不论犯罪人是本国人还是外国人或无国籍人，也不论犯罪发生在本国领域之内还是本国领域之外，都适用本国刑法。保护管辖原则，是属地管辖原则和属人管辖原则的补充。

保护管辖原则是以每个国家都有权维护本国国家和国民利益的一般国际法原则为基础确立的刑事管辖原则，也是作为国家主权之一部分的国家自卫权在刑事法律领域的体现，因而在各国刑法中对这一原则都有不同程度的规定。

在国际刑法公约中，保护管辖原则也得到了一定的体现。例如，《关于在航空器内的犯罪和其他某些行为的公约》规定，"非登记国的缔约国，不得为了对航空器内所犯的罪行行使其刑事管辖权而干预飞行中的航空器，但下列情况除外：……三、罪行危及该国的安全"。《制止危及海上航行安全非法行为公约》规定："在下列情况下，每一缔约国应采取必要措施，对第三条所述的罪行确定管辖权：（a）罪行发生时是针对悬挂其国旗的船舶……在下列情况下，一缔约国也可以对任何此种罪行确定管辖权：……（b）在案发过程中，其国民被扣押、威胁、伤害或杀害；或（c）犯罪的意图是迫使该国从事或不从事某种行为。"《反对劫持人质国际公约》规定："每一缔约国应采取必要的措施来确立该国对第一条所称任何罪行的管辖权，如果犯罪行为是：……（c）为了强迫该国作或不作某种行为；（d）以该国国民为人质，而该国认为适当时。"这些规定表明，保护管辖是对国际犯罪可以适用的管辖原则。

保护管辖原则在实际适用中应当受到一定的限制。一方面，保护管辖原则只能作为属地管辖原则和属人管辖原则的补充来适用；另一方面，按照保护管辖原则对外国人在本国领域外实施的犯罪行使刑事管辖权时，必须尊重犯罪地国的法律。对于犯罪地国的法律不认为是犯罪的行为，任何国家不得以保护本国国家或国民利益为由，按照保护管辖原则来对有关行为人行使刑事管辖权。

4. 普遍管辖原则

它是指世界上每个主权国家都有权对国际犯罪实行刑事管辖，而不论这种犯罪是否在本国领土内发生，不论是否由本国国民实施，也不论是否侵害本国国家或国民的利益，只要罪犯在其领土之内被发现。普遍管辖原则是国际刑法中的一项重要原则。几乎每个国际刑法公约中都要求缔约各国承诺对公约规定的犯罪采取必要措施进行刑事管辖。普遍管辖的对象是国际犯罪，即以国际公约的形式明确予以禁止的、危害国际社会共同利益的罪行。只有对国际犯罪才可以实行普遍管辖。

普遍管辖原则的内涵，使它构成了一种独具特色的管辖体系，克服了世界各国囿于国家主权，在同国际犯罪作斗争中可能出现的漏洞，从而在同国际犯罪作斗争中发挥着重要的作用。但是，这并不像有的学者所认为的那样，"普遍管辖原则实际上就是赋予每个国家都可以平等地对国际犯罪进行侦查、起诉和审判的权力"。[1] 因为普遍管辖原则是作为其他管辖原则的补充出现的，只有在按照其他管辖原则不能或不便进行管辖的情况下，普遍管辖原则才能成为管辖的根据。因此，对于已经发生的国际犯罪案件，并不是每个国家都可以平等地进行管辖，而是要受到管辖顺序的限制。

（三）国际刑事管辖冲突及其解决途径

在研究国际刑事管辖的问题时，许多学者都注意到管辖权冲突的问题，并提出了解决管辖权冲突的方式。

管辖权冲突是国际刑事管辖中必然遇到的问题。因为刑事管辖权是国家主权的重要组成部分，每个国家对国家主权的固守必然禁止其他任何国家司法机关在自己的领土上行使刑事管

---

[1] 参见赵永琛：《国际刑法与司法协助》，法律出版社1994年版，第146页。

辖权。但是同时，每个国家又都主张按照属人管辖对在他国领土上犯罪的本国公民或者犯罪后出现在他国领土上的本国公民行使刑事管辖权，或者按照保护管辖原则在犯罪的受害人是自己的国家或本国公民的情况下对犯罪行使刑事管辖权。这种状况必然引起各个国家在对国际犯罪甚至包括含有涉外因素的国内犯罪行使刑事管辖权时的法律冲突。另外，按照普遍管辖原则对国际犯罪进行刑事管辖时往往也会出现管辖权的冲突。因为，按照普遍管辖的原则，不仅犯罪地国有权对在其领域内实施的国际犯罪实行刑事管辖，国际犯罪分子的国籍国有权对其实行刑事管辖，受害国有权对其实行刑事管辖，而且在其领域内发现犯罪人的国家也有权对其实行刑事管辖。如果有权管辖的各国同时主张对同一国际犯罪的刑事管辖权，在两个以上国家之间就会出现究竟由哪个国家进行管辖的问题。

为了解决这个问题，有的学者提出了解决冲突的方式，如规定优先管辖权，规定专属管辖权，适用一事不再理规则，由有关国家协商解决，由被请求国自由裁量，通过司法解决。[1]有的学者认为，国际社会在解决管辖权冲突问题上，已经采取了三种途径：一是通过签订公约与条约解决刑事管辖冲突；二是由常设国际法院解决刑事管辖冲突；三是由所涉国家进行协商。[2]

笔者在拙作《国际刑法通论》中也指出：现有国际刑法公约对刑事管辖问题的规定已经明显地形成了一些解决冲突的途径，这就是规定管辖顺序的方式。事实上，现有国际刑法公约关于管辖的规定，实际上包含着管辖的先后顺序。排在最前面

---

[1] 邵沙平：《现代国际刑法教程》，武汉大学出版社1993年版，第260—265页。
[2] 参见陆晓光主编：《国际刑法概论》，中国政法大学出版社1991年版，第126—127页。

的国家应当享有优先管辖的权力。例如东京公约，虽然第3条第3款中明确规定本公约不排除依本国法行使的任何刑事管辖权，但是该公约第4条紧接着明文规定，"非登记国的缔约国不得为对机上犯罪行使刑事管辖权而干预飞行中的航空器，但下列情况除外……"这显然意味着，非登记国的缔约国对于航空器上犯罪的刑事管辖权虽然没有被排除，但必须受公约规定的条件的限制。缺乏公约规定的条件，非登记国就不得干预飞行中的航空器，因而也谈不上对航空器上的犯罪行使刑事管辖权。

  从有关国际公约的规定中可以看出，对各种国际犯罪，首先享有管辖权的总是犯罪地国。当犯罪全部或部分地发生在本国领土内或悬挂本国国旗的船只或在本国登记的飞机上时，该国就享有首先对这类犯罪实施管辖的权力。这就是属地管辖优先原则。根据犯罪的不同情况，有些公约把根据属人管辖原则取得的管辖权排列第二，而把根据保护管辖原则取得的管辖权排列第三；有些公约则恰好相反。根据属人管辖原则取得的管辖权，主要是罪犯为其国民的国家；当罪犯属于无国籍人时，罪犯的永久居所地国便据以获得刑事管辖权。根据保护管辖原则取得的管辖权，主要是受害人为其国民的国家，也包括受害者为其国家本身的国家，甚至包括受害者在其领土内经常居住的国家。当犯罪是通过对受害人的迫害而侵犯另一国家或公民的利益时，受侵犯的国家亦可根据保护管辖原则取得管辖权。最后一个享有管辖权的国家是上述国家以外的在本国领域内发现被控实施了国际犯罪的人的国家。这是在按照其他管辖原则不能获得管辖权的场合，按照普遍管辖原则获得的刑事管辖权。享有这种管辖权的国家，只有当享有优先管辖权的国家没有提出引渡的请求或者按照本国法律不能将罪犯引渡给请求国时，才应当对在本国领土内发现的国际罪犯实行刑事管辖。

按照优先管辖原则处在同一管辖序列的国家如果在同一国际犯罪案件中不止一个，那就会出现并行管辖的情况。在并行管辖的情况下，由哪个国家实际进行管辖，现有的国际刑法公约还没有予以明确规定。笔者认为，在属地管辖序列中，罪犯国籍国的犯罪地国应当优于其他犯罪地国实行管辖，主要犯罪地国应当优于次要犯罪地国实行管辖；在属人管辖序列中罪犯的国籍国应当优于其永久居所地国，主犯的国籍国应当优于从犯的国籍国（当共同犯罪中罪犯不属同一国家时）。

综上所述，国际公约在规定国际犯罪时，对国际犯罪的刑事管辖权应当按照下列顺序授予。

1. 犯罪地国。犯罪全部发生在其领域内（包括悬挂本国国旗或在本国登记的船舶或航空器内）的缔约当事国，或者主要犯罪行为发生在其领域内的缔约当事国，或者犯罪部分地发生在其领域内的缔约当事国。

2. 犯罪人国。犯罪人为其国民的缔约当事国，或者犯罪人的永久居所或主要营业地在本国的缔约当事国。

3. 受害国。受害者为其国家或公民的缔约当事国。

4. 在其领土内发现被指控的犯罪嫌疑人的其他国家。

同时，有关国际公约中也应当明确规定，在其领土内发现被指控犯有国际罪行的人的国家，应当首先将罪犯引渡给享有优先管辖权并要求引渡的国家，此等义务不应受双边引渡条约的有无及其内容的限制。

六、国际刑事合作

国际刑事合作是国际刑法中的一个重要问题。有的学者认为，国际刑事司法协助与合作属于国际刑法的程序法的范围，调整国际刑事司法协助与合作方面的原则、规则和制度就构成国际刑法程序法的内容，是国际刑法的重要组成部分。[1] 中国学者关于国际刑事合作的研究，主要集中在引渡和国际刑事司法协助两个方面。对于刑事诉讼的移管、外国刑事判决的承认和执行，也有一些学者进行了研究。关于国际刑事合作的一般问题讨论得比较少。由于引渡和国际刑事司法协助将作专题介绍。在此仅就国际刑事合作的一般问题加以介绍。

(一) 关于国际刑事合作的概念

对于国际刑事合作的称谓和含义，学者们存在不同的看法。有的将其称为"最广义的国际刑事司法协助"或"国际刑事司法合作"。[2] 有的学者认为，国际刑事司法协助的主要内容是国家之间应彼此的请求，根据国际条约、国内法律或互惠原则，代为一定刑事诉讼行为的活动。国际刑事司法协助主要表现为国家之间相互提供诉讼程序上的便利，而国际刑事法律合作不仅表现为在诉讼程序上相互予以协助，提供便利，而且还包括国家之间代为行使某些实体上的权利。因此，国际刑事司法协助仅仅属于国际刑事法律合作的一个组成部分，但不能包括国际刑事法律合作的全部内容。因而主张使用国际刑事法律合作的概念，认为国际刑事法律合作的概念能够涵盖国际刑事合作的内容。按照这些学者的观点，国际刑事法律合作是指主权国家之间依照国际条约、国内立法或互惠原则，为实现各自的刑事司法管辖权而在刑事诉讼过程中彼此提供司法上的合作，因而又可称之为国际刑事司法合作。[3] 笔者在拙作《国际刑法通论》中强调：国际刑事合作是指世界各国在刑事问题

---

[1] 参见邵沙平：《现代国际刑法教程》，武汉大学出版社1993年版，第227页。
[2] 邵沙平：《现代国际刑法教程》，武汉大学出版社1993年版，第228页。
[3] 参见陆晓光主编：《国际刑法概论》，中国政法大学出版社1991年版，第90—91页。

上进行的各种形式的配合与协作。按照笔者的观点，国际刑事合作可作广义和狭义之分。广义的国际刑事合作，包括国家之间在追诉国际犯罪以及各种含有涉外因素的国内犯罪的过程中所进行的各种形式的相互协助与配合。狭义的国际刑事合作，仅指世界各国在追诉和防止国际犯罪的过程中进行的各种合作，诸如通过缔结国际公约确认国际犯罪，确立和认可对国际犯罪的普遍管辖原则，确立引渡国际犯罪人的制度，开展侦查、通缉和逮捕国际犯罪等方面的司法协助，承认和执行外国法院对国际犯罪人所作出的有效判决，甚至在必要的时候联合组成国际刑事法庭审判国际罪犯，共同研究探讨预防国际犯罪的对策，彼此交换犯罪情报以至采取制止和打击国际犯罪的联合行动等。因此，国际刑事合作可以在以下三种意义上使用：

第一，国际刑法直接适用模式中的刑事合作。在国际特别刑事法庭或可能建立的国际刑事法院，国际刑事合作意味着国际社会在联合追诉国际犯罪的过程中进行的各种形式的配合与合作。这种意义上的国际刑事合作，主要是指世界各国共同提供人力、物力和财力资源，组成联合对付国际犯罪的国际特别刑事法庭或者国际刑事法院；各国提请国际特别刑事法庭或者国际刑事法院审理有关国际犯罪的案件并提供有关国际犯罪的情报；国际特别刑事法庭或者国际刑事法院为了调查、起诉、审判其管辖范围内的犯罪，或者为了使其作出的判决得以执行，而请求有关国家特别是有关当事国提供证据、协助调查、移交罪犯、送达文书或者执行判决；有关国家按照这种请求进行协助，以及有关国家之间应上述法庭或法院的请求相互配合帮助其实现追诉犯罪的任务而进行的相互合作等。

第二，国际刑法间接适用模式中的刑事合作。在单一国家按照有关国际公约的规定和国内法的规定追诉国际犯罪的场合，国际刑事合作意味着各个国家之间，为了实现追诉国际犯罪的目的，按照国际公约的规定，相互进行的协助与配合。国际刑法中所称的国际刑事合作，在大多数场合，都是指这种意义上的合作。

第三，国内刑法适用中的刑事合作。在各国依照其国内法追诉各种含有涉外因素的国内犯罪的过程中，国际刑事合作意味着一个国家为了实现制裁某个国内犯罪的目的，按照事前签订的双边或多边条约的约定，或者按照互惠原则，请求他国提供某种帮助；被请求国依据同一条约或原则，应其请求提供所需帮助而进行的相互合作。国内刑法中的刑事合作，由于受到犯罪性质和国家主权的限制，不能完全适用对付国际犯罪的合作原则，如不能确立普遍管辖原则，不能提交国际刑事法庭审判等。并且，各国在是否给予刑事合作方面具有选择性，每个国家都可以自主地决定与哪个国家合作或者不与哪个国家合作，在对付哪些犯罪中进行合作，以及在哪些方面进行合作。

尽管国际刑事合作可以在上述不同层次上进行，但作为同一术语使用的时候，国际刑事合作还是具有某些共同的特点。这些特点主要是：（1）对象的特定性，是指国际刑事合作所指向的对象，只能是合作各方共同认可的犯罪。在上述第一、二层意义上进行国际刑事合作时，不论是国际刑事法院和法庭，还是各个主权国家，都只能就追诉国际条约中规定的国际犯罪提出协助或配合的请求。被请求国通常也是只在国际条约规定的范围内，就追诉通过国际条约而共同认可的国际犯罪的有关问题提供协助。不是条约规定的国际犯罪，被请求国就有权拒绝予以合作。在上述第三层意义上进行国际刑事合作时，合作所涉及的犯罪更应当是彼此国内法都认为是犯罪的行为，即所谓"双重犯罪原则"。如果一方提出的合作请求所涉及的犯罪，按照被请求国的法律不认为是犯罪，被请求国就不会给予合作。(2) 作用的辅助性，是指国际刑事合作中的合作事项，对于追诉犯罪来说，只起辅助作用。不论是在追诉国际犯罪的场合，还是在追诉国内犯罪的场合，追诉活动都是以一方为主进行的。国际合作只是对所追诉的犯罪有管辖权的一方，在追诉犯罪的过程中，请求他国给予协助或配合的活动。所以，请求合作的事项，在追诉犯罪的过程中，不具有主导意义；被请求国应对方请求所给予的合作，亦不构成追诉犯罪活动的主要部分或刑事司法的主要内容。因而国际刑事合作不会构成对主权国家刑事管辖权的干预。(3) 合作的义务性，是指国际刑事合作对于被请求国来说，通常是一种义务。在追诉国际犯罪的过程中，一方请求另一方给予合作，往往是基于国际条约的明文规定。所以，对被请求国来说，由于其所承担的条约义务，给予合作是必须的。如果被请求国没有加入有关国际条约或者没有允诺承担合作的义务，他就可以不予合作。同样的，在追诉国内犯罪的过程中，如果没有双边的或多边的条约约定，并且也没有双方允诺的互惠条件，被请求国就没有义务提供协助或配合，刑事合作亦难以进行。所以，进行合作的义务性规定，往往是国际刑事合作的必要前提。

(二) 国际刑事合作的必要性

国际刑法作为禁止和制裁国际犯罪的法律规范，它只有实际运用于制裁国际犯罪的实践，只有对实际发生的国际犯罪产生效力，才能发挥其在国际社会生活中的作用，体现其自身存在的价值。国际刑法在其发展过程中，出现过两种适用模式。这两种适用模式就是欧洲国际军事法庭和远东国际军事法庭在审判第二次世界大战中的战争罪犯中所预示的直接适用模式和各国国内刑事司法中审判国际犯罪分子所表现出的间接适用模式。而这两种适用模式中的任何一种，都离不开有关国家的刑事合作。

国际刑事合作的存在是由各国刑事管辖的局限性和管辖冲突决定的。刑事管辖权作为国家主权的一项重要权能，通常只能在本国领土内行使，没有他国的同意和协助，就不能及于本国领土之外。并且由于国家主权的独立性，任何国家都不容许他国在自己的领土上从事刑事司法活动。但是，刑事司法所要对付的国际犯罪，又常常是跨国界实施的，国际犯罪分子往往故意利用国家主权所造成的刑事管辖上的空隙，在不同国家之间组织、策划和完成犯罪，或者通过跨国境的活动逃避特定国家的追诉。即使是含有涉外因素的国内法上的犯罪，由于其犯罪行为和结果发生在一个以上的国家，或者犯罪人或被害人属于一个以上的国家；或者犯罪人与被害人不属于同一个国家，或者犯罪地与犯罪人所在地不属于同一国家，单纯依靠本国的刑事司法系统，也是很难对其进行追诉的。各国刑事管辖的这种局限性，使每个国家在对任何含有涉外因素的犯罪进行追诉时，都需要取得其他有关国家的支持、帮助和协作，才能及时获取定罪和量刑所需的全部证据、了解案件的全部事实，才能有效控制犯罪人、保障其到庭受审，才能保障审判的顺利进行和判决的切实执行。离开了有关当事国的合作，任何一个国家的刑事司法系统都很难顺利地进行追诉国际犯罪和其他跨国性犯罪的司法活动。

不仅如此，各国在追诉犯罪的长期实践中已经形成了属地管辖、属人管辖、保护管辖等原则，而这些原则在适用于含有涉外因素的犯罪时必然会引起管辖冲突。例如，一个具有某国国籍的人在另一个国家的领土上针对第三国的公民实施了一起性质严重的犯罪。对于这起犯罪，犯罪地国按照属地管辖原则可以对其进行管辖，犯罪人的国籍国按照属人管辖原则可以对其进行管辖，受害国按照保护管辖原则也可以对其进行管辖，并且每个国家如果要对其进行管辖都不违背国际社会公认的管辖原则。但是，按照国际社会公认的刑法原则，同一个犯罪人就同一起犯罪，只能由一个国家审理。这类犯罪究竟由哪个国家进行管辖，就有一个相互协商的问题。又如，对于跨国性有组织犯罪，往往同时存在几个国家都有管辖权的情况，而案件只能由一个国家进行审理。最终由哪个国家进行审理，就需要有关各国本着联合对付这类犯罪的精神协商解决，并且，任何一个国家审理这类犯罪，都离不开其他国家的协助与配合。

这种现实促使世界各国在追诉国际犯罪和其他各种含有涉外因素的犯罪时不得不谋求与其他国家的合作。可以说，国际刑事司法合作，既是国际社会联手对付日益严重的国际犯罪特别是有组织犯罪所必需的，也是每个主权国家依照本国刑法追诉各种含有涉外因素的犯罪所必需的。特别是在国际刑事法庭或国际刑事法院追诉国际犯罪的活动中，由于缺乏完整的刑事司法系统，有关国家的协助与配合更是必不可少的。

(三) 国际刑事合作的主要内容

关于国际刑事合作的内容，有的学者认为，主要包括引渡、司法协助、刑事诉讼移管和对外国刑事判决的承认和执行等；[1] 有的学者认为，应当包括六种形态，即刑事司法协助、引渡、诉讼的移管、外国刑事判决的承认、被判刑人的移管和扣押、没收犯罪的非法收益。

从国际刑法公约的规定看，在追诉国际犯罪方面进行国际刑事合作的内容，主要包括以下几个方面：

---

〔1〕 陆晓光主编：《国际刑法概论》，中国政法大学出版社1991年版，第100页。

1. 按照普遍管辖原则确立对国际犯罪的管辖权。通过国内立法以及采取其他必要措施，确立对国际犯罪的普遍管辖权，这是上述公约的普遍要求。特别是对于那些不以国际条约为国内刑事司法系统执法依据的国家来说，这种规定非常必要。否则，公约规定的许多合作义务，只能是一纸空文。上述公约所要求的国内立法，首先是指通过刑事立法将公约中规定的犯罪规定为国内刑法中的犯罪；同时也包括追诉犯罪的程序方面和国际刑事司法系统可以适用的刑事强制措施方面的立法，以及具体实施制裁措施的细则性规定。

2. 采取必要的应急措施。当公约规定的国际犯罪在本国领域内准备或发生时，缔约各国应采取它认为适当的一切措施，制止该犯罪的实际发生或者减少其可能造成的损害，妥善处理犯罪所牵涉的事项，保护受害人员和受侵犯物体的安全和正常活动，并及时逮捕罪犯，进行初步调查取证，没收和扣押犯罪工具及其他物品；或者与其他有关当事国联合采取必要的侦查措施，控制罪犯。

3. 采取必要的刑事强制措施。实施了国际犯罪的罪犯或被指称实施了国际犯罪的罪犯在其领土内出现的其他缔约国，在确信情况有此需要时，应根据本国法律采取必要的刑事强制措施诸如拘留罪犯、监视居住和活动，确保该罪犯在提起刑事诉讼或引渡程序所必要的时间内留在其国内。

4. 引渡罪犯。

5. 开展刑事司法协助。

6. 刑事诉讼的转移管辖与外国刑事判决的承认和执行。

7. 相互交换情报。在同国际犯罪作斗争中，各国之间彼此交换有关情报，是保障国际刑法适用的重要条件。强调各国在同国际犯罪作斗争中互通情报，是非常必要的。尤其是在同国际恐怖主义活动和国际贩运毒品的犯罪活动作斗争时，各国及时地互相交换情报，对于有关国家采取有效措施，预防和控制该类犯罪，减少不必要的损失，更为重要。

按照国际刑法公约的规定，各国之间应当及时交换的情报，主要是交换有关犯罪活动的情况；有关犯罪对象的情况；采取保护性措施的情况；有关刑事强制措施的情况；嫌疑犯的情况等。

8. 遵守国际条约中规定的其他义务性规范和禁止性规范。国际刑法公约除了规定共同对付国际犯罪的各种合作事项之外，还针对国际实践中由于各国利益和法律观念的不同可能引起的分歧，规定了一些义务性规范和禁止性规范。

这类义务性规范主要包括：在其领土内发现被控犯有国际罪行的犯罪嫌疑人的国家，如不将该罪犯引渡给请求引渡的国家时，应无例外地并且无不适当延迟地将案件送交该国主管当局，以便按照该国法律规定的诉讼程序提起诉讼；根据有关国际公约的规定和国内法律，对实施国际犯罪的人采取刑事强制措施后，应及时地将拘留该罪犯以及拘留的情况通知其他有权对其犯罪进行管辖的国家和被拘留人的国籍所属国；对因实施国际犯罪而被拘留的人，应向其提供协助，以便其尽快与其本国最近的合格代表取得联系，并保证其在诉讼的一切阶段中受到公平的待遇；对危害民用航空安全和海上航行安全的国际犯罪采取刑事强制措施之后，应尽快恢复合法机长或船长对飞机或船舶的控制，提供方便，使飞机或船舶及其旅客、机组人员或船员以及所载货物免遭不适当的扣留或延误；对由于公约规定而从其他缔约国得到或经由参与执行有关公约的活动而秘密得到的任何情报，应采取符合本国法律的适当措施，以保护其机密性等。

这类禁止性规范主要有：各国不应采取任何有碍它们就侦查、逮捕、引渡和惩治国际犯罪所承担的国际义务的立法或其他措施；不得对有重大理由可认为犯有国际罪行的人给予庇护；不得违背《联合国宪章》，侵害一国的领土完整或政治独立；不得以保守银行秘密为由拒绝按照有关公约对非法贩运毒品罪采取行动或拒绝提供公约规定的法律协助；没收用于非法贩运毒品的财物或者从非法贩运毒品中得来的收益或财产时不得损害善意第三方的权利；等等。

这些规定表明，在共同对付国际犯罪方面，世界各国刑事合作的内容是十分广泛的。缔约各国应当按照缔结或者参加国际条约时所承担的条约义务，切实开展各项刑事合作。只有各个国家切实遵守条约义务，广泛开展刑事合作，才能有效地预防和制裁国际犯罪，维护国际社会的共同利益。

（四）国际刑事合作的原则

有些学者在论述国际刑事合作的时候，还就国际刑事合作的原则提出了自己的看法。按照这些学者的观点，国家间开展国际刑事合作，应当遵循的基本原则有：

1. 恪守条约义务原则。在开展国际刑事合作时，必须严格恪守自己所缔结或参加的双边、多边条约或国际公约。在国内有关法律规定与所批准参加的国际条约和国际公约相冲突的情况下，应以条约为准。各国在制定本国有关刑事合作的法律时，不得与其所承诺的条约义务相违背。

2. 互惠原则。在两国之间没有条约的情况下，一国可以在对方保证以后向自己提供同等或类似的合作的情况下向他国提供合作。

3. 起诉或者引渡原则。

4. 公共秩序保留原则。如果被请求国认为同意请求国关于刑事法律合作的请求将会有损本国的公共秩序或公共政策时,可以拒绝进行合作。[1]

有的学者认为,国家在进行国际刑事司法协助中,除了遵守国际刑法的基本原则外,还必须遵守适用于国际刑事司法协助与合作领域中的有关原则。这些原则包括:(1)互相尊重国家主权和管辖权原则;(2)平等互利原则;(3)或起诉或引渡原则。[2]

七、引渡问题

引渡问题是国际刑法中的一个重要问题,也是学者们普遍关注的一个问题。因为,引渡既是国家间在制裁国内犯罪中进行刑事合作的一种形式,同时也是现代国际社会在制裁危害各国共同利益的国际犯罪中普遍接受的一种刑事合作形式。几乎所有的国际刑法论著中都有专章论述引渡问题。1990年,黄风先生就著有《引渡制度》,此后又出版了专著《中国引渡制度研究》。中国学者关于引渡问题的研究,主要是围绕着引渡的概念与特征、引渡的原则与条件、引渡的允许与拒绝、引渡的程序等问题开展的。

(一) 引渡的概念与特征

引渡是指一国应他国的请求,将当时在其境内而被该外国指控犯有某种罪行或已被判刑的人移交给该外国以便起诉或执行刑罚的活动。有的学者将引渡定义为"一国把在其领土内,而被他国指控为犯罪或判刑的人,根据有关国家的请求,按照引渡条约的规定或以互相引渡为条件,移交给请求国审判或处

---

[1] 以上参见陆晓光主编:《国际刑法概论》,中国政法大学出版社1991年版,第100—105页。

[2] 参见邵沙平:《现代国际刑法教程》,武汉大学出版社1993年版,第231—236页。

罚的法律制度"。[1] 按照这些学者的观点，引渡是一种国家行为、一种国家权力，引渡针对的对象是犯罪人，引渡是应邀进行的，请求国请求引渡的目的在于起诉或审判被引渡人。[2]

笔者认为，引渡的法律特征是：（1）引渡的主体是主权国家或国际刑事法院。从历史上看，引渡是国家之间进行刑事合作的一种方式，因而引渡的主体只能是国家。引渡的主体是国家，意味着引渡的请求只能由拥有主权的国家提出，并且提出引渡请求的国家必须对引渡请求所涉及的犯罪享有刑事管辖权；被请求的国家必须是同样拥有主权的国家，并且必须是所指控的犯罪人在其境内的国家。这是引渡所必需的主体条件。但是，随着国际刑法的发展，提出引渡请求的主体一方已不局限于主权国家，像国际特别刑事法庭和国际刑事法院这样的政治实体也享有提出引渡请求的权力。但是，这种主体的引渡请求，只能在公约授予的管辖权范围内提出。（2）引渡的对象是犯罪人。引渡请求只能是针对犯罪人提出的。（3）引渡的目的是追究犯罪人的刑事责任。（4）引渡的表现形式是一方将犯罪人移交给另一方。

有的学者还论述了引渡中的主权与人权的问题，主张正确看待主权与人权的关系，只有在尊重国家主权的基础上，引渡才能不断发展，因此不能在各国引渡法和引渡条约之外，再加上人权标准。引渡过程中的人权保护应当以尊重国家主权为基础。[3] 有的学者详细论述了引渡在不同类型，如主动引渡与被动引渡、提议引渡与应允引渡、诉讼引渡与执行引渡、过境引渡、补充引渡、再引渡与重新引渡、简易引渡、附带引渡、暂

---

[1] 黄肇炯：《国际刑法概论》，四川大学出版社1992年版，第208页。
[2] 赵永琛：《国际刑法与司法协助》，法律出版社1994年版，第188页。
[3] 参见张旭：《国际刑法论要》，吉林大学出版社2000年版，第151—232页。

时引渡、延迟引渡、部分引渡与附条件引渡、事实引渡与伪装引渡等。[1]

(二) 引渡的原则

学者们在论述引渡应当遵循的基本原则时,从不同的方面或以不同的方式,论述了五个原则。

1. 双重犯罪原则

双重犯罪原则是互惠原则和罪刑法定原则在引渡案件中的适用而产生的一个原则。双重犯罪原则是指国家间引渡犯罪人时,作为引渡理由的犯罪必须是双重犯罪。所谓双重犯罪,是指被请求引渡人所实施的行为,按照请求国和被请求国各自的国内法,或者按照请求国和被请求国共同参加的国际刑法公约的规定,均构成犯罪。

针对双重犯罪原则在具体适用上面临的问题,学者们普遍认为,双重犯罪原则只应当要求作为引渡理由的犯罪,按照请求国和被请求国的法律都认为该行为是犯罪行为或具有可罚性即可,而不能要求双方对该行为所规定的犯罪构成要件和罪名完全相同。为了解决可引渡之罪问题上的争议,有的主张在引渡条约中采取列举的方式,把可引渡之罪详细列举;有的主张采取概括的方式,在引渡条约中规定以某个最低刑期为标准,凡在此列以上者均为可引渡之罪。

2. 政治犯不引渡原则及其例外

政治犯不引渡原则,是指"凡请求引渡的犯罪为被请求国视为政治犯罪或与政治有联系的犯罪者,不应予以引渡";"凡被请求国有重大理由相信,以普通罪名义请求引渡,其目的在于因该人的种族、宗教、国籍或政治见解而起诉或判刑者,或

---

[1] 参见黄风:《引渡制度(增订本)》,法律出版社1997年版,第39—61页。

者可能以任何理由损害他的地位者",不予引渡。

政治犯不引渡的目的是保护基本的人权,防止对持不同政见者进行政治迫害和不公正的审判。但是在实践中,对于某些基于一定的政治目的或原因而实施了严重危害人类共同利益以至被国际社会公认为应受严厉的刑罚惩罚的犯罪的人,有些国家也出于某种考虑而给予受庇护的权利。因此,政治犯不引渡原则与庇护权,可能会发生冲突。

为了解决这种冲突,多数国际公约都明确规定,国际犯罪不得视为政治犯;各国不得给予犯有国际罪行的人以受庇护的权利。按照这些公约规定,犯有公约规定的国际犯罪的人,即使基于某种政治目的,有关国家也不得给予其受庇护的权利,不得以政治犯为理由而拒绝将其引渡给有权管辖的引渡请求国。这些规定作为政治犯不引渡原则的例外,得到了世界各国的公认和赞同,也受到学术界的高度评价。

3. 引渡目的特定原则

确立特定原则,是为了防止引渡权的滥用以及可能由此造成的对被引渡人的政治迫害和刑事诉讼中的不公正待遇。因为在实践中,有的国家为了使自己的引渡请求能够得到被请求国的接受,有时会在引渡请求中掩盖自己的真实意图,以有关条约中规定的可引渡之罪提出引渡请求,而在引渡之后,对被引渡的犯罪人以其他犯罪追究刑事责任,或者在引渡请求所涉及的犯罪之外,增加其他犯罪。这种做法,既违反了相互尊重主权的原则,也损害了引渡的正当性。

引渡目的特定原则,是指引渡的请求国在提出引渡请求时必须保证,在引渡之后,对被请求引渡的犯罪人只就引渡请求中指明的犯罪追究刑事责任包括执行生效判决所判处的刑罚,而不得就引渡请求之外的犯罪对被引渡人进行审判。

4. 本国国民不引渡原则

请求引渡的对象不仅应当是其行为符合双重犯罪要求的犯罪人，而且该犯罪人应当是请求国的国民或者是第三国的国民或者是无国籍人。由于属人管辖原则是世界各国普遍认可的管辖原则，所以在引渡实践中，被请求国通常不愿意将本国国民引渡给他国进行审判。即使本国公民在国外实施了极为严重的犯罪，只要他已经回到本国，就按本国法律予以起诉和审判，而不愿将其引渡给犯罪地国。

按照这一原则，即使请求国对作为引渡请求原因的犯罪具有管辖权，但是如果被请求引渡的犯罪人是被请求国的国民，引渡请求国不能对其提出引渡的请求。

5. 或引渡或起诉原则

或引渡或起诉原则是与普遍管辖相联系并作为拒绝引渡后的一种补救措施而出现的。其基本含义是：在其境内发现被指称的罪犯的缔约国，如不将此人引渡，则不论罪行是否在其境内发生，应毫无例外地并无不适当延迟地将案件提交其主管当局以便起诉，该当局应按照本国法律以对待任何严重性质的普通罪行案件的同样方式作出决定。在学术界，这一原则通常被表述为：在其境内发现被请求引渡的犯罪人的国家，按照其签订的有关条约或者互惠原则，应当将该人引渡给请求国；如果不同意引渡，则应当按照本国法律对该人提起诉讼以便追究其刑事责任。按照这一原则，在其领土内发现被指称的国际犯罪分子的国家，应当将案犯引渡给有权管辖并提出引渡请求的国家；作为一种选择，如果在其领土内发现罪犯的国家不愿将罪犯引渡给请求国，那就应当按照普遍管辖原则，将其交给本国有权对其进行起诉的机关，按照本国法律追究其刑事责任。

这一原则作为国际刑事合作中的义务性规定，对被请求国来说具有一定的强制性,即:在其境内发现犯罪人的国家,当他国对该犯罪人提出引渡请求时,被请求国就必须在引渡与起诉之间作出选择,要么将该人引渡给请求国、要么对该人提起诉讼,二者必居其一。

有的学者还论述了国际刑法在引渡原则方面的一些新发展,认为引渡并非一定要以订立引渡条约为前提、对引渡证据的要求适当放宽、对逃犯的缺席审判不被承认、不得将逃犯引渡至有遭受酷刑危险的国家等,呈现出引渡制度的新发展。[1]

(三) 引渡的程序

有的学者在其著作中详细论述了引渡的程序,以及引渡诉讼过程中有关国家机关的分工。多数学者则就引渡程序中的主要问题进行了论述。

1. 引渡请求的提出与根据

引渡的发生,首先必须有某个国家通过正式的外交途径或司法途径提出把某个犯罪人移交给本国的请求。按照各国之间签订的引渡条约和国际刑法公约中的规定,可以提出引渡请求的国家首先必须是对请求引渡的犯罪人享有刑事管辖权的国家。

在各国的国内法中,引渡请求权通常是根据本国情况授予特定的国家机关,并且通常都是通过外交途径提出。提出引渡请求前,办案单位应当做好充分的准备工作,如收集犯罪分子的情况、查证犯罪事实、获取犯罪证据、签发逮捕令等。

提出引渡请求的根据,首先是请求国的法律,其次是根据

---

[1] 参见林欣主编:《国际刑法问题研究》,中国人民大学出版社2000年版,第270—279页。

被请求国的法律。同时，引渡请求的提出，还必须有请求国和被请求国之间事先签订的双边条约或协议、双方参加的多边引渡条约或国际公约的根据。没有这种条约根据，也不能提出引渡罪犯的请求。对于国际犯罪而言，由于有关国际公约常常将其所禁止的国际犯罪明确规定为包括在缔约各国之间现有的或将要缔约的引渡条约中的一种可引渡之罪，所以如果某一缔结国规定只有在订有引渡条约的条件下才可以引渡犯罪人，而当该缔约国接到未与其订有引渡条约的另一缔约国的引渡请求时，有关国际公约便可以被视为对该犯罪进行引渡的法律根据。

2. 引渡的接受与拒绝

一国在接到引渡请求时，首先要由有关国家当局对引渡请求进行审查，以决定是否同意引渡。这种审查通常包括行政审查和司法审查两个程序。

引渡虽然是一种国家行为，是国家主权的体现，但是是否接受引渡请求，并不完全是任意行为。作为国家间相互交往的规则，每个国家都应当按照自己在签订双边或多边引渡条约或在批准或加入国际公约时所承允的义务将犯罪人引渡给依照条约提出引渡请求的国家。

在某些情况下，尽管被请求国与请求国之间定有引渡条约或者双方都加入了同一含有引渡该项犯罪的公约，被请求国也可能基于某种理由而拒绝引渡。可以拒绝引渡请求的理由有两类：一类是强制性理由，即国际社会公认的、每个国家都有权据以拒绝他国的引渡请求的情形；另一类是任择性理由，即是否据以拒绝引渡请求，各个国家可以自行决定并通过国家之间的条约加以约定。

3. 被请求引渡人的移交

如果经过审查,被请求国决定将被请求引渡人引渡给请求国,被请求国就会就移交事项与请求国进行磋商,安排移交的方式。

移交被请求引渡人的过程中,可能涉及被请求引渡人的上诉,移交方式、时间、地点的安排,被扣押物品的移交,第三国过境问题,请求国就特定事项的承诺等。

八、国际刑事司法协助

无论是在中国学者之间还是在外国学者之间,对于国际刑事司法协助,都存在不同的解释。于是就形成了所谓狭义、广义、最广义的国际刑事司法协助之分。

狭义的国际刑事司法协助,是指各国之间在询问证人、鉴定人,移交物证,检验证件,送达文书,提供情况,以及办理有关刑事诉讼手续等方面所进行的相互帮助与合作。

广义的国际刑事司法协助,是在狭义的国际刑事司法协助的基础上增加引渡犯罪人的内容。

最广义的国际刑事司法协助,是指狭义的国际刑事司法协助、引渡、刑事诉讼的移管,以及外国刑事判决的承认和执行等。

但是,从国际刑法公约以及中国与外国签署的引渡条约和司法协助条约中的规定看,我们更倾向于在狭义上使用国际刑事司法协助的概念,即国际刑事司法协助,是指为了实现刑事诉讼的目的而在调查取证和文书送达方面相互提供帮助代为履行某些刑事诉讼行为的活动。

(一) 国际刑事司法协助的基本内容

有的学者指出,按照有关国际条约的规定,国际刑事司法协助的基本内容,主要有七个方面:(1) 向有关人员收集证词或供述;(2) 协助提供被关押者或其他人作证或协助调查工作;(3) 递送司法文件;(4) 执行搜查或查封;(5) 检查物件和场地；（6）提供资料和证据；（7）提供有关文件和记录的原件或经核证之副本，包括银行、财务、公司或商务记录。

主张广义概念的学者，则将刑事诉讼的移管、外国刑事判决的执行等问题都纳入国际刑事司法协助的内容之列。

（二）国际刑事司法协助的基本程序

关于国际刑事司法协助的具体实施，有的学者从程序的角度进行论述，有的学者从条约规定的角度进行论述，都认为，国际刑事司法协助的具体实施，必须遵循一定的规则。这些规则主要涉及五个方面：

1. 协助请求的提出

一个国家协助另一个国家代为进行某些刑事诉讼行为，首先要有请求协助的国家提出的协助请求。

国际刑事司法协助的请求，应当由请求国刑事司法权威当局或外交部门按照双方签订或参加的双边、多边条约或国际公约规定的或者双方议定的程序和方式向被请求国刑事司法权威当局或外交部门提出，并且应当坚持互惠对等原则。

司法协助的请求应当以书面的形式提出。并且应当以被请求国能够接受的语言文字提出，或者在以本国语言文字提出的同时，附有被请求国的语言文字或被请求国可以接受的语言文字的译文。

请求书中应当载明下列内容：（1）提出请求的当局的名称；（2）请求所涉及的调查、起诉的事由和性质，以及进行此项调查、起诉或审判的当局的名称和职能；（3）有关事实的概述；（4）对请求协助的事项和请求国希望遵循的特殊程序细节的说明；（5）有关人员的身份、所在地和国籍；（6）索取证据、情报或采取行动的目的。

请求国在提出协助请求时，应当按照条约规定的义务，就某些事项作出说明或保证。如保证对被请求国提供的证词和资料保守秘密；保证在有关诉讼结束时将被请求国提供的文件、物品及时返回被请求国；保证对到其境内作证的证人、鉴定人给予条约规定的保护，以及对到其境内作证的证人、鉴定人支付费用的标准的说明等。

2. 协助请求的受理

被请求国接到他国的协助请求之后，首先要就请求国对协助请求所涉及的犯罪是否具有管辖权进行审查。在得出肯定结论之后，交由其有关主管当局进行审查，以决定拒绝还是提供协助。

有关主管当局对协助请求进行审查，一是看请求的提出是否符合据以提出请求的条约所规定的途径；二是看请求事项是否属于有关条约规定的协助范围；三是看协助请求中有无拒绝协助的内容。

作为国际刑事司法协助的一般规则，各国普遍承认，在条约规定的协助范围之内，协助请求还必须遵守以下规则，否则，被请求国可以根据其中任何一项，拒绝提供协助：（1）协助请求所根据的犯罪，符合双重犯罪原则；（2）协助请求所根据的犯罪在被请求国不属于政治犯罪；（3）不得为政治迫害请求协助；（4）提供协助不损害被请求国利益；（5）一事不再理。

3. 请求事项的执行

一国受理他国提出的刑事司法协助请求之后，如果经过审查，没有发现应当或者可以拒绝协助的情况，就应当按照条约规定，及时提供协助。

提供协助应当由被请求国有关司法当局，就请求事项，按照本国法律规定的相同诉讼中可能采取的方式和手段，实施某些诉讼行为，以实现请求事项。在不违背本国法律原则的情况下，也可以按照请求国要求的方式执行协助。但是如果被请求国认为，国内法禁止执行对本国当局依其管辖权进行调查、起诉或审判的犯罪采取被请求的行动，或者同意此项请求将违反被请求关于相互法律协助的法律制度时，可以拒绝按照请求书的要求执行请求事项。

送达刑事诉讼文书包括起诉书、传票、通知、判决书等的协助，被请求国应当按照本国类似文书送达的方式或者在不违背本国法律的情况下按照请求国要求的特定方式及时送达或按要求的期限送达。文书送达之后，被请求国应当将送达回执或证明包括送达日期、被送达人的签名以及送达事实的记录如送达机关、送达方式和地点等，及时送交请求国。如果被送达人拒收，送达回执应注明拒收的情况和被送达人拒收的理由。诉讼文书无法送达时，被请求国应当及时将无法送达的原因通知请求国，以便请求国为完成送达提供新的信息或取消送达。送达传票，应当按照请求书所要求的期限送达。

执行调查取证包括搜查、扣押、询问证人和鉴定人、辨认等的请求时，被请求国应当按照本国法律规定的调查取证方式，由有权在刑事诉讼中调查取证的、对协助事项有管辖权的机关自行实施，并应对实施情况以及调查中获取的证据材料作出记录。被请求国也可根据请求国的请求，邀请请求国有关人员在调查取证中到场。调查取证所获得的各种证据材料，应当按照条约规定的途径，移交给请求国。对当事人陈述、证人证言、鉴定人的鉴定意见、书证等书面材料，在不能提供原件的情况下，应当将经证明无误的副本或影印件移交给请求国。移交犯罪工具、赃款赃物及其他有关物品时，除了不损害被请求国的利益之外，也不得损害第三方对这些物品的合法权利。

执行安排证人、鉴定人出庭作证的请求时，首先，被请求国有关当局应当审查以下方面：（1）请求书要求出庭作证的证人或鉴定人是否确实正在被请求国境内。（2）请求国在提出要求处于被请求国境内的证人或鉴定人到其境内作证的请求时，有无安全保证的内容。（3）安排证人或鉴定人到请求国出庭作证是否确系必要；提出此项请求的法律手续是否齐全。（4）请求书中是否包含或注明可由请求国支付的津贴、旅费和生活费的大致数额。如经请求国的特别请求或被请求国认为必要，被请求国可向前往请求国出庭作证的证人或鉴定人提供预付款。该笔款项可要求请求国返还。

其次，被请求国有关当局应就出庭作证的请求征得被要求人的同意。如果被要求出庭作证的证人或鉴定人不同意到请求国出庭作证，被请求国就不能安排其出庭作证。被要求出庭作证的证人如果是在押人员，除了经本人同意之外，还必须经被请求国同意且其法律许可。并且，被请求国将其境内的在押人员暂时转移到请求国出庭作证或协助调查时，如果按照被请求国法律需对该人加以关押，被请求国可以要求请求国继续维持对该人的关押状态，并可要求请求国在出庭作证或协助调查的有关事件结束或不再需要该人继续留在其境内时，将在押人员送还被请求国。

4. 诉讼结果的反馈

请求国应当尊重被请求国为其进行诉讼所提供的协助，合理利用被请求国提供的资料，并就有关刑事诉讼的结果告知被请求国。如果有关刑事诉讼的被告人是被请求国国民，请求国还应将生效判决书的副本以及判决的理由通报给被请求国。在有关刑事诉讼结束时，请求国应将被请求国提供的记录、文件的原件以及其他物品返回给被请求国，除非被请求国明示放弃退还权。

为了刑事司法协助的顺利进行以及贯彻互惠原则、保持密切的合作关系,请求国与被请求国之间在请求事项之外,应当互相通报本国对对方国民所作的生效刑事判决和裁定的结果,提供判决书和裁定书的副本,并应免费提供各自国家现行的或者曾经施行的法律法规及其在司法实践中的适用情况。

在根据国际公约对国际犯罪进行诉讼中请求提供协助时,请求国与被请求国还应遵守有关国际公约规定的协助义务,其中包括不得以被请求国认为该犯罪属于政治性质的犯罪为由拒绝协助,不得以双方没有签订刑事司法协助条约或者双方签订的条约中没有该项协助内容为由拒绝提供协助等。

5. 司法协助的终止与撤销

在提出请求到结束协助的过程中,如果发生某种特定情势,使请求无法执行或者执行该请求已无意义,当事国可以终止协助程序。终止协助程序,既可以由请求国提出,也可以由被请求国提出。终止协助的情势主要有:当事国一方发生了政府更替,新政府不承认旧政府签订的刑事司法协助条约;当事国双方发生了战争,处于交战状态;当事国之间断绝了外交关系;当事国决定不再追诉请求事项涉及的行为;当事国大赦或特赦了请求事项涉及的当事人;被告人死亡,当事国不再追究其刑事责任;在执行请求期间,追诉时效到期;请求引渡的罪犯已逃亡到第三国;请求事实已灭失,无法执行该请求;第三国撤销了请求;其他无法执行的情形。如果是请求国主动宣布放弃请求权或执行权,则称为刑事司法协助的撤销。[1]

(原载《国际区际刑法问题探索》,
法律出版社 2003 年版)

---

[1] 参见赵永琛:《国际刑法与司法协助》,法律出版社 1994 年版,第 186 页。

论国际刑法中的普遍管辖原则

普遍管辖原则，也称世界主义管辖原则，是国际刑事管辖中最重要的原则，也是争议颇多的一个原则。正确认识和理解这一原则，对于运用国际刑法同国际犯罪作斗争，具有重要的意义。特别是在我国，开展这一课题的研究，还将有助于解决我国刑法与国际刑法的衔接问题，完善我国的刑事管辖立法。

一、普遍管辖原则的形成与发展及基本内容

普遍管辖原则最初只是地中海沿岸个别国家在国内刑法中采取的刑事管辖原则。如意大利、土耳其等国的传统法律理论认为，任何犯罪都是对人类的一种危害，不论犯罪人是哪国人，也不论犯罪发生在哪里，只要犯罪人处在本国的主权范围之内，本国就有权对其进行刑事管辖。1625年，格劳秀斯在他的名著《战争与和平法》中提出了"或引渡或惩罚"（autdedere aut punire）的名言。他认为，对于危害整个国际社会利益的犯罪行为，每个国家都应当把犯罪人引渡给有权并要求对其进行惩罚的国家，如果不予引渡，就应按照本国刑法对其进行惩罚。"或引渡或起诉"，反映了要求对某些犯罪实行普遍管辖

的呼声，但是在最初的200多年中，这个原则只是在例外情况下才予以采用，而未为国际社会普遍接受。

19世纪以来，世界各国在同发生在公海上的海盗行为作斗争中，逐渐形成了一种习惯国际法，即对于海盗罪，世界各国都有进行管辖的权力。

20世纪以来，制裁海盗罪的上述习惯国际法规则，开始在某些国际公约中得以体现。1922年2月6日订于华盛顿的《关于在战争中使用潜水艇和有毒气体的条约》（未生效）第3条曾规定，服务于任何国家的任何人，在海战中如违犯对商船进行攻击、拿捕和破坏的现行法的人道规则，不论他是否奉有上级命令，一概认为是对战争法规的破坏，将按照海盗罪行受审判和惩罚，且该违法者在哪一个国家法律管辖的区域内被发现，即受哪一个国家的民事或军事法庭审判。这个规定对行使刑事管辖权的国家，没有按照属地管辖原则或属人管辖原则作出任何限制，这实际上正是普遍管辖的蕴含。第二次世界大战后，根据《关于控诉和惩处欧洲轴心国主要战犯的协定》及其附件《欧洲国际军事法庭宪章》组成的欧洲国际军事法庭，在审判德国主要战犯的过程中曾宣布：各国均可设立法庭，对犯有战争罪行的人进行审判和惩罚，只要该类罪犯处在受其实际控制的状态。这种管辖原则为1946年12月11日联合国大会决议所确认。联合国战争罪犯委员会也曾明确指出，每个独立国家都有权像惩罚海盗罪那样惩罚战争罪犯。1949年8月12日的日内瓦四公约在规定战争犯罪的同时，均明确规定：各缔约国有义务搜捕被控为曾犯或曾令人犯战争罪行的人，并应将此种人不分国籍送交各该国法庭。这一规定，实际上已经把对战争犯罪的普遍管辖，作为各缔约国的一种义务。

1958年的日内瓦《公海公约》和1982年的《联合国海洋

法公约》，进一步确认了习惯国际法对海盗罪的管辖原则。

20世纪70年代以来，随着现代科学技术的发展和交通运输的极为便利，国际犯罪日益增多并且严重危害到国际社会的和平与人类的安宁，从而产生了世界各国在刑事管辖上密切合作、共同对付国际犯罪的需要。这种需要，使以前仅仅适用于海盗犯罪和战争犯罪的普遍管辖原则，通过国际公约的形式逐渐扩大适用于其他国际犯罪。例如，1970年12月6日订于海牙的《关于制止非法劫持航空器的公约》、1971年9月23日订于蒙特利尔的《关于制止危害民用航空安全的非法行为的公约》、1972年3月25日订于日内瓦的《经〈修正1961年麻醉品单一公约的议定书〉修正的1961年麻醉品单一公约》、1971年2月21日订于维也纳的《1971年精神药物公约》、1973年12月14日在纽约开放签字的《关于防止和惩处侵害应受国际保护人员包括外交代表的罪行的公约》、1979年12月18日在纽约开放签字的《反对劫持人质国际公约》、1988年12月19日的《联合国禁止非法贩运麻醉药品和精神药物公约》等。这些公约在确认有关当事国的刑事管辖权的同时，都明确规定：每一缔约国于被指控的罪犯在本国领土内而不将此人引渡给有关当事国时，应采取必要措施确立其对此类犯罪的管辖权。这些规定，进一步体现和发展了普遍管辖原则，使其成为国际社会公认的、普遍接受的国际刑法原则。

普遍管辖原则是指世界上每个主权国家都有权对国际犯罪实行刑事管辖，而不论这种犯罪是否在本国领土内发生，不论是否由本国公民实施，也不论是否侵害本国国家或公民的利益，只要罪犯在其领土之内被发现。

普遍管辖的对象是国际犯罪，即以国际公约的形式明确予以禁止的、危害国际社会共同利益的罪行。只有对国际犯罪才可以实行普遍管辖。因为这类犯罪危害了国际社会共同关注的重大利益。这类犯罪的实施，不仅仅是对某个国家、某个个人的侵犯，也是对全世界人民的共同利益的侵犯，是对整个人类的安全和秩序的破坏。如果某种犯罪所侵犯的只是某个特定国家或个人的利益，而没有构成对整个国际社会的威胁以至未被国际公约宣布为国际犯罪，即使这种犯罪以跨国的形式出现，也不能对其实行普遍管辖。

普遍管辖意味着实施了国际犯罪的人，不论在世界上哪个国家出现，都应当受到刑事追究。如果罪犯是在本国领土上犯罪，那么理所当然地要受到本国刑法的管辖；如果犯罪人是在他国领土上实施犯罪或者犯罪结果发生在他国，犯罪人除了按照属人管辖原则受其国籍国的刑事管辖之外，还要受到犯罪地国的刑事管辖；如果受犯罪侵害的国家或个人既不属于犯罪地国，也不属于犯罪人国籍国，那么，这种犯罪按照保护管辖原则，还要受到受害国或受害人国籍国的刑事管辖。但是如果犯罪人在某个国家犯罪之后逃跑到与犯罪地国、犯罪人国籍国和受害国或受害人国籍国都没有关系的另一个国家，那么，按照传统的刑事管辖原则，任何一个国家都无权对这个犯罪人追究刑事责任，从而使犯罪分子得以逃脱刑事制裁。在同国际犯罪作斗争中，为了防止这种无法制裁犯罪人的情况出现，有关国际公约都对它所规定的国际犯罪规定了普遍管辖的原则。按照普遍管辖的原则，只要是在其领土内发现被指控实施了国际犯罪的罪犯，无论犯罪人是不是本国公民，不论其犯罪是否在本国领土内发生，也不论其犯罪的受害者是哪个国家及其公民，每个国家都有权对其进行刑事管辖。这个原则在客观上就对国际犯罪分子织就了一个无法逃脱的法网。

普遍管辖还意味着每个国家都可以对国际犯罪实行刑事管

辖。在国家主权所及的范围内对国际犯罪实行管辖，不仅是每个主权国家的权力，而且是有关国际公约的缔约国的义务。在规定国际犯罪的国际公约中，一般都明文规定，缔约各国承诺采取必要措施对此类犯罪确立刑事管辖权。因此，对于参加这些国际公约的缔约国来说，当实施相应国际犯罪的罪犯在本国领土内出现时，采取积极有效的措施确立对这类犯罪的刑事管辖权并按照本国刑法对其进行起诉和审判，是每个缔约国在同国际犯罪作斗争中应尽的条约义务。

正因如此，普遍管辖原则要求每个有关国际公约的缔约国遵守"或引渡或起诉"的原则。实施了国际犯罪的罪犯，在某国领土内被发现时，如果犯罪地国按照属地管辖原则、犯罪人国籍国按照属人管辖原则、受害国或受害人所属国按照保护管辖原则，要求引渡该罪犯以便对其进行起诉和审判时，罪犯在其领土之内的国家应当采取必要的刑事强制措施以便及时将罪犯引渡给请求引渡的国家；如果不将罪犯引渡给请求引渡的国家，在其领土内发现这类罪犯的国家就应当毫无例外地对该罪犯进行起诉和审判，而不得推卸制裁国际犯罪分子的责任。

普遍管辖原则的上述含义，使它构成了一种独具特色的管辖体系，克服了世界各国囿于国家主权，在同国际犯罪作斗争中可能出现的漏洞，从而在同国际犯罪作斗争中发挥着重要的作用。

当然，普遍管辖原则与其他任何原则一样，也是有例外的。普遍管辖原则的例外是它不适用于享有外交特权和刑事管辖豁免权的外交代表。

二、普遍管辖与国家主权

普遍管辖原则，由于最初与国内刑法的世界主义观念相联系，有些学者把它视为帝国主义、霸权主义的产物，认为它在实质上是取消国家主权。即使在今天，对普遍管辖原则的否定和担忧仍然妨碍着这一原则的发展。

主权是国家的重要属性，它对任何一个国家来说，都是至关重要的。在国际刑法中适用普遍管辖原则，与尊重和维护国家主权并不矛盾。

首先，普遍管辖原则的确立是以国家主权为基础的，而不是无视国家主权的产物。普遍管辖是以国际公约的形式对国际犯罪确立的管辖原则。这种国际公约本身，是世界上多数国家为了维护国际社会包括缔约各国在内的共同的重大利益而在平等自愿的基础上共同制定的，是各个国家行使国家主权的结果。没有各个国家按照自己的利益要求，运用各自的国家主权所作出的批准决定，就没有规定普遍管辖原则的国际公约本身。因此，对国际犯罪实行普遍管辖，是各个主权国家的共同的利益要求和共同的意志表现。而对于不同意对有关国际犯罪实行普遍管辖的国家来说，它完全可以独立自主的决定不参加相应的国际公约，从而不受普遍管辖原则的拘束，因而谈不上对其国家主权的侵犯。从另一方面看，在世界范围内对国际犯罪实行普遍管辖，正是以各国主权的独立性和不可侵犯性这一客观现实为前提的。各国的国内刑法并不需要普遍管辖的规定，因为它在本国主权所及的范围内本身就具有普遍适用的效力。在国内刑法中，只要规定在本国领域内的犯罪适用本刑法，就意味着凡是在本国领域内发生的一切犯罪均受本国的刑事管辖。但是对于国际刑法来说，正因为不存在可以凌驾于各国主权之上的刑事管辖权，无法保障国际刑法普遍适用的效力，所以才需要规定各国对国际犯罪实行管辖的原则，需要通过并依赖于各自独立的国家主权来实现国际刑法普遍适用于国际犯罪的效力。这种需要正是通过国际公约的形式来确认并要求各国对国际犯罪实行刑事管辖，通过普遍管辖原则来连接和协调各个独立自主地依照本国国家主权在国内刑法中确立对国际犯罪的刑事管辖来实现的。此外，普遍管辖原则是以对等原则为基础的。每一项有关制裁国际犯罪的国际公约的产生，都表明缔约各国都具有通过国家间的刑事合作惩罚国际犯罪的意愿，而这种意愿本身就意味着各缔约国已经主张了对这种国际犯罪行使刑事管辖的权力并且承诺了管辖该犯罪的义务，同时也意味着默认他国在其领域内对实施国际犯罪的本国公民进行起诉和审判。而每个国家在这种承诺和默认中转让部分刑事管辖权（即对处在域外的本国公民的刑事管辖权）的同时，也就从对方的承诺和默认中获得了范围相同的对实施国际犯罪的他国公民的刑事管辖权。因此，这种普遍管辖原则的确立是世界各国在共同对付国际犯罪的过程中进行国际合作的结果，而不是对任何一个缔约当事国在刑事管辖方面的国家主权的侵犯。

其次，普遍管辖原则只能适用于世界各国共同认定的国际犯罪，而不是可以适用于任何犯罪，因而不会干预任何国家对域内犯罪的刑事管辖权。国际犯罪所危害的是世界各国的共同利益，对这种共同利益的认识和维护，是世界各国在平等自愿的原则基础上通过缔结国际公约的形式对国际犯罪确立普遍管辖原则的基础。因此，对国际犯罪实行普遍管辖的原则，也只能适用于国际犯罪，而不能适用于各个主权国家根据本国政治经济状况和文化传统所规定的国内犯罪。各国国内刑法中的犯罪，如果不是有关国际公约中规定的国际犯罪，即使它以跨国的形式出现，也不能对其适用普遍管辖原则。普遍管辖原则在适用范围上的这种限制，使它的确立和适用不致干涉到各国对域内犯罪适用本国刑法的管辖权。那种认为普遍管辖原则干涉国家主权的观点，主要是把现代国际刑法中的普遍管辖原则误认为古代世界主义刑法所主张的每个国家对一切犯罪都可以实行刑事管辖而得出的结论。事实上，如果对各国国内刑法中规定的犯罪在世界范围内一律实行普遍管辖的原则，那当然是对各国根据本国政治经济状况和文化传统确定犯罪与否，并确定是否对其实行刑事管辖的自主权利的侵犯。若真如此，那么，普遍管辖就不仅可能对犯罪地国或犯罪人国籍国的主权造成侵犯，而且可能构成对发现被指控的罪犯的国家主权的干涉。但是如果把普遍管辖原则的适用范围严格地限制在国际犯罪上，而不是要求对未经世界各国通过缔结国际公约确认的犯罪实行普遍管辖，那就不存在干涉各国确立刑事管辖的自主权利。

最后，普遍管辖原则的适用是有条件的，它不包含任何超越国家主权的特殊权力。普遍管辖原则只是规定。每个国家可以在本国主权所及的范围内对实施国际犯罪的罪犯进行刑事管辖，而没有赋予任何国家在本国主权所及的范围之外去充当"世界宪兵"管辖国际犯罪的权力。所以普遍管辖原则并没有允许任何国家可以无视他国主权而在他国领域内进行追诉犯罪的活动，更不意味着任何可以凌驾于各国主权之上的特殊权力的确立和存在。而在本国主权所及的范围内依照国际公约的规定对实施了国际犯罪的罪犯进行刑事管辖，并不违背国际关系的基本原则，所以也不致构成对他国主权的侵犯。而且，普遍管辖原则只能在有关国际公约的缔约国之间适用，而不是可以在任何国家之间适用。在缔约国之间适用本身就意味着这种适用是以缔约国国家主权的认可为前提的；这种适用必须受到有关国际公约的约束。而有关国际公约对国际犯罪规定的普遍管辖原则，在内容上总是首先指出犯罪地国、犯罪人国籍国和受害国或受害人国籍国对国际犯罪的管辖权，然后才规定其他在本国领土内发现被指控的罪犯的国家对这类犯罪的管辖权。即使在后一种情况下，也是首先要求在其领土内发现被指控的罪犯的国家把该罪犯引渡给要求对其进行管辖的国家；只是当没有这种引渡请求或者按照本国法律不能引渡给请求国时，在其领土内发现被指控的罪犯的国家才应对其进行起诉。严格遵守普遍管辖原则适用的这些条件，就不致侵犯任何国家的主权。相反，如果抛弃普遍管辖原则适用的条件，滥用普遍管辖原则，那就难免会对国家主权构成侵犯，而这并不属于普遍管辖原则自身的罪过。

基于以上理由，笔者认为，普遍管辖原则本身在实质上并不意味着否认和取消国家主权，也不构成对国家主权的侵犯。只有普遍管辖原则的滥用，才会构成对国家主权的侵犯。因此，普遍管辖原则的适用应当严格遵守有关国际公约规定的适用条件、范围和方式，而不得假借普遍管辖来侵犯他国主权。

三、普遍管辖原则与其他管辖原则的关系

普遍管辖原则常常被人们解释为与属地管辖、属人管辖、保护管辖等原则并列的一种刑事管辖原则，甚至被认为是其他各项原则的补充，是在其他各项原则不能适用的场合才起作用的一项原则。这种理解，在国内刑法中无疑是正确的，但是对于国际刑法来说就不能不令人感到遗憾。

在国内刑法中确立刑事管辖的范围，通常有三种原则，即属地管辖原则、属人管辖原则和保护管辖原则。

从各国国内刑事立法的实践中看，有些国家曾经是以属地管辖原则来确立自己刑事管辖范围的，有些国家则是以属人管辖原则来确立自己刑事管辖的范围。但是在现代，很少有国家仅仅固守其中一种管辖原则，而是普遍地同时采取上述三种管辖原则，并以其中一种作为基本原则而以其他为辅助原则。这样做更有利于维护本国利益，更有利于同犯罪作斗争。

在上述原则基础上发展而来的普遍管辖原则，对于国内刑法来说，是在按照上述各项原则都无法实行管辖的情况下，基于特别的理由而确立的、适用于特定犯罪的刑事管辖原则。这种特别的理由，就是本国在缔结有关国际公约时所允诺承担的制裁相应国际犯罪的义务。所谓特定的犯罪，就是有关国际公约所禁止并要求缔约各国采取必要措施对其实行刑事管辖的国际犯罪。按照上述原则都无法实行管辖的情况，主要是指在其领域内发现犯罪人的国家，既不是犯罪地国，也不是犯罪人国籍国，同时也不是犯罪的受害国的情况。在上述情况下，在其领域内发现罪犯的国家就能够对其进行刑事管辖。从这个意义上讲，可以把普遍管辖原则看作其他管辖原则的补充和例外。

但是从国际刑法的角度看，普遍管辖原则对于世界各国确立对国际犯罪的刑事管辖权就具有高于其他管辖原则的效力，具有更为重要的意义。这主要表现为如下几个方面：

第一，普遍管辖是国际刑法的基本原则，也是国际刑法赖以产生和存在的基本前提之一。国际刑法是世界各国用以同国际犯罪作斗争的基本法律规范。国际社会之所以需要国际刑法，不仅是因为它明确地禁止某些严重危害国际社会共同利益的行为，而且也是因为它为世界各国联合制裁国际犯罪的实施者提供了统一行动的保障。这种保障正是对国际犯罪的普遍管辖原则。因为普遍管辖的原则为世界上任何一个国家提供了当其在本国领域内发现国际犯罪分子时，对其进行刑事管辖的国际刑法上的依据。如果没有这一原则而仅仅依靠各国国内刑法中的属地管辖原则、属人管辖原则、保护管辖原则甚或折中主义原则，那就可能使那些在犯罪之后逃跑到第三国的国际犯罪分子得不到应有的刑事制裁。这既不利于同国际犯罪作斗争，也违背了国际刑法产生和存在的宗旨。因此，在国际刑法中确立普遍管辖原则，是在国际刑法的产生和发展过程中必须始终坚持的基本原则。

第二，在国际刑法中，普遍管辖原则实际上包容了其他管辖原则。从各国国内刑事立法的实践中看，属地管辖原则对于国内刑法中规定的犯罪一般都具有普遍适用的效力，属人管辖原则和保护管辖原则一般具有选择适用的效力，普遍管辖原则则只具有补充适用的效力。例如，根据我国刑法的规定，对于违反我国刑法的犯罪来说，只有在中华人民共和国领域内犯罪的，不论犯罪者的国籍如何，才可以完全适用我国刑法（法律有特别规定的除外）；在中华人民共和国领域外实施的犯罪，不论犯罪人是否在中华人民共和国领域内发现，我国都只能在刑法明文规定的有限的范围内实行刑事管辖，而其中相当一部分犯罪，就不能按照我国刑法进行管辖。又如，1968年10月修订的《意大利刑法》第3条规定，意大利刑法，除本国法或国际法另有规定外，适用于本国领域内之本国国民及外国人；意大利刑法以本刑法及其他国际法规定者为限，亦适用于本国领域外之本国国民及外国人。该法第7条、第8条规定，本国人或外国人在国外犯下列之罪者，依意大利刑法处罚之：内乱罪，伪造或使用伪造的玉玺罪，伪造本国法定通用货币、印花税票或意大利公债券罪，公务员滥用职权所犯之渎职罪，特别法令或国际公约规定应适用本国刑法之其他行为，以及其他政治性犯罪。这也反映了属人管辖、保护管辖和普遍管辖对域外犯罪的有限性。

但是对于国际犯罪来说，属地管辖原则只适用于犯罪行为或犯罪结果发生在本国领域内的国际犯罪；属人管辖原则只适用于本国公民所实施的国际犯罪；保护管辖原则只适用于针对本国国家或公民的国际犯罪。按照它们中的任何一个都无法确立国际刑法普遍适用的效力。唯有普遍管辖原则，由于它主张每个国家都有对国际犯罪实行刑事管辖的权力而不论犯罪地、犯罪人和受害者的国度，所以它既可以包括按照属地管辖原则对本国领域内实施的国际犯罪实行刑事管辖的场合，也可以包括按照属人管辖原则对在本国领域外实施国际犯罪的本国公民实行刑事管辖的场合，还可以包括按照保护管辖原则对外国人或无国籍人在本国领域外实施针对本国国家或公民的国际犯罪实行刑事管辖的场合，此外还可以包括在本国领域内发现国际犯罪分子而按照上述三个原则都无法进行刑事管辖时对其实行刑事管辖的场合。因此，按照普遍管辖原则确立对国际犯罪的刑事管辖，不仅不排除和妨碍按照国家主权原则对国际犯罪进行刑事管辖的各项原则，而且可以包容属地管辖、属人管辖、保护管辖等原则适用于国际犯罪时的各种情况（但不包容这些原则适用于国内犯罪的情况），从而保障国际刑法对国际犯罪普遍适用的效力。

　　第三，普遍管辖原则在国内刑法中作为补充原则的地位，并不否定其在国际刑法中作为基本原则的地位。对于各国的国内刑法来说，普遍管辖原则只能是一个补充原则。因为普遍管辖原则在现代社会的任何国家都只适用于国际犯罪，而构成国内刑法中的犯罪之主要成分的是国内犯罪。相对于国内犯罪来说，国际犯罪在任何一个国家无论其种类还是数量都是微乎其微的。只能适用于国际犯罪的管辖原则，在国内刑法中当然也只能是次要的、补充性的原则，而无法在国内刑法中取代适用于绝大多数犯罪的属地管辖原则。但是在国际刑法中，由于只有国际犯罪，而不存在其他国内刑法中的犯罪，所以能够适用于所有国际犯罪的普遍管辖原则也就自然而然地取得了基本原则的地位。国际刑法中的这一基本原则作为一种国际义务被有关国际公约的缔约国规定在各自的国内刑法中,从而使其通过各个国内刑法在世界范围内统一适用于国际犯罪,构成对国际犯罪的普遍管辖。这是国际刑法的特征之一。

四、普遍管辖原则的国际实践

普遍管辖原则最典型的国际实践是1961年的"艾希曼案"。艾希曼是第二次世界大战期间希特勒政府犹太人事务局的头目,在纽伦堡国际军事法庭上被控犯有参与屠杀400万犹太人的反人道罪。但是由于艾希曼潜逃隐匿,纽伦堡国际军事法庭当时未能对其进行审判和惩罚。按照联合国大会决议所确认的纽伦堡审判原则,艾希曼所犯的反人道罪属于各国可对其实行普遍管辖的国际犯罪。1960年5月,以色列情报机构侦悉艾希曼化名藏匿在阿根廷,便派人秘密地将艾希曼绑架空运到以色列,由以色列法院对其进行审判。从刑事管辖的角度看,以色列既不是罪犯艾希曼的国籍国,也不是艾希曼犯罪时的犯罪地国,并且艾希曼犯罪时以色列国并未建立,所以其罪行也谈不上是针对以色列国或其公民实施的犯罪。但是,以色列法院认为,艾希曼所犯的是战争罪行之一种,按照纽伦堡国际军事法庭的审判原则,每个国家都有权对其进行管辖,以色列亦不例外。以色列法院的这种主张及其对艾希曼的审判,得到了国际社会的认可,联合国安全理事会亦未对此提出异议,只是指出以色列采取私自绑架的方式在阿根廷绑架艾希曼并将其空运出阿根廷的做法侵犯了阿根廷的国家主权。

普遍管辖原则,是以尊重各国主权为前提的,因而在各自独立的国家主权面前,普遍管辖原则在国际实践中也遇到了一些困难和矛盾。

首先,按照普遍管辖原则,同一个国际犯罪案件,往往同时有几个国家可以对其进行管辖。在这种情况下究竟由哪个国家对其实际进行管辖，便是一个可能引起争端的问题。对于这种争端，尽管有关公约都规定当有关国家之间不能以谈判协商的方式解决时，其中任何一方可以交付仲裁或者提交国际法院裁决，但是由于有些国家在加入国际公约时对这类条款常常予以保留，所以这种争端的解决便会出现久争不决的现象，从而拖延对国际犯罪分子的制裁。

其次，普遍管辖原则只是确认在其领域内发现被指控实施了国际犯罪的人的每个国家，都有权对其实行刑事管辖，而未规定有关国家不对已经实施的国际犯罪进行刑事管辖时应负的责任。所以，面对情况复杂的、常常包含着政治因素的国际犯罪，有关当事国可能基于各种考虑既不对在其领域内发现的国际犯罪分子进行起诉和审判，也不将罪犯引渡给要求对其进行管辖的国家。这种违反有关国际公约义务的做法，常常使普遍管辖原则在国际实践中受挫。例如1981年3月初，巴基斯坦航空公司的一架波音727客机在从卡拉奇飞向白沙瓦的途中被3名恐怖分子用暴力劫持到阿富汗首都的喀布尔机场。阿富汗作为《关于制止非法劫持航空器的公约》的签字国，本应按照该公约的规定对在本国领域内发现的非法劫持航空器罪行进行刑事管辖，包括采取拘留罪犯、恢复合法机长对航空器的控制等措施。但是阿富汗当局并未履行自己应负的公约义务，未对劫持飞机的罪犯采取任何有效的管辖措施，而是任凭劫机罪犯控制被劫持的飞机并杀害机上的一名乘客，使罪犯非法控制该飞机达13天之久。对此，苏联当局也负有违反公约义务的责任。因为该劫机事件发生时，苏联派往阿富汗的占领军实际控制着喀布尔机场。苏联作为《关于制止非法劫持航空器的公约》的缔约国和当时实际控制着阿富汗的国家，也没有对非法劫持飞机的国际犯罪分子采取必要措施以制止该犯罪。对于这种违反有关国际公约规定的义务，不对国际犯罪实行普遍管辖的行为，国际刑法中至今没有制裁性规定或补救性条款。这在一定程度上影响了普遍管辖原则的效力，使其在实际贯彻中遇到难以克服的障碍。对此，有些学者建议国际社会应采取联合行动以制裁这种违约行为。美国、英国、法国、加拿大、联邦德国、意大利、日本等国还曾于1978年7月发表过一个"波恩声明"，宣称对于违反东京公约、海牙公约、蒙特利尔公约规定的义务，而不对犯有非法劫持航空器罪、危害国际民用航空安全罪罪行的人采取必要措施，以制止和制裁其犯罪的国家，他们将采取联合制裁行动。然而这样做，又往往会构成对他国主权的粗暴干涉。如何解决这个问题，仍有待进一步研究。

最后，普遍管辖原则确立的目的，不仅是要确保实施了国际犯罪的罪犯受到刑事制裁，而且要求对情节大致相同的同种类的国际犯罪不论在哪里受到审判都得到大致相同的刑罚制裁。但是由于各国的法律传统和价值观念的差异，对于同一种国际犯罪，各国国内刑法中往往规定了不同的甚至是轻重悬殊的刑罚。性质和情节大致相同的国际犯罪，仅仅由于国度的不同，便可能受到相去甚远的制裁。这也是与普遍管辖原则的基本精神相矛盾的。对此，有些学者建议国际社会在创设国际刑法规范时，对国际犯罪设定最低限度刑罚，以保障罪与刑在世界范围内的大致均衡。

普遍管辖原则在实践中遇到的这些问题，能否得到顺利的解决，对于保障国际刑法的效力、更有效地同国际犯罪作斗争，具有直接的现实意义。寻求解决的途径，既是世界各国有关主管当局的责任，也是国际刑法学者的使命。

（原载《法学研究》1992年第5期）

论国际刑事法院的管辖权

建立一个能够独立于国家管辖权的国际刑事司法机构即国际刑事法院，不仅是热衷于国际刑法直接适用模式的国际刑法学学者们不懈努力的目标之一，而且是国际社会在联合制裁国际犯罪的实践中努力寻求的一种合作形式。但是，如何确定国际刑事法院的管辖权，又是把刑事管辖权视为国家主权重要组成部分的世界各国最为担心的问题，也是国际刑法学者们争论最为激烈的问题。[1] 因此，探讨国际刑事法院的管辖权，对于深刻理解有可能生效的《国际刑事法院规约》的内容，正确认识有可能建立的国际刑事法院，是很有裨益的。

---

[1] 参见 Mauro Politi, "The Establishment of an International Criminal Court at a Crossroads: Issues and Prospects After the First Session of the Preparatory Committee", The International Criminal Court: Observations and Issues Before the 1997 - 98 Preparatory Committee; and Administrative and Financial Implications, International Human Right Law Institute, DePaul University Chicago. 1996. p. 115；曾令良：《国际法发展的历史性突破——〈国际刑事法院规约〉述评》，载《中国社会科学》1999 年第 2 期。

一、确立国际刑事管辖的历史背景

建立国际刑事法院的努力始于第一次世界大战后。[1] 1919年1月25日,由战胜国的代表组成的10人委员会作出了惩罚和审判有关个人包括德国皇帝的决定,[2] 并决定组织一个由来自战胜国的5名法官组成的特殊法庭审判德国皇帝威廉二世。[3] 第二次世界大战后,根据1945年8月8日《关于起诉和惩处欧洲轴心国主要战犯的协定》及其附件《欧洲国际军事法庭宪章》和1946年1月19日的《盟军最高统帅总部宣布成立远东国际军事法庭的特别通告》及其附件《远东国际军事法庭宪章》,成立了欧洲国际军事法庭和远东国际军事法庭,成功地实现了对战争罪犯的审判和惩罚。1946年12月11日联合国大会通过的第95(1)号决议肯定了由纽伦堡国际军事法庭宪章和判决所确定的国际刑法原则,将建立国际刑事法院的尝试从一战后的失败推向新的前景。1947年联合国建立了国际法委员会,界定纽伦堡宪章和判决所确定的法律原则并起草侵犯人类和平与安全犯罪的草案以确认该原则。1948年,联合国大会要求国际法委员会研究建立国际刑事司法机构的必要性和可行性。1950年,联合国安理会根据国际法委员会的报告,成立了一个专门委员会起草建立国际刑事法院的规则。1951年该委员会向安理会提交了一份报告和《国际刑事法院法规草案》。该草案设想将国际刑事法院作为一种常设机构,但只能审理提交给它的案件。1953年,安理会又建立了一个专门委员会进一步

---

[1] 亦有人认为,世界上第一个国际刑事法院建立于1474年罗马帝国(M. C. Bassiouni, Draft Statute International Criminal Tribunal, 9 Novellas Etudes Penales 1992., p.29)。但这并不是现代意义上的国际刑事法院。

[2] 1919年6月28日协约国在巴黎和会上签订的《协约及参战各国对德和约》即《凡尔赛条约》第227—230条。

[3] 审判德国皇帝威廉二世的决定由于荷兰政府不同意引渡威廉二世而未能成功。

研究和重新审查1951年草案。1974年12月4日,联合国同意以大会决议的形式补充有关侵略的定义,同意重新考虑被长期搁置的1954年联合国关于侵犯人类和平与安全法典草案。

1989年,联合国大会要求国际法委员会提交一份关于建立国际刑事法院以起诉从事国际贩卖毒品的人。国际法委员会第六委员会于1992年底向联合国大会提交了一份报告,就建立一个国际刑事法院以确立对跨国境非法贩卖毒品及其他跨国性犯罪活动的管辖权。

1992年联合国大会审议国际法委员会关于起草惩治反人类和平与安全罪法典草案的工作时,在1992年11月25日第47/33号决议中,要求国际法委员会详尽阐述常设国际刑事法院规约草案。

1993年,联合国安理会建立了前南斯拉夫国际刑事法庭,以审判在前南斯拉夫实施诸如屠杀、强奸及其他种族灭绝和侵犯人权的犯罪的人,因为这些犯罪严重违反日内瓦1949年公约,违反战争法和战争习惯。1994年,安理会又按照同一程序建立了卢旺达国际刑事法庭,审判在卢旺达国内及周边国家实施的犯罪。前南斯拉夫国际刑事法庭和卢旺达国际刑事法庭的建立及其理由,促使联合国再次提出了建立国际刑事法院的动议。

国际法委员会根据联合国大会的要求,仔细研究了纽伦堡法庭宪章和东京法庭宪章、1951年和1953年的国际刑事法院法规草案、1980年创建国际刑事管辖以执行种族隔离公约(即1973年联合国大会通过的《禁止并惩治种族隔离罪行国际公约》)草案以及1993年前南斯拉夫国际刑事法庭和1994年卢旺达国际刑事法庭宪章等,于1994年完成了《国际刑事法院规约草案》的起草工作。国际法委员会在将该规约草案推荐给联合国大会时,建议召开一个全权大使会议研究该规约草案并讨论关于建立国际刑事法院的公约。

1994年联合国大会审议国际法委员会制定的规约草案，并于1994年12月9日决定成立一个关于建立国际刑事法院的特别委员会来研究修订这个草案。特别委员会多次召集会议研究讨论了这个规约草案。1995年12月11日，联合国大会根据特别委员会的报告，又决定成立一个国际刑事法院筹备委员会。联合国大会于1996年12月17日通过了一个关于建立国际刑事法院的决议。该决议充分肯定了特别委员会和筹备委员会所做的工作，要求联合国秘书长为筹备委员会的活动提供必要的经费并建立特别基金为至少是发展中国家的代表参加筹备委员会的工作提供经费，以保障大多数国家能够参与筹备委员会的工作从而使国际刑事法院的建立得到最广泛的支持。

国际刑事法院筹备委员会组成8个专门工作小组，于1996年3月25日—4月12日、8月12—30日，1998年1月19—30日召集各方面的代表举行会议，对1994年国际法委员会提出的《国际刑事法院规约草案》进行了广泛的讨论和全面的修改。

按照1996年联合国大会决议的规定，1998年6月15日—7月17日在意大利首都罗马召开了一个联合国全权代表外交会议，即罗马外交会议。参加这次会议的有联合国会员国、联合国专门机构会员国、国际原子能机构会员国共160个国家的代表，另有17个政府间组织、14个联合国专门机构和基金会、124个非政府间组织的代表与会。会议审议并通过了国际刑事法院筹备委员会提交的《国际刑事法院规约草案》。

罗马外交会议通过的《关于建立国际刑事法院的最后文件》规定，《国际刑事法院规约》于1998年7月17日在罗马联合国粮农组织总部对所有国家开放签字；然后在罗马意大利外交部继续开放签字到1998年10月17日；此后，在纽约联合国总部开放签字到 2000 年 12 月 31 日；《国际刑事法院规约》将于联合国秘书长收到第 60 份交存的批准、接受、核准或加入的文件之日起 60 天后的首日生效。

罗马外交会议通过的《国际刑事法院规约》和《关于建立国际刑事法院的最后文件》，使国际刑事法院的建立成为世界各国必将面临的重大事件。而在《国际刑事法院规约》起草和讨论过程中激烈争论的国际刑事法院管辖权问题，将仍然是人们担心和关注的焦点。

二、关于国际刑事法院管辖的范围

关于国际刑事法院的管辖权，首先面临的问题是管辖范围问题，即国际刑事法院可以对哪些犯罪行使管辖权以及如何定义国际刑事法院管辖的犯罪。

（一）如何确定国际刑事法院的管辖范围

国际刑事法院管辖的犯罪只限于国际刑法公约中规定的国际犯罪，还是也包括国际条约以外的犯罪？这是在国际刑事法院管辖问题上激烈争论的问题之一。

国际刑法学协会主席巴西奥尼原来起草的《国际刑事法庭规约草案》[1]，主张对国际刑事法院的管辖权区分四种不同的

---

[1] 1976 年，国际刑法学协会理事会委托时任协会秘书长巴西奥尼（现为国际刑法学协会主席）起草国际刑法典草案。巴西奥尼经过 3 年的努力从 100 多年以来 32 个国家的 1800 多种国际法文件和著作中筛选出有关国际刑事规范性质的资料加以分类整理和分析评价，并根据他自己对国际刑事的基本认识和国际刑法学协会的主流意识，起草了一个《国际刑法典草案》。1984 年 5 月，国际刑事科学高级研究所召开了一个来自 30 个国家大约 130 位学者参加的会议，就发展国际刑法这一问题进行了深入的讨论。与会者在肯定该草案的研究成果的同时，建议作者草拟一个包含建立国际刑事法庭在内的新文本。根据这次会议的建议，巴西奥尼又在《国际刑法典草案》的基础上增加了有关国际刑事法庭规则的内容，以《国际刑法典及国际刑事法庭规约草案》（A Draft International Criminal Code and Draft Statute for an International Criminal Tribunal）为名，于 1987 年 7 月用英文公开出版。1992 年，巴西奥尼根据国际刑法的发展，进一步修改了他先前起草的草案，以《国际刑事法庭规约草案》（Draft Statute International Tribunal）为名提出了一个新的规约草案。此外，巴西奥尼也是联合国国际刑事法院筹备委员会规约起草委员会的主席。

情况，分别解决。(1) 解决当事国之间的争端：就国际刑法公约可适用的犯罪（附录一所列的犯罪），有关当事国在或引渡或起诉的义务、刑事管辖冲突、引渡、多边法律援助及刑事合作等方面发生冲突时，国际刑事法院可进行裁决。(2) 原始管辖：对于当事国已经同意的自然人实施的附录二所列犯罪，国际刑事法院可直接对其进行起诉、审判和执行判决。(3) 并存管辖：以一方当事国明示或默示同意为基础，或者以刑事诉讼的移转为基础，国际刑事法院可对自然人实施的附录三所列犯罪进行审判、起诉或执行判决。(4) 特别管辖：一方当事国愿意提交国际刑事法庭管辖的自然人实施的附录一所列犯罪，国际刑事法院可直接对其进行起诉、审判和执行判决。[1] 巴西奥尼1992年修改的法规草案附录一列举了24种国际犯罪，其中包括灭绝种族罪、战争犯罪、反人道罪以及其他各种条约规定的犯罪；附录二所列犯罪与附录一相同；附录三所列犯罪是从附录一中选择的17种犯罪。

国际法委员会1994年起草的规约草案关于国际刑事法院管辖的案件的规定，使用了"严重违犯可适用于武装冲突的法律和惯例的犯罪"的用语，这实际上包括了习惯国际法或一般国际法中的犯罪。这个问题在讨论中引起了激烈的争论。有的引用审判战争犯罪的国际实践和前南斯拉夫国际刑事法庭的规定以及国际人权法的要求，论证这个规定的根据。但是有的引用法规草案中确认的一般法律原则即罪刑法定原则来否定这个规定存在的合理性，认为这个规定使犯罪的定义过分含糊，使犯罪构成要件难以把握。有的甚至认为，没有能够证明是明示

---

[1] M. Cherif Bassiouni: Draft Statute International Tribunal, 10. Nouvelles Etudes Penales, 1993. pp. 57 – 61.

的、特别述明的要素而对一个人定罪，将是对国际刑法和国际刑事法院的莫大嘲弄。[1] 按照国际法委员会提出的规约草案，国际刑事法院可以对以下5个方面的犯罪行使管辖权：（1）灭绝种族罪；（2）侵略罪；（3）严重违犯可适用于武装冲突的法律和惯例的犯罪；（4）危害人类罪；（5）依据附录列举的条约条款确认的、所控行为构成国际社会关注的严重罪行的犯罪，即恐怖活动罪、危害联合国及其职员的犯罪、非法贩运麻醉药品和精神药物罪。

对管辖范围的不同界定，反映了人们对国际刑事法院管辖权的不同理解。这种不同理解，在国际刑事法院筹备委员会组织的讨论中得到进一步地争论。其中包括：[2]

第一，国际刑事法院的管辖权中要不要包括侵略罪？国际刑事法院管辖的是侵略行为还是侵略战争？国际刑事法院所要追究的是个人的刑事责任还是国家的刑事责任？对这些问题，不论是在国际法委员会的专家中间还是在各国的代表中间，都存在截然不同的观点。

第二，条约规定的犯罪是否全部包括在国际刑事法院的管辖权范围内？有些国家的代表认为，凡是国际公约中规定的国际犯罪，国际刑事法院都应当有权管辖。但是多数国家的代表强调，国际刑事法院只应当管辖国际公约中包含的"最严重的

---

[1] Christopher L. Blakesley, Jurisdiction, Definition of Crimes and Triggering Mechanism, The International Criminal Court: Observations and Issues Before the 1997 – 98 Preparatory Committee; and Administrative and Financial Implications, International Human Right Law Institute, DePaul University Chicago. 1996. p. 187.

[2] Leila Sadat Wexler, First Committee Report on Jurisdiction, Definition of Crime and Complementarity, The International Criminal Court: Observations and Issues Before the 1997 – 98 Preparatory Committee; and Administrative and Financial Implications, International Human Right Law Institute, DePaul University Chicago. 1996. pp. 164 – 168.

犯罪",因为国际社会对最严重的犯罪认可程度最高,容易使国际刑事法院被各国普遍接受。

第三,国际刑事法院的管辖权中是否包括毒品犯罪,包括哪些毒品犯罪?有些国家的代表认为,国际刑事法院的管辖权中不仅应当包括毒品犯罪,而且国际刑事法院的检察官应当干预对毒品犯罪的国内调查;国际社会同意的毒品犯罪应当作为一个整体由国际刑事法院管辖。有的认为,只有当一个国家已经决定放弃对某个毒品犯罪的管辖时,国际刑事法院才有权管辖该案件。有些国家强烈反对国际刑事法院拥有对毒品犯罪的管辖权。

在最后通过的《国际刑事法院规约》中,取消了国际刑事法院对"依据附录列举的条约条款确认的、所控行为构成国际社会关注的严重罪行的犯罪"的管辖权,同时取消了"严重违犯可适用于武装冲突的法律和惯例的犯罪"的用语,对战争罪作了详细列举性的规定。按照该规约的规定,国际刑事法院管辖的犯罪只有四种罪,即灭绝种族罪、危害人类罪、战争罪和侵略罪。这四种罪可以说是对国际社会危害最为严重的国际犯罪。

(二)如何定义国际刑事法院管辖的犯罪

由于一般国际法和习惯国际法没有关于犯罪要件的明确规定,所以,反对国际刑事法院管辖一般国际法和习惯国际法上的犯罪的理由之一,便是强调罪刑法定原则关于犯罪定义的明确性,要求《国际刑事法院规约草案》就国际刑事法院管辖的犯罪明确规定犯罪定义。

有的要求明确区分条约规定的不法行为与犯罪行为,有的要求划清条约禁止的行为与条约规定可给予刑事制裁的行为的界限。特别是对国际公约中作为类犯罪规定的犯罪究竟包括哪些具体犯罪,各国代表争论激烈。例如危害人类罪,尽管都认为国际刑事法院应当对之行使管辖权,但是危害人类罪作为一类犯罪具体包括哪几种犯罪,看法不一。有的引用前南斯拉夫国际刑事法庭宪章第5条的规定,认为只要是在武装冲突中直接针对任何居民实施的谋杀、灭绝、奴役、放逐、监禁、酷刑、强奸,基于政治、种族、宗教原因的起诉,以及其他非人道行为,不论其特征是国际的还是国内的,都构成危害人类罪,国际刑事法院都有权对实施这类行为的责任人员进行起诉。但是有的认为,这种观点对危害人类罪的定义过于宽泛,超出了日内瓦四公约的范围。尤其是"其他非人道行为",缺乏明确的定义和明文规定的构成要件,违背了罪刑法定原则的基本要求。

最后通过的《国际刑事法院规约》,对国际刑事法院管辖的前三种罪的范围作了明确的界定。

1. 灭绝种族罪

该规约第6条规定,为本规约之目的,灭绝种族罪系指蓄意全部或局部消灭某一民族、人种、种族或宗教团体,而犯有下列行为之一者:(1)杀害该团体之成员;(2)致使该团体之成员在身体上或精神上遭受严重伤害;(3)故意使该团体处于某种生活状况下,以毁灭其全部或局部之生命;(4)强制施行办法意图防止该团体内之生育;(5)强迫转移该团体之儿童至另一团体。这与1948年《防止及惩治灭绝种族罪公约》所定义的灭绝种族罪是完全一致的。

2. 危害人类罪

该规约第7条规定,为本规约之目的,危害人类罪系指作为大规模地和有组织地直接攻击任何平民居民之组成部分,而犯有下列行为之一者:(1)谋杀;(2)灭绝;(3)奴役;(4)放逐或强制转移人口;(5)监禁或违反国际法基本规则的其他对人身自由的严重剥夺；（6）酷刑；（7）强奸、性奴役、强迫卖淫、强迫怀孕、强行节育或其他类似严重形式的性暴力；（8）基于政治的、种族的、民族的、文化的、宗教的、性别的或其他国际法上所不允许的理由，对任何可以确认的团体或群体实行被普遍认知的迫害；（9）强迫人员消失；（10）种族隔离罪；（11）蓄意造成巨大痛苦或对身体或精神或健康造成严重损害的其他不人道的行为。该条还进一步对"直接攻击任何平民居民""灭绝""奴役""放逐或强制转移人口""酷刑""强制怀孕""迫害""种族隔离罪"等用语作出了界定。危害人类罪是在《欧洲国际军事法庭宪章》和《远东国际军事法庭宪章》中规定的反人道罪的基础上，根据日内瓦四公约及其附加议定书的有关规定发展而来的，与作为战争犯罪之一的反人道罪相比，它涉及的范围更为广泛。

3. 战争罪

在《国际刑事法院规约》的起草、讨论和修改过程中，对"严重违犯可适用于武装冲突的法律和惯例的犯罪"用语的激烈争论，使规约对战争罪的规定采取了更为慎重的态度。最后通过的规约，在第8条中对战争罪作了详尽的列举。按照该条的规定，战争罪系指犯有下列行为之一者：

（1）严重违反1949年8月12日日内瓦四公约的行为，即对按照日内瓦四公约有关条款受保护的人员或财产实施的任何下列行为：①故意杀害；②酷刑，或非人道待遇包括生物学实验；③故意使人体或健康遭受重大痛苦或严重伤害；④无军事上之必要而以非法和肆意之方式，对财产进行大规模的破坏与征收；⑤强迫战俘或其他受保护人为敌方武装部队服务；⑥故意剥夺战俘或其他受保护人接受正规的公正审判的权利；⑦非法放逐、转移或非法监禁；⑧扣留人质。

（2）其他严重违反国际法已有框架内可适用于国际性武装冲突的法律和惯例的行为，即任何下列行为：①故意直接攻击没有参与敌对行动的平民居民或平民个人；②故意直接攻击没有用于军事目的的平民物体；③故意直接攻击从事人道主义援助的人员、设备、材料、单位或交通工具或者依照联合国宪章并被授权按照国际武装冲突法进行维和行动的使团；④故意实施水下攻击，并明知此种攻击会附带引起明显超过可预期的具体的直接军事利益的平民伤亡、伤害或平民物体的毁坏或者大规模、长时间严重损害自然环境；⑤采取任何方式攻击或轰炸不设防的和非军事目标的城镇、村庄、居民地或建筑物；⑥杀害或伤害已经放下武器的、丧失防卫能力的、投降的战斗员；⑦不适当地使用休战旗帜、敌方或联合国的旗帜、军事徽章或制服，或日内瓦公约的特殊标志，造成人员伤亡或严重伤害；⑧利用占领权，将本国平民居民之一部分迁往其所占领的领土，或者将被占领领土的全部或部分居民驱逐或移送到被占领领土内的地方或将其驱逐或移送到被占领领土以外；⑨故意直接攻击非军事目标的、专用于宗教、教育、艺术、科学、慈善等目的的建筑物，历史纪念物，医院或伤病员集中的地方；⑩使敌对方人员身体毁损或进行任何种类的医学或科学试验，而这种试验既不是对该人的正当的医学治疗，也不是为了他（或她）的利益，并且可能导致该人的死亡或严重危及其健康；⑪背信弃义地杀害或伤害属于敌对国家和军队的个人；⑫毁坏或扣押敌方财产，除非此等毁坏或扣押是战争所必需的；⑬废除、延缓或不采纳有关在法庭上给予敌对方国民以法定权利和行动的声明；⑭强迫敌对方国民参与直接针对他们自己国家的战争行动，即使在战争开始前他们在为交战国服务；⑮以偷袭的方式夺取城镇或地方；⑯使用毒药或毒素武器；⑰使用窒息性、有毒性或其他气体及一切类似流体、材料或设备；⑱使用在人体内具有扩张性、易变性的弹头，诸如具有不完全覆盖内核的硬壳的弹头或具有穿透性的弹头；⑲使用违反国际武装冲突法的、作为全面禁止对象的、具有过分杀伤力或滥杀滥伤作用的武器、发射装置、材料和战争手段，此等武器、发射装置、材料和战争手段是经按照本规约第 121 条和第 123 条修正包含在本规约附件中的；⑳侮辱人格尊严的尤其是羞辱性和不体面的待遇；㉑实施第 7 条第 2 款第 6 项定义的强奸、性奴役、强迫卖淫、强迫怀孕、强行节育、强制绝育以及其他类似形式的严重违反日内瓦四公约共有的第 3 条的性暴力；㉒利用平民或其他被保护人使某些据点、地区或军事力量免受军事行动的冲击；㉓故意直接攻击按照国际法使用日内瓦公约特殊标志的建筑物、材料、医疗单位、交通工具或人员；㉔作为战争手段，通过剥夺平民生存所必需的物品故意饿死平民，包括故意阻止平民获得按照日内瓦公约提供的救济；㉕征募或征召 15 岁以下儿童参加国家军事力量，或者使他们参与敌对活动。

（3）在非国际性武装冲突中，严重违反 1949 年 8 月 12 日日内瓦四公约共有的第 3 条规定的行为，即对没有参加敌对行动的人包括因疾病、负伤、被拘留或其他原因而放下武器和离开战场的武装部队成员实施的任何下列行为：①对生命和肉体使用暴力，尤其是各种谋杀、毁损、残酷待遇和酷刑；②侮辱人格尊严，尤其是羞辱性和不体面的待遇；③劫持人质；④没有经过正规的法庭判决，没有提供任何公认为不可缺少的司法保护，而判处和执行刑罚。

（4）第 2 款第 c 项适用于非国际性武装冲突，因此不适用于国内骚乱和动乱，诸如暴乱、孤立的和零星的暴力或其他类似性质的行为。

(5) 其他严重违反国际法已有框架内可适用于非国际性武装冲突的法律和惯例的行为，即任何下列行为：①故意直接攻击没有参与敌对行动的平民居民或平民个人；②故意直接攻击按照国际法使用日内瓦公约特殊标志的建筑物、材料、医疗单位、交通工具或人员；③故意直接攻击从事人道主义援助的人员、设备、材料、单位或交通工具或者依照联合国宪章进行维和行动并被授权按照国际武装冲突法保护平民和平民物体的使团；④故意直接攻击非军事目标的、专用于宗教、教育、艺术、科学、慈善等目的的建筑物，历史纪念物，医院或伤病员集中的地方；⑤以偷袭的方式夺取城镇或地方；⑥实施第7条第2款第6项定义的强奸、性奴役、强迫卖淫、强迫怀孕、强行节育、强制绝育，以及其他类似形式的严重违反日内瓦四公约共有的第3条的性暴力；⑦征募或征召15岁以下儿童参加国家军事力量，或者使他们参与敌对活动；⑧以武装冲突为由命令平民居民转移，而这种转移并不是为了平民的安全或军事需要之理由；⑨背信弃义地杀害或伤害属于敌方战斗员；⑩宣布没有军需供给；⑪使冲突另一方人员身体毁损或进行任何种类的医学或科学试验，而这种试验既不是对该人的正当的医学治疗，也不是为了他（或她）的利益，并且可能导致该人的死亡或严重危及其健康；⑫毁坏或扣押敌方财产，除非此等毁坏或扣押是冲突需要所必然决定的。

(6) 本条第2款第5项适用于非国际性武装冲突，因此不适用于国内骚乱和动乱，诸如暴乱、孤立的和零星的暴力或其他类似性质的行为。它适用于在一国领土内发生的政府当局有组织武装团体之间或类似团体之间进行的长时间武装冲突。

《国际刑事法院规约》对战争罪的规定，是历次国际公约中最详尽的。但是其中有些地方对战争罪作了扩大解释，如将一个国家国内政府武装之间在本国领土上发生的武装冲突也纳入国际刑事法院管辖的范围，这就为通过国际刑事法院的管辖权干涉国家内政留下了隐患，因而遭到一些国家的反对。

4. 侵略罪

侵略罪是世界各国公认的"最严重的犯罪"，将侵略罪纳入国际刑事法院的管辖范围，也是各国代表一致同意的。但是关于侵略罪的定义，各国代表之间始终没有取得一致意见。

《欧洲国际军事法庭宪章》（第6条）、《远东国际军事法庭宪章》（第5条）曾把侵略罪即反和平罪列为甲级战争犯罪，并将其定义为"计划、准备、发动或实施侵略战争或违反国际条约、协定或保护之战争，或者参与为实现任何上述行为的共同计划或同谋的行为"。根据第二次世界大战后审判战争罪犯的实践和联合国宪章的精神，1974年12月14日联合国大会通过了《关于侵略定义的决议》。按照该决议的规定，下列各项行为之一均构成侵略行为：

（1）一国的武装部队侵入或攻击另一个国家的领土；或因此种侵入或攻击而造成的任何军事占领，不论时间如何短暂；或使用武力吞并另一个国家的领土或其一部分。

（2）一国的武装部队轰炸另一个国家的领土（或一个国家对另一个国家的领土使用任何武器）。

（3）一国的武装部队封锁另一个国家的港口或海岸。

（4）一国的武装部队攻击另一个国家的陆、海、空军或商船和民航机。

（5）一国违反其与另一国订立的协定所规定的条件使用其根据协定在接受国领土内驻扎武装部队，或在协定终止后延长该武装部队在该国领土内的驻扎期。

（6）一个国家以其领土供另一个国家使用让该国用来对第

三国进行侵略行为。

（7）一个国家或以其名义派遣武装小队、武装团体、非正规军或雇佣兵，对另一个国家进行武力行为，其严重性相当于上述所列各项行为；或该国实际卷入了这些行为。

在讨论《国际刑事法院规约草案》的过程中，有的代表主张以此来定义侵略罪。但是有的代表认为，这个定义是关于侵略战争的定义，而不是关于侵略行为的定义。国际刑事法院管辖的应当是侵略行为，而不是侵略战争。[1] 由于对侵略罪的定义始终不能强调较为一致断定看法，且普遍认为国际刑事法院的管辖权应当包括对侵略罪的管辖权，所以最后通过的《国际刑事法院规约》在确认国际刑事法院对侵略罪享有管辖权的同时没有对侵略罪作出定义性的规定，只是在其第5条中规定"一旦根据本规约第121条和第123条界定侵略罪以及确定本法院应对此罪行行使管辖的条文通过，本法院应对侵略罪行使管辖权。此等条文应与联合国宪章的有关规定相符合"。

在时间效力上，《国际刑事法院规约》规定，国际刑事法院只对本规约生效后实施的上述犯罪有管辖权。如果一国在本规约生效后成为本规约的缔约国，国际刑事法院只对在本规约对该国生效后实施的犯罪有管辖权，但是该国按照本规约第12条第3款规定声明接受管辖的除外。

（三）国际刑事法院的管辖与各国国内刑事管辖的关系

国际刑事法院管辖权存在的前提是为了弥补各国国内刑事管辖的不足，因而国际刑事法院的管辖与各国国内刑事管辖之

---

[1] Leila Sadat Wexler, First Committee Report on Jurisdiction, Definition of Crime and Complementarity, The International Criminal Court: Observations and Issues Before the 1997 - 98 Preparatory Committee; and Administrative and Financial Implications, International Human Right Law Institute, DePaul University Chicago. 1996. pp. 166 - 168.

间存在互补关系,即国际刑事法院是国内刑事司法体系的补充,它审理国内法院无法审理或审理效果不好的案件。

这种互补关系主要表现在以下几个方面:

1. 国际刑事法院行使管辖权以有关当事国的认可为前提

按照《国际刑事法院规约》第 12 条的规定,国际刑事法院管辖权行使的前提是有关当事国接受国际刑事法院的管辖权。有关当事国是指:(1)有关行为发生在其领土上,或者发生在其国家注册的船舶或航空器内的国家;(2)被指控犯罪的人是其国民的国家。有关当事国接受国际刑事法院的管辖权,有两种情况:一是成为本规约的缔约国,即意味着自动接受本法院对第 5 条规定之犯罪的管辖权;二是虽然不是本规约的缔约国,但是通过向本法院注册处提交声明而表示愿意接受本法院对本条所指犯罪行使管辖权。本规约的缔约国或者意愿接受本法院管辖权的国家,如果就本法院管辖范围内的一个或更多的犯罪已经实施的情势提请检察官调查,要求断定特定的个人是否应被指控犯有此种罪行,国际刑事法院就可以对该案件行使管辖权。

2. 各国国内法院能够或正在管辖的案件,国际刑事法院不应当再予管辖

有关当事国在自己的管辖范围内根据国际刑法公约和国内刑法的有关规定,已经受理并正在进行侦查或起诉的有关国际犯罪的案件,即使其他当事国向国际刑事法院提出控诉,国际刑事法院也不能对其进行管辖。只有当有关当事国放弃管辖,或者认为自己无力完成或继续对该犯罪进行管辖而申请将其移交国际刑事法院时,国际刑事法院才可以对其进行管辖。

3. 国际刑事法院的管辖权只有在有关当事国不能够管辖或不愿意管辖的情况下才能行使

所谓的"不能够"管辖，是指由于该国内司法系统总体上或实质上崩溃或瘫痪，该国没有能力捕获被告人或获取必要的证据或证词，或者在其他方面不能完成该程序。

所谓"不愿意"管辖，是指存在下列情况之一：（1）已经或正在进行的程序或有关国家的决定是为了使有关人员逃避对第5条规定的本法院管辖范围内的犯罪承担的刑事责任；（2）在有关程序中已有缺乏正当理由的耽搁，而这种情况与将有关人员带入司法程序的目的是矛盾的；（3）有关程序没有或不是在独立、公正地进行，并且已经或正在进行的这种程序与将有关人员带入司法程序的目的是矛盾的。

三、国际刑事法院管辖权的行使

国际刑事法院管辖权的行使，主要涉及两个问题：一是国际刑事法院与联合国的关系问题；二是国际刑事法院检察官的权力问题。

（一）国际刑事法院与联合国的关系

关于国际刑事法院与联合国的关系，在《国际刑事法院规约草案》的讨论过程中出现过三种不同的观点：

第一，按照国际法委员会1994年起草的《国际刑事法院规约草案》，国际刑事法院不是联合国的一个分支机构。但是筹备委员会认为，法院和联合国的紧密关系是必须的。国际刑事法院在某些问题上应当接受联合国的指令，虽然这种关系可能影响国际刑事法院的独立性。有些人甚至期待用正式的文件确立这种关系，甚至有人认为起草有关这种关系的协议应当在1998年全权大使会议上和国际刑事法院法规一起批准。

第二，有人强调国际刑事法院应当独立于联合国安理会，认为它与联合国的关系主要是交换情报和文件,以及在主要问题上的合作,不能把国际刑事法院作为联合国解决政治问题的工具。

第三,有人认为,国际刑事法院应当成为联合国的一个专门的、独立的常设机构。国际刑事法院和联合国的关系应像国际海洋法庭或国际原子能机构同联合国那样的一种特殊关系。

这个问题争论的实质是:国际刑事法院的管辖权是否受制于联合国?

按照国际法委员会提出的《国际刑事法院规约草案》,国际刑事法院的管辖权在下列三种情况下要受到联合国安理会的限制:(1)安理会提出或指令国际刑事法院受理的案件;(2)安理会已经处理过的案件,国际刑事法院不能受理;(3)如果控诉的是侵略行为,在安理会对该种行为定性之前,国际刑事法院不能受理。

对此,有些国家的代表认为,这种规定剥夺了国际刑事法院管辖权的有效性。他们认为安理会和国际刑事法院是不同的实体,履行着不同的职责。安理会依其权力作出决定,而国际刑事法院是依据事实和法律来作出判决。国际刑事法院的管辖权及其审理结果,不应受制于联合国。

(二)国际刑事法院检察官的权力

国际刑事法院管辖权的启动,还涉及国际刑事法院中检察官的地位。按照1994年的规约草案,检察机构是国际刑事法院的一个独立机构,它依规约对国际刑事法院管辖范围内的犯罪进行调查并对检察行为负责,规约禁止检察官寻求或接受任何外部指令。但是,该规约草案中又规定,只有以下机构有权向国际刑事法院提出控告:(1)有关种族灭绝,只有既是法庭成立大会的成员国又是1948年12月9日《预防和惩罚种族灭绝犯罪公约》的成员才有权控告。(2)有关法规禁止的其他犯罪，只有法院建立会议的成员国并接受法庭对指控犯的司法的国家有权指控。(3) 安理会。

显然，检察官虽然被描述成独立，但没有提起案件的权力。有的认为，国际法尚未发展到将国际社会作为一个整体而允许存在一个独立的检察机构的阶段。虽然国家有义务配合国际刑事法院调查，但是对于检察机构，大多数国家不支持其直接起诉的权力。因此国际刑事法院审理的案件，应当是当事国或者联合国安理会提起的案件。

但也有人认为检察官没有必要依附于国际社会的国家利益。国际刑事法院管辖的犯罪将国际社会作为一个整体，主要保护国际社会整体利益。而国家不可能一直依国际社会的利益行事，因为国家利益与国际利益有时并不一致。给予检察官独立的调查权将阻止各国通过有效地施加抱怨将法庭作为解决政治仇恨的工具。因此建议，国际刑事法院的检察官应当享有类似于南斯拉夫和卢旺达特别法庭检察官那样的权力，可以以个人名义直接向国际刑事法院提起案件。

最后通过的《国际刑事法院规约》第13条规定，国际刑事法院可以在下列三种情况下按照本规约的规定对第5条规定的犯罪行使管辖权：

(1) 缔约国按照第14条向国际刑事法院的检察官提出一个或更多的这类犯罪已经实施的情势；

(2) 安理会根据《联合国宪章》第七章向国际刑事法院的检察官提出一个或更多的这类犯罪已经实施的情势；

(3) 检察官按照第15条已经对这类犯罪进行了调查。

按照规约第15条的规定，检察官可以基于其所掌握的关于国际刑事法院管辖范围内的犯罪的信息自动发起调查。为此目的，他（或她）可以从各个国家、联合国组织、政府间或非政府间组织或者其他他（或她）认为适当的可靠来源收集进一步的信息，可以在本法院所在地接受书面的或口头的证词。如果检察官根据其所掌握的情况认为有合理依据进入调查程序，他（或她）可以向预审法庭提出授权调查的请求并附其所收集到的资料。如果预审法庭在审查检察官提出的请求和资料之后认为有进入调查程序的合理依据，并且属于法院管辖范围内的案件，法院将授权启动调查程序。这一规定意味着国际刑事法院的检察官在很大程度上享有直接启动调查程序的主动权。

四、对国际刑事法院管辖权的异议及其解决方式

国际刑事法院的管辖权是作为国家管辖权的补充而出现的，因而对于国际刑事法院管辖范围内的案件，在国际刑事法院的管辖权启动之后，有关国家和当事人可以提出异议。

（一）对国际刑事法院管辖权提出异议的资格

对于国际刑事法院行使管辖权的案件，按照《国际刑事法院规约》第19条的规定，下列人员或国家可以就国际刑事法院的管辖权或案件的可接受性提出异议：（1）被告人或已对其发出逮捕证或出庭传票的人员；（2）一个对该案享有管辖权且正在对该案进行调查或起诉或者已进行调查或起诉的国家；（3）一个需要接受国际刑事法院管辖权的国家。

在上述适格主体提出异议的情况下，就可能导致国际刑事法院已经启动的管辖权停止行使。按照第19条的规定，如果这种异议是由一个对该案享有管辖权且正在对该案进行调查或起诉或者已进行调查或起诉的国家或者一个需要接受国际刑事法院管辖权的国家提出的，在国际刑事法院作出裁定之前，检察官应延缓调查。检察官如果考虑到第17条所及情况而延缓调查，可以要求有关国家向其提供有关程序进展情况的信息。这种信息，应有关国家请求，应当保密。检察官如果其后决定进行调查，应当通报已经延缓进行该程序的有关国家。异议的提出不影响异议提出前检察官履行的任何行为或本法院发出的任何命令或令状的合法性。

（二）异议的处理程序

当有关国家或个人对案件的可接受性提出异议时，按照《国际刑事法院规约》第18条的规定，国际刑事法院检察官有权对这种异议，进行初步裁定。

在初步裁定的基础上，检察官可以根据《国际刑事法院规约》第19条的规定，就管辖权问题或可接受性问题要求法院裁定。在法院尚未作出裁定之前，检察官可以要求法院授权：开始第18条第6款规定的必要的调查步骤；获取证人的陈述或证词或完成在异议提出前已经开始的收集和审查证据的工作；与有关国家合作，防止检察官根据第58条已经申请签发逮捕令的人潜逃。

在有关管辖权或可接受性的裁定程序中，提供第13条之情势的人如被害人，也可以向本法院提交报告。有关管辖权或可接受性的裁定，可以按照第82条之规定向上诉法庭上诉。

在国际刑事法院根据第17条之规定断定某个案件是不可接受的之后，国际刑事法院的检察官如果发现新的事实足以否定先前根据第17条断定该案的不可接受性的基础，可以提出复议该决定的请求。

五、国际刑事法院行使管辖权的法律原则

由于各国法律制度和法律文化传统之间的差异，国际刑事法院在行使管辖权的时候，必然会出现法律观念上的冲突。为了防止在解释和适用法律上的争议，《国际刑事法院规约》在第三部分专门规定了适用法律的一般原则，以指导国际刑事法院在行使管辖权时正确地适用有关法律。这些原则是：

(一) 罪刑法定原则

《国际刑事法院规约》第22条和第23条规定：任何人，除非有关行为在实施时就构成国际刑事法院管辖范围内的犯罪，依照本规约不应当承担刑事责任；对于被国际刑事法院宣告有罪的人，只能依照本规约处罚。犯罪的定义应当严格界定，而不应通过类推来延伸。在含混不清的情况下，犯罪定义应当以对被调查、起诉、宣判的人有利的方式进行解释。

(二) 不溯及既往原则

《国际刑事法院规约》第24条规定：任何人，对本规约生效前的行为，不应依照本规约承担刑事责任；在最后判决之前适用于特定案件的法律发生变化的情况下，应适用对被调查、起诉、宣判的人更为有利的法律。

(三) 个人刑事责任原则

《国际刑事法院规约》第25条规定：国际刑事法院依照本规约对自然人行使管辖权；实施本规约管辖范围内的犯罪的人应当自己承担责任，并接受处罚。该条还规定，对于国际刑事法院管辖范围内的犯罪，不论是个人实施、与他人共同实施，还是通过他人实施，亦不论他人是否负有刑事责任；命令、教唆或引诱他人实施此等犯罪，或者以促成犯罪实施的故意而帮助、煽动或以其他方式（包括为犯罪的实施提供工具）协助犯罪的实施或着手实施的，不论该犯罪是实际发生还是未遂；以任何其他方式，对有共同目的之团伙实施或企图实施的此等犯罪发挥作用；在灭绝种族罪中，直接地和公开地煽动他人实施犯罪；意图实施此等犯罪并通过实质性步骤开始执行该犯罪，但因为其意志以外的因素，犯罪没有发生的，都应当依照本规约承担刑事责任并受刑罚处罚。但是放弃实施犯罪或以其他方式防止完成犯罪的人，如果他完全地、自愿地放弃犯罪意图，应作为该犯罪的未遂，依照本规约免除刑罚。该条还特别规定，本规约有关个人刑事责任的规定不影响国家依照国际法应当承担的责任。按照第26条的规定，个人刑事责任仅限于对已满18岁的人追究刑事责任。

(四) 官职不影响刑事责任原则

《国际刑事法院规约》第27条明确规定：本规约平等地适用于一切人，而不应基于官职作任何区分。尤其是作为国家元首或政府首脑、内阁成员或国会议员、民选代表或政府官员之官职，在任何情况下都不能免除一个人依照本规约承担的刑事责任，亦不应构成减轻刑罚的理由。任何有关一个人的官职的豁免规则或特别程序规则，不论是国内法上的还是国际法上的，都不应妨碍国际刑事法院对该人行使管辖权。

(五) 领导责任原则

《国际刑事法院规约》第28条规定，军事指挥官或作为军事指挥官行动的人对于其有效指挥和控制下的武装力量实施的本法院管辖范围内的犯罪应负刑事责任；对于其有权控制此等武装力量而没有进行适当控制时发生的此等犯罪亦应负刑事责任，如果该军事指挥官在知道或者应当知道当时情况因而应当意识到其控制下的武装力量正在实施或意图实施该犯罪，并且该军事指挥官没有在其权力范围内采取必要和适当的手段预防或制止该犯罪的实施，或者没有将此种情况提交权威当局以便调查和起诉。上级对其有权控制的下级实施的本法院管辖范围内的犯罪应负刑事责任，如果此等犯罪是在该上级知道或有意忽视清楚地表明其下级正在实施或将要实施此等犯罪的信息、该犯罪与该上级有效职责和控制的活动有关，并且该上级没有在其权力范围内采取必要和适当的手段预防或制止该犯罪的情况下实施的，或者该上级没有将此种情况提交权威当局以便调查和起诉。

（六）不适用法定时效原则

《国际刑事法院规约》第29条规定，本法院管辖范围内的犯罪不应受任何有关时效的法规的制约。

（七）排除客观归罪原则

《国际刑事法院规约》第30条强调，构成国际刑事法院管辖范围内的犯罪必须具备必要的心理要素。按照该条规定，一个人只有在故意或明知的情况下实施本法院管辖范围内的犯罪，才应依照本规约承担刑事责任。本条所谓"故意"，对行为而言，是指该人想要从事该行为；对结果而言，是指该人想要引起该结果，或意识到在正常情况下该结果将会发生。"明知"是指晓得该情况的存在或在正常情况下该结果将会发生。

（八）合理免责原则

《国际刑事法院规约》第31条明确规定了免除刑事责任的理由。按照该条的规定，免除刑事责任的理由有：因患有精神疾病或生理缺陷而丧失辨别自己行为的性质或其违法性的能力或按照法律要求控制自己行为的能力；因醉酒而丧失辨别自己行为的性质或其违法性的能力或按照法律要求控制自己行为的能力，除非该人是在明知或过失的情况下自愿处于醉酒状态，并且作为醉酒的结果，他（或她）乐于从事构成本法院管辖范围内的犯罪的行为；为避免本人或他人的人身或（战争罪的场合）生存所必需的财产或完成军事任务所必需的财产免遭侵害，而对逼近的、非法的使用武力的行为采取的与危险程度相适应的正当防卫行为，但是一个人处于使用武力进行的防御行动中这一事实本身不构成本款规定的免除刑事责任的理由；所控的构成本法院管辖范围内的犯罪，是由本人或他人的人身面临死亡或严重伤害的威胁而被迫实施的避免这种威胁所必要的和合理的行为,并且该人没有造成比所避免的危险更大的危害之故意,这种威胁是其他人实施的、该人所无法控制的其他情况构成的。

在发生事实错误与法律错误的情况下,《国际刑事法院规约》规定,事实错误只有当其否定犯罪所必需的心理要素时,才能作为免除刑事责任的理由;而法律错误无论特定类型的行为是否本法院管辖范围内的犯罪,都不应成为免除刑事责任的理由,除非法律错误能够否定此等犯罪所必需的心理要素,或者按照第33条的规定,该人基于服从政府或上级命令的法律义务依照政府或上级的命令实施本法院管辖范围内的犯罪,而该人不知道该命令是违法的并且该命令的违法性并不明显。

(原载《当代国际刑法的理论与实践》,
吉林人民出版社2001年版)

论国际刑事法院的管辖权与国家刑事管辖权的关系

国际刑事法院的管辖权必然涉及其与国家的刑事管辖权的关系问题。这对于历来把刑事管辖权视为国家主权重要组成部分的世界各国来说，无疑是一个十分重要的问题。因此在创设国际刑事法院的过程中，如何确定国际刑事法院的管辖权，一直是世界各国激烈争论的热点之一。《国际刑事法院规约》的起草者们在这个问题上进行了慎重的选择。这种选择的结果，使国际刑事法院在行使管辖权的时候，不致构成对国家的刑事管辖权的侵犯，同时又对国家消极行使刑事管辖权的行为作了必要的限制。本文试图从《国际刑事法院规约》关于管辖权的规定出发，对国际刑事法院的管辖权与国家刑事管辖权的关系加以探讨。

一、国际刑事法院管辖范围的有限性

关于国际刑事法院的管辖权，联合国《国际刑事法院规约》起草委员会主席、国际刑法学协会主席巴西奥尼在其最初起草的《国际刑事法庭规约草案》中，主张国际刑事法院可以对当时已有的国际刑法公约中规定的24种国际犯罪行使管辖权（其中包括对某些国际犯罪的原始管辖即直接管辖、并存管辖即有关当事国将自己管辖的国际犯罪移交国际刑事法院管辖、特别管辖即应有关当事国的要求对某些国际犯罪进行管辖），并且有权解决有关当事国之间就国际刑法公约中规定的犯罪在行使管辖权时出现的争端。

国际法委员会1994年提出的《国际刑事法院规约草案》，也规定国际刑事法院可以对以下5个方面的犯罪行使管辖权：（1）灭绝种族罪；（2）侵略罪；（3）严重违犯可适用于武装冲突的法律和惯例的犯罪；（4）危害人类罪；（5）依据附录列举的条约条款确认的、所控行为构成国际社会关注的严重罪行的犯罪，即恐怖活动罪、危害联合国及其职员的犯罪、非法贩运麻醉药品和精神药物罪。

但是，1998年在罗马外交会议上正式通过的《国际刑事法院规约》则规定，国际刑事法院只能对以下四种国际犯罪行使管辖权：[1]（1）灭绝种族罪；（2）危害人类罪；（3）战争罪；（4）侵略罪。（除这四种国际犯罪之外，国际刑事法院还可以对《国际刑事法院规约》第70条规定的妨害国际刑事法院司法活动罪行使管辖权。）并且必须在国际刑事法院成立7年以后，依照该规约第121、122条制定条款界定侵略罪的定义以及国际刑事法院对这一罪行行使管辖权的条件以后，国际刑事法院才能对侵略罪行使管辖权。这就意味着，国际刑事法院在其正式成立后相当一段时间内只能对灭绝种族罪、危害人类罪和战争罪行使管辖权。并且这些犯罪的构成要件受到严格的限制。

《国际刑事法院规约》关于国际刑事法院管辖权的规定，

---

[1]《国际刑事法院规约》第5条。

意味着国际刑事法院所能管辖的犯罪是非常有限的。国际刑事法院既不能对各国国内刑法中规定的一般刑事犯罪行使管辖权,也不能对国际刑法公约中规定的其他国际犯罪(这类犯罪目前已有28种)行使管辖权。它所管辖的犯罪与国家刑事管辖权所管辖的犯罪相互重叠的概率非常小,因而不可能构成对各个主权国家刑事管辖权的威胁。

国际刑事法院管辖范围的有限性,同时意味着主权国家刑事管辖范围的广泛性。就绝大多数国际犯罪而言,主要的还是要靠各个主权国家的刑事管辖权的有效行使来打击和制裁,而不是依靠国际刑事法院来管辖国际犯罪。

二、国际刑事法院行使管辖权的条件限制

即使是国际刑事法院管辖范围内的犯罪,国际刑事法院对其行使管辖权,按照《国际刑事法院规约》的规定,也要受到严格的条件限制。这些条件包括:

(一)国际刑事法院行使管辖权的先决条件:主权国家的自愿接受

一个主权国家,只有当其自愿接受国际刑事法院的管辖权时,国际刑事法院才能对在其境内(包括发生在在其国内注册的船舶或飞行器内)发生的国际刑事法院管辖范围内的犯罪行使管辖权,或者对犯罪被告人是其国民的这类犯罪行使管辖权。任何国家,如果不接受国际刑事法院的管辖权,国际刑事法院就不能自行对在其境内发生的或者犯罪被告人是其国民的犯罪行使管辖权,即使该犯罪是国际刑事法院管辖范围内的犯罪。

接受国际刑事法院的管辖权,有两种情况:(1)成为《国际刑事法院规约》的缔约国。一个国家可以在《国际刑事法院规约》正式生效前通过签署和批准该规约的方式成为规约的缔约国，也可以在规约正式生效之后通过加入规约的方式，成为规约的缔约国。一个国家一旦成为《国际刑事法院规约》的缔约国，即意味着该国接受了国际刑事法院的管辖权。但是，一个主权国家是否成为《国际刑事法院规约》的缔约国，完全取决于该国的意志。任何国家都有自行行使国家主权的权利。无论是联合国还是某一个国家，都没有强迫他国成为《国际刑事法院规约》缔约国的权力。（2）声明接受国际刑事法院的管辖。如果国际刑事法院管辖范围内的犯罪发生在某个国家的领域内或者发生在在其国内注册的船舶或飞行器上，或者该犯罪的被告人是其国民，而该国并不是《国际刑事法院规约》的缔约国，该国可以向国际刑事法院的书记长官提交声明，表示愿意接受国际刑事法院的管辖权。在这种情况下，国际刑事法院也可以对其境内发生的或被告人是其国民的国际刑事法院管辖范围内的犯罪行使管辖权。但是如果有关国家按照自己的选择不提交愿意接受管辖的声明，国际刑事法院就不能对有关的犯罪行使管辖权。

对此，有人认为，《国际刑事法院规约》规定了强制管辖原则。这种观点应该说是对国际刑事法院管辖权的一种误解。因为，第一，国际刑事法院只有在上述两种情况下对其管辖范围内的犯罪行使管辖权，而这两种情况都是以主权国家的自愿接受为前提的。有关国家如果不通过上述两种方式接受国际刑事法院的管辖权，国际刑事法院就没有权力对其管辖范围内的犯罪行使管辖权。这种以自愿接受为先决条件的管辖权并不是对国家主权的侵犯，而是对国家主权的尊重。第二，《国际刑事法院规约》虽然规定"一国成为本规约缔约国，即接受本法院对第五条所述犯罪的管辖权"，似乎是强制缔约国全面接受国际刑事法院的管辖权而没有对国际刑事法院所管辖的犯罪进行选择和保留的余地，但是实际上，这种规定一方面是以已有的国际刑法公约为基础的，国际刑事法院管辖范围内的犯罪并不是在已有的国际公约之外新增设的犯罪，不存在需要一个重新认识以便选择接受的过程，另一方面是以一国成为《国际刑事法院规约》的缔约国为前提的，是否成为《国际刑事法院规约》的缔约国是各个主权国家自由选择的权力，不存在强迫任何国家接受国际刑事法院管辖权的问题。当然，一个国家一旦自愿接受国际刑事法院的管辖权，就意味着国际刑事法院在对其管辖范围内的犯罪行使管辖权时，缔约国必须接受管辖的结果，而不能对之进行保留。这种"一揽子接受"的方式，其实早已是一些国际组织所采用的方式（如世界贸易组织的决议都是采取"一揽子"方式通过的）。

（二）国际刑事法院行使管辖权的实质条件：具有管辖权的国家不愿意或者不能够有效地行使管辖权

按照《国际刑事法院规约》的规定，即使对于国际刑事法院管辖范围内的犯罪，在下列四种情况下，国际刑事法院不得行使管辖权：（1）对案件具有管辖权的国家正在对该案件进行调查或起诉；（2）对案件具有管辖权的国家已经对该案件进行调查，而且该国已决定不对有关的人进行起诉；（3）有关的人已经由于作为控告理由的行为受到审判；（4）案件缺乏足够的严重程度，无采取进一步行动的充分理由。

在前三种情况下，作为例外，只有当对案件具有管辖权的国家不愿意或者不能够切实进行调查或起诉，或者有关国家作出不起诉的决定是由于该国不愿意或不能够切实进行起诉，或者有关国家所进行的审判是为了包庇有关的人使其免负刑事责任或者没有依照国际法承认的正当程序原则以独立或公正的方式进行，而且根据实际情况，采用的方式不符合将有关的人绳之以法的目的时，国际刑事法院才有权对其管辖范围内的犯罪行使管辖权。[1]《国际刑事法院规约》的这个规定，贯彻了确立国际刑事法院管辖权的原则，即国际刑事法院管辖权的确立是以尊重国家对国际犯罪的刑事管辖权为前提的，国际刑事法院的管辖权是作为国家的刑事管辖权的补充而存在的，并对国内刑事管辖权起补充作用。因此，对于国际犯罪，即使是国际刑事法院管辖范围内的犯罪，主要由有关国家进行管辖。在具有管辖权的国家已经或者正在对国际刑事法院管辖范围内的犯罪行使管辖权的时候，国际刑事法院就不应当介入。只有在有关国家不愿意或者不能够管辖的时候，为了保证对这些最严重的犯罪进行惩罚，国际刑事法院才可以作为对国家刑事管辖权的补充，对其行使管辖权。

这里涉及一个问题，即如何看待《国际刑事法院规约》关于有关国家"不愿意或不能够切实进行调查或起诉"以及有关国家的法院所进行的诉讼程序是"为了包庇有关的人"或者"没有依照国际法承认的正当程序原则""不符合将有关的人绳之以法的目的"的规定。

有人认为，这些规定实际上就赋予国际刑事法院对有关国家的刑事司法进行最后裁判的权力，从而可能构成对国家的刑事管辖权的侵犯。[2] 笔者认为，对此可以从三个方面来理解：

第一，这些规定的目的是保障对国际刑事法院管辖范围内的犯罪进行有效地追究。设立国际刑事法院的目的以及国际刑事法院存在的价值就在于保障对危害国际社会共同利益的最严重犯罪的有效追究，即在有管辖权的国家不愿意对最严重的国

---

[1] 参见《国际刑事法院规约》第17条、第20条的规定。
[2] 参见徐杰：《〈国际刑事法院规约〉与条约相对效力原则》，载《法学评论》1999年第2期。

际犯罪行使管辖权,甚至通过行使管辖权来包庇这类犯罪分子的情况下,由一个常设的权威的法院行使管辖权以将这类犯罪分子绳之以法。如果不赋予国际刑事法院在有关国家不愿意或者不能够切实有效地对最严重的国际犯罪行使管辖权的情况下进行管辖的权力,国际刑事法院也就没有存在的必要了。因此,这些规定赋予国际刑事法院的管辖权是作为国际刑事法院的存在所必需的。这里也涉及一个管辖权争端的解决机制问题,即在有管辖权的国家之间以及有管辖权的国家与国际刑事法院之间就管辖权问题发生争议时,如何解决争议并保证对最严重的国际犯罪进行有效的制裁。在争议出现的时候,首选的途径当然是协商的方式。通过平等自愿基础上的协商来解决相互之间的争议,是解决国际关系问题的理想方式。但是在协商不能解决的情况下,为了有效地制裁最严重的国际犯罪,就需要有一种裁判限制的解决办法。而这种裁判解决的权力,就只能由国际刑事法院来行使。

第二,国际刑事法院行使这些权力的行为要受到一定的限制。《国际刑事法院规约》在作出这些规定时,对哪些情况属于"不愿意"、哪些情况属于"不能够"作了明确的界定。按照《国际刑事法院规约》第17条的规定,所谓"不愿意"是指已经或正在进行的诉讼程序或有关国家所作出的决定是为了包庇有关的人,使其免负对第5条规定的国际刑事法院管辖范围内的犯罪的刑事责任;或者诉讼程序发生不当延误而根据实际情况这种延误不符合将有关的人绳之以法的目的;或者已经或正在进行的诉讼程序没有以独立或公正的方式进行,而根据实际情况采用的方式不符合将有关的人绳之以法的目的。一个国家对国际刑事法院管辖范围内的犯罪已经或者正在行使管辖权的,如果不具有这三种情况中的任何一种,就不能认定该国是不愿意对该犯罪进行管辖。而国际刑事法院对这种情况的认定，必须遵循"国际法承认的正当程序原则"，而不能随意认定。至于"不能够"的情形，必须是一国"由于本国司法系统完全瓦解或实际上瓦解或并不存在，因而无法拘捕被告人或获取必要的证据和证言，或在其他方面不能进行本国的诉讼程序"。不具有这种情形，国际刑事法院就不能认定该国"不能够"切实行使管辖权。

第三，这些规定的滥用确实可能构成对国家刑事管辖权的侵犯。但是国际刑事法院的《程序和证据规则》在一定程度上可以防止审查权的滥用。国际刑事法院的《程序和证据规则》是根据国际社会公认的正当程序标准制定的，并且必须经过缔约国大会成员2/3多数通过后才能生效。按照国际刑事法院的《程序和证据规则》来认定一国是否不愿意或者不能够切实行使管辖权，应该说是有正当程序作保障的。对于国际刑事法院就有关国家是否不愿意或者不能够切实行使管辖权的认定，《国际刑事法院规约》还规定了必要的救济程序，即有关国家和个人可以对国际刑事法院的管辖权提出质疑。按照《国际刑事法院规约》第19条的规定，有权对国际刑事法院的管辖权提出质疑的主体包括：（1）被告人或国际刑事法院预审法庭已对其发出逮捕证或出庭传票的人；（2）对案件具有管辖权并且正在或已经行使管辖权的国家；（3）需要接受国际刑事法院管辖权的国家。上述任何个人或国家，在国际刑事法院审判开始之前、之中、之后，都可以提出质疑。对于质疑的裁定，上述任何个人或国家还可以提出上诉。这类规定在一定程度上可以防止国际刑事法院认定有关国家"不愿意"或者"不能够"切实进行管辖的权力的滥用。

三、缔约国的义务

《国际刑事法院规约》在规定国际刑事法院管辖权的同时，规定了缔约国在国际刑事法院行使管辖权时提供合作的义务。这种义务包括：（1）向国际刑事法院移交有关的人。国际刑事法院在依据规约行使管辖权过程中，如果认为需要逮捕有关的人，而向该人可能在其境内的缔约国提出逮捕并移交该人的请求时，该人可能在其境内的缔约国有义务依照《国际刑事法院规约》的规定和本国国内法所规定的程序，执行逮捕并将该人移交给国际刑事法院。（2）应国际刑事法院的请求提供其他形式的协助。国际刑事法院在调查和起诉其管辖范围内的犯罪时，可以请求有关缔约国提供某些形式的协助。有关缔约国应当依照《国际刑事法院规约》的规定和本国国内法的规定提供协助。这类协助包括：查明某人的身份和下落或物品的所在地；取证，包括宣誓证言及国际刑事法院需要的鉴定意见、报告等证据；讯问任何被调查人或被起诉人；送达文书；为有关人员作为证人或鉴定人自愿到国际刑事法院出庭提供便利；勘验有关地点或场所；执行搜查和扣押；提供记录和文件；保护被害人和证人以及保全证据；查明、追寻和冻结或扣押犯罪收益、财产和资产及犯罪工具；调查和起诉国际刑事法院管辖范围内的犯罪所需要的、缔约国法律不禁止的其他形式的协助。

缔约国对国际刑事法院进行合作的义务，源自国际公约的规定。《国际刑事法院规约》所规定的合作义务是对本规约的缔约国提出的。一国成为《国际刑事法院规约》的缔约国，就意味着它承认依据该规约的规定成立的国际刑事法院存在的必要性、合法性和正当性，同时也意味着它愿意为国际刑事法院行使管辖权提供协助。

国际刑事法院请求缔约国提供合作时应该充分尊重缔约国

的主权。《国际刑事法院规约》明确规定，国际刑事法院向有关的缔约国提出请求时，请求书"应以被请求国的一种法定语文制作，或附上这种语文的译本"，"应通过外交途径或各缔约国在批准、接受、核准或加入时可能指定的任何其他适当途径转递"。尽管有国际刑事法院提出的请求，但是如果基于一项普遍适用的现行基本法律原则，被请求国认为不能提供协助，它可以与国际刑事法院进行协商，考虑能否以其他方式或有条件的提供协助。如果这种问题通过协商无法解决，国际刑事法院就应"视需要修改请求"（第93条第3款），而不能强迫被请求国提供协助。这类规定都体现了对缔约国主权的尊重。

缔约国在进行合作的时候，有运用国家主权进行选择的权力。按照《国际刑事法院规约》的规定，在国际刑事法院向一个缔约国提出请求时，如果该国另外接到任何其他国家就同一个人或同一个事项提出的请求，被请求国有进行选择并独立自主地作出决定的权力。尽管规约要求被请求国优先考虑国际刑事法院的请求，并尽可能地与国际刑事法院和请求国进行协商，但是《国际刑事法院规约》并没有剥夺缔约国进行选择的权力，没有强制规定缔约国的协助义务，而是规定"被请求国应决定向本法院移交该人，还是向请求国引渡该人"（第90条第6款、第7款），并按照该原则解决其他事项的协助请求竞合问题（第93条第9款）。此外，当协助请求中要求提供的文件或披露的证据涉及被请求国的国家安全时，缔约国可以全部或部分拒绝协助请求（第93条第4款）。这些规定也表明，《国际刑事法院规约》关于缔约国协助国际刑事法院行使管辖权的义务性规定，并不构成对缔约国主权的侵犯。

四、缔约国行使刑事管辖权的主动性

国际刑事法院的管辖权并不排除缔约国对国际刑事法院管

辖范围内的犯罪所具有的刑事管辖权。在《国际刑事法院规约草案》的讨论过程中,各国代表公认的原则是国际刑事法院不排除国内法院管辖权的存在,也不取代现存的引渡和国际司法协助。有关当事国在自己的管辖范围内根据国际刑法公约和国内刑法的有关规定,已经受理并正在进行侦查或起诉的有关国际犯罪的案件,即使其他当事国向国际刑事法院提出控诉,国际刑事法院也不能对其进行管辖。只有当有关当事国放弃管辖,或者认为自己无力完成或继续对该犯罪进行管辖而申请将其移交国际刑事法院时,国际刑事法院才可以对其进行管辖。为此,《国际刑事法院规约》专门规定了一个条款(第20条),确认一事不再理原则。《国际刑事法院规约》规定的这一原则主要是为了确认国际刑事法院管辖权的有效性,即强调国际刑事法院不得就其"已经据以判定某人有罪或无罪的行为审判该人""对于第五条所述犯罪,已经被本法院判定有罪或无罪的人,不得因该犯罪再由另一个法院审判",但是该条同时也规定,"对于第六条、第七条或第八条所列的行为,已经由另一法院审判的人,不得因同一行为受本法院审判,除非该另一法院的诉讼程序有下列情形之一:1.是为了包庇有关的人,使其免负本法院管辖范围内的犯罪的刑事责任;2.没有依照国际法承认的正当程序原则,以独立或公正的方式进行,而且根据实际情况,采用的方法不符合将有关的人绳之以法的目的"。这一规定意味着,对于国际刑事法院管辖范围内的犯罪,每个《国际刑事法院规约》的缔约国都有依据本国的刑事管辖权进行管辖的权力。有关当事国依据其本国的刑事管辖权,已经或者正在对国际刑事法院管辖范围内的犯罪所进行的管辖,只要不是通过非正当程序故意使有关人员逃避应当承担的刑事责任,国际刑事法院就不能对其行使管辖权。因此,对于国际刑事法院管辖范围内的犯罪，缔约国可以根据《国际刑事法院规约》第13、14条的规定，提请国际刑事法院检察官启动国际刑事法院的管辖权来审判这类犯罪，也可以自行通过其国内的刑事司法系统依照国内法的规定审判这类犯罪。

从国际实践中看，当犯罪被告人属于本国国民时，几乎每个国家都希望由本国根据其国内法来审判，而不愿意交给其他国家或国际刑事法院来审判。但是一个国家要对国际刑事法院管辖范围内的犯罪行使管辖权，至少需要具备两个条件：一是本国国内刑法中对国际刑事法院管辖范围内的犯罪具有明确的规定，从而可以为行使管辖权找到法律上的依据。没有国内刑法上的依据，国内的刑事司法系统就无法依照国内刑法的规定对国际刑事法院管辖范围内的犯罪行使管辖权。一旦本国国民所实施的行为构成国际刑事法院管辖范围内的犯罪，就只能任由其他国家或国际刑事法院去管辖。二是国内的刑事司法制度符合国际法承认的正当程序原则。即使具有国内刑法上的依据，但是按照《国际刑事法院规约》第17条的规定，国际刑事法院可以以该国的诉讼程序不符合国际法承认的正当程序原则为由认定该国"不愿意"进行管辖，从而对该国已经或正在进行管辖的犯罪进行管辖。

在具备上述两个条件的情况下，一个国家如果不想让其他国家或者国际刑事法院对本国国民所实施的国际刑事法院管辖范围内的犯罪进行管辖，它就可以利用本国刑事管辖的优势，首先对本国国民进行管辖。一旦一个国家对本国国民依据本国刑法进行管辖并按照符合国际法承认的正当程序原则进行管辖，在一定程度上就排除了其他国家和国际刑事法院对本国国民进行刑事管辖的机会。这实际上是主权国家的刑事管辖优先于国际刑事法院的刑事管辖、国际刑事法院的刑事管辖是对国家刑事管辖的补充这样一个管辖原则的具体运用。

过去，我国签署、批准、加入了一些国际刑法公约，并且在国内刑法中规定，"对于中华人民共和国缔结或者参加的国际条约所规定的罪行，中华人民共和国在所承担条约义务的范围内行使刑事管辖权的，适用本法"（第9条）。但是对于中国缔结或者参加的国际条约中所规定的大多数罪行，我国刑法中并没有作出任何具体规定，一旦遇到这类犯罪，国内刑事司法系统将无法依照国内刑法对其行使管辖权。因此，我国在考虑加入《国际刑事法院规约》的问题时，应当仔细研究国际刑事法院管辖范围内的犯罪及其构成要件，在国内刑法中对其作出明确的规定，以便能够对国际刑事法院管辖范围内的犯罪依照国内刑法行使管辖权。同时我们也需要研究国际法承认的正当程序原则，以使我国的诉讼程序符合国际标准，保障我国刑事管辖权行使的有效性。

（原载《国际刑事法院专论》，
人民法院出版社 2003 年版）

国际刑事法院的检察官[*]

阿根廷联邦检察官路易斯·莫雷诺·奥坎波于2003年6月16日宣誓就任国际刑事法院第一任检察官以来，已经依其职权对四项"情势"展开了调查[1]，从而使国际刑事法院检察官的地位与作用凸显在国际社会的面前，成为人们关注国际刑事法院的焦点之一。

一、检察官的独立性

国际刑事法院是一个综合性的国际刑事司法机构，在其组织结构上实行检法一体，即检察官办公室是国际刑事法院的组成部分，检察官和法官同属法院官员。但是，与法官相比，检察官在国际刑事法院具有更大的独立性。这种独立性，主要表现在以下几个方面：

---

[*] 本文是笔者2007年2月3日在"关注国际刑事法院的运作系列论坛"上的发言稿。
[1] 这四项"情势"是：（1）刚果"爱国者联盟"案；（2）乌干达"圣灵抵抗军"案；（3）苏丹"达尔富尔局势"问题；（4）中非问题。

(一) 身份的独立性

按照《国际刑事法院规约》(以下简称罗马规约)第42条第4款的规定,国际刑事法院的检察官、副检察官都是由缔约国大会成员进行无记名投票,以绝对多数直接选举产生的。这种产生方式决定了检察官的身份不受制于其他任何组织和个人,明显不同于前南法庭和卢旺达法庭的检察官是由联合国秘书长提名并由安理会任命的方式,从而使国际刑事法院的检察官不隶属于联合国或安理会。同时,罗马规约对检察官的任职资格和活动有严格的要求:一方面,"检察官和副检察官应为品格高尚,在刑事案件的起诉或审判方面具有卓越能力和丰富实际经验的人。他们应精通并能流畅使用本法院的至少一种工作语文";另一方面,"检察官和副检察官不得从事任何可能妨碍其检察职责,或者使其独立性受到怀疑的活动,也不得从事任何其他专业性职业"。这些要求在客观上就保证了检察官身份的独立性。

为了保证检察官身份的独立性,罗马规约明确规定:检察官、副检察官,与其他国际刑事法院官员一样,领取缔约国大会所确定的薪金、津贴和费用。薪金和津贴在各人任期内不得减少。检察官、副检察官在履行国际刑事法院职务时,或在其涉及本法院的职务方面,应享受外交使团团长所享有的同样特权和豁免,而且在其任期结束后,应继续享有豁免,与其执行公务有关的言论、文书和行为不受任何形式的法律诉讼。

此外,对检察官的免职,不同于国际刑事法院其他官员的免职。罗马规约规定:法官、检察官、副检察官、书记官长或副书记官长,经查明有《程序和证据规则》所指的严重不当行为,或严重违反本规约的渎职行为,或无法履行本规约规定的职责时,予以免职。其中,免除法官职务的决定,要"根据本法院其他法官三分之二多数通过的建议，由缔约国三分之二多数作出"；"关于书记官长或副书记官长的免职决定，由法官绝对多数作出"；免除副检察官职务的决定，要根据检察官的建议，由缔约国绝对多数作出；免除检察官职务的决定，由缔约国大会以下列无记名投票方式绝对多数作出。

（二）机构的独立性

检察官办公室虽然是国际刑事法院的一个组成部分，但是作为一个独立机构，并不受国际刑事法院院长会议的领导和管理。按照罗马规约第38条的规定，院长会议职能是"适当管理本法院除检察官办公室以外的工作"和"履行依照本规约赋予院长会议的其他职能"。这就意味着，检察官办公室的工作不属于院长会议管理的范围。不仅如此，院长会议在管理国际刑事法院的工作时，"应就一切共同关注的事项与检察官进行协调，寻求一致"。

检察官办公室的独立性还表现在它与书记官处的关系上。书记官处也是国际刑事法院的一个组成部分、一个独立机构。但是按照罗马规约的规定，书记官处负责国际刑事法院非司法方面的行政管理和服务必须是在"不妨碍"检察官职责和权力的情况下进行。书记官长是国际刑事法院的主要行政官员，领导书记官处的工作，但是他必须在国际刑事法院院长的权力下行事。书记官长拟定《工作人员条例》，应当在院长会议和检察官的同意下进行。这些都显现出检察官在国际刑事法院中独特的法律地位。

（三）管理的独立性

罗马规约规定，"检察官办公室由检察官领导。检察官全权负责检察官办公室，包括办公室工作人员、设施及其他资源的管理和行政事务"；"检察官办公室成员不得寻求任何外来指示，或按任何外来指示行事"。

按照《程序和证据规则》的规定，"对于法官、书记官长或副书记官长，任何采取纪律措施的决定，由院长会议作出"。但是，"对于检察官，任何采取纪律措施的决定，由缔约国大会主席团以绝对多数作出"。对于副检察官，"任何给予谴责的决定，由检察官作出"；"任何罚款的决定，根据检察官的建议，由缔约国大会主席团以绝对多数作出"。这也表现出检察官身份的独立性和管理上的特殊性。

（四）行使职权的独立性

罗马规约明确规定：检察官办公室应作为本法院的一个单独机关独立行事，负责接受和审查提交的情势以及关于本法院管辖权内的犯罪的任何有事实根据的资料，进行调查并在本法院进行起诉。

（五）对外的独立性

国际刑事法院的检察官，以自身的名义对外独立。例如，在规定有权对缔约国大会成员2/3多数通过的《犯罪要件》《程序和证据规则》提出修正案的主体资格时，罗马规约都是把检察官与任何缔约国、以绝对多数行事的法官相并列（第9条、第51条）；在规定国际司法协助时，甚至把检察官与国际刑事法院相并列，如罗马规约第93条"其他形式的合作"第5—6款中规定：在拒绝一项根据第1款第12项提出的协助请求以前，被请求国应考虑是否可以在特定条件下提供协助，或是否可以延后或以其他方式提供协助。如果"本法院或检察官"接受了有条件的协助，"本法院或检察官"必须遵守这些条件。被请求的缔约国如果拒绝协助请求，应从速将拒绝理由通知"本法院或检察官"。在这些规定中，检察官作为与国际刑事法院并列的主体，有权直接与缔约国就司法协助问题达成协议。

二、检察官的职权

国际刑事法院检察官行使职权的活动,对于国际刑事法院管辖权的行使,具有重要的意义。国际刑事法院的功能作用,在很大程度上依赖于国际刑事法院检察官履行职责的情况。正因为检察官在国际刑事法院的运作过程中居于极为重要的地位,罗马规约赋予了国际刑事法院检察官一系列重要的职权,以致在签署罗马规约时一些国家担心国际刑事法院检察官的权力过大而成为影响规约签署的一个突出问题。

按照罗马规约的规定,国际刑事法院的检察官,主要享有以下职权:

(一) 调查权

调查权是罗马规约赋予国际刑事法院检察官的一项极为重要的权力。国际刑事法院的管辖权只能由检察官启动,而调查是检察官启动国际刑事法院管辖权的必经程序。

按照罗马规约第13条的规定,国际刑事法院只有在三种情况下才可以对其管辖范围内的犯罪行使管辖权:一是"缔约国依照第十四条规定,向检察官提交显示一项或多项犯罪已经发生的情势",即缔约国"向检察官提交显示一项或多项本法院管辖权内的犯罪已经发生的情势,请检察官调查该情势,以便确定是否应指控某个人或某些人实施了这些犯罪";二是"安全理事会根据《联合国宪章》第七章行事,向检察官提交显示一项或多项犯罪已经发生的情势";三是"检察官依照第十五条开始调查一项犯罪"。在这三种情况下,都需要检察官作出判断,确认已经发生了国际刑事法院管辖范围内的犯罪并且应当由国际刑事法院进行追究,进而提起追诉的请求,国际刑事法院才能审判实施这些犯罪的自然人。而检察官的判断和请求必须是建立在调查基础上的。只有根据调查得来的证据进行分析,才能得出判断。

按照罗马规约以及国际刑事法院《程序和证据规则》的规定，检察官的调查分初步调查和正式调查两种。

初步调查是检察官自行根据有关本法院管辖权内的犯罪的资料开始调查。这些资料，既可以是检察官自行收集到的，也可以是世界范围内任何组织或个人提供给检察官的。根据这些资料，检察官在自行调查时，可以要求国家、联合国机构、政府间组织或非政府组织，或检察官认为适当的其他可靠来源提供进一步资料，并可以在本法院所在地接受书面或口头证言。检察官在进行了初步调查之后，如果认为所提供的资料不构成进行调查的合理根据，即应通知提供资料的人。

正式调查是检察官根据国际刑事法院预审分庭的授权而进行的调查。检察官在进行了初步调查之后，如果认为有合理根据进行进一步的调查，即可请求预审分庭授权调查。预审分庭在审查了检察官的请求及其收集到的任何辅助材料之后，如果认为有合理根据进行调查，并认为案件显然属于本法院管辖权内的案件，即可授权检察官开始正式调查。如果预审分庭拒绝授权调查，检察官还可以根据新的事实或证据就同一情势再次提出授权调查的请求。

检察官可以根据罗马规约第九编关于国际合作和司法协助的规定，在一国境内进行调查。即使在未根据罗马规约第九编的规定取得有关缔约国合作的情况下，检察官也可以请求预审分庭授权在该国境内采取特定调查步骤。这类调查包括：收集和审查证据；要求被调查的人、被害人和证人到庭，并对其进行讯问。检察官可以请求任何国家予以合作，或请求政府间组织或安排依照各自的职权和（或）任务规定给予合作；达成有利于国家、政府间组织或个人提供合作的必要安排或协议，但这种安排或协议不得与本规约相抵触；可以同意不在诉讼的任何阶段披露检察官在保密条件下取得的、只用于产生新证据的文件或资料，除非提供这些资料的一方同意予以披露。检察官还可以采取必要措施，或要求采取必要措施，以确保资料的机密性、保护人员或保全证据。

在正式调查程序中，检察官可以请求预审分庭对于有合理理由相信实施了国际刑事法院管辖权范围内的犯罪而有必要逮捕的人，发出逮捕证，以确保该人在审判时到庭，或者确保该人不妨碍或危害调查工作或法庭诉讼程序；或者在必要的时候，为了防止该人继续实施该犯罪或实施本法院管辖权内产生于同一情况的有关犯罪，检察官也可以请求预审分庭修改逮捕证，变更或增加其中所列的犯罪。检察官如果认为有合理理由相信某人实施了被控告的犯罪，而且传票足以确保该人出庭，可以申请预审分庭发出传票，按国内法规定附带或不附带限制自由（羁押除外）的条件，传唤该人出庭。

检察官可以请求预审分庭发出进行调查所需的命令和授权令。检察官如果认为，就审判而言，进行某项调查，以录取证人证言或陈述，审查、收集或检验证据，可能是日后无法获得的独特机会，他可以请求预审分庭采取必要措施，确保程序的效率及完整性，特别是保障辩护方的权利。这些措施可以包括：（1）作出关于应遵循的程序的建议或命令；（2）指示为该程序制作记录；（3）指派鉴定人协助；（4）授权被逮捕人或被传唤到庭的人的律师参与，或在尚未逮捕、到庭、指定律师时，指派另一名律师到场代表辩护方的利益；（5）指派一名预审分庭法官，或必要时指派另一名可予调遣的预审庭或审判庭法官，监督证据的收集和保全及对人员的讯问，并就此作出建议或命令；（6）采取其他可能必要的行动，以收集或保全证据。

检察官开始调查时可以在保密的基础上通报所有缔约国以及可能对有关犯罪行使管辖权的国家。但是如果检察官认为有必要保护个人、防止毁灭证据或防止潜逃，就可以限制向国家提供的资料的范围。在等候有关国家自行对国际刑事法院管辖范围内的犯罪进行调查时，检察官可以要求有关国家定期向其通报调查的进展和其后的任何起诉，缔约国应无不当拖延地对检察官的要求作出答复。在等候调查的任何时间，如果出现取得重要证据的独特机会，或者面对证据日后极可能无法获得的情况，检察官可以请预审分庭作为例外，授权采取必要调查步骤，保全这种证据。此外，在国际刑事法院对案件可受理性的质疑作出裁定以前，检察官还可以请求法院授权：录取证人的陈述或证言，或完成在质疑提出前已开始的证据收集和审查工作；与有关各国合作，以防止已被检察官请求对其发出逮捕证的人潜逃。

检察官在调查中有权根据案件的具体情况采取各种有效的证人保护措施。检察官在对犯罪进行调查和起诉期间，应当考虑被害人和证人的一切有关因素，包括年龄、性别、健康状况及犯罪性质，特别是在涉及性暴力或性别暴力或对儿童的暴力等犯罪方面采取适当措施，保护被害人和证人的安全、身心健康、尊严和隐私。在审判开始前进行的任何诉讼程序，检察官如果认为按照罗马规约规定披露某些证据或资料可能使证人或其家属的安全受到严重威胁，他就可以不公开这种证据或资料，而提交这些证据或资料的摘要。《程序和证据规则》进一步规定，检察官在打算请预审分庭授权调查时，如果断定告知程序会危及调查工作的完整性和效率，或者危及被害人和证人的安全和福利，即可以决定不告知被害人和证人。

此外，国际刑事法院检察官还享有特别调查权，即对于罗马规约第70条规定的妨害司法罪[1]，检察官可以根据分庭或可靠来源提供的资料，主动进行调查。这种调查不受规约第53条关于调查的规定和第59条关于羁押国内逮捕程序的规定以及关于这两条的任何规则的约束。

(二) 中止权

按照罗马规约的规定，国际刑事法院检察官中止诉讼的权力包括两个方面：一是决定不调查和中止调查的权力；二是决定不起诉的权力。

对于缔约国或者联合国安理会向国际刑事法院检察官提交的显示一项或多项国际刑事法院管辖范围内的犯罪已经发生的情势，以及对于其他方面向国际刑事法院检察官提交显示一项或多项国际刑事法院管辖范围内的犯罪已经发生的资料，国际刑事法院检察官经过初步调查，如果认为不构成进行调查的合

---

[1] 第七十条　妨害司法罪

(一) 本法院对故意实施的下列妨害司法罪具有管辖权：

1. 在依照第六十九条第一款承担说明真相的义务时提供伪证；
2. 提出自己明知是不实的或伪造的证据；
3. 不当影响证人，阻碍或干扰证人出庭或作证，对作证的证人进行报复，或毁灭、伪造证据或干扰证据的收集；
4. 妨碍、恐吓或不当影响本法院官员，以强迫或诱使该官员不执行或不正当地执行其职务；
5. 因本法院一名或另一名官员执行职务而对该名官员进行报复；
6. 作为本法院的官员，利用其职权索取或收受贿赂。

(二) 本法院对本条所述的不法行为行使管辖权的原则和程序，应在《程序和证据规则》中加以规定。就有关本条的诉讼程序向本法院提供国际合作的条件，以被请求国的国内法为依据。

(三) 被判有罪的，本法院可以判处五年以下有期徒刑，或根据《程序和证据规则》单处罚金，或并处罚金。

(四) 1. 对于本条所述的妨害司法罪，如果犯罪在一缔约国境内发生或为其国民所实施，该缔约国应将本国处罚破坏国内调查或司法程序完整性的不法行为的刑事法规扩展适用于这些犯罪；

2. 根据本法院的请求，缔约国在其认为适当时，应将有关案件提交本国主管当局，以便进行起诉。有关当局应认真处理这些案件，并提供充分资源，以便能够作出有效的处理。

理根据，即可以作出不予调查的决定。

检察官决定是否开始调查，要同时考虑以下三个方面的因素：（1）检察官所掌握的资料是否提供了合理根据，可据以认为有人已经实施或正在实施国际刑事法院管辖权范围内的犯罪；（2）根据第17条，该案件是否为可予受理或将可予受理的；（3）考虑到犯罪的严重程度和被害人的利益，是否仍有实质理由认为调查无助于实现公正。按照第17条，对国际刑事法院而言，具有下列任何一种情况，案件都是不可受理的：（1）对案件具有管辖权的国家正在对该案件进行调查或起诉，除非该国不愿意或不能够切实进行调查或起诉；（2）对案件具有管辖权的国家已经对该案进行调查，而且该国已决定不对有关的人进行起诉，除非作出这项决定是由于该国不愿意或不能够切实进行起诉；（3）有关的人已经由于作为控告理由的行为受到审判，根据第20条第3款，本法院不得进行审判；（4）案件缺乏足够的严重程度，本法院无采取进一步行动的充分理由。

检察官在调查之后，如果认为追诉被调查的人没有充分的法律或事实根据，或者认为该案件对于国际刑事法院而言是不可受理的；或者考虑到案件的所有情况，包括犯罪的严重程度、被害人的利益、被控告的行为人的年龄或疾病，及其在被控告的犯罪中的作用，认为无助于实现公正，并根据这些理由断定没有进行起诉的充分根据，就可以作出不起诉的决定。

尽管已经作出过不调查或者不起诉的决定，检察官仍然可以随时根据新的事实或者资料，复议就是否开始调查、是否进行起诉的决定。

（三）起诉权

检察官经过调查，认为某人犯有国际刑事法院管辖范围内的罪行并且应当予以追诉时,有权以书面形式向国际刑事法院预审分庭提出准备提请审判的指控。预审分庭应当在一段合理时间内举行听讯,以确认检察官准备提请审判的指控。

预审分庭的听讯,应当在检察官和被指控的人及其律师在场的情况下举行。但是如果被指控的人已放弃出庭权利;或者该人已逃逸或下落不明,而且已采取一切合理步骤使其出庭,将指控通知该人,并使其知道即将举行听讯确认指控,预审分庭也可以根据检察官的请求或自行决定在被指控的人不在场的情况下举行,以确认检察官准备提请审判的指控。如果是在被指控的人在场的情况下举行听讯,在听讯前的一段合理期间内,预审分庭应当将载有检察官准备将该人交付审判所依据的指控的文件副本送达被指控的人,并告知其检察官在听讯时准备采用的证据。

在听讯前,检察官可以继续进行调查,并可以修改或撤销任何指控。指控的任何修改或撤销,应在听讯前合理地通知被指控的人。撤销指控时,检察官应将撤销理由通知预审分庭。

听讯时,检察官应就每一项指控提出充足证据,证明有实质理由相信该人实施了所指控的犯罪。检察官可以采用书面证据或证据摘要,而无须传唤预期在审判时作证的证人。

预审分庭根据听讯的情况,如果确认有充足证据证明有实质理由相信被指控的人实施了各项被指控的犯罪,就应将该人交付审判分庭,按经确认的指控进行审判。预审分庭也可以根据听讯的情况决定暂停听讯,并要求检察官考虑就某项指控提出进一步证据或作进一步调查或修改所提出的指控。预审分庭拒绝确认一项指控,不排除检察官以后在有其他证据支持的情况下再次要求确认该项指控。

检察官对自己提出的指控,具有修改、变更和撤销的权力。在预审分庭确认指控之后,只要是在审判开始前,检察官仍然可以修改指控。当然,这要经预审分庭同意,并通知被告人。如果检察官要求追加指控或代之以较严重的指控,则必须根据规定举行听讯确认这些指控。审判开始后,经审判分庭同意,检察官可以撤销指控。

(四) 出庭权

检察官对于自己提出指控的案件,在国际刑事法院审判分庭开庭审理的时候,具有出席法庭的权力。因为"证明被告人有罪是检察官的责任",检察官只有出席法庭进行举证,才能证明被告人有罪。按照国际刑事法院《程序和证据规则》的规定,在审判开始前,检察官有权请求审判分庭对涉及诉讼程序的任何问题作出裁判;在法庭审理过程中,检察官有权请求审判分庭对审判过程中出现的问题作出裁判;因被告人的身体状况而延期审判的,检察官有权请求审判分庭审查被告人的情况;对于本应合并审判的共同被告人,检察官可以根据案件的具体情况请求审判分庭对其分开审判。在法庭调查开始前,检察官可以与辩护方就向审判分庭提出证据的次序和方式达成协议,并有权在举证结束前作最后陈述。在审判结束前,检察官有权请求审判分庭再次举行听讯,听取与判刑相关的任何进一步的证据和意见,也有权请求推迟听讯。审判分庭宣告对案件的可受理性、国际刑事法院的管辖权、被告人的刑事责任、判刑和赔偿等事项的裁判时,检察官有权要求在场。

(五) 上诉权

按照罗马规约第 81 条、第 82 条的规定,检察官可以在四种情况下提出上诉:首先,检察官作为追诉犯罪的主体,可以依照《程序和证据规则》,基于下列任何一种理由,对审判分庭作出的实体裁判提出上诉:(1) 程序错误;(2) 认定事实错误；（3）适用法律错误。其次，检察官为了履行客观义务，可以作为被定罪人的代表，依照《程序和证据规则》基于下列任何一种理由提出上诉：（1）程序错误；（2）认定事实错误；（3）适用法律错误；（4）影响到诉讼程序或裁判的公正性或可靠性的任何其他理由。再次，检察官作为诉讼当事人的一方，可以依照《程序和证据规则》对国际刑事法院各个分庭作出的程序性裁判提出上诉：（1）关于管辖权或可受理性的裁判；（2）准许或拒绝释放被调查或被起诉的人的裁判；（3）预审分庭根据第56条第3款（即在紧急情况下，检察官应当采取措施保全证据而没有采取措施时）自行采取行动的决定；（4）涉及严重影响诉讼的公正和从速进行或审判结果的问题的裁判，而且预审分庭或审判分庭认为，上诉分庭立即解决这一问题可能大大推进诉讼的进行。最后，检察官作为制约主体，有权对预审分庭的任意性授权裁判提出上诉。按照罗马规约第57条第3款第4项的规定，如果预审分庭在尽可能考虑到有关缔约国的意见后根据情况断定，该缔约国不存在有权执行第九编规定的合作请求的任何当局或司法体制中的任何部门，显然无法执行合作请求，则可以授权检察官在未根据第九编取得该国合作的情况下，在该国境内采取特定调查步骤。对此，罗马规约第82条第2款规定，检察官和有关国家都可以提出上诉。

检察官一旦提出上诉，就有权要求审判分庭对被判无罪的被告人在上诉期间继续羁押，如果他认为必要的话。

检察官提出上诉之后，在判决宣告之前，可以随时终止上诉。在检察官代被定罪人提出上诉的情况下，如果打算终止上诉，检察官应当在提出终止上诉的书面通知前告知被定罪人，以便使其有机会继续进行上诉程序。

（六）刑罚执行中的知情权和发表意见的权利

按照罗马规约及其《程序和证据规则》的规定，刑罚的执行权由院长会议行使。但是在刑罚执行过程中，规约和规则在字里行间体现了对检察官知情权和发表意见权的确认和尊重。如国际刑事法院《程序和证据规则》中规定，向执行国递解被判刑人时，书记官长应将指定的判刑执行国家通知检察官；院长会议可以依检察官的请求，改变指定的执行国；院长会议在决定改变指定的执行国以前，可以考虑检察官的书面意见或口头意见；执行国打算就被判刑人在移送以前实施的任何行为对其进行起诉或执行刑罚时，应将这一打算通知院长会议并向其递交相关的文件，向院长会议送交的任何资料或文件都应送交检察官，检察官可以对之提出意见；院长会议在作出处置或分配执行国际刑事法院命令所得的财产或资产的一切相关事项之前，应当酌情征询检察官的意见；上诉分庭在举行减刑听讯时，应邀请检察官参加或提出书面意见；上诉分庭在减刑问题进行复查时，也应邀请检察官提出书面意见。

（七）制定和修改规则方面的话语权

检察官在制定国际刑事法院的起诉规则方面，具有独断的决定权；在修正国际刑事法院的实体规则和程序规则方面，具有提出修正案的权力。由于国际刑事法院的实体规则即《犯罪要件》直接关系到国际刑事法院管辖的范围，而程序规则即《程序和证据规则》直接关系到国际刑事法院的运作，所以罗马规约规定，这两个规则必须由缔约国大会2/3多数通过才能生效。但是提出修正案的权力，罗马规约授予检察官与缔约国及国际刑事法院多数法官相同的资格。

三、检察官行使职权的制约机制

检察官的职权，特别是检察官的调查权，被认为是非常广泛的和极易被滥用的权力。为了防止检察官调查权的滥用，罗马规约从多方面设置了制约机制。其中主要的有：

（一）明确规定检察官在调查方面的义务

按照罗马规约第 54 条第 1 款的规定，检察官在调查中，应当遵守以下义务：（1）为查明真相，调查一切有关的事实和证据，以评估是否存在本规约规定的刑事责任。进行调查时，应同等地调查证明有罪和证明无罪的情节。（2）采取适当措施，确保有效地对本法院管辖权内的犯罪进行调查和起诉。进行调查时，应尊重被害人和证人的利益和个人情况，包括年龄、第 7 条第 3 款所界定的性别、健康状况，并应考虑犯罪的性质，特别是在涉及性暴力、性别暴力或对儿童的暴力的犯罪方面。（3）充分尊重本规约规定的个人权利。

（二）明确限定检察官行使职权的范围

国际刑事法院检察官行使职权的范围仅限于国际刑事法院管辖范围内的整个国际社会关注的四种最严重犯罪，即灭绝种族罪、危害人类罪、战争罪、侵略罪[1]。并且这些犯罪必须是在罗马规约生效后实施的。[2]

（三）明确规定检察官行使职权的条件

罗马规约明确规定了国际刑事法院行使管辖权的先决条件和不可受理的情况。这些先决条件和不可受理的情况都是对检察官行使职权的限制性条件。按照罗马规约第 12—15 条的规定，国际刑事法院在三种情况下可以行使管辖权：一是缔约国

---

[1] 对罗马规约规定的妨害司法罪的调查是一种例外。
[2] 罗马规约第 126 条规定：规约自第 60 份批准书、接受书、核准书或加入书交存联合国秘书长之日起第 60 天后的第一个月份第一天开始生效。罗马规约实际生效时间为 2002 年 7 月 1 日。但是对于在第 60 份批准书、接受书、核准书或加入书交存后批准、接受、核准或加入本规约的每一个国家而言，罗马规约应在该国交存其批准书、接受书、核准书或加入书之日起 60 天后的第一个月份第一天对该国开始生效。

向检察官提交显示一项或多项犯罪已经发生的情势；二是安全理事会根据《联合国宪章》第七章行事，向检察官提交显示一项或多项犯罪已经发生的情势；三是检察官依职权开始调查一项犯罪。在上述第二种情况下，一国成为本规约缔约国，即意味着接受国际刑事法院对罗马规约第五条所述犯罪的管辖权。在上述第一、三种情况下，国际刑事法院行使管辖权，必须是一个或多个有关行为在其境内发生的国家（如果犯罪发生在船舶或飞行器上，该船舶或飞行器的注册国）或者犯罪被告人是其国民的国家是罗马规约的缔约国，或者是接受了国际刑事法院管辖权的国家。

按照罗马规约序言和第1条所规定的补充性原则以及第15条的规定，即使是国际刑事法院管辖范围内的犯罪，在下列情况下，国际刑事法院对案件具有不可受理性，检察官亦不能对之行使职权：（1）对案件具有管辖权的国家正在对该案件进行调查或起诉，除非该国不愿意[1]或不能够[2]切实进行调查或起诉；（2）对案件具有管辖权的国家已经对该案进行调查，而且该国已决定不对有关的人进行起诉，除非作出这项决定是由于该国不愿意或不能够切实进行起诉；（3）有关的人已经由于

---

[1] 罗马规约规定，为了确定某一案件中是否有不愿意的问题，国际刑事法院应根据国际法承认的正当程序原则，酌情考虑是否存在下列一种或多种情况：（1）已经或正在进行的诉讼程序，或一国所作出的决定，是为了包庇有关的人，使其免负第5条所述的本法院管辖权内的犯罪的刑事责任；（2）诉讼程序发生不当延误，而根据实际情况，这种延误不符合将有关的人绳之以法的目的；（3）已经或正在进行的诉讼程序，没有以独立或公正的方式进行，而根据实际情况，采用的方式不符合将有关的人绳之以法的目的。

[2] 罗马规约规定，为了确定某一案件中是否有不能够的问题，本法院应考虑，一国是否由于本国司法系统完全瓦解，或实际上瓦解或者并不存在，因而无法拘捕被告人或取得必要的证据和证言，或在其他方面不能进行本国的诉讼程序。

作为控告理由的行为受到审判;[1] （4）案件缺乏足够的严重程度，本法院无采取进一步行动的充分理由。

（四）通过预审分庭制约检察官

在国际刑事法院，检察官行使职权在很大程度上要受到预审分庭的制约。

第一，检察官要开始正式调查，必须请求预审分庭授权。如果预审分庭拒绝授权，检察官就不得开始正式调查。

第二，检察官在正式调查中要对犯罪嫌疑人采取逮捕、羁押等强制措施包括变更强制措施，必须经过预审分庭的批准，采取其他特定的调查措施，也要经过预审分庭的授权。检察官如果要获得独特调查机会，也必须经过预审分庭的批准。

第三，检察官中止案件的权力要受到预审分庭的制约。如果检察官是基于考虑到犯罪的严重程度和被害人的利益，有实质理由认为调查无助于实现公正而对有关情势决定不予调查或不进行进一步的调查，或者是基于考虑到所有情况，包括犯罪的严重程度、被害人的利益、被控告的行为人的年龄或疾患，及其在被控告的犯罪中的作用，认为起诉无助于实现公正而决定对已经调查的案件不予起诉，其决定"必须得到预审分庭的确认方为有效"。对于检察官基于上述理由作出的不调查或者不起诉的决定，预审分庭可以主动复核。

第四，检察官起诉的案件必须经过预审分庭的确认才能进入审判程序。按照罗马规约第61条的规定，检察官提出起诉的案件，应由预审分庭通过听讯来确认，以决定是否交付审判

---

[1] 罗马规约第20条第3款对此作了限制性规定，即已经由另一法院审判的人，不得因同一行为受本法院审判，"除非该一法院的诉讼程序有下列情形之一"：是为了包庇有关的人，使其免负本法院管辖权内的犯罪的刑事责任；没有依照国际法承认的正当程序原则，以独立或公正的方式进行，而且根据实际情况，采用的方式不符合将有关的人绳之以法的目的。

分庭审判。对于预审分庭未予确认的任何指控，先前发出的任何逮捕证停止生效。

第五，检察官追诉犯罪的活动依赖于法庭的审判。只有经过法庭审判并获得确认，检察官追诉犯罪的一切努力才能发挥作用。

（五）联合国安理会的牵制

罗马规约第16条规定："如果安全理事会根据《联合国宪章》第七章通过决议，向本法院提出要求，在其后十二个月内，本法院不得根据本规约开始或进行调查或起诉；安全理事会可以根据同样条件延长该项请求。"这意味着检察官开始调查的案件，完全有可能因为联合国安理会的干预而中止调查。

（六）设置具体的争议解决机制

罗马规约所设置的争议解决机制，在很大程度上是对检察官自行调查权的牵制。

首先，检察官的调查受制于有关国家的调查。由于国际刑事法院奉行"补充性原则"，对于国际刑事法院管辖范围内的犯罪，只有在有关国家不愿意或者不能够管辖的情况下，国际刑事法院才能启动管辖权。因此罗马规约规定，检察官开始调查时，应通报所有缔约国以及根据所得到的资料考虑可能对有关犯罪行使管辖权的国家，而这些国家可以通知国际刑事法院声称本国正在或已经对本国国民或在其管辖权内的其他人进行调查。一旦有关国家提出要求，检察官即应等候该国对有关的人的调查；如果检察官认为有必要自行调查，就必须向预审分庭提出申请并经预审分庭授权才能进行调查。在等候一国调查的决定作出之日起6个月后，或在由于该国不愿意或不能够切实进行调查，情况发生重大变化的任何时候，检察官可以申请调查，但同样必须经过预审分庭的决定。对于预审分庭的决定，检察官和有关国家都可以向上诉分庭提出上诉。

其次，对于国际刑事法院的管辖权或案件的可受理性，有关个人和国家都可以提出质疑，这种质疑首先是针对检察官的调查权而来的。按照罗马规约第19条的规定，下列各方都可以根据第17条所述理由（即关于案件可受理性问题的规定），对案件的可受理性提出质疑，也可以对本法院的管辖权提出质疑：（1）被告人或根据第58条已对其发出逮捕证或出庭传票的人（即"有合理理由相信该人实施了本法院管辖权内的犯罪"，并且"为了下列理由，显然有必要将该人逮捕"：确保该人在审判时到庭；确保该人不妨碍或危害调查工作或法庭诉讼程序；在必要的时候，为了防止该人继续实施该犯罪或实施本法院管辖权内产生于同一情况的有关犯罪）；（2）对案件具有管辖权的国家，以正在或已经调查或起诉该案件为理由提出质疑；（3）根据第12条需要其接受国际刑事法院管辖权的国家。如果这种质疑是有关国家提出的，那么，质疑一经提出，检察官就应暂停调查。检察官如果认为有必要继续调查，就必须向预审分庭提出申请，并且必须经过预审分庭的批准。

最后，对于检察官的调查活动，即使是缔约国，也可以根据罗马规约规定的条件拒绝提供协助。按照罗马规约第72条及相关条款的规定，在一个国家认为披露该国的资料或文件将损害其国家安全利益的任何情况下，或者在某人以披露会损害某一国家的国家安全利益为由，拒绝根据要求提供资料或证据，或将此事提交国家，而有关国家证实，该国认为这种披露会损害其国家安全利益的任何情况下，如果该国认为没有任何办法或条件，可以使资料或文件的提供或披露不致损害其国家安全利益，该国可以拒绝提供这些资料和文件，并应将这一情况及其作出的决定的具体理由通知检察官或国际刑事法院，除非具体说明这些理由也必然导致损害该国的国家安全利益。如果一国知悉该国的资料或文件在诉讼的某个阶段正在被披露或可能被披露,而该国认为这种披露会损害其国家安全利益,该国应有权进行干预。如果一国认为披露资料会损害该国的国家安全利益,该国应酌情会同检察官、辩护方、预审分庭或审判分庭,采取一切合理步骤,寻求通过合作的方式解决问题。这些规定,既是保护国家利益的需要,也是对国际刑事法院检察官调查取证活动的制约。因为罗马规约第 72 条所涉及的情况,主要是检察官调查取证和披露证据的活动以及请求有关国家协助调查的活动。

(七) 规则的制约

检察官行使职权的活动必须受罗马规约所规定的"一罪不二审"原则和刑法一般原则的制约,必须遵循《程序和证据规则》所规定的规则。

引渡问题研究

引渡是国家间在制裁国内犯罪中进行刑事合作的一种形式,同时也是现代国际社会在制裁危害各国共同利益的国际犯罪中普遍接受的一种刑事合作形式,是国际刑法中一项极为重要的制度。

一、引渡的概念与特征

引渡是指一方应另一方的请求,将当时在其管辖范围内而被该请求方指控犯有某种罪行或已被判刑的人移交给该请求方以便起诉或执行刑罚的活动。有的学者将引渡定义为一种法律手续,认为它是指基于条约、互惠、礼让或国内法,一国将被指控或判定犯有违犯请求国法律或违犯国际刑法的犯罪的人移交给另一国,以便使该人就请求书中指明的犯罪在请求国受到审判或惩罚。[1] 有的学者认为,引渡是一种司法让与,即一个主权国家将被指控犯有可引渡之罪的逃犯让与给另一个主权国家以便审判,或者将已被定罪的逃犯让与给另一个主权国家以

---

[1] M. C. Bassiouni, "Extradition: the United States Model", International Review of Penal Law Vol. 62, p. 470.

便惩罚。[1] 引渡具有如下的法律特征:

(一) 引渡的主体是拥有独立的刑事管辖权的实体

引渡制度得以确立的基本前提是刑事管辖权的地域界限。每个国家都具有刑事管辖权,但是这种管辖权只能在自己的领土上实施,而不能逾越地域的界限。然而实施犯罪的人的活动范围却不受这种地域的限制。当在一国境内实施犯罪的人逃亡到另一个国家时,犯罪地国要对犯罪人追究刑事责任,就不得不请求在其境内发现了犯罪人的国家引渡该犯罪人。显然,只有具有刑事管辖权的主体才有资格提出引渡罪犯的请求,同样的,只有有刑事管辖权的主体才有可能逮捕犯罪人并将其引渡给他国。因此,在以往的国际实践中,引渡一直被视为国家行为,是国家之间进行的一种刑事合作,因而引渡的主体只能是国家。引渡的主体是国家,意味着引渡的请求只能由拥有主权的国家提出,并且提出引渡请求的国家必须对引渡请求所涉及的犯罪享有刑事管辖权;被请求的国家必须是同样拥有主权的国家,并且必须是所指控的犯罪人在其境内的国家。这是引渡所必需的主体条件。

在理论上,有的学者认为,随着国际合作的扩大,引渡的主体也在扩充,引渡已不完全限于国家之间。同一主权国家不同法域之间也存在"引渡罪犯"的问题。这种"准引渡主体"的出现是引渡制度的新发展。[2] 这种看法不无道理。虽然是同一主权国家,但是不同法域的划分是以每个地区享有相对独立的司法管辖权包括刑事管辖权为前提的。这种"法域"虽然在

---

[1] Christopher L. Blakesley, "The Law of International Extradition: A Comparative Study", International Review of Penal Law Vol. 62, p. 381.
[2] 周建海、慕亚平:《引渡制度的新问题与我国引渡制度之健全》,载《政法论坛》1997 年第 5 期。

国际社会中不具有国家的法律地位,但是在引渡犯罪人方面,是可以作为一种特殊主体出现的。

在引渡主体问题上,真正可以称得上新发展的,是国际特别刑事法庭和即将建立的国际刑事法院。这种国际特别刑事法庭和国际刑事法院,在审判罪犯时,必然存在一个引渡罪犯的问题。在这种情况下,提出引渡请求的主体一方就不是主权国家,而是享有不完整刑事管辖权的政治实体。对此,可以解释为国际特别刑事法庭和国际刑事法院的刑事管辖权是以各个主权国家的刑事管辖权为基础的,是各个主权国家通过公约的形式授予的。并且只有在公约授予的管辖权范围内,国际特别刑事法庭和国际刑事法院的管辖权才是有效的。国际特别刑事法庭和国际刑事法院只能在其管辖范围内提出引渡请求。

(二) 引渡的对象是犯罪人

引渡请求只能是针对犯罪人提出的。引渡的对象如果不是犯罪人,被请求国就有权拒绝引渡请求。"犯罪人"可能包括三种情况:一是犯罪嫌疑人,即有证据怀疑其实施了犯罪行为的人;二是被指控犯罪的人(被告人),即在一国的刑事诉讼中有权指控犯罪的主体向审判机关指控其犯有某种罪行的人;三是被判刑人,即被一国的刑事审判机关认为犯有某种罪行而被判处一定刑罚的人。不是上述三种情况下的犯罪人,就不能对其进行引渡。

在引渡请求中,除了"人的引渡"之外,往往会涉及"物的引渡"问题。这种"物的引渡",即移交犯罪人在犯罪过程中所使用的工具、所获取的财物及其他用于犯罪的物品,必须受引渡对象即犯罪人的限制。只有对与所要引渡的犯罪人有关的物品才能提出引渡请求,并且这类物品还必须是所要引渡的犯罪人在作为引渡请求的被指控的犯罪中使用和获取的物品。

与所要引渡的犯罪人及其被指控的犯罪无关的物品,不能作为引渡的对象,不能对之提出引渡的请求。"物的引渡"是附属于"人的引渡"的。只有在被请求引渡的人是可引渡之人的情况下,"物的引渡"才是可行的。如果引渡请求所涉及的犯罪人不符合引渡的条件,就不存在"物的引渡"问题。

(三) 引渡的目的是追究犯罪人的刑事责任

尽管引渡制度的产生,既是为了协助请求国行使刑事管辖权以保护其利益,也是为了防止被请求国成为罪犯的避难所而危及被请求国的社会治安,但是引渡犯罪人的直接目的总是被限定为追究被请求引渡人的刑事责任。为了其他目的而请求引渡,是不允许的。

追究刑事责任,既包括对犯罪人进行侦查、起诉和审判等刑事诉讼活动,以便由审判机关确认其有罪,也包括对犯罪人执行已经生效的有罪判决。

追究刑事责任的活动,永远是特定的。不仅被追究刑事责任的人是特定的,而且被追究刑事责任的事由也必须是特定的。因此,提出引渡请求时,必须说明对什么人因什么事追究刑事责任。

引渡目的的特定性也表明,引渡是刑事诉讼的一个特殊环节,是在依照国际刑法公约或国内刑法规范追究尚不在本国境内的犯罪人的刑事责任的一个必经程序;引渡行为在本质上是一种刑事诉讼行为。

(四) 引渡的表现形式是一方将犯罪人移交给另一方

引渡作为国家之间进行刑事合作的一项活动,具体表现为一方应另一方的请求,将犯罪人移交给对方。为了保证移交的顺利进行,移交犯罪人的一方往往要先对犯罪人即被请求引渡人进行扣押。因此,被请求方就要求请求方对被请求引渡人发出逮捕令或作出生效的有罪判决，以此作为扣押被请求引渡的犯罪人的根据。请求方必须是对被请求引渡的犯罪人具有刑事管辖权的主体，请求必须以双方认可的方式提出并且必须符合一定的条件。

引渡不同于驱逐出境。驱逐出境虽然也是针对犯了罪的人实施的法律行为，但是，驱逐出境的对象是在本国领域内实施了犯罪行为的人，而引渡的对象是把在本国领域内发现的犯罪人移交给对其所实施的犯罪有管辖权的国家；驱逐出境的目的是不让被驱逐出境的人在本国领域内逗留，至于被驱逐出境的人在他国是否会受到刑事追究，在所不问，而引渡的目的则是追究其刑事责任；驱逐出境是单方的行为，是一个主权国家独立行使刑事管辖权的结果，而引渡永远是双方的行为，必须依赖双方的刑事合作才能实现。

二、引渡的提出与根据

引渡是一方应另一方的请求将犯罪人移交给该请求方的行为。引渡的发生，首先必须有一方通过正式的外交途径或司法途径提出把某个犯罪人移交给自己以便追究其刑事责任的请求。

（一）引渡请求

按照各国之间签订的引渡条约和国际刑法公约中的规定，可以提出引渡请求的一方应当是对请求引渡的犯罪人享有刑事管辖权的国家。这些国家通常是：犯罪人的国籍所属国（根据属人管辖原则）、犯罪行为地国（根据属地管辖原则）、受害国及犯罪结果地国（根据保护原则）。根据《东京公约》《海牙公约》《蒙特利尔公约》的规定，对于破坏国际航空秩序的犯罪，除了犯罪人国籍所属国、犯罪行为地国、受害国及犯罪结果地国可以提出引渡请求之外，在其上发生犯罪的航空器登记国、降落地国以及该航空器承租人的主要营业地国或永久居所地国，对这类犯罪都具有刑事管辖权，因而也可以提出引渡请求。

(二) 提出引渡请求的根据

提出引渡请求的根据，首先是请求方的法律。只有当一国根据本国法律认为尚处在他国领土上的某人实施了按照本国法律应当追究刑事责任的犯罪行为时，才会向他国提出引渡请求，要求将该犯罪人引渡给本国进行审判。同样，只有当一个国家根据本国法律作出了生效的刑事判决而被判刑人不在本国领域内时，才会提出引渡请求以便执行已经判处的刑罚。

其次，引渡请求的提出也是根据被请求方的法律。只有当请求引渡的犯罪人按照被请求国的法律，其行为也构成可引渡之罪时，被请求国才可能接受请求。引渡请求如果不符合被请求国的法律，就会因为缺乏根据而被被请求国拒绝。

此外，提出引渡的请求，还必须根据请求国和被请求国之间事先签订的双边条约或协议、双方参加的多边引渡条约或国际公约中的有关规定。没有这种条约根据，也不能提出引渡罪犯的请求。尽管在以往的国际实践中，没有相互签订条约的国家之间，可以按照互惠原则进行引渡，但是随着国家关系和国际条约的发展，单纯按照互惠原则进行引渡的情况已经十分少见。

对于国际犯罪而言，由于有关国际公约常常将其所禁止的国际犯罪明确规定为包括在缔约各国之间现有的或将要缔约的引渡条约中的一种可引渡之罪，所以如果某一缔结国规定只有在订有引渡条约的条件下才可以引渡犯罪人，而当该缔约国接到未与其订有引渡条约的另一缔约国的引渡请求时，有关国际公约便可以被视为对该犯罪进行引渡的法律根据。

(三) 引渡的优先请求权

在引渡国际犯罪的犯罪人的场合，由于这类犯罪人的犯罪活动常常涉及一个以上的国家，或者按照不同的管辖原则，可能出现一个以上的国家都有权按照上述根据提出引渡请求的情况。在这种情况下，如果有一个以上的国家同时提出引渡同一罪犯的请求，便会引起引渡请求上的冲突。这种冲突，如果得不到妥善的解决，便会影响引渡的顺利进行。因此，为了解决这种冲突，国际社会逐渐形成了引渡请求优先权的规则。这些规则，在上文引用的公约条款中得到了充分体现。按照这些规定，各请求国依下列顺序具有请求优先权：

（1）犯罪地国，即犯罪行为全部或局部发生在其领域内的缔约当事国。如果被请求引渡的犯罪人实施了几项可引渡的罪行，则依被请求国法律罪行最重的犯罪地国有优先权。

（2）犯罪人国籍国，即被请求引渡的犯罪人为其国民的缔约当事国。

（3）受害国，即可引渡犯罪的受害人为其国家或其国民的缔约当事国。

（4）在其领域内发现犯罪人的其他缔约当事国。

具有优先请求权的国家提出引渡请求时，被请求国应当优先考虑将犯罪人引渡给该国。但是如果被请求国根据双方签订的条约或者有关国际公约的规定，认为不宜将被请求引渡的犯罪人引渡给该国时，可以拒绝有优先请求权的国家的引渡请求，而将犯罪人引渡给另一个提出引渡请求的国家。

(四) 引渡请求的提出

一国向他国提出引渡犯罪人的请求，应当以书面形式提出。引渡请求书中应当包含以下内容：

1. 关于被请求引渡人的情况介绍，包括其姓名、国籍、居所，以及其他已知的与身份有关的情况或资料；

2. 关于犯罪事实的说明，包括被指控的犯罪发生的时间、地点以及犯罪造成的物质损失等；

3. 关于认定犯罪及该项犯罪所处刑罚的法律规定及其说明；

4. 请求国法院或其他主管的司法当局签发的逮捕该人逮捕证或经核证之副本；

5. 如果被请求引渡人是已被判处刑罚的人，请求书中还应当包括已经发生法律效力的判决书的原件或其副本。

引渡请求及所附文件均应经主管机关正式盖章，并应附有以被请求国官方语文或其可以接受的另一种语文书写的译文。

被请求国如果认为引渡请求所附材料不够充分，可以要求请求国在指定的时间内提交补充材料。如果请求国未在被请求方限定的期限内提交补充材料，就可能被视为自动放弃请求。

三、引渡的一般原则

为了防止引渡权的滥用，在国际社会的引渡实践中逐渐形成了一些限制引渡行为的规则。这些规则通过有关国际公约的确认，体现为国际刑法的一般原则，同时也通过各国之间签订的引渡条约的确认，成为各个国家引渡依照国内刑法构成犯罪的人时共同信守的条约规则。按照有关国际公约和双边或多边引渡条约的明文规定，引渡的一般原则，主要有以下几点：

（一）双重犯罪原则

双重犯罪原则是指国家间引渡犯罪人时，作为引渡理由的犯罪必须是双重犯罪。所谓双重犯罪，是指被请求引渡人所实施的行为，按照请求国和被请求国各自的国内法，或者按照请求国和被请求国共同参加的国际刑法公约的规定，均构成犯罪。也就是说，可以引渡的犯罪人，必须是其行为不仅按照引渡请求国的刑法构成了犯罪，而且同一行为按照被请求国的刑法或者双方共同参加的国际公约也构成了犯罪。只有符合双重犯罪的原则，犯罪人才可以被一个国家引渡给另一个国家。

　　双重犯罪原则一般是针对国内法上的犯罪而言的。对于国际犯罪来说，这一原则是不言而喻的。因为国际犯罪本身是国际社会通过条约立法共同认定的危害共同利益的犯罪，当有关当事国均为缔约国时它必然同时触犯两个以上国家共同认可的刑法原则；同时，国际刑法在规定国际犯罪的时候，也总是把它宣布为可引渡之罪，总是要求缔约各国通过国内立法承担制裁国际犯罪的义务。因此，一种行为，如果被认为构成了国际犯罪，在有关缔约国之间，它就符合双重犯罪的要求。当然在个别情况下，对国际犯罪的引渡也会在双重犯罪问题上发生争议。例如，请求国和被请求国一方加入了把涉讼行为规定为国际犯罪的国际公约，而另一方并没有加入该公约。在这种情况下，涉讼行为如果在尚未加入有关国际公约的一方国内刑法中不认为是犯罪，而该国又不愿受有关公约条款的约束，被引渡人的行为就不构成双重犯罪。

　　双重犯罪原则的提出，既是为了相互尊重国家主权，也是为了保护被请求引渡人的基本人权。引渡的目的是按照请求国的法律追究犯罪人的刑事责任，被请求国同意给予引渡，是尊重请求国并协助请求国执行其法律。但是被请求国应请求国的请求引渡犯罪人时，首先必须对被请求引渡的犯罪人进行逮捕并予以羁押，才能保证引渡的顺利进行。而这种逮捕并羁押犯罪人的活动是在被请求国的领土上进行的，所以必须符合被请求国的法律。如果无视被请求国的法律规定，一味强调被请求引渡人的行为按照请求国的法律已经构成了犯罪而要求被请求国引渡犯罪人，就可能构成对被请求国法律的践踏。另外，一个国家如果把按照本国法律并不认为其行为构成犯罪的人引渡给他国追究刑事责任，在道义上将被认为是无视被请求引渡人的基本人权的做法。因此，引渡犯罪人，必须遵守双重犯罪的原则，既是对请求国的要求，也是对被请求国的要求。并且，这一原则在有关引渡的一系列双边或多边引渡条约以及国际公约中，都得到了充分体现。

但是在双重犯罪原则的具体适用上，各国之间曾经存在许多分歧。有的国家认为，按照双重犯罪原则，作为请求引渡理由的行为，必须是在罪名和犯罪构成要件甚至包括法定刑上按照请求国法律和被请求国法律完全相同的行为。但是多数国家认为，作为请求引渡理由的行为，只要按照请求国的法律和被请求国的法律均构成犯罪，就符合双重犯罪原则，而无须强调罪名和犯罪构成要件的同一。坚持前一种主张的国家认为，为了防止引渡权的滥用，有必要严格区分可引渡之罪与不可引渡之罪，以免把政治犯作为非政治犯来引渡，或者把非政治犯作为政治犯来庇护。坚持后一种主张的国家则认为，由于各国法律制度和文化背景的不同，要求罪名和犯罪构成要件完全同一，是很难做到的。这种苛刻的要求必然会妨碍引渡的进行。特别是在经济或商业犯罪中，没有必要强调罪名和犯罪构成要件的同一。

作为引渡制度的新发展，联合国大会通过的《引渡示范条约》，采用了多数国家在签订引渡条约时的做法，即规定：在确定某一犯罪行为是否构成违反缔约国双方法律的犯罪行为时，不应计较缔约国法律是否将构成该防止的作为或不作为列入同一犯罪类别或者是否对该罪行采取同一用语。这种规定也反映了学术界主张的"实质类似"（substantially similar）的观点。这种观点认为，作为请求引渡理由的行为，在请求国法律和被请求国法律之间,只要是以实质类似的犯罪为基础的,就符合所谓双重犯罪的原则。实质类似的犯罪是指每个国家都寻求禁止的犯罪行为。[1] 此外,有的国家以保护人权为借口,提出如果按照请求国法律,被请求引渡的犯罪人可能因为作为引渡请求原因的罪行被判处死刑,除非该国作出不对被请求引渡人判处死刑或者即使判处死刑也不会予以执行的保证,被请求国可以拒绝引渡。有的国家甚至认为这种限制应当扩大到判处终身刑或不定期刑。一些学者认为,这是引渡问题上人权保护的新发展,是双重犯罪原则在双罚问题上的必然要求。

然而,这种主张对于打击严重危害国际社会共同利益的国际犯罪是极为不利的。尽管各个国家之间由于发展水平和法律传统的不同,刑法中对同一犯罪规定的法定刑受到国别的限制而有所差别,但是国际犯罪对人类社会共同利益的危害是没有这种限制的,国际犯罪人对整个国际社会的危险性的存在是不受这种限制影响的。各国法律制度上的差异不应当成为国际社会联合制裁国际犯罪的障碍。不仅如此,在每个国家的刑法体系中,对各种犯罪判处什么样的刑罚,要受统一的价值评判体系的制约,不可能仅仅为了引渡的需要而破坏这种统一的价值评判体系,对个别犯罪人网开一面。在许多国际刑法公约中,也都明确规定:每一缔约国应按照本公约所称罪行的严重性处以适当的刑罚。如果为了所谓人权保护的需要,要求在刑法中规定死刑的国家作出不对被请求引渡的犯罪人适用死刑的承诺,实际上是在要求他国放弃罪刑相适应的原则,在法定刑以下对被请求引渡的犯罪人作出判决。这显然是与有关国际刑法

---

[1] Gregory B. Richardson, "Double Criminality and Complex Crimes", International Review of Penal Law Vol. 62, p. 80.

公约的规定相悖的。

在复杂犯罪中如何坚持双重犯罪原则,也是一个值得研究的问题。特别是在国际贩运毒品罪和跨国性有组织犯罪中,被请求引渡的犯罪人往往犯有多种罪行,很可能其有的犯罪行为构成了可引渡之罪,有的犯罪行为不构成可引渡之罪。对这种犯罪人能否给予引渡,以及引渡请求国能否在引渡该犯罪人之后对其并不属于可引渡之罪的犯罪行为追究刑事责任,在国际社会中不无争论。对此,《引渡示范条约》规定:如果引渡请求涉及若干项犯罪行为,并且每一项罪行按照缔约国双方法律均应予以惩处,只是其中某些罪行不符合可引渡之罪的其他条件时,只要被请求引渡的犯罪人犯有一项可引渡之罪,被请求国就可给予引渡。

(二) 特定原则

引渡中的特定原则,也称引渡目的特定原则,是指引渡的请求国在提出引渡请求时必须保证,在引渡之后,对被请求引渡的犯罪人只就引渡请求中指明的犯罪追究刑事责任包括执行生效判决所判处的刑罚。这一原则意味着,请求国引渡犯罪人之后不得因作为引渡请求理由的犯罪之外的犯罪对被引渡人进行审判或行刑,除非该犯罪是以引渡请求所包括的同一系列事实为基础的可引渡之罪。同样,在引渡过程中移交的证据,只能用于引渡目的,而不能用于引渡目的之外的其他目的。

从理论上讲,引渡犯罪人必然具有特定而明确的目的。任一国家请求引渡某一犯罪人,总是基于一定的目的,或者是为了审判该犯罪人所犯的某一特定罪行,或者是为了执行已经判决的某一特定刑罚。而这种目的的提出和确立,又总是基于一定的理由,即有足够的证据可以证明该犯罪人实施了被指控的犯罪或者已经被有权管辖的法院判处了一定的刑罚。

但是在实践中，有的国家为了使自己的引渡请求能够得到被请求国的接受，有时会在引渡请求中掩盖自己的真实意图，以有关条约中规定的可引渡之罪提出引渡请求，而在引渡之后，对被引渡的犯罪人以其他犯罪追究刑事责任，或者在引渡请求所涉及的犯罪之外，增加其他犯罪。这种做法，既违反了相互尊重主权的原则，也损害了引渡的正当性，可能构成对被引渡人权利的不当侵害。

为了防止这种现象，国际社会普遍要求，在引渡犯罪人时，必须坚持特定原则。请求国应当明确提出引渡的目的及其理由，并且应当承诺该犯罪人被引渡到本国之后，本国只就引渡请求中申明的事项进行审判，或者仅就引渡请求中申明的刑罚予以执行，而不在引渡请求申明的目的和理由之外审判该犯罪人或对其执行刑罚。因此可以说，特定原则的目的是保障双重犯罪原则的贯彻，以防止个别国家假借可引渡之罪，对被引渡人的其他行为进行审判或政治迫害。当然，请求国在对被引渡的犯罪人就引渡请求中申明的罪行进行审判的过程，如果该审判涉及以引渡请求所包括的同一系列事实为基础的其他可引渡之罪，请求国当然可以就这类犯罪作出判决。

有的学者认为，引渡的特定原则是基于以下五个方面的原因提出的：第一，被请求国如果发现请求国意图对被请求引渡的犯罪人以改变或增加的犯罪追究刑事责任时，其就有可能拒绝引渡；第二，如果没有被请求国的合作，引渡请求国就无法对被请求引渡的犯罪人行使刑事管辖权；第三，如果没有被请求国的合作，请求国既不能在该人缺席的情况下对其进行诉讼，也不能因为在被告人缺席情况下作出的有罪判决而对该人执行刑罚；第四，请求国为了获得被请求引渡的犯罪人，必须依赖被请求国的诉讼程序，但是如果请求国对被引渡人的刑事追究是基于作为引渡理由之外的犯罪，那就会构成对被请求国的正规诉讼程序的滥用；第五，被请求国对被请求引渡人采取的步骤，依赖于请求国提出的引渡请求。[1] 所以，引渡的请求国必须信守引渡的诺言，保证只对作为引渡理由的犯罪追究刑事责任。

在引渡制度中确立特定原则，是为了防止引渡权的滥用，以及可能由此造成的对被引渡人的政治迫害和刑事诉讼中的不公正待遇。如果被请求国知道请求国并不是基于上述原因而违反特定原则时，其可以同意请求国对被请求引渡的犯罪人作为引渡理由的犯罪之外的犯罪追究刑事责任。这种情况往往发生在请求国对被引渡人基于已知的犯罪追究刑事责任时，发现了该人在引渡之前还犯有其他严重罪行，按照该国法律，必须对其追究刑事责任。在这种情况下，请求国应当及时告知被请求国，征得被请求国的同意。

（三）政治犯不引渡原则

各个国家由于社会制度的不同，对于某种政治行为是否构成犯罪，常常具有不同的看法。在一种社会制度下被法律宣布为危害国家政权的犯罪，在另一种社会制度下则可能不被视为犯罪甚至受到肯定和鼓励。特别是在国家之间的斗争中，政治犯罪更具有鲜明的阶级性。因此，在引渡实践中，对于政治犯是否给予引渡，各国总是基于本国利益而决定的，总是带有很强的政治色彩，以至往往因人、因时、因事而异，无法形成一致的看法和公认的标准。有鉴于此，1834年比利时与法国签订的引渡条约中明文规定政治犯不引渡。1883年比利时又在本国

---

[1] Gregory B. Richardson, "The Principle of Specialty in Extradition", International Review of Penal Law Vol. 62. pp. 85–86.

实体刑法中规定政治犯不引渡的原则。此后，英国、美国、法国、瑞士、俄国、奥地利等国家相继在本国签署的有关罪犯引渡的条约中规定了这一原则，使之逐渐发展为一种公认的引渡规则。

政治犯不引渡原则的内容，按照1957年欧洲引渡公约的规定，是指"凡请求引渡的犯罪为被请求国视为政治犯罪或与政治有联系的犯罪者，不应予以引渡"；"凡被请求国有重大理由相信，以普通罪名义请求引渡，其目的在于因该人的种族、宗教、国籍或政治见解而起诉或判刑者，或者可能以任何理由损害他的地位者"，亦不予引渡。

政治犯不引渡原则是与国家的庇护权紧密相联的。

庇护是指国家对于因被外国当局追诉或迫害而来避难的外国人允许其入境和居留，并视情况予以保护。庇护权是国际法上公认的国家主权的一部分。这种权利是从领土主权中派生出来的。因为，每个国家在其领土上对所有的人都有管辖和保护的权利，而一个被他国追诉或迫害的人一旦进入另一个国家的领土，就处于所在国属地管辖权的管辖之下，所在国是否允许其过境或居留、是否允许他国对其追诉或迫害、是否同意将其让渡或引渡给他国，自然是它的权利，他国无权干预。庇护，正是一国行使属地管辖权，按照本国的法律和意愿，自行决定给予受庇护人以受庇护权的实践。

18世纪末19世纪初，法国资产阶级大革命中的雅各宾党人在其执政时期，曾于1793年以宪法的形式宣布给予为了争取自由而被其本国放逐的外国人的庇护。1834年的比利时引渡法明确规定了政治犯不引渡的原则。此后，庇护逐渐成为一种国际惯例。1948年《世界人权宣言》第10条宣布：人人有权在其他国家寻求和享受庇护以避免迫害。1967年12月14日联合国大会通过的《领土庇护宣言》再次规定：一国行使主权，对有权援引《世界人权宣言》第 14 条之人包括反抗殖民主义之人给予庇护时，其他各国应当予以尊重；庇护之给予有无理由，应由给予庇护的国家酌定。

庇护在本源上是指政治庇护，因此在多数情况下多出于政治原因。给予庇护的国家往往是认为受庇护的人在他国由于政治原因而受到迫害或不公正的追诉，以至无法保障其基本人权，因而需要予以保护，从而拒绝他国的引渡请求的。因此，庇护虽然与政治犯不引渡原则是两个不同的概念，但是在实际实施中总是相互交叉难分难解。不过，与政治犯不引渡相比，庇护不仅包含不接受请求国的引渡请求，不将受庇护人移交给请求国，而且包含准许其入境、过境和在境内安居，不将其驱逐出境，并在必要的时候采取适当的措施，主动予以保护；庇护的对象不仅是实施了政治犯罪的罪犯，而且可以是没有构成犯罪但是可能或正在受到某种迫害的人。

在学理上，庇护可以分为域内庇护、域外庇护、外交庇护和刑事庇护。域内庇护是一般意义上的庇护，即在本国领土上给予外国人受庇护权。域外庇护是一个国家在他国领土内给人以庇护的情况。在这种情况下，受庇护人往往出现于给予庇护的国家的驻外使馆或停泊在外国港口的军舰等场所。外交庇护是外国使馆给予驻在国国民以庇护的情况。外交庇护在欧美国家曾多次发生，但是除非当事国之间所签订的条约中有此类规定，否则并非国际惯例或规则。刑事庇护是从不予引渡中反推出来的庇护，因为庇护的逻辑含义有拒绝引渡的内容。按照引渡的规则，在没有引渡条约的情况下，或虽有引渡条约，但请求引渡的罪犯所犯之罪不符合双边罪的原则或属于未列入条约的犯罪，被请求国就可以不予引渡。如果不具备上述理由而拒绝引渡，以使其逃避请求国的刑事追诉，就可以视为是对被指称的罪犯的一种刑事庇护。

政治犯不引渡和庇护，其目的都是保护基本的人权，防止对持不同政见者进行政治迫害和不公正的审判。但是在实践中，对于某些基于一定的政治目的或原因而实施了严重危害人类共同利益以致被国际社会公认为应受严厉的刑罚惩罚的犯罪的人，有些国家也出于某种考虑而给予受庇护的权利。因此，对于庇护权，如果不加限制，就会造成滥用，危害国际社会的共同利益。例如，第一次世界大战后，德国皇帝威廉二世逃往荷兰，荷兰就曾拒绝了协约国提出的引渡请求而给其以庇护。20世纪40年代末50年代初发生在苏联东欧国家的十几起叛逃劫机事件，大都受到对方的庇护。这种现象表明，随着国际刑法的发展，政治犯不引渡原则和庇护权的滥用，妨害了国际社会在制裁国际犯罪方面的刑事合作。一些实施了国际犯罪的人以政治犯为由申请庇护，以致有权对其进行刑事管辖的国家碍于政治犯不引渡原则而无法对这类犯罪人实施制裁；有些国家甚至基于某种政治上的考虑滥用庇护权，包庇国际犯罪分子。

有鉴于此，有关国际公约明确规定，国际犯罪不得视为政治犯；各国不得给予犯有国际罪行的人以受庇护的权利。例如1948年《世界人权宣言》第14条第2款规定：在真正由于非政治性犯罪或违背联合国宗旨和原则的行为而被起诉的情况下，不能援用受庇护的权利。1948年联合国大会通过的《防止及惩治灭绝种族罪公约》第7条规定：灭绝种族罪及第3条所列之其他行为不得视为政治罪行，俾便引渡。1967年联合国大会通过的《领土庇护宣言》中规定：凡有重大理由可以认为犯有国际文献用专条加以规定的危害和平罪、战争罪或危害人类罪的人，不得请求及享受庇护。据此，1973年联合国大会通过的《关于侦察、逮捕、引渡和惩治战争罪犯和危害人类罪犯的国际合作原则》再次重申了"对有重大理由可认为犯有危害和平罪、战争罪或危害人类罪的人，各国不应给予庇护"的原则。1973年联合国大会通过的《禁止并惩治种族隔离罪行国际公约》第11条也规定："就引渡而言，本公约第二条所列举的罪行不应视为政治罪"；"本公约缔约国承诺遇此等情形时，依照本国法律和现行条约，准予引渡"。按照上述公约和国际文献的规定，犯有公约规定的国际犯罪的人，即使基于某种政治目的，有关国家也不得给予其受庇护的权利，不得以政治犯为理由而拒绝将其引渡给有权管辖的引渡请求国。这些规定，作为政治犯不引渡原则的例外，得到了世界各国的公认和赞同，也受到学术界的高度评价。

但是，政治犯不引渡原则的例外是否适用于一切国际犯罪，或者说，所有国际犯罪是否都应当排除在政治犯之外而不得受到庇护，这是国际刑法学界目前激烈争论的问题之一。1989年12月在国际刑事科学高级研究所举行的关于引渡问题的国际研讨会上，来自各国的刑法学者和国际法学者，就这个问题发表了许多不同的看法。有些学者认为，从人权保护的角度出发，政治犯不引渡的原则应当坚持，因为政治犯在他的对手手里会受到不公正的审判；政治上的争论是一个中性的问题，一个国家不应当用自己的权力去影响另一个国家的内部事务；并且，政治犯罪作为反抗压迫的一种表示，被证明是正确的。既然过去公认政治犯不引渡原则是正确的，现在就没有什么理由不适用这个原则。只有在有关公约明文规定排除其政治性质即不视其为政治犯的场合，才可以作为政治犯不引渡原则的例外，排除其政治性质而予以引渡。但是有的学者认为，承认政治犯例外的原则，就等于宣布政治暴力为合法。这是现代社会所不能允许的。所以应当坚决摒弃这一原则。有的学者指出，政治犯不引渡原则为恐怖主义分子提供了安全的避难所，破坏了世界各国联合对付国际恐怖主义的国际合作，阻碍了有关国家对恐怖主义分子行使刑事管辖权。政治犯不引渡原则的存在，是执法上的漏洞（law enforcement loophole）。一些恐怖主义分子通过政治犯不引渡原则的适用，寻求逃避法律制裁。多数学者则认为，政治犯例外的原则还是有其存在的理由的。但是不能否认，它为国际恐怖主义活动提供了庇护。因此，应当对这一原则的适用加以必要的限制。作为例外的例外，在所有国际犯罪的场合，都应当排除政治犯不引渡的原则，凡是国际公约中规定的犯罪，都应当排除其政治性质，而不得以政治原因为理由拒绝引渡。并且，对政治犯的概念也应当加以限制，不能把所有基于政治动机的犯罪都视为政治犯罪，也不能单纯根据一个国家的法律用语来认定政治犯。[1] 引起这类争论的原因，主要在于一些有关国际犯罪的公约中并没有写明"本公约所述罪行不应视为政治犯"的字样。对于这些公约中规定的犯罪，当其明显包含着政治因素时，能否援用政治犯例外的原则拒绝引渡，便为学者们留下了争论的余地。事实上，在没有明示不应将公约规定的犯罪视为政治犯的国际公约中，几乎都毫无例外地标明：本公约所述各项犯罪行为"应视为属于缔约国之间任何现有引渡条约中的可引渡的犯罪行为；各缔约国保证将各种犯罪行为作为可引渡的犯罪行为列入今后彼此缔结的每一引渡条约内"。这种用语，明确地把有关国际犯罪规定

---

[1] Steven Lubet, "The Political Offence Exception"; Christine Van den Wyngaert, "The Political Offence Exception to Extradition: How to Plug the Terrorist's Loophole Without Departing from Fundamental Human Rights", International Review of Penal Law, Vol. 62, pp. 103 – 108, 292 – 310.

为"可引渡之罪",实际上已经暗含着排除其政治性质的观点。如果因其政治原因而可以排除在引渡的范围之外,那就不能称其为"可引渡之罪"。另外,从同国际犯罪作斗争的需要来看,把国际犯罪排除在政治犯罪之外,无论是否基于政治原因而实施,都作为普通刑事犯罪适用引渡的规则,是防止这类犯罪分子利用不同国家的政治立场逃避刑事制裁的必要措施。那种担心把基于政治原因实施了国际犯罪的罪犯引渡给请求引渡国会使其受到不公正的审判而侵犯其人权,从而主张对其适用政治犯不引渡原则的观点,从表面上看,似乎是热衷于保护人权,实际上是在保护少数罪犯的人权的同时,放弃了对国际社会的整体利益、对绝大多数无辜受害者或可能的受害者的人权保护。这于同国际犯罪作斗争是极为有害的。

因此,在国际刑法公约中,国际犯罪通常作为政治犯不引渡原则的例外,不论犯罪人是否出于某种政治目的或基于某种政治动机,只要他所实施的行为构成了公约规定的国际犯罪,任何国家都不得将其作为政治犯给予庇护。按照国际刑法公约的规定,对于实施国际犯罪的犯罪人来说,只有在引渡请求是基于该人的种族、国籍、宗教信仰和政治见解等政治原因而欲对其进行起诉或惩处的情况下,才可以适用政治犯不引渡的原则。当然,按照各国之间签订的引渡条约的规定,这种情况也适用于国内法上的犯罪。

(四) 本国国民不引渡原则

请求引渡的对象不仅应当是其行为符合双重犯罪要求的犯罪人,而且该犯罪人应当是请求国的国民或者是第三国的国民或者是无国籍人。

基于刑事管辖中的属人原则,许多国家认为,一个国家对本国国民在本国领域外实施的犯罪享有管辖权。因此在引渡实践中，被请求国通常不愿意将本国国民引渡给他国进行审判。即使本国国民在国外实施了极为严重的犯罪，只要他已经回到本国，就按本国法律予以起诉和审判，而不愿将其引渡给犯罪地国。

本国国民不引渡原则，最早出现在1909年法国与美国签订的引渡条约中。该条约规定：按照本条约的约定，双方均没有将其本国国民引渡给对方的义务。这个规定，反映了许多大陆法系国家的主张。而在英美法系国家则没有这个限制。但是在现代，许多国家都接受了本国国民不引渡的原则，拒绝将在外国犯罪的本国国民引渡给犯罪地国。并且，这一原则在一系列有关引渡的国际条约中得到了确认。特别是第二次世界大战以来，随着对刑事诉讼中人权保护呼声的日益高涨，一些国家以担心本国国民在外国接受审判可能会受到不公正待遇、其人权得不到保障为借口，不愿将明知在外国犯了罪的国民引渡给犯罪地国，以致本国国民不引渡的原则出现了不断加强的趋势。

按照这一原则，即使请求国对作为引渡请求原因的犯罪具有管辖权，但是如果被请求引渡的犯罪人是被请求国的国民，引渡请求国不能对其提出引渡的请求。

本国国民不引渡的原则，在一定程度上妨碍了引渡制度的发展，使一些域外犯罪的犯罪人有可能借助这一原则逃避应受的惩罚。为了防止这一原则可能导致的对犯罪人不应有的庇护，在引渡条约中逐渐形成了或引渡或起诉的原则。

（五）或引渡或起诉原则

或引渡或起诉原则是与普遍管辖相联系并作为拒绝引渡后的一种补救措施而出现的。"或引渡或起诉"，是根据格劳秀斯1625年在其《战争与和平法》一书中提出的"或引渡或处罚"

的名言发展而来的。这个原则的最初实践是不同意把罪犯引渡给请求引渡的国家时，被请求国应承诺按照本国法律予以处罚。但是在其由双边条约中的协议向国际刑法通则过渡的过程中，其内涵和外延都发生了一定的变化。时至今日，它已经发展为国际社会公认的国际刑法原则之一。该原则的确立，旨在通过国家间的刑事合作，使每个实施国际犯罪的人，不论逃到世界的哪个地方，都无法逃避应受的刑事制裁。

或引渡或起诉原则，在国际刑法公约中的一般表述为：在其境内发现被指称的罪犯的缔约国，如不将此人引渡，则不论罪行是否在其境内发生，应毫无例外地并无不适当延迟地将案件提交其主管当局以便起诉，该当局应按照本国法律以对待任何严重性质的普通罪行案件的同样方式作出决定。在学术界，这一原则通常被表述为：在其境内发现被请求引渡的犯罪人的国家，按照其签订的有关条约或者互惠原则，应当将该人引渡给请求国；如果不同意引渡，则应当按照本国法律对该人提起诉讼以便追究其刑事责任。

按照这一原则，在其领土内发现被指称的国际犯罪分子的国家，应当将案犯引渡给有权管辖并提出引渡请求的国家；作为一种选择，如果在其领土内发现罪犯的国家不愿将罪犯引渡给请求国，那就应当按照普遍管辖原则，将其交给本国有权对其进行起诉的机关，按照本国法律追究其刑事责任。这一原则，作为国际刑事合作中的义务性规定，对被请求国来说具有一定的强制性，即：在其境内发现犯罪人的国家，当他国对该犯罪人提出引渡请求时，被请求国就必须在引渡与起诉之间作出选择，要么将该人引渡给请求国，要么对该人提起诉讼，二者必居其一。

或引渡或起诉原则，既是普遍管辖原则的逻辑要求，也是引渡制度的必要补充。没有这个原则的制约，在被请求国不同意引渡犯罪人的情况下，国际社会联合对付国际犯罪的努力就会付之东流。因此，这个原则是引渡制度中的一个不可或缺的原则，在同国际犯罪作斗争中，发挥着重要的作用。

或引渡或起诉原则适用于国际犯罪，通常是没有争议的。因为国际刑法公约通常都把国际犯罪作为可引渡之罪加以明确规定，并且对国际犯罪确立普遍管辖原则。但是在该原则适用于国内刑法中的犯罪时，往往会因为不同观点上的分歧或者各国法律制度的差异而影响引渡的顺利进行。这是因为，或引渡或起诉原则在适用于国内刑法中的犯罪时可能会遇到两个方面的障碍：

第一，可能缺乏管辖权。对于国内法上的犯罪，由于并不存在国际社会公认的普遍管辖原则，所以被请求国通常要求请求引渡犯罪人的国家必须对被请求引渡的犯罪人及其犯罪行为享有刑事管辖权。如果请求国对被请求引渡的犯罪人及其犯罪行为没有刑事管辖权，即使请求国与被请求国之间签有引渡条约，被请求国也有权拒绝引渡请求。例如，当犯罪行为在第三国境内实施并且犯罪人亦不是请求国国民时，被请求国就可能因为请求国对被请求引渡的犯罪人没有刑事管辖权，而不同意引渡该人。

第二，可能不存在双重犯罪。由于各国法律规定的不同，按照请求国法律构成犯罪的行为，有时可能按照被请求国的法律并不构成犯罪，从而因为不符合双重犯罪原则而使引渡请求被被请求国拒绝；有时也可能因为构成犯罪的行为，按照被请求国的法律处刑太轻，以致不符合可引渡之罪对最低刑期的要求，从而使引渡请求被被请求国拒绝。

在上述两种情况下，被请求国在拒绝引渡请求时，并不负有起诉的义务。因为在这种情况下,被请求国本身可能也不享有对被请求引渡的犯罪人及其犯罪行为的刑事管辖权;或者它在任意管辖中选择了不管辖。

因此,或引渡或起诉原则,主要是适用于国际犯罪的引渡制度中的一项基本原则。它只有在一定条件下,才适用于国内法中的犯罪。

四、引渡的接受与拒绝

当他国提出引渡请求时,是否接受这种请求把尚在本国境内的罪犯移交给请求国,是各个主权国家自行决定的,特别是当几个国家对同一犯罪人基于同一犯罪行为提出引渡请求时,最终把罪犯移交给哪个国家,更是取决于主权国家权威当局的意志。

(一)引渡请求的接受

一国接受他国的引渡请求,一般是基于以下几种考虑之一:(1)为了履行自己所缔结或参加的双边、多边条约或国际公约的义务;(2)为了执行本国法律中的有关规定;(3)为了恪守国际交往中的对等原则(在没有条约根据的情况下按照对等原则将犯罪人移送给请求国,通常称之为"让渡");(4)为了表示对请求国的友善和礼让。

但是,在绝大多数情况下,引渡请求都是根据条约义务而被接受的。因为,引渡虽然是一种国家行为,是国家主权的体现,但是是否接受引渡请求,并不完全是任意行为。作为国家间相互交往的规则,每个国家都应当按照自己在签订双边或多边引渡条约或在批准或加入国际公约时所承允的义务将犯罪人引渡给依照条约提出引渡请求的国家。通常,在有关引渡的条约中,都规定有可引渡的犯罪的范围。请求引渡的犯罪人所实施的犯罪如果是有关条约中规定的可引渡之罪,被请求国一般都会接受引渡请求；如果不属于作为引渡根据的条约规定的引渡范围，即使双方签有引渡条约，被请求国通常也不予引渡。

(二) 拒绝引渡的理由

在某些情况下，尽管被请求国与请求国之间定有引渡条约或者双方都加入了同一含有引渡该项犯罪的公约，但被请求国也可能基于某种理由而拒绝引渡。

按照各国之间签订的引渡条约，可以拒绝引渡请求的理由有两类：一类是强制性理由，即国际社会公认的、每个国家都有权据以拒绝他国的引渡请求的情形；另一类是任择性理由，即是否据以拒绝引渡请求，各个国家可以自行决定并通过国家之间的条约加以约定。

作为拒绝引渡的强制性理由，各国公认的情形主要有以下几种：

(1) 被请求国认为，作为引渡请求原因的犯罪行为属于政治性犯罪。但是具有政治性质的犯罪不包括国际犯罪，即在多边国际公约中规定的、缔约国在引渡的情况下有义务对其进行追诉的犯罪以及缔约国同意在引渡问题上不将其视为政治性犯罪的那些犯罪。

(2) 被请求国有充分理由确信，请求方提出的引渡请求旨在对被请求引渡人因其种族、宗教、国籍、政治见解等原因而提起刑事诉讼或者执行刑罚，或者被请求引渡人在司法程序中的地位将会因上述原因受到损害。

(3) 作为引渡请求原因的犯罪属于军事性质的犯罪而普遍刑法中并不包括该行为。

(4) 在收到引渡请求时，被请求方对被请求引渡人就作为引渡请求原因的同一犯罪已经决定不予追诉，或者已经对其作出了终审判决或已经终止诉讼。

(5) 在收到引渡请求时,根据缔约任何一方的法律,被请求引渡人已经获得了追究和审判豁免权,或根据包括时效或豁免的法律,获得了免于刑罚的豁免权。

作为拒绝引渡的任择性理由,主要有以下几种情况:

(1) 被请求引渡人为被请求国的国民。有些国家把不引渡本国国民作为拒绝引渡的强制性理由,但是有些国家则将其作为引渡的任择性理由。不过,各国普遍认为,如果拒绝引渡本国国民,而作为引渡请求原因的犯罪行为符合双重犯罪原则的要求,被请求国就应根据引渡请求国的请求,将该案件提交其主管机关以便起诉。

(2) 被请求国正在或即将对被请求引渡人就同一犯罪进行追诉。

(3) 作为引渡请求原因的犯罪属于财税方面的犯罪。有些国家把本国法律中没有规定与请求国法律相同的赋税、关税或外汇管制作为拒绝对该类犯罪人进行引渡的理由,但是有些国家则认为,一个国家不应以其法律没有规定征收与请求国法律规定的同样种类的赋税或关税为理由而拒绝引渡。

(4) 根据被请求国法律,作为引渡请求原因的犯罪被视为全部或部分发生在被请求国境内或发生在挂有本国国旗的船舶或依本国法律登记的飞机上。被请求国如果据此拒绝引渡请求,则应在对方提出请求的情况下将此案交由其本国主管当局审理,以便就作为引渡请求原因的犯罪行为进行追诉。

(5) 作为引渡请求原因的犯罪发生在请求国和被请求国双方领土以外,而被请求国的法律没有对其境外的这种犯罪规定管辖权。

(6) 被请求国认为,虽然考虑到作为引渡请求原因的犯罪的严重性以及请求国的利益,但是在该案的具体情况下,由于被请求引渡人的年龄、健康或其他个人情况，引渡不符合人道主义精神，如果同意引渡将与本国法律的一些基本原则相抵触。

拒绝引渡的理由，是引渡原则的具体化，是国际社会公认的以及引渡条约规定的政治犯不引渡原则及其例外、双重犯罪原则、或引渡或起诉原则、本国国民不引渡原则，以及作为一般刑法原则的一事不再理原则，在引渡实践中的具体运用。拒绝引渡的强制性理由，对于各个国家的引渡实践具有普遍意义，并且任何国家据以拒绝引渡请求时，都能得到其他国家的认可。而拒绝引渡的任择性理由，则在各国之间存有不同看法，容易引起争议，因而需要各国在引渡条约中加以明确规定。

五、我国的引渡问题

随着我国与其他国家在制裁国内犯罪和联合打击国际犯罪方面的刑事合作的加强，以及我国制裁跨国性犯罪的实际需要，引渡问题在我国参与国际刑事合作方面显得越来越重要。并且成为一个迫切需要通过立法加以解决的问题。

（一）我国与外国签订的引渡条约

近年来，我国除了积极参与有关惩治国际犯罪的公约的制定和广泛开展国际范围的刑事合作之外，陆续与一些国家签订了引渡条约。到1997年底，经全国人民代表大会常务委员会批准的引渡条约有：

1. 1993年8月26日签署的《中华人民共和国和泰王国引渡条约》（全国人民代表大会常务委员会1994年3月5日批准）；

2. 1995年6月22日签署的《中华人民共和国和白俄罗斯共和国引渡条约》（全国人民代表大会常务委员会1996年3月1日批准）；

3. 1995年6月26日签署的《中华人民共和国和俄罗斯联邦引渡条约》（全国人民代表大会常务委员会1996年3月1日批准）；

4. 1996年5月20日签署的《中华人民共和国和保加利亚共和国引渡条约》（全国人民代表大会常务委员会1997年2月23日批准）；

5. 1996年7月5日签署的《中华人民共和国和哈萨克斯坦共和国引渡条约》（全国人民代表大会常务委员会1997年2月23日批准）；

6. 1996年7月1日签署的《中华人民共和国和罗马尼亚引渡条约》（全国人民代表大会常务委员会1997年2月23日批准）。

（二）我国与外国签订的引渡条约的基本内容

我国与外国签订的引渡条约，在内容上主要包括以下几个方面：

1. 引渡义务

缔约双方有义务按照本条约的规定和条件，根据请求相互引渡在本国境内发现、在缔约另一方境内被追诉的人员，以便就可引渡的犯罪对其追究刑事责任或执行发生法律效力的刑事判决。

2. 可引渡的犯罪

就本条约而言，可引渡的犯罪是指根据缔约双方法律均构成犯罪，并依照中华人民共和国法律可处至少一年有期徒刑或者其他更重刑罚；依照缔约另一方法律，可处至少一年剥夺自由的刑罚或者其他更重刑罚。

在前述规定为犯罪的情况下，对旨在执行刑罚而提出的引渡请求，只有在被请求引渡人尚未执行的刑期至少为6个月时，才可予以引渡，以便执行判决。

在决定引渡及确定某一行为是否根据缔约双方法律均构成犯罪时，不应因缔约双方法律是否将该行为归入同类犯罪或使用同一罪名而产生影响。

如果引渡请求涉及两个以上根据缔约双方法律均可处罚的犯罪，只要其中有一项犯罪符合前述规定的有关刑罚期限的条件，也可因这些犯罪引渡该人。

就财税犯罪而言，被请求方不得以其法律未规定与请求方法律同类的捐税或关税，或者无同样的有关捐税、关税、海关或货币汇兑的法规为由拒绝引渡。

3. 应当拒绝引渡的情形

有下列情形之一的，应当拒绝引渡：

（1）被请求引渡人为被请求方的国民。如果拒绝引渡本国国民，被请求方应根据请求方的请求，将该案提交其主管机关以便起诉。为此目的，请求方应向被请求方提交与该案有关的文件和证据；如果被请求方对该项犯罪无管辖权，被请求方不应被要求将该案提交其主管机关以便起诉。

（2）被请求方认为请求方引渡请求所涉及的犯罪属于政治性质的犯罪，但政治犯罪不包括谋杀或企图谋杀国家元首、政府首脑或其家庭成员。

（3）被请求方有充分理由认为请求方提出的引渡请求旨在对被请求引渡人因其种族、宗教信仰、国籍、政治见解等原因而提起刑事诉讼或者执行刑罚，或者被请求引渡人在司法程序中的地位将会因上述原因受到损害。

（4）根据请求方法律，引渡请求所依据的犯罪纯属军事犯罪。

（5）在收到引渡请求时，根据缔约任何一方的法律，被请求引渡人已经获得了追究和审判豁免权，或根据包括时效或豁免的法律,获得了免予刑罚的豁免权。

(6) 在收到引渡请求前,被请求方已对被请求引渡人就同一犯罪提起诉讼、作出终审判决或终止诉讼。

(7) 根据缔约一方的法律,属于受害人告诉才处理的刑事案件。

4. 可以拒绝引渡的情形

有下列情形之一的,可以拒绝引渡:

(1) 根据被请求方法律,引渡请求所涉及的犯罪全部或部分发生在其境内或发生在被认为是其境内的地方。

(2) 犯罪发生在被请求方境内,并且被请求方的法律不允许对其境外的这种犯罪进行刑事诉讼。

(3) 如果同意引渡将与被请求方法律的一些基本原则相抵触。

(4) 根据被请求的缔约一方法律,该方对被请求引渡人或引渡请求涉及的犯罪具有管辖权。在此情况下,如被请求的缔约一方拒绝引渡,则应对被请求引渡人提起刑事诉讼。

(5) 特殊情况下,在考虑犯罪的严重性及提出请求的缔约一方利益的同时,如果被请求的缔约一方认为由于被请求引渡人的个人情况(如年龄、健康或其他个人情况),引渡不符合人道主义精神。

(6) 被请求的缔约一方正在对被请求引渡人就同一犯罪进行刑事诉讼。

5. 在被请求方境内依法进行刑事诉讼的义务(不引渡本国国民的后果)

(1) 根据本条约规定的理由拒绝引渡时,如果引渡请求涉及的行为按照被请求方法律构成犯罪,则根据请求方的请求,被请求方应将其移交主管司法机关以便追究刑事责任。

（2）请求应通过本条约规定的途径以书面形式提出，并附本条约规定的有关文件和证据。

（3）被请求方应及时向请求方通知审判结果。

6. 联系途径

为实施本条约，缔约双方应通过各自根据本国法律指定的机关（和）或者通过外交途径进行联系。

7. 语文

在执行本条约时，缔约双方应使用本国官方文字，并附有缔约另一方的官方文字或英文译文。

8. 引渡请求及所附文件

引渡请求应以书面形式提出，并应载明下列内容：

（1）请求机关的名称。

（2）被请求引渡人的姓名、国籍以及其他已知的与身份有关的情况及其住所地或居住地，如有可能，提供有关其外表的描述、照片和指纹。

（3）关于犯罪事实的说明，包括犯罪的时间地点以及犯罪造成的物质损失，包括导致的物质损失的描述。

（4）提出请求的缔约一方法律中有关该行为构成犯罪（包括犯罪的要件和罪名）以及该项犯罪所处刑罚的法律规定，在必要时，还应包括对涉及该项犯罪的法律及就该项犯罪可判处的刑罚的说明。

（5）追究刑事责任的时效或者执行刑罚时限的法律规定。

9. 引渡请求应附的材料

（1）如有可能，有关被请求人特征的材料，包括照片、指纹及任何能证明其身份、国籍或居所的其他材料。

（2）有关物质损失的材料以及任何物质损失的性质、数量及重要性的说明。

（3）旨在对被请求引渡人提起诉讼而提出的引渡请求，还应附有请求方主管机关签发的逮捕证（或决定羁押）原件或副本或其他具有同等效力的文件，以及表明应当逮捕并羁押该人以便进行审判的证据，包括证明被请求引渡人就是逮捕证所指的人的证据。

（4）旨在对被请求引渡人执行刑罚而提出的引渡请求，还应附有请求方法院已发生法律效力的判决书的原件或经证明无误的副本以及关于未服刑期的说明。

（5）引渡请求及所附文件均应经主管机关正式盖章，无须认证。

10. 补充材料

被请求方如果认为引渡请求所附材料不够充分，可以要求请求方在60天内提交补充材料。经请求方的合理要求（如经事先说明正当理由），这一期限还可延长15天。如果请求方未在上述期限内提交补充材料，应视为自动放弃请求、已被羁押的被请求引渡人应予释放，但是这种情况不妨碍请求方就同一犯罪再次提出引渡请求。

11. 为引渡而逮捕

收到引渡请求后，除根据本条约不能或不应予以引渡的情形外，被请求方应立即采取措施逮捕（羁押）被请求引渡人。

12. 收到引渡请求前的羁押

（1）在紧急情况下，请求方可以请求被请求方在其收到引渡请求前临时逮捕（羁押）准备请求引渡的人。此种请求可以书面形式通过外交途径或国际刑警组织途径以任何被请求方接受的通信方式提出。

（2）请求书应包括本条约有关条款规定的内容，并说明对该人已签发了逮捕证或已作出了刑事判决以及将尽快对该人提出引渡请求。

（3）被请求方应将对该项请求的决定或处理结果及有关情况及时通知请求方。

（4）被请求方在对被请求引渡人实施逮捕后 30 天内，如未收到本条约有关各条所指的引渡请求及文件，应释放临时被逮捕的人。上述期限可经请求方的合理要求延长 10 天或 15 天，但仅限一次。

（5）如果请求方随后提交了引渡请求及文件，则对临时逮捕人的释放不应影响对该人的重新逮捕和引渡。

13. 移交被引渡人

（1）被请求方应通过外交途径立即将其对引渡请求所作出的决定通知请求方。

（2）如果部分或全部拒绝引渡请求，被请求方应说明理由。

（3）如果同意引渡请求，被请求方应确定一个合理的移交期限，缔约双方应在该期限内商定移交被引渡人的时间、地点；同时，被请求方应告知请求方有关被请求引渡人已被拘留的时间。

（4）如果请求方自商定执行引渡（移交）之日起 15 天或 20 天内不接收被引渡人，应被视为放弃该项引渡请求，被请求方应立即释放该人，并可拒绝请求方就同一犯罪对该人再次提出的引渡请求。

（5）如果缔约一方因其无法控制的原因不能在商定执行引渡的期限内移交或接收被引渡人，该方应及时通知另一方。缔约双方应在商定的移交之日起的 15 天内重新商定移交被引渡人的有关事宜。

14. 暂缓移交和临时移交

（1）如果被引渡人正在被请求方境内因请求引渡的犯罪以外的其他犯罪被追究刑事责任或执行判决，被请求方可以暂缓移交该人，直至诉讼终结、服刑期满或提前释放，并应将此通知请求方。

（2）如果前述规定的暂缓移交可能导致超过刑事追诉时效或难以对犯罪进行调查，被请求方可以在其法律允许的范围内，根据请求方的请求，临时移交被引渡人。

（3）请求方在完成有关诉讼行为后，应立即将被临时移交的人归还被请求方。

15. 重新引渡

如果被引渡人逃避刑事追诉、审判或执行刑罚，并自愿返回被请求方境内，被请求方应根据请求方的请求将其再次引渡。在这种情况下，请求方无须提交本条约有关各条规定的文件。

16. 数国提出的引渡请求

如果包括请求方在内的数国对同一人就同一行为或不同行为提出引渡请求，被请求方有权自行决定将该人引渡给其中任何一个国家。被请求方在决定引渡时，应考虑各种情况，特别是有无引渡关系、犯罪的严重性、犯罪行为地、提出请求的时间、被请求引渡人的国籍移交再引渡的可能性。

17. 特定原则

除引渡请求所涉及依据的犯罪外，未经被请求的缔约一方同意，提出请求的缔约一方不能对被引渡人因其在引渡前实行的其他犯罪追究刑事责任或执行刑事判决或限制其人身自由，也不得将该人再引渡给第三国，但下列情况无须征得被请求的缔约一方的同意：

(1) 被请求方同意。为此，请求方应通过本条约规定的途径以书面方式提出请求，并附本条约有关各条规定的文件和被引渡人陈述的法律记录。如请求引渡所涉及的罪行本身根据本条约应予引渡，则应予同意。

(2) 被引渡人在刑事审判终结或刑罚执行完毕后 15 天或 30 天内可以自由离开请求方领土而未离开，或离开后又自愿返回。但被引渡人由于其无法控制的原因不能离开请求方领土的时间不计入此期限。

上述规定不适用于引渡之后实施的犯罪行为。

18. 移交与犯罪有关的物品

(1) 被请求方应在其法律允许的范围内，应请求方的请求向其扣押并移交已查获的被引渡人在据以引渡的犯罪中使用的犯罪工具、获得的财物和犯罪中使用的其他可作为证据的财物。

(2) 在同意引渡后，如果因被引渡人死亡、脱逃或其他原因而不能执行引渡，前述所指的财物仍应予以移交。

(3) 如果被请求方需要将前述所指的财物用作正在进行的其他刑事案件的证据，可以暂缓移交直至案件诉讼程序终结。在此情况下，被请求方应通知请求方。

(4) 被请求方或任何第三方对前述所指财物的权利，应予保留。如果存在该项权利，则应在审判终结后尽快将该项财物无偿归还被请求方。在特定情况下，如果不影响调查，亦可在诉讼终结之前将这些物品归还其所有人。如果物品所有人在提出请求的缔约一方境内，该缔约一方经被请求的缔约一方同意，有权直接将上述物品归还其所有人。

(5) 移交与犯罪有关的物品和钱款，应在被请求的缔约一方法律规定的范围内进行。

19. 过境

（1）根据缔约另一方的请求，缔约一方应允许缔约另一方从第三国引渡的人经过其领土。如果使用空运且未计划在缔约一方境内降落，则无须其同意。

（2）过境请求应通过本条约规定的途径以书面方式提出，并附本条约有关各条规定的文件。

（3）根据本条约规定不应引渡的人，被请求方可以拒绝其过境。

20. 通报结果

请求方应向被请求方及时通报对被引渡人进行刑事诉讼、执行刑罚或者引渡给第三国的情况，并根据被请求的缔约一方的请求向其提供终审判决书的副本。

21. 处理引渡请求适用的法律

除本条约另有规定外，被请求方根据其本国法处理与引渡有关的请求。

22. 与引渡有关的费用

（1）被请求方应承担移交被引渡人之前在其境内因引渡所产生的费用。

（2）与过境有关的费用（如空中交通费和过境费用）由过境请求方负担。

23. 争议的解决

因解释和适用本条约所产生的任何争议，均应由缔约双方通过协商和谈判解决或通过外交途径解决。

24. 与多边国际公约的关系

本条约不影响缔约双方根据多边国际公约所承担的义务和享有的权利。

(三) 我国引渡条约中存在的主要问题

上述内容表明，我国与有关国家签订的引渡条约，详尽具体地规定了有关引渡的各个事项，全面体现了国际刑法公约中有关引渡问题的规定和1990年12月14日联合国大会通过的《引渡示范条约》的精神，规定了引渡的具体程序，从而为我国与有关国家在引渡问题上进行合作，提供了明确的条约依据。

但是也应当看到，由于我国迄今为止还没有关于引渡问题的国内立法，我国在与外国签订引渡条约时，不论是在语言的运用上，还是在引渡条约的具体内容上，都有不尽相同之处，以致影响了我国引渡制度的完整性和统一性。

从内容上看，第一，在本国国民不引渡的问题上，我国与外国签订的引渡条约，多数只是规定，被请求引渡人为被请求方的国民时应当拒绝引渡，但是我国与泰王国、俄罗斯联邦签订的引渡条约在规定这一原则时，还强调：如果拒绝引渡本国国民，被请求方应根据请求方的请求，将该案提交其主管机关以便起诉。为此目的，请求方应向被请求方提交与该案有关的文件和证据；如果被请求方对该项犯罪无管辖权，被请求方不应被要求将该案提交其主管机关以便起诉。显然，在前一种规定方式中确认的只是"本国国民不引渡"原则，但是在后一种规定方式中确认的却是"本国国民不引渡则起诉"的原则。

第二，在政治犯不引渡的问题上，我国与外国签订的引渡条约多数只是规定，被请求方认为请求方引渡请求所涉及的犯罪属于政治性质的犯罪时，应当拒绝引渡，而我国与泰王国签订的引渡条约则在这一规定的基础上强调"政治犯罪不包括谋杀或企图谋杀国家元首、政府首脑或其家庭成员"的犯罪，从而使政治犯不引渡原则的例外得以体现。

第三，在确定刑事豁免权取得的根据问题上，我国与外国签订的引渡条约多数规定，在收到引渡请求时，如果"根据缔约任何一方的法律"，被请求引渡人获得了追究和审判豁免权，或根据包括时效或豁免的法律获得了免予刑罚的豁免权，被请求方就可以拒绝引渡。但是，我国与保加利亚共和国签订的引渡条约则规定，"被请求方根据本国法律"，认为"被请求引渡人获得了追究和审判豁免权"时，可以拒绝引渡。由于各国法律关于刑事豁免权取得原因的规定并不完全相同，根据被请求国一方的法律，还是根据请求国和被请求国任何一方的法律，认定被请求引渡的犯罪人是否获得了刑事豁免权，在实际适用中有时可能得出完全不同的结论。

第四，作为可以拒绝引渡请求的理由之一，我国与外国签订的引渡条约多数规定，在收到引渡请求前，被请求方已对被请求引渡人就同一犯罪作出终审判决或终止诉讼。但是我国与罗马尼亚签订的引渡条约，在这个规定的基础上，增加了"提起诉讼"这种情况，从而使被请求国对作为引渡请求原因的犯罪正在进行诉讼的情形从可以拒绝引渡的任择性理由变为应当拒绝引渡的强制性理由。

第五，在我国与哈萨克斯坦共和国签订的引渡条约中，把根据缔约一方的法律属于受害人告诉才处理的刑事案件作为应当拒绝引渡的情形之一，而在我国与其他外国签订的引渡条约中，却没有这样的规定。

第六，在我国与外国签订的多数引渡条约中，把不符合人道主义精神作为可以拒绝引渡的任择性理由，但是有的引渡条约中却没有这样的规定。

第七，关于引渡请求所使用的文字，我国与外国签订的引渡条约，一般规定"在执行本条约时，缔约双方应使用本国官方文字或英文译文"。但是在我国与哈萨克斯坦共和国签订的引渡条约中，除了上述规定之外，还规定"并附有缔约另一方的官方文字"。

第八，关于移交犯罪人前的临时羁押问题，我国与外国签订的引渡条约，有的规定"被请求方在对被请求引渡人逮捕后"30天内，如未收到本条约规定的引渡请求及文件，可释放临时被逮捕的人；有的规定"在提出请求的缔约一方收到羁押通知后"30天内，如未收到本条约规定的引渡请求及文件，应释放临时被逮捕的人。多数条约中规定上述期限可延长15天，但是我国与俄罗斯联邦签订的引渡条约则规定为"可经请求方的合理要求延长10天"。

第九，关于对已移交的被引渡人的保护期限，我国与外国签订的引渡条约一般规定为"被引渡人在刑事审判终结或刑罚执行完毕后30天内"可以自由离开请求方领土而未离开，或离开后又自愿返回。但被引渡人由于其无法控制的原因不能离开请求方领土的时间不计入此期限。但是我国与哈萨克斯坦共和国签订的引渡条约则将这一期限规定为"15天"。

第十，关于处理引渡请求所适用的法律，在我国与外国签订的多数引渡条约中没有明确规定，但在我国与哈萨克斯坦共和国签订的引渡条约中则明确规定为"除本条约另有规定外，被请求方根据其本国法处理与引渡有关的请求"。

第十一，关于移交被引渡人的期限，我国与外国签订的多数引渡条约规定，如果请求方自商定执行引渡之日起15天内不接收被引渡人，应被视为放弃该项引渡请求，被请求方应立即释放该人，并可拒绝请求方就同一犯罪对该人再次提出的引渡请求。在我国与保加利亚共和国签订的引渡条约中，这一期限被规定为"20天"。

至于在语言文字的运用上，就同一主张或事项使用不同语言的情况，更是比比皆是。例如，作为引渡目的之一，有的条约使用"执行刑罚"；有的条约使用"执行发生法律效力的刑事判决"，本来是指同一内容，但由于使用了不同的语言，其含义就不完全相同。

作为双重犯罪原则中对双罚性的要求，多数条约使用了按照中华人民共和国刑法"可处至少一年有期徒刑"的用语，但是有的条约则使用了按照缔约国双方的法律"可处至少一年监禁"的用语，虽然其含义相同，但在中国刑法中并不存在"一年监禁"的刑罚。

关于军事犯罪，有的条约用"军事性质的犯罪"，有的条约用"纯系军人犯罪"，有的条约用"只是请求方军事法规中规定的犯罪，而根据普通刑法不构成犯罪"，有的条约用"根据请求方法律，引渡请求所依据的犯罪纯属军事犯罪"。

作为可以拒绝引渡的理由，有的条约用"可以拒绝引渡的情形"来概括，有的条约则用"拒绝引渡的任择性理由"来概括。

关于被请求引渡人的地址，有的条约用"居所"一词，有的条约用"住所地或居住地"。

关于物的引渡，有的条约用"财物的移交"来概括，有的条约则用"移交与犯罪有关的物品"来概括。

对于应当移交的物证，有的条约使用了"被引渡人在据以引渡的犯罪中获得的财物和作为证据的财物"，有的条约使用了"被引渡人的犯罪工具、获得的财物和作为证据的财物"，有的条约则使用了"被引渡人的犯罪工具、获得的财物和犯罪中使用的可作为证据的财物"。

在关于犯罪事实的说明中，有的条约用"犯罪的时间地点以及犯罪造成的物质损失",有的条约用"犯罪行为和后果",有的条约则用"犯罪及其后果"。

关于判决书,有的条约用"终局判决书",有的条约用"终审判决书",有的条约用"已发生法律效力的判决书"。

关于引渡费用的概括,有的条约概括为"费用",有的概括为"与引渡有关的费用",有的概括为"协助和与引渡有关的费用"。

这些不同的用语之间,看不出有什么内容上的区别。类似的如"有权决定"与"自主决定";"60天"与"两个月";"认定犯罪及该项犯罪所处刑罚的法律规定"与"犯罪的要件和罪名及该项犯罪所处刑罚的法律条文";"其他犯罪"与"另一犯罪";"受审"与"被追究刑事责任"与"服刑"与"执行判决";"执行刑罚"与"执行刑事判决";"引渡请求涉及的犯罪"与"引渡请求所依据的犯罪";"任何第三方"与"其他国家或个人";等等。

我国与外国签订的引渡条约中出现的这些问题,尽管与签约另一方的引渡制度和语言习惯有关,但是至少表明,我国的引渡制度还不够规范、不够成熟,还有待进一步研究和完善。

(四)我国引渡立法中几个问题的探讨

1. 关于引渡的主管机关和审查制度

在国内,有关引渡问题由哪个机关负责与外国进行联系,以及引渡活动由哪个机关主管,是在引渡的具体实施中首先遇到的问题,也是引渡能否有效实施的关键。对于这个问题,我国与外国签订的引渡条约中采取了三种不同的解决方式:

一是通过外交途径解决。如我国与罗马尼亚签订的引渡条约第6条"联系途径"规定:"为实施本条约,缔约双方应通过外交途径进行联系,但本条约另有规定者除外。"所谓本条约另有规定者,从其全部内容看,只有一种情况,即在临时逮捕准备引渡的人的紧急情况下,此种请求可以书面形式通过外交途径或者国际刑警组织途径以任何被请求方接受的通信方式提出。这实际上意味着引渡只能通过外交途径提出和接受,即在引渡问题上只有外交机关有权与外国进行联系,或者说只有外交机关才是引渡的主管机关。

二是通过指定的主管机关解决。如我国与俄罗斯联邦、白俄罗斯共和国等国签订的引渡条约规定,为实施本条约,缔约双方应通过其指定的主管机关进行联系;在各自指定主管机关前,缔约双方应通过外交途径进行联系。这一规定意味着只能通过各自国内指定的主管机关提出和接受,即在引渡问题上只有主管机关才有权与外国进行联系,并且该主管机关不是外交机关。因为条约明确规定,只有在各自指定主管机关之前,才应通过外交途径进行联系。这意味着一旦指定了主管机关,就应通过主管机关进行联系而不再是通过外交途径进行联系。

三是既可通过主管机关解决,也可通过外交途径解决。如我国与保加利亚共和国、哈萨克斯坦共和国等国签订的引渡条约规定,为实施本条约,缔约双方应通过各自根据本国法律指定的机关进行联系,亦可通过外交途径进行联系。这一规定意味着在引渡问题上,有两个机关有权提出和接受请求,即指定的主管机关和外交机关,其中任何一个机关都可以独立地向外国提出引渡请求或者接受外国的引渡请求。

与引渡主管机关有关联的问题是引渡审查制度。对于外国提出的引渡请求,首先应当(并且各国通常都要)进行行政审查,进而进行司法审查;向外国提出引渡请求,首先也要进行司法审查,进而进行行政审查。这是因为,引渡作为国家之间进行刑事合作的一种形式,首先是一种国家行为。引渡有时可能涉及国家的主权、利益或国家之间的相互关系,所以是否同意引渡,要经由有关部门代表国家从政治上进行审查。同时,引渡又是国家之间就法律问题所进行的合作,是一种典型的法律行为,所以引渡的实施是否具有法律依据,必须由主管的司法机关从法律上进行审查。

我国现行的引渡审查制度是通过1992年外交部、最高人民法院、最高人民检察院、公安部、司法部联合发布的《关于办理引渡案件若干问题的规定》建立的非正规的、暂时性的引渡审查制度。该制度虽然考虑到国际社会公认的一些引渡规则和各国的一些普遍做法,但主要是从我国尚无引渡立法、有关部门在引渡问题上职责不明的实际情况出发,规定外交部、最高人民法院、最高人民检察院、公安部、司法部都是引渡案件的主管机关;外交部在接到外国的引渡请求后,应与其他主管引渡案件的机关进行协商,共同就是否允许引渡作出决定;每个主管机关都有权对外国的引渡请求进行审查并发表意见,有权通过规定的程序和途径,向外国提出引渡请求。这种暂时性的引渡审查制度,解决了我国与外国在引渡问题上进行合作之急需,也为我国建立完善的引渡制度奠定了一定的基础。但是这种谁都有权审查、谁都无权决定的制度,本身存在严重的缺陷,不能适应我国社会主义法制建设的要求,不便于我国与外国之间在引渡问题上的有效合作。正如有的学者指出的:这种引渡审查制度,为了回避在职责划分问题上的那些复杂争议,采取了"和稀泥"的做法,在对外国引渡请求的审查问题上,为所有的主管机关规定了几乎同等的权力,但是由于没有为各主管机关对外国引渡请求的审查活动规定具体的范围或侧重点,不利于主管机关各司其职,有损于分工负责的原则,甚至有强人所难之嫌；没有为引渡案件的处理确定必要的诉讼程序，以致引渡请求的处理无章可循，难以实际操作，因而存在严重的缺陷。[1] 我国暂行的这种引渡审查制度，以及有关实务部门和学术界关于这个问题的探讨，都涉及一个核心问题，即在我国，外交部、最高人民法院、最高人民检察院、公安部、司法部是否都应当成为未来引渡制度中的主管机关，亦即在我国引渡的审查权是否应当在上述几个机关中间平均分配？

对此，笔者持否定态度。引渡审查制度，虽然对于引渡请求的提出和受理是必需的，但并不是每一个可能参与引渡诉讼的机关都有必要或有权力对之进行审查。

首先，从引渡审查的功能上看，引渡审查包括行政审查和司法审查。行政审查主要是从国家利益的角度，审查引渡的受理或提出是否涉及政治因素、是否可能影响到国家关系。司法审查主要是从法律的角度，审查引渡请求提出的法律依据及其实施的合法性。所以，行政审查只能是国家行政机关包括司法行政机关的事情，而不应当有刑事司法机关参与其中；同样地，对引渡的司法审查应当是刑事司法机关的事情，而不应当有行政机关参与其中。

其次，从引渡的实际内容上看，一国向他国提出引渡请求的目的是把尚处在他国境内的犯罪人（包括犯罪嫌疑人、被告人和被判刑人）押解到本国以便追究其刑事责任。引渡请求的目的决定了引渡请求的执行只能在被请求引渡人的羁押状态下进行。因此，对引渡的司法审查主要是三个方面的审查：一是

---

[1] 参见黄风：《中国引渡制度研究》，中国政法大学出版社 1997 年版，第 173—174 页。如果按照"大司法协助"即广义的司法协助的观点，中国的司法部在个别领域也可能涉及国际刑事司法协助的问题，如移送外籍囚犯等。但是在中国与外国签订的有关刑事司法协助方面的条约中，恰恰没有这方面的内容。

对被请求引渡人是否应当追究刑事责任；二是是否应当由请求国来追究被请求引渡人的刑事责任；三是被请求引渡人是否应当受羁押。只有在这三个方面享有审查权的机关，才有资格对引渡请求进行司法审查，才有可能履行对引渡进行司法审查的职责，从而也才可以成为对引渡进行司法审查的主管机关。

最后，从我国司法机关的职责划分上看，审查决定是否应当对某人追究刑事责任、是否应当羁押某人的司法权，主要是由检察机关行使的。公安机关虽然负责刑事案件的立案侦查、拘留、执行逮捕和预审，从而在引渡的具体实施中担负着重要的职责，但是对于是否应当追究犯罪嫌疑人的刑事责任，公安机关并不具有审查决定权。因为，公安机关认为不应当追究刑事责任从而决定不立案的，要受检察机关的监督，如果检察机关认为公安机关不立案的决定不当，有权指令公安机关立案；而公安机关认为应当立案并进行侦查的，侦查终结后要移交检察机关审查决定是否提起公诉；公安机关在侦查过程中认为应当逮捕犯罪嫌疑人时必须提请检察机关审查批准，它自己不能自行决定。因此，公安机关本身并不具有对引渡请求进行司法审查的权力和职能。

同样，人民法院也不具有对引渡请求进行司法审查的职能，不应当成为对引渡进行司法审查的主管机关。其理由之一是，人民法院虽然在刑事诉讼中具有最终决定是否追究某人的刑事责任的权力，但是在绝大多数场合这种权力的行使来自检察机关提起公诉的决定和活动。是否将被告人提交法院审判，在绝大多数场合下是由检察机关决定的，并且检察机关关于不追究某人的刑事责任的决定具有终止刑事诉讼的效力。理由之二是，虽然人民法院和人民检察院都有决定逮捕的权力，但是这种权力行使的范围是不可同日而语的。因为从法律规定上看，人民法院只有在审判阶段或自诉案件中才具有逮捕权，而在这两种场合需要由法院决定逮捕的情况是极少的；从司法实践中看，在实际逮捕的人数总数中98%以上是由检察机关决定逮捕的，由人民法院决定逮捕的人微乎其微。理由之三是，法院的基本职能是审判，而对引渡请求进行司法审查，并不是审判活动。引渡的目的是要把被请求引渡人押解到本国受审或者执行本国司法机关已经判处的刑罚。因此，对引渡请求进行司法审查，不应当作为刑事审判来对待，不能适用审判规则来审查引渡请求。否则，就违背了"一事不二审"的原则。

基于以上分析，笔者认为，对于引渡请求的行政审查，只能由司法部和外交部负责，而不应把履行刑事司法职能的公安机关、检察机关、法院统统作为行政审查的主管机关；而对引渡请求的司法审查，则宜由最高人民检察院负责。前者可以称为引渡的对外联系机关，后者可以称为引渡诉讼的主管机关。

2. 关于引渡的立法模式

我国先后缔结和参加的一系列有关国际刑法的公约中都包含引渡罪犯的内容。但是我国现行刑法和刑事诉讼法中并没有关于引渡罪犯的规定，这与我国在所缔结和参加的国际公约中允诺承担的国际义务是不相适应的。因此，为了切实履行自己应当承担的国际义务，在同国际犯罪作斗争中加强同世界各国的刑事合作，更有效地打击国际犯罪，中国也需要有关引渡方面的立法。

关于引渡立法的模式，笔者曾经主张，在刑法中确立引渡制度并规定引渡的一般原则，并在刑事诉讼法中规定具体操作程序。但是鉴于目前我国的刑法和刑事诉讼法均已修订，并且不可能在短期内进行大的补充修改，所以笔者建议通过专门的引渡立法（其中包括与国际刑事合作的其他形式一起立法的模式)来确立我国刑法中的引渡制度。在这种情况下,引渡立法应当就有关引渡的实体规范和程序规范集于一身。其内容应当包括五个方面:(1)一般规定,确立引渡制度,规定引渡的行政审查主管机关和司法审查主管机关,引渡的实施机关及其与主管机关的关系;(2)引渡范围,明确规定可引渡之罪的标准;(3)引渡的实体规范,确立引渡的基本原则,明确不予引渡的情况;(4)引渡的程序规范,规定引渡的实施机关及其权限范围、引渡的实施规则、引渡实施过程中各个阶段的要求与时限;(5)特殊情况的处理规则,如紧急情况的处理办法、赃款赃物的处理等。

[原载《刑法论丛》(第2卷),法律出版社1999年版]

国际刑事司法协助的新发展

刑事司法协助，既是发展国家间友好往来的需要，也是互惠互助地完成涉外刑事案件追诉活动的需要，在惩治国际犯罪的情况下更是维护世界各国共同利益、保证刑事诉讼顺利进行的需要。因此，广泛开展国家间的刑事司法协助，无论是在国际刑法公约中，还是在各国之间开展刑事司法协助的实践中，都越来越受到重视。正是这种重视，促进了国际刑事司法协助的新发展。

这种新发展主要表现在以下四个方面：

一、刑事司法协助的概念进一步明确

在传统的国际刑法中，关于刑事司法协助的概念，学术界存在三种不同的理解，即狭义、广义、最广义之分。狭义的国际刑事司法协助，是指各国之间在询问证人、鉴定人，移交物证，检验证件，送达文书，提供情况，以及办理有关刑事诉讼手续等方面所进行的相互帮助与合作。广义的国际刑事司法协助，是在狭义的国际刑事司法协助的基础上增加引渡犯罪人的内容。最广义的国际刑事司法协助，是指狭义的国际刑事司法协助、引渡、刑事诉讼的移管，以及外国刑事判决的承认和执行等。[1] 这种不同理解，不论是在英美法系国家，还是在大陆法系国家，抑或是在亚洲国家，都有反映。我国亦有学者认为，国际刑事司法协助的形式包括引渡、刑事诉讼移管、外国刑事判决的承认与执行、被判刑人的移管、代行与刑事诉讼有关的活动。[2]

但是，自从1990年12月14日联合国大会通过《联合国刑事事件互助示范条约》以来，"刑事司法协助"一词，越来越多是在狭义上使用的。特别是近年来联合国大会通过的一些国际刑法公约，明显地把"司法协助"与国际刑事合作中的其他内容诸如"引渡""刑事诉讼的移交""被判刑人的移管"等分别加以规定，从而使国际刑事司法协助不再与广义的国际刑事合作的范围相混淆，而仅限于一国应他国（或他方）的请求代为进行某些刑事诉讼行为以保障请求方能够顺利实现追诉犯罪目的的活动。例如，《联合国反腐败公约》第四章"国际合作"中对"引渡""被判刑人的移管""司法协助""刑事诉讼的移交""执法合作"等事项，都是分条加以规定的。《联合国打击跨国有组织犯罪公约》也作了类似的规定。这些国际刑法公约中的规定，使国际刑事司法协助的概念更加明确，使司法协助成为国际刑事合作中一个独立的重要的组成部分。

二、刑事司法协助的范围进一步扩大

司法协助范围的扩大，主要表现在四个方面：

第一，协助不再局限于侦查、起诉阶段。

《联合国刑事事件互助示范条约》第1条"适应范围"中

---

[1] [日]森下忠：《国际刑事司法协助的理论》，成文堂1983年版，第1页。
[2] 参见张旭：《国际刑法论要》，吉林大学出版社2000年版，第230—231页。

曾经明确规定，"就其侦查或起诉"相互提供"尽可能广泛"的互助。但是按照《联合国反腐败公约》的提法，缔约国应当在对本公约所涵盖的犯罪进行的"侦查、起诉和审判程序中"相互提供"最广泛的"司法协助。《联合国打击跨国有组织犯罪公约》甚至进一步规定："缔约国应在对第3条规定的本公约所涵盖的犯罪进行的侦查、起诉和审判程序中相互提供最大程度的司法协助；在请求缔约国有合理理由怀疑第3条第1款（a）项或（b）项所述犯罪具有跨国性时，包括怀疑此种犯罪的被害人、证人、犯罪所得、工具或证据位于被请求缔约国而且该项犯罪涉及一有组织犯罪集团时，还应对等地相互给予类似协助。"这两个公约的规定与《联合国刑事事件互助示范条约》的规定相比，一是把司法协助的范围扩大到审判程序中，二是进一步强调了提供司法协助的广泛性。

此外，以往的司法协助主要是针对自然人犯罪的。根据各国国内刑法的犯罪，特别是许多国家在刑法中明确规定法人犯罪的实际，国际刑法公约也将法人犯罪纳入司法协助的范围。《联合国反腐败公约》和《联合国打击跨国有组织犯罪公约》都明确规定了法人犯罪的司法协助问题。如《联合国打击跨国有组织犯罪公约》第18条第2款规定："对于请求缔约国根据本公约第10条[1]可能追究法人责任的犯罪所进行的侦查、起诉和审判程序，应当根据被请求缔约国的有关的法律、条约、

---

[1] 第10条 法人责任
1. 各缔约国均应采取符合其法律原则的必要措施，确定法人参与涉及有组织犯罪集团的严重犯罪和实施根据本公约第5条、第6条、第8条和第23条确立的犯罪时应承担的责任。
2. 在不违反缔约国法律原则的情况下，法人责任可包括刑事、民事或行政责任。
3. 法人责任不应影响实施此种犯罪的自然人的刑事责任。
4. 各缔约国均应特别确保使根据本条负有责任的法人受到有效、适度和劝阻性的刑事或非刑事制裁，包括金钱制裁。

协定和安排,尽可能充分地提供司法协助。"

第二,协助的内容有所增加。

联合国《联合国刑事事件互助示范条约》是在吸收欧洲刑事司法协助条约以及其他双边或多边刑事司法协助条约基本内容的基础上,根据国际社会在开展刑事司法协助时普遍坚持的基本原则制定的。其所规定的内容基本上涵盖了国际刑事司法协助的各个方面,对于各国之间签订刑事司法协助条约起到了示范作用。

按照《联合国刑事事件互助示范条约》的规定,司法协助的具体范围,主要包括七项内容:(1)向有关人员收集证词或供述;(2)协助提供被关押者或其他人作证或协助调查工作;(3)递送司法文件;(4)执行搜查或查封;(5)检查物件和场地;(6)提供资料和证据;(7)提供有关文件和记录的原件或经核证之副本,包括银行、财务、公司或商务记录。

根据国际刑事司法协助的实践和追诉国际犯罪的需要,以及国际刑法理论的发展,在近年来通过的国际刑法公约中,司法协助的内容有了明显的扩展。

《联合国打击跨国有组织犯罪公约》第18条"司法协助",在强调缔约国应在对本公约所涵盖的犯罪进行的侦查、起诉和审判程序中相互提供最大程度的司法协助的基础上,明确规定缔约国"可为下列任何目的请求依据本条给予司法协助:(1)向个人获取证据或陈述;(2)送达司法文书;(3)执行搜查和扣押并实行冻结;(4)检查物品和场所;(5)提供资料、物证以及鉴定结论;(6)提供有关文件和记录的原件或经核证的副本,其中包括政府、银行、财务、公司或营业记录;(7)为取证目的而辨认或追查犯罪所得、财产、工具或其他物品;(8)为有关人员自愿在请求缔约国出庭提供方便;(9)不违反被请求缔约国本国法律的任何其他形式的协助"。

《联合国反腐败公约》第46条"司法协助"在强调缔约国应当在对本公约所涵盖的犯罪进行的侦查、起诉和审判程序中相互提供最广泛的司法协助的基础上,列举了缔约国可以请求给予司法协助的11项内容,即:(1)向个人获取证据或者陈述;(2)送达司法文书;(3)执行搜查和扣押并实行冻结;(4)检查物品和场所;(5)提供资料、物证以及鉴定结论;(6)提供有关文件和记录的原件或者经核证的副本,其中包括政府、银行、财务、公司或者商业记录;(7)为取证目的而辨认或者追查犯罪所得、财产、工具或者其他物品;(8)为有关人员自愿在请求缔约国出庭提供方便;(9)不违反被请求缔约国本国法律的任何其他形式的协助;(10)根据追回财产的规定辨认、冻结和追查犯罪所得;(11)追回资产。

与《联合国刑事事件互助示范条约》规定的内容相比,上述两个公约所规定的司法协助,显然增加了"为取证目的而辨认或者追查犯罪所得、财产、工具或者其他物品","不违反被请求缔约国本国法律的任何其他形式的协助",为追回资产而"辨认、冻结和追查犯罪所得","追回资产"等内容。这些内容,既是针对近年来国际犯罪的新动向即犯罪分子利用各国之间的经济壁垒将大量犯罪所得转移国外以逃避追赃的实际情况而增加的,也是进一步加强国际刑事合作所必需的。特别是这些公约强调缔约国之间为了达到追诉公约所规定的犯罪的目的应当开展不违反被请求国法律的"任何其他形式的协助",从而使国际刑事司法协助的范围扩大到尽可能广泛的刑事诉讼领域。

所谓"其他形式的协助",应当是指公约中所列举的送达司法文书,通过询问和讯问、搜查、检查等取证行为获取言词证据和实物证据，提供资料、文件、记录、物证以及鉴定结论，辨认、追查犯罪所得、财产、工具或者其他物品，追回犯罪资产，安排有关人员前往请求缔约国出庭作证等基本协助形式以外的行为。从侦查、起诉和审判的实际需要看，"其他形式的协助"主要包括查找、辨别有关人员，查找犯罪分子转移的资产，在没收犯罪所得和犯罪工具方面给予协助、情报交流，提供被侦查、起诉或审判的人在被请求国的犯罪记录等。

第三，扩大了提供资料的范围。

《联合国刑事事件互助示范条约》规定的"提供资料"和"提供有关文件和记录的原件或经核证副本"，主要是指犯罪嫌疑人和有关个人的资料以及"银行、财务、公司或商务记录"。而上述两个公约均将提供资料的范围扩大到政府的记录、文件或资料。并且规定，"被请求缔约国：（一）应当向请求缔约国提供其所拥有的根据其本国法律可以向公众公开的政府记录、文件或者资料；（二）可以自行斟酌决定全部或部分地或者按其认为适当的条件向请求缔约国提供其所拥有的根据其本国法律不向公众公开的任何政府记录、文件或者资料"。

第四，规定了未经请求的协助。

上述两个公约都明确规定，"缔约国主管机关如果认为与刑事事项有关的资料可能有助于另一国主管机关进行或者顺利完成调查和刑事诉讼程序，或者可以促成其根据本公约提出请求，则在不影响本国法律的情况下，可以无须事先请求而向该另一国主管机关提供这类资料"。这些规定进一步扩大了司法协助的形式。

三、司法协助的限制性条款进一步减少

《联合国刑事事件互助示范条约》第 4 条、第 6 条分别就提供协助和适用所提供的协助作了一些明确的限制性规定。

就被请求国而言，在下列六种情况下，可以拒绝提供协助：（1）被请求国认为如准许该请求，会损害其主权、安全、公共秩序或其他根本的公共利益；（2）被请求国认为该罪行属政治性罪行；（3）有充分理由确信，提出协助请求是因某人的种族、性别、宗教、国籍、族裔本源或政治见解等原因而欲对其进行起诉，或确信该人的地位会因而受到损害；（4）该项请求涉及某项被请求国正在进行调查或起诉的罪行，或在请求国对该罪行进行起诉将不符合被请求国一事不二审的法律；（5）所请求的协助需要被请求国如该罪行在其管辖范围内受到调查或起诉，进行不符合其本国法律和惯例的强制性措施；（6）该行为系军法范围内的罪行，而并非普通刑法范围内的罪行。但是被请求国不得完全以银行或类似金融机构的保密为由拒绝提供协助。如该项请求的立即执行将干涉被请求国内正在进行的调查或起诉，被请求国可推迟执行请求。凡拒绝或推迟提供协助，均应说明理由。被请求国应对提出协助的请求、请求书内容及其佐证文件以及准许此种协助的事实，尽力保守机密。这些规定全面体现了国际刑事合作中世界各国普遍坚持的一些原则，如排除政治犯罪、军事犯罪的原则，一事不再理原则，不违背本国法律的原则等。

就请求国而言，请求协助的目的实现以后，被请求国按本请求交给请求国的任何财产以及记录或文件原件，均应尽快退还给被请求国，除非后者放弃其退还权；请求国不经被请求国同意不得将被请求国提供的资料或证词使用或转让于非请求书中陈述的调查或起诉；请求国应对被请求国提供的证词和资料保守机密，但需用于请求书中所述调查和起诉的证词和资料除外。

但是近年来出现的一些国际刑法公约，对司法协助的限制性条款有所减少。这主要表现在四个方面：

第一，在拒绝提供司法协助的理由中，"被请求国认为该罪行属政治性罪行"与"有充分理由确信，提出协助请求是因某人的种族、性别、宗教、国籍、族裔本源或政治见解等原因而欲对其进行起诉，或确信该人的地位会因而受到损害"，不再被确认为拒绝提供协助的法定理由。特别是对于国际刑法公约中规定的犯罪，有关公约都明确规定不得将其视为政治犯罪而拒绝提供协助。

此外，银行保密也被明确排除在拒绝下子协助的理由之外。《联合国反腐败公约》《联合国打击跨国有组织犯罪公约》以及《制止向恐怖主义提供资助的国际公约》都明确规定"缔约国不得以银行保密为理由拒绝提供本条所规定的司法协助"。

第二，在"双重犯罪"的问题上，过去一直认为双重犯罪原则是进行司法协助的前提，不符合双重犯罪原则，被请求国就可以拒绝提供限制。但是，上述两个公约都对双重犯罪原则作了一定的限制。如《联合国反腐败公约》第46条第9款规定："（一）被请求缔约国在并非双重犯罪情况下对于依照本条提出的协助请求作出反应时，应当考虑到第一条所规定的本公约宗旨。（二）缔约国可以以并非双重犯罪为理由拒绝提供本条所规定的协助。然而，被请求缔约国应当在符合其法律制度基本概念的情况下提供不涉及强制性行动的协助。如果请求所涉事项极为轻微或者寻求合作或协助的事项可以依照本公约其他条款获得，被请求缔约国可以拒绝这类协助。（三）各缔约国均可以考虑采取必要的措施，以使其能够在并非双重犯罪的情况下提供比本条所规定的更为广泛的协助。"这个规定显然意味着，即使不符合双重犯罪原则的要求，被请求国也应当考虑"更加高效而有力地预防和打击"犯罪的宗旨，尽可能地提供司法协助，而不能简单地以不符合双重犯罪原则而拒绝司法协助。当然，这种司法协助应当在符合被请求国法律制度基本概念的前提下进行，并且这种限制不涉及强制性的行动。

第三，对执行司法协助的限制有所松动。例如，《关于制止非法劫持航空器的公约》中明确规定，缔约各国对公约所指罪行和其他行为提出的刑事诉讼，应相互给予最大程度的协助，但是这种协助"在任何情况下，都应适用被请求国的法律"。《联合国刑事事件互助示范条约》也规定，要求提供协助的请求，应依照被请求国的法律和惯例加以执行。而《联合国打击跨国有组织犯罪公约》和《联合国反腐败公约》则规定，"请求应当根据被请求缔约国的本国法律执行。在不违反被请求缔约国本国法律的情况下，如有可能，应当按照请求书中列明的程序执行"。这就意味着，在提供司法协助时，只要不违反被请求国法律，被请求国就应当尽可能地按照请求书的要求执行协助。

第四，对请求国使用司法协助的限制有所减少。例如，关于保密的规定，《联合国刑事事件互助示范条约》中要求"请求国应对被请求国提供的证词和资料保守机密，但需用于请求书中所述侦查和起诉的证词和资料此外"。而《联合国反腐败公约》则规定："接收资料的主管机关应当遵守对资料保密的要求，即使是暂时保密的要求，或者对资料使用的限制。但是，这不应当妨碍接收缔约国在其诉讼中披露可以证明被控人无罪的资料。在这种情况下，接收缔约国应当在披露前通知提供缔约国，而且如果提供缔约国要求，还应当与其磋商。如果在特殊情况下不可能事先通知，接收缔约国应当毫不迟延地将披露一事通告提供缔约国。"这就使请求国在使用被请求国提供的资料时必须遵守的保守机密的要求受到一定程度的限制，请求国可以经事先通知甚至在特殊情况下未经通告而在刑事诉讼中披露被请求国提供的可以证明被控告人无罪的机密资料。

四、司法协助的程序进一步具体

《联合国刑事事件互助示范条约》虽然对司法协助的程序作了规定，但是这些规定都比较原则。而《联合国打击跨国有组织犯罪公约》和《联合国反腐败公约》则对执行协助的程序提出了明确的要求。例如，《联合国刑事事件互助示范条约》第3条规定："缔约国应各自指定并相互通报应由其提出或接受为本条约目的而作成的请求书当局。"上述两个公约分别在第18条第13款、第46条第13款规定，"各缔约国均应当指定一个中央机关，使其负责和有权接收司法协助请求并执行请求或将请求转交主管机关执行。如果缔约国有实行单独司法协助制度的特区或者领域，可以另指定一个对该特区或者领域具有同样职能的中央机关。中央机关应当确保所收到的请求迅速而妥善地执行或者转交。中央机关在将请求转交某一主管机关执行时，应当鼓励该主管机关迅速而妥善地执行请求。各缔约国均应当在交存本公约批准书、接受书、核准书或者加入书时，将为此目的指定的中央机关通知联合国秘书长。司法协助请求以及与之有关的任何联系文件均应当递交缔约国指定的中央机关。这项规定不得影响缔约国要求通过外交渠道以及在紧急和可能的情况下经有关缔约国同意通过国际刑事警察组织向其传递这种请求和联系文件的权利"。上述两个公约还明确规定，"请求应当以被请求缔约国能够接受的语文以书面形式提出，或者在可能情况下以能够生成书面记录的任何形式提出，但须能够使该缔约国鉴定其真伪。各缔约国均应当在其交存本公约批准书、接受书、核准书或者加入书时，将其所能够接受的语文通知联合国秘书长。在紧急情况下，如果经有关缔约国同意,请求可以以口头方式提出,但应当立即加以书面确认";"被请求缔约国应尽快执行司法协助请求,并应尽可能充分地考虑到请求缔约国提出的、最好在请求中说明了理由的任何最后期限。被请求缔约国应依请求缔约国的合理要求就其处理请求的进展情况作出答复。请求国应在其不再需要被请求国提供所寻求的协助时迅速通知被请求缔约国"。这些规定进一步完善了司法协助的程序,使司法协助的实施更便于操作,并且有助于提高司法协助的效率。

此外,为了保障司法协助高效、便捷进行,上述两个公约都在司法协助条款中认可了高科技的发展所带来的新的协助方式。如请求书的提出不再仅仅局限于书面形式,而是可以以"能够生成书面记录的任何形式"提出,询问可以以电视会议的形式进行,即"当在某一缔约国境内的某人需作为证人或鉴定人接受另一缔约国司法当局询问,且该人不可能或不宜到请求国出庭,则前一个缔约国可应该另一缔约国的请求,在可能且符合本国法律基本原则的情况下,允许以电视会议方式进行询问,缔约国可商定由请求缔约国司法当局进行询问且询问时应有被请求缔约国司法当局在场"。这些都可以说是国际刑事司法协助的新发展。

20世纪80年代中期以来,随着中国参与国际社会联合打击国际犯罪的活动的不断深入,中国与世界各国之间进行刑事合作的不断加强,以及中国在惩罚跨国性犯罪方面的客观需要,中国陆续与33个国家签订了有关刑事司法协助的双边条约。其中,有的是将民事司法协助与刑事司法协助甚至与商事司法协助放在一起签订一个条约,有的是单独签订一个有关刑事司法协助的条约。这些司法协助条约,在中国司法机关与外国司法机关之间开展刑事司法协助、联合制裁跨国性犯罪方面,发挥了积极的作用。

但是如何在中国与外国签订的刑事司法协助条约和国内相关立法中反映国际刑事司法协助的新发展及其要求,仍然是中国法律面临的一个重大问题。我们应当在深入研究的基础上,为有关国家机关与外国签订刑事司法协助条约提供建设性意见,为完善国内的相关立法提供参考。

(原载《中韩国际刑事司法协助及相关犯罪研究》,中国人民公安大学出版社2006年版)

区际刑事司法协助的理性基础[*]

中国区际刑事司法协助[1]是内地、香港、澳门和台湾地区刑事司法系统和刑法学者们共同关心的话题。这个话题之所以引起人们的关注，是因为它对于维护一国两制状态下各个法域内的法律秩序，联合打击侵害各地人民共同利益的犯罪，具有重大的现实意义。特别是在香港、澳门相继回归祖国之后，各地人民之间的往来更加频繁，刑事司法协助的需求也在增多，加强区际刑事司法协助的研究、促进这方面工作的开展，就显得更加重要。

开展区际刑事司法协助所面临的问题，涉及协助的原则、途径、法律冲突以及在不同法域之间开展协助时各种具体问题的解决方式等一系列问题，但是解决这些问题的基础，首先是一个司法理念问题。只有在理性的基础上，区际刑事司法协助

---

[*] 本文系笔者在2002年4月29日至30日澳门举行的"区际刑事司法协助法律研讨会"上的发言稿。

[1] 刑事司法协助有广义和狭义之分，本文探讨广义司法协助的概念，即文中提及的刑事司法协助包括所有有关刑事领域的合作。

中面临的各种问题才可能得到合理有效的解决。因此，本文拟就区际刑事司法协助的理性基础谈一点看法。

一、中国区际刑事司法协助的基础

中国不同法域之间进行的刑事司法协助是在一国两制的前提下进行的刑事司法协助。不同法域之间开展刑事司法协助时所面临的所有问题，都应当在"一国两制"的背景下来考虑。因此，"一国"即同一主权国家构成了中国区际刑事司法协助的基础。

同一主权国家是中国区际刑事司法协助的基础，不仅是《中华人民共和国宪法》和《香港特别行政区基本法》《澳门特别行政区基本法》所确立的原则，而且是解决内地、香港、澳门之间刑事司法协助的法治原则。以同一主权国家为基础，对于解决内地、香港、澳门之间刑事司法协助具有重要意义。

首先，同一主权国家内部不同法域之间开展的刑事司法协助不涉及国家主权问题。这就意味着国际刑事司法协助中有关维护国家主权的原则不适用中国区际刑事司法协助。在国际刑事司法协助中，双重犯罪、政治犯和军事犯不引渡、本国国民不引渡、死刑犯不引渡等都是普遍认可的原则。但是确立这些原则的基础是国家主权原则。因为设置这些原则的基本理念都是主权国家在刑事管辖方面具有排他的自决权，如果外国提出的刑事司法协助请求，不符合本国的法律制度或法律传统，或者不符合本国的国家利益或对外政策，或者不利于保护本国国民，作为主权国家，都有权拒绝他国的请求。而在"一国"的基础上展开刑事司法协助，就不存在逾越国家主权的问题，不存在主权方面的障碍，政治犯和军事犯不引渡、本国国民不引渡等原则，自然不能适用。至于双重犯罪原则和死刑犯不引渡原则，笔者认为也不能适用。因为这两个原则虽然与人权保护有关，但是作为刑事司法协助的原则，主要还是基于国家主权原则提出来的，是为了维护本国基本法律理念而确立的。这两个原则所维护的都是在一国主权所及范围内本国刑事管辖至上的理念，即不承认任何与本国法律原则不一致的法律在本国管辖范围内有适用的可能，因此对于本国法律不认为是犯罪的行为，或者对于本国法律不适用死刑的犯罪，本国是不可能提供任何刑事司法协助的。但是在"一国"的基础上，这种理由是不能成立的，因为不同法域的法律，都是国家的法律，都应当受到尊重。尊重每一个法域的法律都不存在对国家主权的侵犯或损害的问题。因此，理智地对待中国区际刑事司法协助，就不能固守国家主权原则在刑事司法协助方面所坚持的一些原则和做法，而应当从刑事司法协助的实际需要出发，有效地开展司法协助。

其次，在"一国"的基础上进行刑事司法协助，可以也应当简化国际刑事司法协助中的某些程序。例如，不同法域之间开展刑事司法协助，没有必要通过外交途径提出或受理，有关司法机关可以径直与需要提供协助的其他法域的有关司法机关进行联络。司法协助所必要的法律文书可以按照本法域的法律传统提出，而不必严格按照被请求法域法律文书的要求提出。

二、区际刑事司法协助的目的性

刑事司法协助的宗旨是更有效地维护各个法域的法律秩序，保护公民包括被告人的基本权利。这种目的性对于开展区际刑事司法协助具有指导意义。

（一）在区际刑事司法协助中要充分尊重各个法域的法律制度

区际刑事司法协助不同于同一法域内部开展的司法协助。在同法域内部，每个地方的司法机关在侦查、起诉、审判过程中，如果犯罪地、犯罪嫌疑人或被告人、其他案件当事人或证人涉及其他地方，同样需要有关地方司法机关的协助。但是这种协助由于所依据的实体法和程序法完全相同，并且具有共同的上级主管机关，因而容易进行。而不同法域之间的刑事司法协助，往往涉及不同法域法律的适用范围和不同制度下的司法机关进行合作的问题。

在一国两制的背景下进行刑事司法协助，最重要的是承认每个法域的法律具有同等的法律效力，应当受到同样的尊重。这就意味着区际刑事司法协助应当以行为地法域法律所确立的管辖权为依据确定刑事司法协助的范围，而不是按照双重犯罪原则确定刑事司法协助的范围。每个法域都有按照自己的法律制度确定刑事管辖范围的权力，当行为地的刑事司法机关按照其所在法域的法律对某一行为决定管辖或者放弃管辖的时候，其他法域的刑事司法机关应当给予充分的尊重包括提供必要的司法协助，而不能以不符合自己法域的法律规定或传统为由拒绝提供司法协助（提供协助的方式可以根据本法域的相关规定或惯例进行）。由此引出刑事司法协助的四个原则：

第一，行为地的刑事司法机关按照本地法律认为构成犯罪并主张享管辖的，即使其他法域不认为是犯罪，只要不违反基本人权原则，其他法域的刑事司法机关就应当提供协助，不能完全固守双重犯罪原则而拒绝协助。在国家之间，对于本国法律不认为是犯罪的行为，外国提出司法协助请求时当然应当予以拒绝，因为这涉及本国主权的尊严问题。但是在同一国家内部，不同法域之间刑事司法协助的目的，并不是维护国家主权中的刑事管辖权，而是有效地维护各个法域的法律秩序。因此，只要行为地的法律认为是犯罪，行为地的司法机关按照本地法域的法律行使管辖权时，其他法域的司法机关不仅应当充分尊重行为地司法机关的管辖，而且应当及时有效地提供协助，帮助行为地法域的司法机关有效地打击犯罪，恢复被破坏的法律秩序。

第二，虽然行为地的法律认为是犯罪，但是行为地的刑事司法机关放弃管辖的，其他非行为地法域的刑事司法机关应当尊重行为地刑事司法机关作出的决定，不得再进行管辖。例如，澳门居民在澳门实施抢劫犯罪后逃到内地，内地司法机关发现犯罪嫌疑人后，应当将其移交给澳门司法机关，由澳门司法机关决定是否管辖，而不能由内地司法机关直接立案侦查甚至判处刑罚。这里涉及的一个问题是：如果澳门居民在澳门实施抢劫犯罪，被抢劫的人是内地居民时，内地司法机关能不能管辖？在国际刑事管辖中，每个国家都可以根据保护管辖的原则，对于侵害本国国民的犯罪进行管辖。内地刑法也确立了这样一条原则，但是这个原则对于中国区际之间的刑事管辖问题是否适用，值得探讨。如果从感情上讲，澳门居民在澳门抢劫内地居民之后，逃到内地，内地的司法机关就应当对其立案侦查并按照内地的刑事法律追究其刑事责任。但是如果理智地考虑问题，笔者认为，内地的司法机关就不应该管辖，即使在澳门司法机关不予追究的情况下，内地司法机关也不应当自行追究其刑事责任。因为我们应当客观地承认不同法律制度并存这个现实，而不同法律制度并存的现实本身就意味着不同法律制度之间的差异。相互尊重的原则，就决定了任何一个法域都不能按照自己的法律去管辖在其他法域内发生的犯罪，无论这种犯罪是否危害到本地居民的利益。如果基于本地居民的利益而对其他法域发生的行为行使管辖权，可能会对行为地法域的法律制度的实施造成影响。

第三，按照行为地法律不构成犯罪的行为，其他法域不得以行为人是本地居民或者被害人是本地居民而其行为按照本地法律构成犯罪为由进行管辖。例如聚众赌博的行为，按照内地刑法的规定，就构成犯罪，但是按照澳门刑法的规定，就不构成犯罪。如果澳门居民到内地来开设赌场，当然要由内地的司法机关按照内地刑法的规定来追究其刑事责任。对此，澳门居民不得以这种行为在澳门不构成犯罪为由，拒绝内地司法机关的刑事管辖，澳门司法机关也不应当以该行为在澳门不构成犯罪为由拒绝提供司法协助。但是如果内地居民到澳门去开设赌场，由于澳门法律没有将这种行为规定为犯罪，所以澳门司法机关就不能按照"对等原则"对内地居民进行刑事管辖。内地的司法机关也不应当对内地居民在澳门开设赌场的行为进行刑事管辖，尽管这种行为按照内地刑法的规定应当构成犯罪。因为这种行为不是发生在中国领域外的犯罪，不属于刑法第7条规定的"中华人民共和国公民在中华人民共和国领域外犯本法规定之罪的，适用本法"的情况[1]；而这种行为按照行为地的法律又不构成犯罪，所以内地司法机关就没有对之进行刑事管辖的理由。与之相类似，如果一个内地居民在内地殴打了一个香港居民，没有造成任何明显的身体伤害。按照内地刑法，这种行为不构成犯罪，因而也没有追究行为人的刑事责任。但是按照香港刑法这种行为则可能构成犯罪。如果香港的司法机关以该行为侵害了香港居民的合法权益为由，要求内地司法机关提供协助将该行为人移送到香港接受审判，内地司法机关是否应当提供协助？笔者认为，不应当。因为保护管辖的原则同

---

[1] 这里可能涉及内地刑法域外管辖的严密性问题，但是解决这个问题时首先需要研究的是内地刑法关于域外管辖的规定是否具有合理性，是否内地居民在域外实施的一切行为都应当、都有必要按照内地刑法来管辖。同时还需要研究的问题是在不同法域之间解决管辖权的平等性问题。既然是"一国两制"，就不能只考虑内地刑法管辖权的严密性，而应当同时考虑其他法域的法律对公民权利的保障。

样是基于国家主权原则而确立的管辖原则，在同一国家内部，不应当按照国家主权原则来确定刑事管辖，而应当按照有利于维护每个法域的法律秩序和根本利益为原则来确定管辖的范围。对于没有破坏本法域的法律秩序，又不危及本地区根本利益的行为，应当尊重行为地法域的法律，由行为地司法机关按照自己的法律决定是否进行刑事管辖。这种情况，对于内地的一些人来说，似乎在观念上难以接受。但是理智地思考这个问题，就会发现，不处罚这种行为，对于法律秩序的维护、对于社会公共利益，并没有什么损害。

第四，在管辖冲突或称管辖竞合的情况下，主要犯罪地的司法机关具有优先管辖权。当犯罪行为在不同法域实施，或者行为人分别在不同法域地区实施犯罪时，对于该犯罪或者该犯罪人，有关法域的刑事司法机关都具有刑事管辖权。如果有管辖权的法域的司法机关都主张管辖，就会出现管辖冲突。在管辖冲突的情况下，由哪个法域的司法机关实际管辖，就需要不同法域司法机关之间进行协商。而这种协商的基础，应当是理性的，应当是在相互尊重的基础上根据有利于维护各个法域的法律秩序的考虑来确定管辖的法域。

基于有利于维护各个法域法律秩序的考虑，在管辖冲突的情况下，应当由主要犯罪地的司法机关来管辖。在单一行为的案件中，犯罪行为地的司法机关应当优先于犯罪结果地的司法机关进行管辖；在复合行为的案件中，主要犯罪地的司法机关应当具有优先管辖权；主要犯罪地难以确定的，则应当通过协商的方式，由最能有效追诉犯罪的司法机关管辖；在多人实施的案件中，应当根据主犯所实施的主要犯罪来确定主要犯罪地。

（二）在区际刑事司法协助中要充分保护有关当事人的合法权益

开展区际刑事司法协助，既是为了有效地维护各个法域的法律秩序，也是为了有效地保护有关当事人的合法权益。因此，在刑事司法协助中，有关当事人的合法权益应当受到充分的尊重。

尊重有关当事人的合法权益，首先应当是案件中涉及的被害人的合法权益。无论是在管辖冲突的情况下确定实际管辖的司法机关还是提供司法协助，都应当充分考虑被害人的合法权益，应当从有利于对被害人的补偿方面考虑问题，通过司法协助，在有效地追诉犯罪的同时，使犯罪被害人及其家属获得合理的补偿。

其次，要考虑是否有利于证人作证。证人虽然不是案件当事人，但是对于案件的审理起着重要的作用。证人作证是有效地追诉犯罪的必要条件，因此在解决管辖冲突时，要充分考虑到证人作证的便利，在提供司法协助时要充分考虑到对证人的保护、补偿措施的落实。特别是在内地，不能片面强调证人作证的义务，而无视证人保护、补偿的需要。

最后，保护有关当事人的合法权益，也包括保护被告人的合法权益。被告人应当受到公正的审判，被告人的诉讼权利以及法律规定其享有的实体权利，应当受到尊重和保护。特别是在提供司法协助时，提供协助的司法机关应当有权要求提出请求的法域的司法机关保护本地居民依照犯罪地法律应当享有的各项权利。如果管辖的司法机关不能保障被告人的合法权益，被请求的司法机关有权拒绝提供司法协助。

这里值得探讨的是死刑问题。由于香港、澳门法律中都没有关于死刑的规定，而内地刑法中规定了许多可以判处死刑的犯罪。如果内地管辖的刑事案件可能对被告人判处死刑时，香港、澳门的司法机关是否应当提供司法协助，是不同法域学者之间尚有争议的问题。笔者认为，对这个问题应当分别不同情况处理。

第一，内地司法机关对于内地居民在内地实施的犯罪进行管辖即使可能判处死刑，香港、澳门的司法机关都应当应请求提供协助。因为在这种情况下不涉及按照香港或澳门的法律进行价值判断的问题，不会影响香港、澳门人权理念的信守。

第二，内地司法机关对内地居民在香港或澳门实施的犯罪行管辖时，如果被告人可能被判处死刑，香港、澳门的司法机关是否提供司法协助，应当由香港、澳门司法机关自行决定。因为内地居民在香港，澳门实施的犯罪，在通常情况下应当适用犯罪地的法律而不是内地的法律。如果因为这种犯罪危害到内地的利益而由内地司法机关对其进行管辖，香港、澳门的司法机关基于行为地人权保护的考虑可以拒绝提供协助。

第三，内地司法机关对香港、澳门居民在内地实施的犯罪进行管辖，即使其犯罪可能被判处死刑，香港、澳门的司法机关也应当提供协助。因为香港、澳门的法律对本地居民提供人权保护的范围应当限于其在香港、澳门所实施的行为，香港、澳门居民在内地应当遵守内地的法律，如同内地居民在香港、澳门时应当遵守香港、澳门的法律一样。如果香港、澳门居民在内地实施了犯罪行为，就应当按照内地的法律进行追究，就如同内地居民在香港、澳门实施了犯罪行为应当按照香港、澳门的法律追究责任一样，而无论这种追究可能导致怎样的后果。这是区际刑事司法协助的目的性，即维护各个法域法律秩序的要求所决定的。

第四，对于内地、香港或澳门都有管辖权的跨境犯罪或者多地犯罪，应当根据可能被判处死刑的犯罪行为在哪个法域实施的来决定是否提供协助。如果在内地可能被判处死刑的犯罪行为是在香港或澳门实施的，或者该犯罪的实行行为是在香港或澳门完成的，内地司法机关基于同一案件一并审理的原则对其进行管辖时，香港、澳门的司法机关可以拒绝提供协助，因为该犯罪本应在香港、澳门审判，而按照香港、澳门的法律该犯罪不会被判处死刑。被告人的基本人权应当受到行为地法律的保护，特别是在犯罪人是香港、澳门居民的情况下，香港、澳门的司法机关更可以拒绝提供协助。但是如果可能被判处死刑的犯罪行为是在内地实施的或者犯罪行为有一部分是在内地实施的，而犯罪所侵害的是内地或内地居民的利益，那么内地司法机关对其进行管辖时，香港、澳门的司法机关就应当提供协助。因为任何人都应当遵守行为地的法律，违反行为地的法律时就应当按照行为地的法律承担刑事责任，其他法域的司法机关应当尊重行为地司法机关的管辖。总之，人权保护的基础是行为地的法律。按照行为地的法律，行为人应当享有的权利，行为地的司法机关应当予以保护，而按照行为地的法律，行为人应当受到的惩罚，无论这种惩罚的程度如何，其他法域的司法机关都应当提供协助，而不应当以保护人权为由拒绝提供协助。

三、区际刑事司法协助的有效性

同一国家不同法域之间的刑事司法协助应当遵循效率原则。区际刑事司法协助的目的不是给予对方"外交礼遇"，不是表示一种姿态，而是有效地维护各个法域的法律秩序、有效地保护各个法域居民的合法权益，因此区际刑事司法协助应当切实有效地进行，真正发挥司法协助在打击惩罚犯罪方面应有的作用。

基于这种考虑，不同法域的最高司法机关应当就协助的各个细节作出必要的协商和安排，以保证司法协助的具体实施和高效进行。在这种协商过程中，每个法域的司法机关都应当在相互尊重法律传统的基础上作出必要的让步，在法律允许的限度内进行必要的变通，以使司法协助得以实现。但是在协商过程中，有关方面不得在具体案件中拿犯罪嫌疑人或被告人的基本人权作交易，不得违反犯罪地管辖的基本原则任意商定管辖地，不得违反法定程序收集证据或者对犯罪嫌疑人采取强制措施。不同法域的司法机关在开展刑事司法协助时，都应当既遵守自己的法律，也尊重其他法域的法律制度和法律传统，切实有效地按照对方的请求提供司法协助，保证所提供的协助对于解决对方需要解决的法律问题有所帮助，不能无视对方法律的要求而完全按照自己的法律传统提供协助，不能不考虑所提供协助的有效性。

总之，理性地解决区际刑事司法协助中涉及的各种问题，应当充分考量刑事司法协助的目的性和有效性，在"一国两制"的基础上，合理地探讨司法协助的途径和方式，保障协助的有效进行。

（原载《国际区际刑法问题探索》，
法律出版社 2003 年版）

国际经济交往中的腐败犯罪
——来自中国的报告*

在经济全球化背景下,跨国有组织犯罪对国际经济交往的破坏作用急剧增加,国际社会普遍关注和联合打击国际经济交往中的腐败犯罪,具有极为重要的意义。这种重要性突出表现在四个方面:(1)世界各国联合打击国际经济交往中的腐败犯罪,可以改善国际经济交往的社会环境和法治环境,为所有国家的国际商业交易提供公平、平等竞争的条件,保障国际经济交往不断扩大和持续进行。(2)把国际经济交往中的腐败行为规定为犯罪,明确这类犯罪的犯罪构成及惩罚标准,有助于帮助各国重新审查本国在税收、会计、审计制度中的漏洞和缺陷,督促各国制定和保持会计标准和惯例;制定或者鼓励酌情制定商业守则、标准或最佳惯例,禁止国际商业交易中的贪污、贿赂及有关违法行为。(3)打击国际经济交往中的腐败犯罪,也是各国政权建设的重要方面。(4)世界各国采取国际措

---

* 本文是笔者 2002 年以国际刑法学协会中国分会的名义撰写并提交国际刑法学协会第 17 届国际刑法学大会组委会的国别报告(第 17 届国际刑法学大会 2004 年 9 月 12—18 日在北京召开,第二专题是"国际经济交往中的腐败及相关犯罪")。

施和国内措施并举的方式联合打击腐败犯罪,可以增强各国防止腐败、贿赂、洗钱和非法转移资金的体制能力。

一、腐败犯罪的范围界定

腐败犯罪[1]是指为了个人或单位的不正当利益而使职责的行使违背其本来性质的犯罪。腐败犯罪必须是以某种不正当利益为基础,包括索取、获取、给予或许诺给予某种不正当利益,并且因为这种不正当利益致使或者可能导致职权的行使或职责的履行违背了该职权或职责本来的性质和要求。不涉及非法获取不正当利益的,不应当视为腐败犯罪。与公共权力或公共职责无关的行为,也不应当视为腐败犯罪。

根据《联合国打击跨国有组织犯罪公约》和《联合国反腐败公约草案》对腐败犯罪的定义,腐败犯罪应当包括以下几类犯罪:

1. 国家公职人员贿赂犯罪。

(1)行贿罪,即直接或间接向公职人员许诺、提议给予或给予该公职人员或其他人员或实体不应有的好处,以使该公职人员在执行公务时作为或不作为。

(2)受贿罪,即公职人员为其本人或其他人员或实体直接或间接索取或接受不应有的好处,以作为其在执行公务时作为或不作为的条件。

2. 外国公职人员和国际公务员贿赂犯罪。"外国公职人员"指无论是经任命还是经选举而担任外国的立法、行政或者司法职务的任何人员;为外国,包括为其公共机构或公营企业行使公务职能的任何人员。国际公务员是指国际组织议事会议

---

[1] 2002年1月21日反腐败公约谈判工作特设委员会第一届会议审议的《联合国反腐败公约草案》第2条(M)规定:腐败是指直接或间接地许诺、请求、提议给予、给予或接受不适当的好处或期盼,使得接受贿赂、不适当好处或期盼的人不正常履行职责或作出应有的行为。

的成员或国际法院的任职法官或官员。

（1）贿赂外国公职人员和国际公务员罪，即为使外国公职人员和国际公务员在商业交易中履行或者不履行某种职责，而向外国公职人员和国际公务员提供金钱、有货币价值的物品、好处或任何其他利益的行为。

（2）外国公职人员和国际公务员受贿罪，即外国公职人员和国际公务员利用职务上的便利，为其他自然人或者法人谋取不正当利益，收受金钱、有货币价值的物品、好处或任何其他利益的行为。

3. 贪污罪，是指公职人员为了本人或他人的利益，不正当地利用因其职务而产生的经手公共财产的便利，侵吞、窃取、骗取公共财物的行为。

4. 滥用职权罪。滥用职权是指公职人员、国际公务员或执行公务的人员，为了给其本人或第三方获取非法利益，在执行公务中滥用职权而实施的作为、不作为。

5. 巨额财产来源不明罪，是指公职人员财产增额大大超过其合法收入，且本人无法作出合理解释的行为。

6. 挪用公款罪，是指公职人员为了本人或者他人的利益，将因其职务而负责、管理、保管的或者由于其他原因接收的任何国家动产或者不动产、钱财或者证券挪用于与预定用途无关的目的。

7. 其他腐败犯罪。

二、中国关于惩治腐败犯罪的立法

中国政府一贯重视运用法律手段同贪污、贿赂等腐败犯罪作斗争。1952年4月21日中央人民政府就颁布了《中华人民共和国惩治贪污条例》。1979年颁布的新中国第一部刑法明确规定了贪污罪和贿赂罪。1988年1月21日全国人大常委会通过了《关于惩治贪污罪贿赂罪的补充规定》，根据中国经济转型过程中权钱交易等腐败现象的新情况，对贪污贿赂等腐败犯罪作了详细的规定。1997年修改后的刑法，考虑到贪污贿赂犯罪的本质特征及其对国家政权的极端危害性，为了加大反腐败斗争的力度，将贪污贿赂犯罪作专章予以规定，并在其他有关章节中规定了一些与腐败有关的犯罪，从而形成了一套惩治腐败犯罪的严密的法网。

在中国刑法中，腐败犯罪首先是指刑法分则第八章规定的贪污贿赂罪。其中包括12个罪名：

1. 贪污罪。按照刑法第382条的规定，贪污罪是指国家工作人员利用职务上的便利，侵吞、窃取、骗取或者以其他手段非法占有公共财物的行为。按照该条第二、三款的规定，受国家机关、国有公司、企业、事业单位、人民团体委托管理、经营国有财产的人员，利用职务上的便利，侵吞、窃取、骗取或者以其他手段非法占有国有财物的，以贪污论；虽然不具有贪污罪主体身份的人与具有贪污罪主体身份的人勾结，伙同贪污的，以贪污罪的共犯论处。国家工作人员在国内公务活动或者对外交往中接受礼物，依照国家规定应当交公而不交公，数额较大的，也以贪污罪论处。

2. 挪用公款罪。按照刑法第384条的规定，挪用公款罪是指国家工作人员利用职务上的便利，挪用公款归个人使用，进行非法活动的，或者挪用公款数额较大、进行营利活动的，或者挪用公款数额较大、超过三个月未还的行为。

3. 受贿罪。按照刑法第385条的规定，受贿罪是指国家工作人员利用职务上的便利，索取他人财物的，或者非法收受他人财物，为他人谋取利益的行为。

4. 单位受贿罪。按照刑法第387条的规定，单位受贿罪是指国家机关、国有公司、企业、事业单位、人民团体，索取、非法收受他人财物，为他人谋取利益，情节严重的行为。按照刑法第388条的规定，国家工作人员利用本人职权或者地位形成的便利条件，通过其他国家工作人员职务上的行为，为请托人谋取不正当利益，索取请托人财物或者收受请托人财物的，以受贿论处。

5. 行贿罪。按照刑法第389条的规定，行贿罪是指为谋取不正当利益，给予国家工作人员以财物的行为。在经济往来中，违反国家规定，给予国家工作人员以财物，数额较大的，或者违反国家规定，给予国家工作人员以各种名义的回扣、手续费的，以行贿论处。但是，因被勒索给予国家工作人员以财物，没有获得不正当利益的，不是行贿。

6. 对单位行贿罪。按照刑法第391条的规定，对单位行贿罪是指为谋取不正当利益，给予国家机关、国有公司、企业、事业单位、人民团体以财物的，或者在经济往来中，违反国家规定，给予各种名义的回扣、手续费的行为。单位犯前款罪的，对单位判处罚金，并对其直接负责的主管人员和其他直接责任人员，依照前款的规定处罚。

7. 介绍贿赂罪。按照刑法第392条的规定，介绍贿赂罪是指向国家工作人员介绍贿赂，情节严重的行为。

8. 单位行贿罪。按照刑法第393条的规定，单位行贿罪是指单位为谋取不正当利益而行贿，或者违反国家规定，给予国家工作人员以回扣、手续费，情节严重的行为。

9. 巨额财产来源不明罪。按照刑法第395条第1款的规定，巨额财产来源不明罪是指国家工作人员的财产或者支出明显超过合法收入，差额巨大，本人不能说明其来源是合法的情况。

10. 隐瞒境外存款罪。按照刑法第 395 条第 2 款的规定，隐瞒境外存款罪是指国家工作人员对其在境外的存款，数额较大，故意隐瞒，不依照国家规定申报的行为。

11. 私分国有资产罪。按照刑法第 396 条第 1 款的规定，私分国有资产罪是指国家机关、国有公司、企业、事业单位、人民团体，违反国家规定，以单位名义将国有资产集体私分给个人，数额较大的行为。

12. 私分罚没财物罪。按照刑法第 396 条第 2 款的规定，私分罚没财物罪是指司法机关、行政执法机关违反国家规定，将应当上缴国家的罚没财物，以单位名义集体私分给个人的行为。

此外，在刑法分则的其他章节中，还规定了一些与腐败有关的犯罪。这类犯罪主要包括两个方面：一是商业贿赂方面的犯罪。如刑法第 163 条规定的公司、企业人员受贿罪，即公司、企业的工作人员利用职务上的便利，索取他人财物或者非法收受他人财物，为他人谋取利益，数额较大的行为，以及公司、企业的工作人员在经济往来中，违反国家规定，收受各种名义的回扣、手续费，归个人所有的行为；刑法第 164 条规定的对公司、企业人员行贿罪，即为谋取不正当利益，给予公司、企业的工作人员以财物，数额较大的行为。二是为徇私而违反职责的犯罪。如刑法第 397 条规定的滥用职权罪和玩忽职守罪，即国家机关工作人员徇私舞弊，滥用职权或者玩忽职守，致使公共财产、国家和人民利益遭受重大损失的行为；刑法第 399 条规定的徇私枉法罪，即司法工作人员徇私枉法、徇情枉法，对明知是无罪的人而使他受追诉、对明知是有罪的人故意包庇不使他受追诉，或者在刑事审判活动中故意违背事实和法律作枉法裁判的行为；民事、行政枉法裁判罪，即在民事、行政审判活动中故意违背事实和法律作枉法裁判，情节严重的行为；刑法第401条规定的徇私舞弊减刑、假释、暂予监外执行罪，即司法工作人员徇私舞弊，对不符合减刑、假释、暂予监外执行条件的罪犯，予以减刑、假释或者暂予监外执行的行为；刑法第402条规定的徇私舞弊不移交刑事案件罪，即行政执法人员徇私舞弊，对依法应当移交司法机关追究刑事责任的不移交，情节严重的行为；刑法第403条规定的滥用管理公司、证券职权罪，即国家有关主管部门的国家机关工作人员，徇私舞弊，滥用职权，对不符合法律规定条件的公司设立、登记申请或者股票、债券发行、上市申请，予以批准或者登记，致使公共财产、国家和人民利益遭受重大损失的行为；刑法第404条规定的徇私舞弊不征、少征税款罪，即税务机关的工作人员徇私舞弊，不征或者少征应征税款，致使国家税收遭受重大损失的行为；刑法第405条规定的徇私舞弊发售发票、扣抵税款、出口退税罪，即税务机关的工作人员违反法律、行政法规的规定，在办理发售发票、抵扣税款、出口退税工作中，徇私舞弊，致使国家利益遭受重大损失的行为，以及其他国家机关工作人员违反国家规定，在提供出口货物报关单、出口收汇核销单等出口退税凭证的工作中，徇私舞弊，致使国家利益遭受重大损失的行为等。

中国刑法中规定的上述腐败及其相关犯罪，除了个别犯罪只能发生在特定的领域之外，大多数犯罪都可能发生在经济交往包括国际经济交往活动中，或者经济管理活动包括涉外经济管理活动中，因而都可以称为与国际经济交往有关的腐败犯罪。对于国际经济交往中发生在中国领域内的上述腐败犯罪，中国政府都有权按照中国刑法的规定行使管辖权。对于国际经济交往中发生在中国领域外的上述腐败犯罪，如果是针对中国国家工作人员实施的,或者是由中国公民实施的,中国政府也可以按照中国刑法的规定行使管辖权。

三、中国惩治腐败犯罪的情况

中国检察机关负责国家工作人员腐败犯罪的侦查、起诉工作。改革开放以来,特别是在过去的几年里,最高人民检察院领导地方各级人民检察院和专门人民检察院,紧紧围绕党和国家开展反腐败斗争的总体部署,突出查办贪污、贿赂、挪用公款等腐败犯罪大案要案,严厉打击各种腐败犯罪活动,已经取得了显著成效,主要表现在以下方面:

(一)查办了一批影响大、震动大的领导干部犯罪案件

中国各级人民检察院紧紧抓住查办领导干部犯罪案件这个关键,坚持法律面前人人平等,不论什么人犯罪,都坚决依法查办。自1995年以来,每年查处的县处级以上领导干部犯有贪污贿赂等罪行的人数都在2000人以上,其中2001年查办的案件中,县处级领导干部达到2670人。在过去几年查处的领导干部腐败犯罪大要案中,有北京市原副市长王宝森等人犯罪案、江西省原副省长胡长清受贿案、广西壮族自治区原主席成克杰受贿案、公安部原副部长李纪周受贿案。通过查办这些大要案,人民群众看到了党和政府反腐败的坚定决心和实际行动,对国家工作人员起到了警醒作用,推动了廉政勤政建设。

(二)查办了一批贪污贿赂等犯罪数额巨大的案件

1993年到1997年,全国检察机关共立案侦查贪污贿赂、渎职和侵犯公民人身权利、民主权利等职务犯罪案件387352件。其中,贪污案102476件,贿赂案70507件,挪用公款案61795件;其中,贪污、贿赂50万元以上不满100万元的797件,100万元以上的617件。检察机关通过办案为国家和集体挽回直接经济损失229.2亿元。

贪污贿赂百万元以上案件数量呈逐年增多趋势，1995年全国检察机关立案侦查的贪污、贿赂、挪用公款犯罪大案29419件，其中100万元以上的504件。到2001年，全年共立案侦查贪污贿赂犯罪案件36447件40195人，犯罪数额百万元以上的1319件，为国家挽回直接经济损失41亿多元。

（三）突出打击了侵吞国有资产、危害改革的犯罪活动

近年来，少数国有企事业单位负责人，利用股份制改造、中外合资、联合、兼并、租赁、承包、出售等改制之机或在经营管理过程中，采取多种手段侵吞国有资产，化公为私，导致国有资产严重流失，破坏了国有企业改革，影响了社会稳定。为此，检察机关深入一些亏损严重的国有企事业单位，查办贪污、贿赂、挪用公款等犯罪案件。1996年全年查办涉嫌犯罪的国有企事业单位工作人员30302人，还在金融、证券、房地产、土地出租和建筑工程承包等重点行业、重点领域，查办贪污、贿赂等犯罪案件6909件。1998年立案查办国有企业、金融系统、房地产领域中发生的贪污贿赂、渎职犯罪案件18601件。2001年查办在国有企业转制、重组过程中私分、侵吞、转移国有资产的贪污贿赂犯罪嫌疑人17920人，促进了国有企业的改革和发展。

（四）进一步开展举报工作

开展群众举报工作是新形势下坚持专门工作和群众路线相结合的成功经验。这些年举报一直占查办的贪污贿赂等职务犯罪案件线索来源的70%以上。1996年受理举报线索297175件，对其中线索较具体，有可能构成犯罪的，及时依法初查124642件。1997年受理群众举报线索180余万件，对其中属于检察机关管辖的686347件进行了初查，从中立案侦查268710件。

(五) 加大对行贿犯罪的打击力度

对为谋取不正当利益,不择手段拉拢腐蚀国家工作人员,情节严重的行贿犯罪,依法严肃查办。2001年全年共立案侦查1906件,比上年上升39.4%。

(六) 加强同其他部门的配合

根据近年来贪污贿赂犯罪嫌疑人携款潜逃增多的情况,最高人民检察院与公安部联合部署,开展集中追逃专项行动,采取网上通缉、异地协作、敦促自首等措施,抓获在逃犯罪嫌疑人3046名,追缴赃款6.8亿多元。

(七) 大力开展职务犯罪预防工作

检察机关在打击国家工作人员腐败犯罪的同时,积极开展职务犯罪预防工作。1999年,最高人民检察院和各省级人民检察院设立了职务犯罪预防厅,预防职务犯罪工作取得明显进展。检察机关认真落实标本兼治、从源头上预防和治理腐败的方针,大力加强预防职务犯罪工作。一是把检察预防融入反腐败斗争和综合治理的总体格局,积极推动建立社会化预防组织1300多个。检察机关在预防网络中充分发挥职能作用,针对办案中发现的漏洞和问题,向发案单位和有关部门提出检察建议2.85万多件。开展专题调研,研究发案规律和防范措施,有4000多条预防对策建议被当地党委和政府采纳。二是最高人民检察院与中央有关主管部门联合部署,在金融证券、国有企业、海关、建筑、医药等八个行业和领域开展系统预防,协助有关部门和单位完善制度,加强管理,健全监督制约机制。三是在交通、能源、水利等重大建设工程中开展专项预防,帮助建立防范机制,减少了职务犯罪和建设资金流失。西部地区检察机关围绕国家重大基础设施、生态环境工程建设,积极开展预防工作,取得了良好成效。

四、中国跨国性贿赂犯罪的立法现状、立法建议以及需要研究的问题

(一) 中国惩治跨国性贿赂犯罪的情况

中国的立法机关在制定和修改刑法时,含有涉外因素的贿赂犯罪问题不突出,因此刑法并没有对涉外贿赂犯罪作出专门规定。随着中国加入WTO,中国和世界各国经济交往和合作的深度、广度不断加深,这既为中国经济的发展提供了无限的机遇,也导致跨国性犯罪问题日益严重。在国际经济交往的招标投标过程中、政府采购过程中,含有涉外因素的贿赂犯罪频频出现,表现的形式多种多样,包括中国公职人员接受跨国公司工作人员贿赂、跨国公司工作人员向中国公职人员行贿、跨国公司工作人员受贿、跨国公司工作人员向外国公职人员行贿、外国公职人员受贿等。根据中国刑法的适用范围和适用原则,大多数含有涉外因素的贿赂犯罪都能够适用中国刑法中的有关贿赂犯罪的条款。

依据中国刑法规定的适用范围,下列含有涉外因素的贿赂犯罪可以适用中国刑法,中国已经有这方面的案例。

1. 外国人在中华人民共和国领域内犯贿赂罪

中国刑法第6条第1款规定:"凡在中华人民共和国领域内犯罪的,除法律有特别规定的以外,都适用本法。"这一规定从刑事司法管辖的角度表明了中国刑法基于主权原则所产生的属地管辖权。根据这一规定,如果外国人在中国领域内犯贿赂罪的,除法律有特别规定的以外,都适用中国刑法。

贿赂犯罪的行为或者结果有一项发生在中华人民共和国领域内的,就认为是在中华人民共和国领域内犯罪,要适用中国刑法。

至于刑法规定的所谓"法律有特别规定的"主要指:(1) 对

享有外交特权和豁免权的外国人的特别规定。中国刑法第 11 条规定，享有外交特权和豁免权的外国人的刑事责任，通过外交途径解决。通过什么样的外交途径解决，从国际惯例看，通常是宣布行为人为不受欢迎的人，限令其在规定的期间内离开国境。（2）在"一国两制"下所产生的区域法管辖规定。如《中华人民共和国香港特别行政区基本法》和《中华人民共和国澳门特别行政区基本法》关于香港、澳门地区法律适用的规定，应当属于刑法第 6 条第 1 款中规定的"法律有特别规定的"范围。

2. 外国人在中华人民共和国领域外对中华人民共和国国家或者公民犯贿赂罪

外国人在中华人民共和国领域外对中华人民共和国国家或者公民犯贿赂罪，而按中国刑法规定的最低刑为 3 年以上有期徒刑的，可以适用中国刑法，但是按照犯罪地的法律不受处罚的除外。

2002 年 3 月 21 日，北京市第一中级人民法院对美国籍被告人方某某非法获取国家秘密、行贿案进行了一审公开宣判。法院经审理认定，方某某原系香港一公司执行董事、经理。1995 年至 1999 年间，方为使其公司代理的外商在中国多个重大电力项目招标中中标，非法获取中国国家秘密文件资料 35 份，向有关国家工作人员行贿 24.5 万美元。方的行为已构成非法获取国家秘密罪和单位行贿罪，数罪并罚，依法决定执行有期徒刑 5 年，并处驱逐出境。该案被告人方某某虽然是美国籍，但是他为了所在公司的利益，向中国国家工作人员行贿，其犯罪行为符合中国刑法中单位行贿罪的犯罪构成要件，因此法院认定其行为构成单位行贿罪。

3. 中华人民共和国公民在中华人民共和国领域外犯中国刑法规定的贿赂犯罪

中华人民共和国公民在中华人民共和国领域外犯中国刑法规定的贿赂犯罪，适用中国刑法，但是按照中国刑法规定的最高刑为3年以下有期徒刑的，可以不予追究。

中华人民共和国国家工作人员在中华人民共和国领域外犯中国刑法规定的贿赂犯罪的，适用中国刑法。在中国，此类国有公司驻海外人员涉嫌职务犯罪的案件尚属少见。最近，中国北京市第二中级人民法院第二法庭公开审理了一起驻外国企人员贪污案。中国海外贸易总公司下属阿拉伯联合酋长国迪拜长城贸易中心原董事长兼总经理隋某某和原会计宋某某，利用职务之便，借银行解冻返还存款之机，侵吞公款170余万元。北京市人民检察院第二分院认为，依据国家法律，隋某某和宋某某身为国家工作人员，利用职务上的便利，共同侵吞公款数额特别巨大，两人的行为构成贪污罪。目前，此案正在进一步审理当中。

既然大多数含有涉外因素的贿赂犯罪都可以适用中国刑法关于贿赂罪的法律规定，那么中国刑法对贿赂犯罪的立法现状如何？针对贿赂犯罪的新趋势和新特点，中国刑法应该做哪些补充和完善？

(二) 惩治贿赂犯罪需要进一步研究的问题

从司法实践中看，国家工作人员利用职权实施的贿赂犯罪有以下界限性问题需要明确：

1. 关于国家工作人员的范围

中国刑法第93条对国家工作人员的范围做出明确规定。国家工作人员是指国家机关中从事公务的人员。国有公司和企业、事业单位、人民团体中从事公务的人员和国家机关、国有公司、企业、事业单位委派到非国家机关、国有公司、企业、事业单位从事公务的人员,以及其他依照法律从事公务的人员,以国家工作人员论。

2. 对"利用职务上的便利"的理解

"利用职务上的便利",是指利用本人职务范围内的权力,即自己职务上主管、负责或者承办某项公共事务的职权及其所形成的便利条件。索取他人财物的,不论是否"为他人谋取利益",均可构成受贿罪。非法收受他人财物的,必须同时具备"为他人谋取利益"的条件,才能构成受贿罪。但是为他人谋取的利益是否正当、为他人谋取的利益是否实现,不影响受贿罪的认定。

国家工作人员利用本人职权或者地位形成的便利条件,通过其他国家工作人员职务上的行为,为请托人谋取不正当利益,索取请托人财物或者收受请托人财物的,以受贿罪追究刑事责任。

3. 关于在经济交往过程中收受和给予回扣、手续费行为的认定

(1) 对收受回扣、手续费行为的认定

国家工作人员在经济往来中,违反国家规定,收受各种名义的回扣、手续费,归个人所有的,以受贿罪追究刑事责任。

国有公司、企业中从事公务的人员和国有公司、企业委派到非国有公司、企业从事公务的人员利用职务上的便利,索取他人财物或者非法收受他人财物,为他人谋取利益,或者在经济往来中,违反国家规定,收受各种名义的回扣、手续费,归个人所有的,以受贿罪追究刑事责任。

国有金融机构工作人员和国有金融机构委派到非国有金融机构从事公务的人员在金融业务活动中索取他人财物或者非法收受他人财物,为他人谋取利益的,或者违反国家规定,收受

各种名义的回扣、手续费归个人所有的,以受贿罪追究刑事责任。

(2) 给予国家工作人员、国有单位回扣、手续费的行为

在经济往来中,违反国家规定,给予国家工作人员以财物,数额较大的,或者违反国家规定,给予国家工作人员以各种名义的回扣、手续费的,以行贿罪论处。但是,因被勒索给予国家工作人员以财物,没有获得不正当利益的,不是行贿。

国家机关、国有公司和企业、事业单位、人民团体,在经济往来中,在账外暗中收受各种名义的回扣、手续费的,以单位受贿罪追究刑事责任。

4. 公司、企业人员实施的贿赂犯罪的构成及需要明确的界限

中国刑法针对公司、企业人员贿赂犯罪的特殊危害性,将该罪规定在第三章破坏社会主义经济秩序罪中。公司、企业人员贿赂罪包括两个罪名,即"公司、企业人员受贿罪"和"对公司、企业人员行贿罪"。

(1) 公司、企业人员受贿罪

公司、企业工作人员利用职务上的便利,索取他人财物或者非法收受他人财物,为他人谋取利益,数额较大的,构成公司、企业人员受贿罪。

公司、企业人员受贿罪的主体必须是公司、企业的工作人员。其中,公司的工作人员具体是指有限责任公司、股份有限公司的董事、监事或者职工。企业的工作人员,是指公司以外的企业中非国家工作人员的职工,包括各种所有制成分的企业中非国家工作人员的行政人员、业务人员和其他受聘从事企业事务的人员。本罪在客观方面表现为利用职务上的便利,索取他人财物或者非法收受他人财物,为他人谋取利益,数额较大

的行为。侵犯的客体是公司、企业的正常业务活动和公司、企业工作人员业务活动的廉洁性。

认定公司、企业人员受贿罪的关键是数额。依照最高人民法院《关于办理公司、企业人员受贿、侵占、挪用等刑事案件适用法律若干问题的解释》的规定，索取或者收受贿赂 5000 元至 2 万元的，属于数额较大。不满上述数额的，一般不构成公司、企业人员受贿罪。

认定公司、企业人员受贿罪涉及本罪与通过正常渠道获得回扣、手续费的界限。在经济往来中，正常渠道获得的回扣、手续费应该做账，而本罪则采取暗中接受的方式。公司、企业人员收受的回扣、手续费是为行贿方谋取利益，行贿方以各种名义给这些个人送的贿赂款。

认定公司、企业人员受贿罪还涉及本罪与"受贿罪"的区别问题。公司、企业人员受贿罪同国家工作人员所犯受贿罪之间很容易混淆。这两种罪在主观方面都由故意构成，都具有获取他人财物的目的；在客观方面都利用了职务上的便利。所不同的主要是犯罪主体。受贿罪的犯罪主体是国家工作人员；公司、企业人员受贿罪的主体是公司、企业的工作人员、银行或者其他金融机构的工作人员。其次是在客观方面，虽然两罪的行为人都利用了职务上的便利，但受贿罪行为人利用的主要是其执行公务的特殊身份和职权，后罪行为人大多利用其各自所从事的业务活动的便利，索取或者收受贿赂。

（2）对公司、企业人员行贿罪

"对公司、企业人员行贿罪"是指为谋取不正当利益，给予公司、企业的工作人员以财物，数额较大的行为。

对公司、企业人员行贿罪侵犯了公司、企业的正常业务活动，特别是公司、企业人员业务活动的廉洁性。公司、企业人员行贿罪在客观方面表现为为谋取不正当利益,而给予公司、企业的工作人员数额较大的财物。而所谓给予财物,既包括行为人主动给予公司、企业人员财物,也包括应公司、企业人员的明示或者暗示而被动给予财物。所谓数额较大,原则上参考公司、企业人员受贿罪5000元至2万元的标准确定。

"对公司、企业人员行贿罪"同"行贿罪"的区别:两罪的犯罪主体都是一般主体;主观方面都是故意犯罪,且都有谋取不正当利益的目的;客观方面都实施了给予他人以财物的行为。所不同的有两点:一是犯罪对象不同。对公司、企业人员行贿罪的犯罪对象是公司、企业的工作人员,而行贿罪的对象是国家工作人员。二是犯罪主体的范围不同。对公司、企业人员行贿罪既可以是自然人,也可以是企业、事业单位、机关、团体等法人,行贿罪的主体只能是自然人,法人行贿的构成单位行贿罪。

5. 关于金融机构工作人员受贿犯罪

刑法第184条规定了金融机构工作人员受贿犯罪。金融机构工作人员受贿,即银行或者其他金融机构的工作人员在金融业务活动中索取他人财物或者非法收受他人财物,为他人谋取利益的,或者违反国家规定,收受各种名义的回扣、手续费,归个人所有的,依照刑法第163条以公司、企业人员受贿罪定罪处罚。

金融机构工作人员受贿犯罪的主体为特殊主体,只有银行或者其他金融机构的工作人员才能成为本罪的主体。本罪侵犯的客体是国家的金融管理秩序和职务行为的廉洁性,在客观方面表现为为他人谋取利益,索取、非法收受他人财物,或者违反国家规定,收受各种名义的回扣、手续费,归个人所有的行为。

国有金融机构工作人员和国有金融机构委派到非国有金融机构从事公务的人员在金融业务中收受贿赂的，以国家工作人员受贿犯罪定罪处罚。

中国的立法机关在制定和修改刑法时，贿赂外国公职人员和贿赂外国公司工作人员的犯罪问题不突出，因此这类犯罪不在立法者视野之内。但是，从这两类犯罪的发展趋势以及世界其他国家关于此类犯罪的立法情况看，在中国刑法中增设"外国公职人员贿赂犯罪"和"外国公司工作人员贿赂犯罪"已经是势在必行。1997年11月21日，联合国通过了《禁止在国际商业交易中贿赂外国公职人员公约》，将在国际经济交往中贿赂外国公职人员的行为明确规定为犯罪。同年12月17日，经济合作与发展组织成员国和5个非成员国签署了该公约。到目前为止，加拿大、澳大利亚等国在签署该公约后，已经通过补充修改刑法，或者通过发布刑法修正案的方式，将公约中规定的贿赂外国公职人员罪内化为本国法律。

中国目前尚没有加入该公约，不过，中国加入WTO进入世界市场后，就将面临一个签署和批准《禁止在国际商业交易中贿赂外国公职人员公约》的问题。而中国一旦签署和批准该公约，就会涉及履行该公约规定的义务与国内刑法的协调问题。事实上，无论中国是否加入《禁止在国际商业交易中贿赂外国公职人员公约》，都有必要根据国际刑法的发展，把贿赂外国公职人员的犯罪纳入国内立法的视野。因为：第一，有利于保持和维护中国公司在世界市场上的形象，申明中国政府同国际贿赂犯罪作斗争的决心和态度。第二，有利于顺利进行国际刑事司法协助与合作，特别是在中国公司向外国公职人员行贿的场合，有利于中国司法机关向受贿的外国公职人员追回赃款。第三，有利于遏制外国公司、企业及其工作人员贿赂中国公职人员的现象，从而有利于预防和遏制国内的腐败现象和贿赂犯罪。第四，有利于维护中国刑法的尊严和权威。

（三）完善贿赂犯罪立法的建议

根据中国刑法已有的关于贿赂罪的规定，结合跨国贿赂犯罪出现的新情况，我们建议在中国刑法中分别增设"外国公职人员贿赂犯罪"和"跨国公司工作人员贿赂犯罪"两类犯罪。

1. "向外国公职人员行贿罪"和"外国公职人员受贿罪"的犯罪构成及需要研究的问题

如何在中国国内刑法中规定这类犯罪，有两种可以选择的立法模式：一是通过制定单行刑事法律补充修改刑法，即在刑法分则第八章贿赂罪中增设外国公职人员受贿罪和对外国公职人员行贿罪；二是通过立法解释对刑法第385条、第387条、第388条、第389条、第391条、第392条、第393条作扩大解释，将"国家工作人员"扩大解释为包括外国公职人员，并将其中的国有单位扩大解释为包括外国和国际公共机构。

中国刑法规定的贿赂罪中的国家工作人员是指自己国家的工作人员，国家不可能包括外国。最主要原因是中国贿赂犯罪的法定刑没有同世界大多数国家接轨，如果简单将"国家工作人员"扩大解释为包括外国公职人员，不但得不到国际社会的认可，而且会影响司法合作的有效开展。按照中国刑法第386条和第389条的规定，受贿罪的法定最高刑是死刑，而世界上许多国家在法律上已经废除了死刑，即使没有废除死刑的国家，也很少有对贿赂犯罪适用死刑的规定。因此，中国刑法应该采用制定单行刑事法律的形式，增设贿赂外国公职人员罪。

《禁止在国际商业交易中贿赂外国公职人员公约》只规定了贿赂外国公职人员罪，即向外国公职人员行贿的犯罪，而没有规定外国公职人员收受贿赂罪。这种规定可能是考虑到每个国家的刑法都规定了本国公共官员的受贿罪，而这种受贿罪的构成中实际上已经包含了收受外国公司或个人的贿赂的情况。但是，依据中国政府打击跨国贿赂犯罪司法实践的要求以及其他反腐败国际宣言、地区性公约的规定，中国在立法上应该增设"外国公职人员受贿罪"。理由如下：（1）符合贿赂犯罪基本属性的要求。行贿罪与受贿罪是一种对合性犯罪，有行贿罪必然就有受贿罪，禁止和打击向外国公职人员行贿的犯罪，必须同时禁止或打击收受外国贿赂的犯罪。（2）将贿赂外国公职人员的行为与外国公职人员受贿的行为同时规定为国际犯罪，就能够消除"双重犯罪"的障碍，更有利于打击和预防这类犯罪。（3）从《联合国反对国际商业交易中的贿赂行为宣言》、欧洲理事会《反腐败刑法公约》两个国际文件对贿赂罪的规定看，国际贿赂犯罪应当包括对外国公职人员行贿罪和外国公职人员受贿罪两个罪名。

（1）关于贿赂外国公职人员罪

《禁止在国际商业交易中贿赂外国公职人员公约》第1条明确规定了贿赂外国公职人员罪。贿赂外国公职人员罪是指"任何人，为了在国际商业交易活动中获得或保持商业交易或其他不正当利益，跨国性地向外国公职人员直接或者间接地提出、允诺或者给予任何不正当的款项或好处，以使该公职人员或第三人履行或不履行其职责的行为"。

第一，贿赂外国公职人员罪的主体。《禁止在国际商业交易中贿赂外国公职人员公约》没有对行贿主体进行特别的限制，因此，行贿罪的主体首先应该理解为自然人。对于任何种类的国际犯罪，首先追究实施国际犯罪行为的自然人的刑事责任，是国际刑法的一项基本原则。即使是代表法人或国家，或者为了法人或国家的利益而实施的国家犯罪，也不能免除行为人个人的刑事责任。追究法人的刑事责任并不是世界各国共同认可的法律原则。对于那些法律没有规定法人可以作为犯罪主体承担刑事责任的国家来说，直接把指使、授权或者委托自然人实施犯罪的公司或者其他法人作为犯罪主体，是国内法所不能接受的。

关于法人能否成为行贿的主体，要依据各国国内法的不同规定区别对待。中国刑法承认法人可以作为行贿罪的犯罪主体，并在贿赂罪中设专门的单位受贿罪、单位行贿罪、对单位行贿罪。因此，法人也可以成为贿赂外国公职人员罪的犯罪主体。

第二，贿赂的对象。《禁止在国际商业交易中贿赂外国公职人员公约》规定，贿赂外国公职人员罪的贿赂对象是"外国公职人员"。外国公职人员是一个比较宽泛的概念，而对外国公职人员的界定又是该罪犯罪构成中一个十分重要的因素。因此，该公约第1条第4款规定，"外国公职人员"是指拥有某一外国的立法、行政、司法职责的任何人，不论其是任命的还是选举产生的；为某一外国包括为某一公共机构或公共企业履行公共职能的任何人；国际公共组织的任何官员或代理人。

根据《禁止在国际商业交易中贿赂外国公职人员公约》规定的贿赂对象的范围，中国立法机关在增设"贿赂外国公职人员罪"时，可以将这类跨国贿赂犯罪的贿赂对象分为三类人员：其一，外国立法机关、行政机关或司法机关的工作人员，其中包括依照法定程序直接任命的官员，也包括通过选举方式产生的民选代表。其二，外国公共机构或公共企业中履行公共职能的人员。"公共机构"应该是指公法组成的从事特定的公益任务的实体。这类机构通常是中国政府资助或授权设立的。"公共企业"应当是指中国政府或政府组织可以直接或间接地对其行使支配性影响的任何企业，而不论该企业的法律形式如何。"公共职能"应当是指在公共机构或公共企业中从事管理的职能或授权从事与公共利益有关的职能。其三，国际公共组织的任何官员或代理人。"国际公共组织"包括国家间、政府、其他国际公共组织间组成的国际组织，也包括地区性经济组织，如欧共体。

第三，贿赂外国公职人员罪的主观方面。贿赂外国公职人员罪具有明确的犯罪目的，通常是为了使外国公职人员在国际商业交易中履行或者不履行其职责，以便使行贿主体自己或者任何其他自然人或者法律实体获得或者保持商业交易或者其他不正当利益；而收受贿赂的理由则是对这种行贿目的的认可、承诺或者兑现。

行贿主体的这种目的，在客观上需要通过外国公职人员履行或不履行其职责来实现。"履行或者不履行其职责"，既包括外国公职人员在职能活动中为了行贿主体的利益而实施或不实施某种行为，也包括外国公职人员利用自己的身份或职位影响或改变其国内政策；既包括外国公职人员在其职责范围内实施的任何行为，也包括外国公职人员利用自己的身份或职位在其职责权限范围之外实施的任何行为。

第四，贿赂外国公职人员罪的客观方面。作为一种跨国性犯罪，贿赂行为必须是"跨国性"实施的。至于贿赂的具体方式，《禁止在国际商业交易中贿赂外国公职人员公约》则规定得比较宽泛：从贿赂的方式上看，贿赂行为不仅包括直接行贿的行为，而且包括间接行贿的行为；从贿赂的过程上看，贿赂行为不仅包括实际给予贿赂的行为，而且包括提出或允诺给予贿赂的行为；从贿赂的内容上看，不仅包括任何"款项"，而且包括任何"好处"。此外，按照该公约第1条第2款的规定，贿赂行为不仅包括亲自实施贿赂的行为，而且包括唆使、帮助、教唆或者授权他人实施贿赂的行为，以及未遂或共谋贿赂外国公职人员的行为。

(2) 关于外国公职人员受贿罪

第一，本罪主体必须是外国公职人员。本罪的犯罪主体不是一般的自然人，他必须是外国公职人员。作为一种国际犯罪，外国公职人员受贿罪的主体即外国公职人员，同向外国公职人员行贿的主体不是同一个国家的公民或者法人。正是这一点，决定了该罪具有国际性，决定了它不同于各国国内刑法中的贿赂犯罪。

第二，本罪在主观方面属于故意，目的是获得不正当利益。

第三，本罪在客观方面表现为一个国家的任何公职人员直接或者间接地向另一个国家的任何公私营公司，包括跨国公司或个人要求、索取、接受或收取任何款项、礼物或其他好处，作为该官员在国际商业交易中履行或者不履行其职责的不正当报酬的行为。

外国公职人员受贿可以通过直接的方式，也可以通过间接的方式实现。向跨国公司或者个人索取贿赂的，按照外国公职人员受贿罪从重处罚。

(3) 增设外国公职人员贿赂犯罪需要研究的几个问题

第一，如何界定"外国公职人员"的范围？

根据已经批准的国际公约的规定，界定"外国公职人员"有两种意见：

一是对"公职人员"按照国内法中的"官员""公务员""市长""部长""法官"的定义来理解，这一定义明确规定在欧洲理事会的《反腐败刑法公约》中。但是该公约在规定贿赂外国公职人员罪的同时,又规定了贿赂外国公共机构成员罪、贿赂国际组织官员罪、贿赂国际议事机构成员罪、贿赂国际法院法官和官员罪等罪名,从而使国际贿赂犯罪的主体扩大到外国国家官员以外的享有公共事务管理职能的其他公职人员。

二是将"外国公职人员"的范围界定为拥有某一外国的立法、行政、司法职责的任何人;为某一外国包括为某一公共机构或公共企业履行公共职能的任何人;国际公共组织的任何官员或代理人。这一定义规定在《禁止在国际商业交易中贿赂外国公职人员公约》中。

我们认为第二种方法比较可行,其规定的"公职人员"的范围,与中国刑法对"国家工作人员"范围的规定比较接近。因此,按照《禁止在国际商业交易中贿赂外国公职人员公约》的规定来确定"外国公职人员"的范围,既符合国际公约的规定,也符合中国刑法对公职人员的规定。

第二,关于单位贿赂犯罪问题。

《禁止在国际商业交易中贿赂外国公职人员公约》并没有明确规定单位贿赂犯罪。但是该公约第2条规定,"每一缔约国都应按照其本国的法律原则,采取可能必要的措施,确立贿赂外国公职人员的法人的责任"。这一规定表明国际公约充分尊重各缔约国国内立法,各缔约国可以根据自己国家对贿赂犯罪主体的不同法律规定,以立法形式确定法人能否成为"贿赂外国公职人员罪"的犯罪主体。

中国刑法不仅将法人规定为贿赂犯罪的犯罪主体,而且基于法人在适用刑罚上的特殊性,单独设立"单位受贿罪""对单位行贿罪""单位行贿罪"等罪名对法人犯贿赂罪的予以惩罚。所以,如果中国签署该公约,并将贿赂外国公职人员罪内化为国内法，将法人作为国际贿赂犯罪的主体，既符合中国刑法的原则，也符合有关国际公约的精神。

第三，收受回扣、手续费的行为如何定性？

在国际商业交往中，收受回扣、手续费的行为是否属于贿赂行为？《禁止在国际商业交易中贿赂外国公职人员公约》规定贿赂不仅包括任何"款项"，而且包括任何"好处"。至于"好处"如何理解，该公约没有明确规定。但是它明确在"好处"前加上"不正当"作为修饰语。这样规定主要是考虑到一些国家法律或条例允许公共官员在职务活动中收受小额给付。这种法律或条例允许收受的财物，当然不属于不应当收受的财物，因而也不是"不正当"的款项或好处。

中国刑法规定，在经济往来中，包括国家对经济的管理活动，也包括国家工作人员或者国家机关和国有企、事业单位参与的各种经济交往活动中，违反全国人大及其常委会制定的法律、国务院制定的行政法规和行政措施、发布的决定和命令，给予国家工作人员以各种名义的数额较大的回扣和手续费的行为，按照受贿罪或者行贿罪论处。不过，中国在增设国际贿赂犯罪时，会充分考虑国际商业交易活动的特殊性，把符合国际商业交易规则或惯例的给付和收取回扣或手续费的单位行为与单位贿赂犯罪区别开来，以保证国际商业交易的正常进行。

第四，贿赂是否包括非财物？

给予或者收受非财物的行为能否纳入贿赂罪的范畴？无论从国际公约还是从中国刑法的规定看，回答都是否定的。中国刑法将财物界定为货币和有价证券以及可计价的实物和商品。但是在司法实践中，在认定贿赂罪时，往往涉及大量的属于财物范畴以外的情况。如高消费的请客送礼、观光旅游、提供免费食宿、色相服务或提供优惠券、贵宾卡满足精神享受。由于这些利益不直接表现为财物，故在目前的司法实践中多数未被纳入贿赂罪的范畴内。不过，在有些国家的刑法中，例如在《日本刑法》中，就已经将性服务认定为贿赂。中国的一些学者也在呼吁中国在刑事立法中增加性贿赂的内容。我们认为从司法实践的需要出发，有必要将某些非财物的贿赂行为犯罪化，尤其应该将性贿赂犯罪化。因为目前在一些国家、地区，性贿赂似乎比财物贿赂更有效，其危害性也远远大于一般财物贿赂。

第五，如何规定贿赂外国公职人员罪（包括外国公职人员受贿罪）的法定刑？

国际贿赂犯罪往往在执行刑罚时涉及刑事司法协助的问题，因此，各国在规定国际贿赂犯罪的法定刑时，要充分考虑到世界上其他国家对贿赂犯罪法定刑的相关规定，来设计本国国际贿赂犯罪的法定刑。只有取得国际社会的认可，才能在打击这类国际犯罪方面与其他国家进行刑事司法协助与合作，增强本国刑法的适用性。

中国刑法虽然对行贿罪没有规定死刑，但是对受贿罪却规定了死刑。但是我们认为，中国立法机关在对贿赂外国公职人员罪包括外国公职人员受贿罪设定法定刑时，会以有期徒刑为限，而不会包括无期徒刑和死刑。除了以上提到的原因外，还因为设立跨国性贿赂犯罪同一般贿赂犯罪的立法宗旨不同。惩罚一般贿赂犯罪的目的主要是保持本国权力运作的廉洁性，使国家工作人员履行职责的行为得到公众的认可和支持。而惩罚跨国性贿赂犯罪与这一宗旨无关，主要目的还是要挽回经济损失、净化国家商业竞争环境。因此，两种性质不同的贿赂犯罪的法定刑应该有所区别。

如果在签订国际贸易合同中发生贿赂犯罪，解除该合同能否成为一种法定刑？我们认为解除合同不能作为一种刑罚方法。虽然外国公职人员收受贿赂和与行贿方签订贸易合同之间有一定联系，但是合同关系毕竟是一种经济法律关系，合同应否取消要看合同双方当事人的意愿，如果将解除合同作为刑罚方法规定下来，显然不符合经济法律的立法精神。

2. "跨国公司、企业人员受贿罪"和"对跨国公司、企业人员受贿罪"的犯罪构成及需要研究的问题

《禁止在国际商业交易中贿赂外国公职人员公约》比较详细地规定了贿赂外国公职人员罪，对于跨国公司人员实施的贿赂犯罪，只是散见于一些国际性、地区性决议中。1975年7月10日美洲国家组织通过了《关于跨国公司行为的决议》，其中规定跨国公司对外国官员行贿的行为是一种犯罪行为，需要加以预防、禁止和惩治。1975年12月15日联合国大会在其通过的第3514号决议中，特别谴责跨国公司和其他公司及其中间人和其他有关任意违反所在国的法律和条例而实施的包括贿赂在内的一切腐败行径，禁止由一些公司在国际谈判的场合进行一切贿赂活动。

（1）将跨国公司贿赂行为犯罪化的必要性

跨国公司是指以本国为基地或中心，在不同国家或地区设立分公司或者投资公司，从事国家性生产经营活动的经济组织。[1] 就跨国公司的性质而言，它并非一个严格的公司法概念，实为政治经济学和国际经济法的范畴。跨国公司是由母公司和多个子公司、分公司共同组成的，因为子公司、分公司设立在外国，因此跨国公司具有跨国性。跨国公司在法律上不是一个独立的实体，其内部关系具体表现为母公司与子公司、总

---

[1] 石少侠：《公司法》，吉林人民出版社1994年版，第44页。

公司与分公司及其他参股投资关系,并受相应的法律规范调整。各国公司法都没有调整跨国公司的专门条款,它实际上并不是一种公司,它表现的是公司之间所形成的一种特殊联系。

设立跨国公司是公司自身为了增加企业的国际竞争力,占领国际大市场的一种方式。中国的公司、企业到国外设立分公司,或者允许外国公司在中国设立分公司,这是经济全球化的要求。从目前情况看,许多外国大公司、企业已经进入中国市场,还有一些正虎视眈眈,准备进入中国市场分一杯羹。尤其在世界经济不景气,发达国家经济发展速度放缓,而中国经济一枝独秀的情况下,可以预见更多的世界著名大公司、企业将在中国设立分公司、子公司。中国的公司、企业具有国际竞争力的虽然不多,但是已经有海尔、康佳等中国品牌企业在外国设立分公司,逐渐成长为跨国公司。如何规范这些跨国公司的商业活动,已经很现实地摆在立法者面前。

跨国公司人员贿赂犯罪同外国公职人员贿赂犯罪一样,因行贿人、受贿人不在同一个国家而具有跨国性,而且跨国公司人员贿赂犯罪同外国公职人员贿赂犯罪之间有一定的相互依存关系。因此,为了净化国际商业竞争环境,也为了从源头上预防和打击外国公职人员贿赂犯罪,有必要将跨国公司人员的贿赂犯罪也作为犯罪进行处罚。

(2) 增设跨国公司人员贿赂犯罪的具体建议

中国刑法如何规定跨国公司、企业人员贿赂犯罪,同样存在两种可供选择的方案:一是通过制定单行刑事法律补充修改刑法,即在第三章增设"跨国公司、企业人员受贿罪"和"对跨国公司、企业人员行贿罪";二是通过立法解释对刑法第163条、第164条作扩大解释,将其中的"公司、企业人员"扩大解释为包括跨国公司、企业人员。

我们主张采用第一套方案,即在刑法第三章增设"跨国公司、企业人员受贿罪"和"对跨国公司、企业人员行贿罪"两个罪名。理由如下:首先,该类犯罪同刑法规定的公司、企业人员贿赂罪的主体有很大不同。跨国公司的跨国性之一就体现在人员的跨国性上,跨国公司在外国设立分公司、子公司时,都会聘用很多当地的雇员,因此跨国公司的人员结构基本上是由本国人和外国人"分天下"。而一般的公司、企业虽然有时也会聘用外国的专家、技术人员,但往往数量很少,大多数企业根本就没有。其次,罪与非罪的界限上有差距。认定贿赂犯罪的关键在数额,中国刑法对构成公司、企业人员贿赂罪的数额标准是5000元人民币,即公司、企业人员收受5000元人民币,或者向公司、企业人员行贿5000元人民币的,分别要按照"公司、企业人员受贿罪""向公司、企业人员行贿罪"处罚。但是在跨国公司工作的人员,尤其是在跨国公司设在中国境内的分公司工作的人员,其工资水平明显高于当地的平均收入水平。如果将5000元人民币作为跨国性贿赂犯罪的起点,显然有用重刑之嫌。最后,将该类犯罪补充规定在破坏社会主义经济秩序罪中,虽然有一丝牵强,但是也能解释得通。惩治跨国公司、企业人员的贿赂犯罪行为,从国际的角度看是为了净化国际商业竞争环境,从实际效果看,净化了国际商业竞争环境,也就保护了中国社会主义市场经济秩序。

(3)增设跨国公司人员贿赂犯罪需要研究的问题

国际公约中没有关于跨国公司、企业人员贿赂犯罪的法律规定,中国刑法中也没有设立相关的罪名。如果增设这两个罪名,首先要解决以下几个问题。

第一,跨国公司、企业人员贿赂犯罪的适用范围。

跨国公司虽然不是一个独立的法律实体,但是,依据跨国公司的总公司设立、登记的国籍，可以将跨国公司分为在本国设立的跨国公司和在外国设立的跨国公司，由此也就导致跨国公司、企业在人员结构上比较复杂，从雇员的国籍划分，可以分为本国雇员和外国雇员；从身份上划分，可以分为国家、国有企业派驻到跨国公司、企业工作的人员和非派驻人员，四种身份排列组合后，就会产生法律适用上的问题。下面我们对可能产生的情况逐一分析：

一是政府或者国有大企业派驻到跨国公司、企业工作的人员。在国家控股或者参股的跨国公司中，国家有权向这些公司派驻董事、监事等，这些人属于国家工作人员。如果是本国政府或者国有大企业派驻到跨国公司、企业工作的人员犯贿赂罪的，按照一般的国家工作人员贿赂犯罪定罪处罚；如果是外国政府或者国有大企业派驻到跨国公司、企业工作的人员犯贿赂罪的，按照外国公职人员贿赂罪定罪处罚。

二是跨国公司、企业中的一般工作人员。所谓一般工作人员是指除政府或者国有大企业派驻到跨国公司、企业工作的人员以外的其他工作人员。这些工作人员犯贿赂罪的，无论是本国雇员还是外国雇员，都依照本罪，即跨国公司、企业工作人员贿赂罪定罪处罚。

第二，贿赂犯罪行为与国际商业交往中馈赠行为的界限。

跨国公司、企业工作人员按照国际交往的惯例，收受一定数额的回扣和手续费不属于受贿行为。至于接受馈赠与受贿的区分标准，司法实践中应该注意从以下几点着手区别两者：其一，接受赠送的财物数量价值大小；其二，接受礼品的方式是秘密还是公开；其三，对方赠送财物的原因；其四，与赠送人之间的关系；其五，接受财物前后，是否为赠送人提供某种好处，例如是否有购买对方不合理原材料、产品的行为发生。

通过分析上述各个方面情况后确定行为人主观动机,确认有无非法交易,正确区分接受馈赠和受贿。

五、国际经济交往中腐败犯罪的预防

(一)国际经济交往中腐败犯罪的多发环节

1. 签约、履约环节

在同外国政府、企业签订和履行贸易合同的过程中,向外国政府、企业中负责签订、履行合同的公职人员或者企业工作人员行贿,在价格上做手脚收取好处的犯罪将增加。

2. 商品销售和购买环节

某些外贸公司负责人或业务人员,在负责商品出口时,收受外商贿赂故意压低商品价格;或与不法外商勾结故意购进质次价高商品,从中收受贿赂。也有在销售、购买商品过程中,账外暗中给予对方单位或者个人回扣,对方单位或者个人在账外暗中收受回扣。

3. 商品运输环节

中国的商品运输市场存在供需矛盾,大量的出口商品需要委托外商运输。而外商为争取运输业务,频频向中国外运公司中的国家工作人员行贿。在负责外运业务的人员中,易发生索贿受贿案件。

4. 招标、投标环节

在城市规划和大型建筑工程招、投标过程中,外国公司、企业为了能够中标,向中国工程项目招标负责人员行贿犯罪会逐渐增多。随着中国公司、企业建筑工程设计、施工能力和竞争力的增强,为了在外国政府、企业组织的招标活动中能够中标,中国公司、企业向外国政府、企业行贿的犯罪将增加。

5. 国有资产评估环节

国有公司、企业在与外商合资合作过程中,故意低估国有资产的价值,从中收取贿赂。

6. 国有外贸公司驻外工作人员可能成为贿赂高发人群

中国加入 WTO 前后,将会有一批国有企业、公司在境外投资或者设立办事机构,其工作人员长期居住境外,他们中有的在与外商业务往来中相互勾结,损害公司利益,贪污受贿的案件频频发生,而且监督较为困难。

7. 外汇的审批、发放环节

中国加入 WTO 后,在相当长的时间内还将对金融活动实施宏观调控,外汇的使用、审批制度还很严格。一些掌握外汇审批、发放职权的银行工作人员,会利用职权以贷谋私,违反国家外汇信贷政策,违章审批,向"三资"企业发放贷款,从中收受贿赂。

8. 报关纳税环节

关税是国家保护民族产业,调节国际进出口收支平衡的重要手段。虽然中国已经在一些地方进行电子报关的试点工作,但是由海关工作人员进行人工报关仍然是进行海关监管的主要形式。为了低报价格偷逃关税,进出口商相互串通,拉拢腐蚀海关工作人员。在报关纳税环节索贿、受贿放纵走私的犯罪已经十分严重。

9. 商品检验环节

实行进出口商品检验制度是国家保护人民群众生命财产健康的重要手段。境外奸商为将假冒伪劣商品、假药劣药、不符合卫生标准的有毒有害食品、不符合标准的医用器材、不符合安全标准的产品等蒙混入关谋取不法利润,会主动行贿。国家商检部门、商检机构的工作人员收受贿赂后对商检的单证、印章、标志、封识、质量认证标志等作虚假证明或者出具不真实的结论,致使国家利益遭受重大损失。

10. 税收环节

随着对"三资"企业征税面的扩大,一些税务机关工作人员索贿受贿、徇私舞弊不征或者少征应征税款,或者在办理发售发票、抵扣税款、出口退税工作中,违反法律规定,致使国家利益遭受重大损失。

(二) 对国际贿赂犯罪的预防对策

1. 增加政府管理跨国公司、企业的透明度

为减少和防止公职人员在国际商业交易中利用职权滋生腐败,就必须用世界经济的一般规则来转变政府管理经济的方式。各国政府应当公开对跨国公司、企业在本国设立分公司或子公司的审批程序和手续,明确对跨国公司、企业的税收征管制度,铲除腐败产生的温床。政府应加强公共采购和公共财物管理,在透明、公开和竞争基础上建立采购规则,必须采取必要的立法措施,对政府管辖范围内的所有采购机构建立统一的规则。

2. 协助跨国公司、企业建立管理监督制度

司法机关在办理跨国公司、企业贿赂犯罪时,应该认真分析发案单位在管理监督等方面存在的漏洞和问题,有针对性地提出司法建议,帮助发案单位堵漏建制,亡羊补牢,防范类似问题再次发生。

3. 增强涉外工作人员的法律意识,加强拒腐蚀能力

不少在外企工作的人员,尤其是新近从学校毕业的人员,将主要精力用于业务培训,法律意识淡薄。在外企工作的人员同外国高薪阶层接触较多,看到他们思想、行为方式自由和生活较为优裕的一面,有些人就开始盲目模仿,追求他们的生活方式。因此,必须加强涉外人员法制教育、涉外纪律教育、道德教育,提高他们的综合素质,增强抵御不健康生活方式及思

想意识侵蚀的能力。

4. 加快国际贿赂犯罪立法，堵塞法律上的漏洞

中国刑法没有规定外国公职人员贿赂罪和跨国公司、企业人员贿赂罪等带有涉外因素的跨国性贿赂犯罪。法律上的空白一方面给犯罪分子造成可乘之机，另一方面对从事国际商业交易的人员也缺乏警戒作用。只有在填补立法上的空白之后，有法可依，才能违法必究。当然，进行国际贿赂犯罪的立法还有许多问题需要研究解决，根据该类犯罪所具有的跨国性特征，同其他罪名相比，该类犯罪从罪名的设立、犯罪的构成到法定刑的设置，更需要各国之间进行磋商、协作解决。从目前的情况看，先由联合国等国际组织制定惩治国际贿赂犯罪公约，然后各成员国在签署公约后，将该类犯罪内化为国内法是最为有效的途径。

六、国际协作打击国际经济交往中的腐败犯罪

1996年12月16日联合国大会通过的《联合国反对国际商业交易中的贪污贿赂行为宣言》指出："对国际商业交易的贪污和贿赂行为进行刑事调查和采取其他法律程序方面要进行合作，并且要相互提供尽可能的最大的司法协助。"

（一）各国间进行司法合作打击跨国腐败犯罪的意义

1. 体现出对各国主权的尊重

跨国腐败犯罪案件无论当事人涉外，还是犯罪地或赃款赃物涉外，其调查核实证据、执行强制措施等诉讼行为，都会不同程度地需要外国司法机关的配合、协助。司法机关在打击跨国腐败犯罪时，向相关国家发出提供司法协助的请求，本身就是对被请求国主权的尊重，而不是像有些偏执的主权主义者认为的那样，向请求国提供司法协助会侵犯本国的司法主权。

2. 对请求国和被请求国互利

从单次的司法协助请求看,请求国的国家利益受到的威胁最大,请求国在得到被请求国的协助,侦破腐败犯罪,追回赃款、赃物后,得到的将是切实的、现实的利益。而相对来说,被请求国虽然在调查取证、引渡腐败犯罪分子方面作出许多努力,却无法同时得到回报。但是,从长远的角度看,腐败犯罪的国际化趋势已经日益明显,任何一个国家都有可能成为跨国腐败犯罪的受害国,相信互相帮助的合作意识能够取代狭隘的国家主权主义。

3. 敦促各国改善、加强刑事诉讼过程中的人权保护

各国在合作打击跨国腐败犯罪时,个别国家在案件查处阶段出现的超前羁押、随意搜查等问题,特别是对涉案人员不当适用强制措施的问题将会在国际人权斗争中凸显出来。因此,各国必须在刑事诉讼中切实保障跨国腐败犯罪嫌疑人和其他涉案人员的基本权利和合法权益。谨慎使用刑事强制措施,坚决杜绝超期羁押、刑讯逼供、随意搜查等侵犯犯罪嫌疑人和其他涉案人员人身权利、财产权利、经营权利的现象。

(二)中国打击跨国腐败犯罪,开展国际司法协助的依据和程序

针对国家工作人员腐败犯罪案件的复杂性以及其巨大的危害性,中国的法律将国家工作人员腐败犯罪等职务犯罪案件的侦查、起诉权赋予人民检察院,而其他普通刑事犯罪的侦查权则由公安机关行使。

中国刑事诉讼法第17条规定:"根据中华人民共和国缔结或者参加的国际条约,或者按照互惠原则,我国司法机关和外国司法机关可以相互请求刑事诉讼协助。"最高人民检察院颁布的《人民检察院刑事诉讼规则》,根据中国刑事诉讼法和有

关法律规定，对检察机关开展刑事司法协助的原则、检察机关在刑事司法协助中的地位，以及检察机关刑事司法协助的范围、程序等作出了具体的规定。这些规定同样适用于腐败犯罪案件。

1. 检察机关开展刑事司法协助的原则

人民检察院应当在相互尊重国家主权和平等互利的基础上，与有关国家的主管机关相互提供司法协助。

2. 检察机关在刑事司法协助中的地位

最高人民检察院是检察机关办理司法协助事务的最高主管机关。根据有关国际条约的规定，最高人民检察院是司法协助中的中方中央机关。

3. 中国检察机关司法协助的范围

人民检察院司法协助的范围主要包括刑事方面的调查取证、送达刑事诉讼文书、通报刑事诉讼结果、移交物证、书证和视听资料、引渡以及法律和国际条约规定的其他司法协助事宜。"其他事宜"主要包括查封、冻结、扣押赃款赃物等。

4. 中国检察机关提供司法协助的程序

（1）接受其他国家的司法协助请求，为外国提供司法协助的程序。最高人民检察院直接收到外国提出的司法协助请求或接到中方其他中央机关转来的司法协助请求后，首先依据我国法律和有关司法协助条约进行审查。对符合条约有关规定并且所附材料齐全的，交由有关省级人民检察院指定下级检察院办理。负责承办的检察院在将请求执行事项执行完毕后层报最高人民检察院，由最高人民检察院直接将办理结果转递请求协助的国家。

（2）检察机关向外国提出司法协助的程序。由提出请求的检察院将请求书及有关材料层报最高人民检察院，经最高人民检察院审查符合法律规定的，由最高人民检察院直接或由中方其他中央机关转递被请求国。

中国检察机关负责侦查的都是国家工作人员的腐败犯罪案件。因此，如果刑法增设外国公职人员贿赂犯罪、跨国公司工作人员犯罪两类，前类犯罪由检察机关负责侦查比较合适，因为外国公职人员虽然为外国政府、组织服务，但是他们毕竟也是国家工作人员。基于检察机关已经积累的对国家工作人员腐败犯罪方面的侦查经验，完全有资格承担起对外国公职人员贿赂犯罪的侦查，以及开展刑事司法协助的工作。至于跨国公司、企业人员的贿赂犯罪问题由哪一个国家机关负责侦查起诉，则需要立法机关通过立法进行协调。

（三）对各国之间合作打击跨国腐败犯罪的建议

1. 制定具有国际性、地区性的反跨国性腐败国际公约、条约，订立双边或多边的国际反跨国性腐败司法协助条约或者协定

国际商业交往中的腐败犯罪的危害性以及各国之间相互合作打击腐败犯罪的有效性，都对跨国腐败犯罪的立法提出了新的要求。到目前为止，只有《禁止在国际商业交易中贿赂外国公职人员公约》对外国公职人员贿赂犯罪作了规定。鉴于跨国公司、企业人员贿赂犯罪的特殊性，我们建议相关国际组织同样以国际公约的形式将该类犯罪明确规定下来，以规范各国的相关立法。同时，我们还建议订立双边或多边的国际反腐败司法协助条约或协定，规范国际间的信息交流与司法协助活动，提高国际合作的水平。

2. 建立专门的反跨国腐败犯罪国际协调机构

从对跨国腐败犯罪进行侦查取证到帮助受害国追回赃款赃物，这需要各国之间相互合作。但从人力资源、信息资源到业

务水平，一个或几个国家的努力还是无法同专门的反跨国腐败犯罪国际协调机构的能量相比。从目前情况看，对跨国腐败犯罪还存在调查取证的渠道少、信息交流不充分的问题。因此，我们建议借鉴国际刑警组织的成功经验，建立专门的反跨国腐败犯罪国际协调机构。

反跨国腐败犯罪国际协调机构应该是国际性非政府组织，该组织工作应该分三个方面：（1）在全球领域内，提高国际社会对腐败及其危害的认识；（2）倡导政策改革，促进落实国际多边条约、公约；（3）协调各国之间的司法合作事宜，督促各国政府、企业及银行落实反贪承诺；（4）集中国际精力进行腐败犯罪的预防及体制改革；（5）开展从事司法协助工作专门人员的交流与培训。但是必须明确，该国际机构所起的只是协调和组织作用，不应该卷入个案调查，以防陷入纠纷之中，影响其公正性、权威性的发挥。

3. 制定适用于全球或者某一地区的国际反腐败法律，明确反腐败案件的管辖问题

如果建立专门的反腐败国际协调机构，就需要首先制定一部适用于全球或者某一地区的国际反腐败法律，对国际反腐败协调机构的性质、活动原则、主要任务、合作的方式和手段以及协调机构人员的组成和资金来源等问题作出法律规定。用法律来规范反腐败国际协调机构的活动，也便于该机构接受国际监督。

跨国腐败犯罪的管辖是国际反腐败法必须首先解决的问题，因为该问题直接同各国的经济利益相关，因此非常敏感、关键。我们建议对跨国腐败犯罪的管辖采用综合主义原则，即以属人主义为主体，属地主义、国家保护主义为补充。

由于中国内地、香港、澳门、台湾属于不同法域，中国还

必须在"一国两制"原则下，协商解决好两岸三地刑事案件的司法管辖问题，积极探索协查案件的有效途径。

4. 改进各国刑事诉讼法对跨国腐败犯罪侦查取证等工作的规定

从中国的情况看，中国腐败犯罪分为两类，对于国家工作人员的腐败犯罪行为，由检察机关负责侦查；非国家工作人员的腐败犯罪，由公安机关负责侦查。但是两类犯罪的起诉权都归检察机关。从侦查手段以及侦查权限看，检察机关对国家工作人员腐败犯罪的侦查权并不高于公安机关侦查一般犯罪时拥有的侦查权。中国刑事诉讼法规定视听资料可以作为证据使用，因此侦查人员利用录音、录像取得的证据材料通过质证、认证，可以作为证据使用。但是警察圈套等侦查手段没有被中国刑事诉讼法认可。就我们所知，不仅中国，世界上许多国家都没有赋予对腐败犯罪的特别侦查权。这显然不符合腐败犯罪特殊性的要求，因此，必须改进刑事诉讼法对侦查跨国贿赂犯罪手段、方式方面的规定。

5. 建立追讨赃款、赃物的协作机制

在我们看来，建立打击跨国腐败犯罪合作机制主要目的有二：一是收集认定腐败犯罪的关键证据，引渡犯罪嫌疑人回国接受审判；二是协助受害国追回赃款、赃物，使受害国的经济损失降低到最小。因此，在腐败犯罪案件的侦查过程中，除了按照已经签署的刑事司法协助与合作条约，积极主动地寻求有关国家和地区司法机关的配合与支持外，还要下大力气研究携款外逃的司法对策，建立追讨赃款、赃物的协作机制，尽量减少和挽回受害国的经济损失，并使犯罪分子受到应有的法律追究。

6. 建立专门人员的交流与培训

通过多年的司法协作实践可以发现,对外国法律以及司法程序了解不够是导致许多司法协助无法开展的重要原因。必须承认,各国法律文化背景不同,对哪种行为应认定为犯罪认识也不一致,想达成一致,还要通过修改国际公约、国内法的形式。但是,加强对相关人员的业务培训和交流,了解外国法律以及司法程序,则是可以迅速见成效的措施。通过人员的交流与培训,各国从事司法协助的人员可以相互熟悉对方国家的法律和工作程序。而且通过培训和交流的方式,各国从事司法协助的人员之间还可以增加了解、建立友谊,有时人员的交流比法律上的交流更重要。这种交流和培训可以由反腐败国际协调机构组织,也可以由地区性组织承办。两个国家相互派专门人员到对方国家学习法律制度同样也是有效途径。

国际经济交往中的腐败及其相关犯罪[*]

随着经济全球化趋势的出现，惩治国际经济交往活动中的腐败犯罪，已经成为世界各国共同关心的话题。加强国际合作，联合打击国际经济交往中的腐败犯罪，也越来越受到世界各国的重视。但是如何充分利用国内刑法的现有规定有效地打击国际经济交往中的腐败犯罪，以及如何通过完善国内刑法和建立国际反腐败合作机制加强世界各国在反腐败方面的国际合作，则是需要认真研究的课题。

一、惩治国际经济交往中的腐败犯罪的重要性

中国加入世界贸易组织以后，中国与世界各国的经济交往将更加频繁、范围更加扩大。中国经济融入世界经济，必将大大促进经济全球化的进程。经济全球化的标志之一是跨国性贸易在商业交易中所占比重显著增加、跨国性经济组织的活动空前活跃。而在跨国性经济交往活动中，一些人为了获取不正当利益，利用贿赂的手段获得或保持商业竞争中的优势，或者不

---

[*] 本文是与蔡巍博士合作撰写并提交给 2002 年 4 月 21—23 日在深圳举行的"国际刑法问题研讨会"的论文。

惜以损害国家和人民利益为代价，进行权钱交易，获得个人的不正当利益。这种腐败犯罪，不仅破坏公共权力行使的合法性和廉洁性，侵害社会、道德秩序和正义以及人民的全面发展，危及社会的稳定和安全，而且妨害国际经济交往的正常进行和公平竞争，给跨国有组织犯罪以可利用之机。因此，国际社会普遍关注和联合打击国际经济交往中的腐败犯罪，具有极为重要的意义。

这种重要性突出表现在四个方面：（1）为国际商业交易提供稳定透明的法治环境。世界各国联合打击国际经济交往中的腐败犯罪，可以改善国际经济交往的社会环境和法治环境，为所有国家的国际商业交易提供公平、平等竞争的条件，保障国际经济交往不断扩大和持续进行。（2）促进各国建立和发展会计、审计等制度，规范国际交易规则和标准，堵塞经济交往中的漏洞。将国际经济交往中的腐败行为规定为犯罪，明确这类犯罪的犯罪构成及惩罚标准，有助于帮助各国重新审查本国在税收、会计、审计制度中的漏洞和缺陷，督促各国制定和保持会计标准和惯例，制定或者鼓励酌情制定商业守则、标准或最佳惯例，禁止国际商业交易中的贪污、贿赂及有关违法行为。（3）维护国家机关、公共部门的廉洁性。在国际经济交往活动中，腐败犯罪不仅助长公共部门的腐败而破坏国家机关的廉洁性和公共权力行使的公正性，而且可能削弱和破坏国家的对外经济政策，减损其国际信誉。打击国际经济交往中的腐败犯罪，也是各国政权建设的重要方面。（4）防止资金的非法转移和国家财产的流失。作为贪污、贿赂犯罪的一种继发性犯罪形式，洗钱常常被跨国犯罪分子用于转移非法资金。洗钱犯罪、非法转移资金犯罪都是国际交易中的腐败行径。世界各国采取国际措施和国内措施并举的方式联合打击腐败犯罪，可以增强各国防止腐败、贿赂、洗钱和非法转移资金的体制能力。

随着经济全球化进程的加快，国际社会对国际经济交往中的腐败犯罪现象越来越重视。1996年12月16日联合国大会通过了《联合国反对国际商业交易中的贪污贿赂行为宣言》，1997年12月12日联合国大会通过了题为《国际合作打击国际商业交易中的贪污贿赂行为》的决议，1997年12月17日经济合作与发展组织成员国通过并签署了《禁止在国际商业交易中贿赂外国公职人员公约》，1998年12月15日联合国大会通过了题为《国际商业交易中的反贪污贿赂行动》的决议，2000年1月15日联合国大会通过了《防止腐败行径和非法转移资金》。2000年12月4日联合国大会再次通过决议，决定制定一个独立于《联合国打击跨国有组织犯罪公约》的《联合国反腐败公约》。这些决议和行动显示了世界各国打击国际经济交往中的腐败犯罪的决心和努力，对开展国际合作打击腐败犯罪，引导各国加强国内刑事立法，制裁国际经济交往中的腐败犯罪具有积极的推动作用。

中国十分重视同腐败犯罪作斗争，积极寻求与世界各国在联合打击腐败犯罪方面的国际合作。李鹏委员长在国际检察官联合会第四届年会暨会员大会上指出："防止和惩治发生在经济和金融领域的欺诈行为和公共权力领域的腐败现象，是世界各国面临的共同问题。目前，这种欺诈与腐败已严重影响了公共权力的规范运行，与市场经济的公平、公正原则严重背离。要维护社会稳定、促进社会发展和进步，就必须同腐败与欺诈行为作斗争。"[1] 在从计划经济向市场经济转型的变革过程中，中国政府和司法机关投入了巨大的精力治理腐败问题，有

---

[1]《中国检察年鉴（2000）》，中国检察出版社2001年版，第2页。

效地遏制了腐败犯罪的蔓延。加入世界贸易组织以后，中国将以更积极的态度打击惩治腐败犯罪，在更大的领域内加强同世界各国联合打击国际经济交往中的腐败及相关犯罪的国际合作。

二、中国关于惩治腐败犯罪的刑事立法

按照中国刑法的规定，腐败犯罪主要包括三个方面：

（一）国家工作人员的贪污贿赂犯罪

刑法分则第八章对国家工作人员的贪污贿赂犯罪作了专门的规定。其中包括12个罪名，即贪污罪、挪用公款罪、受贿罪、单位受贿罪、行贿罪、对单位行贿罪、介绍贿赂罪、单位行贿罪、巨额财产来源不明罪、隐瞒境外存款罪、私分国有资产罪、私分罚没财物罪。

刑法分则第八章规定的贪污贿赂犯罪，除了行贿罪（包括对单位行贿罪、单位行贿罪）和介绍贿赂罪之外，其他犯罪都是以国家工作人员为主体的犯罪。没有国家工作人员的身份，不能独立构成上述犯罪，但是当非国家工作人员与国家工作人员相勾结实施上述犯罪时，非国家工作人员可以作为共犯构成上述犯罪。

贪污贿赂犯罪的对象都是财物，不包括财产性利益或非财产性利益。其中，贪污罪、挪用公款罪、私分国有资产罪的对象必须是公共财物或国有资产；贿赂犯罪的对象可以是公共财产，也可以是私人财产包括外国企业或个人的财产。

（二）公司、企业人员的腐败犯罪

在刑法分则中，还规定了一些公司、企业人员的腐败犯罪。这类犯罪主要包括：（1）公司、企业人员受贿罪（刑法第163条），即公司、企业包括金融机构的工作人员利用职务上的便利，索取他人财物或者非法收受他人财物，为他人谋取利益，数额较大的行为，以及公司、企业的工作人员在经济往来中，违反国家规定，收受各种名义的回扣、手续费，归个人所有的行为。但是国有公司、企业或者其他国有单位中从事公务的人员和国有公司、企业或者其他国有单位委派到非国有公司、企业以及其他单位从事公务的人员索取、收受贿赂构成犯罪的，按照国家工作人员的受贿罪论处，而不按照公司、企业人员受贿罪论处。（2）对公司、企业人员行贿罪（刑法第164条），即为谋取不正当利益，给予公司、企业包括金融机构的工作人员以财物，数额较大的行为。（3）职务侵占罪（刑法第271条），即公司、企业或者其他单位的人员，利用职务上的便利，将本单位财物非法占为己有，数额较大的行为。但是国有公司、企业或者其他国有单位中从事公务的人员和国有公司、企业或者其他国有单位委派到非国有公司、企业以及其他单位从事公务的人员利用职务上的便利，将本单位财物非法占为己有的，不按照职务侵占罪论处，而是按照贪污罪论处。（4）挪用资金罪（刑法第272条），即公司、企业或者其他单位的工作人员，利用职务上的便利，挪用本单位资金归个人使用或者借贷给他人，数额较大、超过3个月未还的，或者虽未超过3个月，但数额较大、进行营利活动的，或者进行非法活动的行为。如果是国有公司、企业或者其他国有单位中从事公务的人员和国有公司、企业或者其他国有单位委派到非国有公司、企业以及其他单位从事公务的人员利用职务上的便利，实施上述犯罪的，则按照挪用公款罪论处。

在中国，由于刑法明确地把国有公司、企业或者其他国有单位中从事公务的人员实施的贪污、受贿、挪用等犯罪，作为国家工作人员犯罪论处，所以上述公司、企业人员的腐败犯罪，主要是指非国有单位的公司、企业包括私人企业、合资企业、外国企业、跨国公司等经济实体的工作人员，以及国有单位中没有担任公共职务的人员实施的腐败犯罪。但是另外还有两种公司、企业人员的腐败犯罪，只能由国有单位的工作人员构成：（1）非法经营同类营业罪（刑法第165条），即国有公司、企业的董事、经理利用职务便利，自己经营或者为他人经营与其所任职公司、企业同类的营业，获取非法利益，数额巨大的行为。（2）为亲友非法牟利罪（刑法第166条），即国有公司、企业、事业单位的工作人员，利用职务便利，将本单位的盈利业务交由自己的亲友进行经营，以明显高于市场的价格向自己的亲友经营管理的单位采购商品或者以明显低于市场的价格向自己的亲友经营管理的单位销售商品，或者向自己的亲友经营管理的单位采购不合格的商品，使国家利益遭受重大损失的行为。

（三）与腐败有关的渎职犯罪

刑法分则第九章规定的渎职犯罪中有一些是因为徇私而违反职责的犯罪。例如：（1）刑法第397条第2款规定的滥用职权罪和玩忽职守罪，即国家机关工作人员徇私舞弊，滥用职权或者玩忽职守，致使公共财产、国家和人民利益遭受重大损失的行为。（2）刑法第399条规定的徇私枉法罪，即司法工作人员徇私枉法、徇情枉法，对明知是无罪的人而使他受追诉、对明知是有罪的人而故意包庇不使他受追诉，或者在刑事审判活动中故意违背事实和法律作枉法裁判的行为；民事、行政枉法裁判罪，即在民事、行政审判活动中故意违背事实和法律作枉法裁判，情节严重的行为。（3）刑法第401条规定的徇私舞弊减刑、假释、暂予监外执行罪，即司法工作人员徇私舞弊，对不符合减刑、假释、暂予监外执行条件的罪犯，予以减刑、假释或者暂予监外执行的行为。（4）刑法第402条规定的徇私舞弊不移交刑事案件罪，即行政执法人员徇私舞弊，对依法应当移交司法机关追究刑事责任的不移交，情节严重的行为。（5）刑法第403条规定的滥用管理公司、证券职权罪，即国家有关主管部门的国家机关工作人员，徇私舞弊，滥用职权，对不符合法律规定条件的公司设立、登记申请或者股票、债券发行、上市申请，予以批准或者登记，致使公共财产、国家和人民利益遭受重大损失的行为。（6）刑法第404条规定的徇私舞弊不征、少征税款罪，即税务机关的工作人员徇私舞弊，不征或者少征应征税款，致使国家税收遭受重大损失的行为。（7）刑法第405条规定的徇私舞弊发售发票、扣抵税款、出口退税罪，即税务机关的工作人员违反法律、行政法规的规定，在办理发售发票、抵扣税款、出口退税工作中，徇私舞弊，致使国家利益遭受重大损失的行为，以及其他国家机关工作人员违反国家规定，在提供出口货物报关单、出口收汇核销单等出口退税凭证的工作中，徇私舞弊，致使国家利益遭受重大损失的行为等。这些犯罪，虽然表现为渎职犯罪，但是其起因都是徇私。所谓徇私，主要是指贪图钱财，即为了得到某种不正当的利益包括收受他人财物而违反其法定职责，对国家、社会和公共利益造成了重大损失。

腐败犯罪是为了个人或单位的不正当利益而使职责的行使违背其本来性质的犯罪。腐败犯罪首先是以某种不正当利益为基础的，包括索取、获取、给予或许诺给予某种不正当利益，并且因为这种不正当利益致使或者可能导致职权的行使或职责的履行违背该职权或职责本来的性质和要求。腐败犯罪可能发生在与公共权力或公共职责有关的一切领域，可能涉及行使公共权力或公共职责的所有人以及受公共权力影响的所有人。但是腐败犯罪最容易发生的领域主要是与公共权力有关的经济活动。

三、中国惩治腐败犯罪的实践

在中国,与法律文化传统相联系,并不是所有违反法律的行为都作为犯罪来处理,违反法律并且其社会危害性达到一定的严重程度才构成犯罪。因此,根据中国经济发展的实际状况,中国刑法规定,个人贪污、受贿累计在 5000 元以上的,才作为犯罪追究刑事责任。个人贪污、受贿数额不满 5000 元,情节较轻的,通常由其所在单位或者上级主管机关酌情给予行政处分。单位受贿在 10 万元以上的[1],追究单位及有关个人的刑事责任。

按照中国刑事诉讼法第 18 条、第 136 条的规定,贪污贿赂犯罪和国家工作人员的渎职犯罪,由人民检察院立案侦查;凡需要提起公诉的案件,一律由人民检察院审查决定。法律赋予人民检察院在侦查这类案件中可以使用讯问犯罪嫌疑人、询问证人、检查、搜查、扣押物证和书证、鉴定等侦查手段,可以对犯罪嫌疑人采取拘传、取保候审、监视居住、拘留、逮捕等强制措施的权力。按照刑事诉讼法第 114 条、第 117 条、第 118 条的规定,人民检察院在勘验、搜查中发现的可用以证明犯罪嫌疑人有罪或者无罪的各种物品和文件,应当扣押;根据侦查的需要,可以依照规定查询、冻结犯罪嫌疑人的存款、汇款。但是对于扣押的物品、文件、邮件、电报或者冻结的存款、汇款,经查明确实与案件无关的,应当及时解除扣押、冻结,退还原主或者原邮电机关。

人民检察院侦查部门在侦查终结之后,要把案件移送检察机关内设的公诉部门。由公诉部门审查以决定是否提起公诉。人民检察院经审查,认为犯罪嫌疑人的犯罪事实已经查清,证

---

[1] 单位受贿数额不满 10 万元,但是情节恶劣的,也可以追究。

据确实、充分，依法应当追究刑事责任的，应当作出起诉决定，按照审判管辖的规定，向人民法院提起公诉；认为不需要追究刑事责任的，应当作出不起诉的决定；认为犯罪情节轻微，依照刑法规定不需要判处刑罚或者免除刑罚的，或者经过两次补充侦查仍认为证据不足，不符合起诉条件的，可以作出不起诉的决定。

人民检察院提起公诉的案件，由人民检察院向法庭提供能够证明被告人有罪的证据，只有在起诉巨额财产来源不明罪时，法律才允许举证责任倒置，即在检察机关提供证据证明被告人有超过其合法收入的巨额财产时，被告人有责任证明这部分财产的来源。如果被告人不能说明这部分财产的来源，法庭就可以认定被告人犯有巨额财产来源不明罪。在除此之外的任何犯罪的指控中，举证责任都由检察机关承担。

改革开放以来，最高人民检察院领导地方各级人民检察院和专门人民检察院，紧紧围绕国家开展反腐败斗争的总体部署，突出查办贪污、贿赂、挪用公款等腐败犯罪大案要案，严厉打击各种腐败犯罪活动，已经取得了显著成效。特别是最近10年来，中国检察机关每年平均查办贪污贿赂、渎职等犯罪案件4万余件。2001年全国检察机关立案侦查贪污贿赂犯罪案件36447件，滥用职权、玩忽职守等渎职犯罪案件8819件。

中国各级检察机关在查办腐败犯罪案件中，坚持法律面前人人平等的原则，不论什么人犯罪都坚决依法查办。自1995年以来，每年查处的县处级以上领导干部犯贪污贿赂等罪行的人数都在2000人以上，其中2001年查办的贪污贿赂犯罪案件中，县处级领导干部达到2670人。在过去几年查处的领导干部腐败犯罪大要案中，有北京市原市长陈希同与腐败有关的玩忽职守犯罪案、江西省原副省长胡长清受贿案、广西壮族自治区原主席成克杰受贿案、公安部原副部长李纪周受贿案等。通过查办这些大要案,不仅使人民群众看到了国家反腐败的坚定决心和实际行动,而且对国家工作人员起到了警醒作用,推动了廉政勤政建设。为了有效遏制贿赂犯罪,检察机关还加大了打击行贿犯罪的力度,对为谋取不正当利益,不择手段拉拢腐蚀国家工作人员,情节严重的行贿犯罪,依法进行查办。

近年来,少数国有公司、企业负责人,利用股份制改造、中外合资、联合、兼并、租赁、承包、出售等改制之机或在经营管理过程中,采取多种手段侵吞国有资产,化公为私,导致国有资产严重流失,破坏了国有公司、企业的改革,影响了社会稳定。为此,检察机关深入一些亏损严重的国有公司、企业、事业单位,查办贪污、贿赂、挪用公款等犯罪案件。1998年立案查办国有企业、金融系统、房地产领域中发生的贪污贿赂、渎职犯罪案件18601件。2001年查办在国有企业转制、重组过程中私分、侵吞、转移国有资产的贪污贿赂犯罪嫌疑人17920人,促进了国有企业的改革和发展。

检察机关在打击国家工作人员腐败犯罪的同时,积极开展职务犯罪预防工作。1999年,最高人民检察院和各省级人民检察院设立了职务犯罪预防厅(处),预防职务犯罪工作取得明显进展。检察机关认真落实标本兼治、从源头上预防和治理腐败的方针,大力加强预防职务犯罪工作。最高人民检察院与中央有关主管部门联合部署,在金融证券、国有企业、海关、建筑、医药等八个行业和领域开展了系统预防,协助有关部门和单位完善制度,加强管理,健全监督制约机制。地方各级人民检察院在交通、能源、水利等重大建设工程中开展了专项预防,帮助建立防范机制,减少了职务犯罪和建设资金的流失。

四、完善惩治腐败犯罪法律机制的建议

（一）中国惩治腐败犯罪法律机制面临的问题

从中国的立法和司法实践以及国际经济交往的实际情况看，惩治腐败犯罪的法律机制，在经济全球化的进程中，面临着三个方面的障碍或挑战：

1. 管辖权问题

中国刑法第 6 条第 1 款规定：凡在中华人民共和国领域内犯罪的，除法律有特别规定的以外，都适用本法。按照这个规定，国际经济交往中的腐败犯罪，无论是中国公民或单位实施的还是外国人或外国公司、企业实施的，只要其犯罪行为或结果有一项发生在中华人民共和国领域内，中国都有权按照中国刑法的规定行使管辖权。

按照中国刑法第 7 条第 1 款的规定，中国公民在中国领域外犯本法规定之罪的，适用本法，但是按本法规定的最高刑为 3 年以下有期徒刑的，可以不予追究。由于贪污贿赂犯罪的法定最高刑多数都超过了 3 年以下有期徒刑，所以中国公民即使在中国领域外实施这类犯罪，也可以按照中国刑法来追究。但是在贪污贿赂犯罪中，向单位行贿罪和介绍贿赂罪的法定最高刑为 3 年以下有期徒刑，如果对之适用"可以不予追究"的规定，显然与其他在境外实施的的贿赂犯罪之间就会出现不平衡。尤其是介绍贿赂罪在国际经济交往活动中对于贿赂犯罪的发生往往起着重要的作用，如果对之不予追究，而仅仅追究行贿和受贿犯罪，显然是不合理的。

按照中国刑法第 8 条的规定，外国人在中华人民共和国领域外对中华人民共和国国家或者公民犯罪，只有在法定最低刑为 3 年以上有期徒刑并且按照犯罪地的法律也应当受处罚的，才能追究。由于腐败犯罪的法定最低刑都没有达到 3 年以上有

期徒刑，所以对于国际经济交往中发生在中国领域外的腐败犯罪，如果是外国人针对中国或中国公民实施的，中国就无法按照刑法的规定进行追究。并且，对于外国公司、企业在中国领域外针对中国或中国公民实施的腐败犯罪如行贿罪、向单位行贿罪等，按照中国目前的法律规定，也无法进行追究。在经济全球化进程中，随着国际商业活动中不正当竞争的增多，中国刑法的这种规定，给打击国际经济交往中的腐败犯罪造成了法律上的障碍，不利于同这类犯罪作斗争。

2. 贿赂外国公职人员和国际公务员问题

按照中国刑法的规定，受贿罪的主体只能是国家工作人员[1]。而国家工作人员的范围，无论是根据刑法第93条的明文规定还是根据法律的一般理论，都只能是在中华人民共和国国家机关从事公务的人员以及在中华人民共和国国家所有的公司、企业、事业单位中从事公务的人员或国家机关、国有单位委派到其他单位从事公务的人员，而不可能包括任何其他国家和国际组织的工作人员。

但是在国际经济交往活动中，不仅存在着中国的公司、企业和个人在中国境内外向外国或国际组织的工作人员行贿的可能性，而且存在着外国和跨国性公司、企业或个人在中国境内向外国或国际组织工作人员行贿的可能性。这类犯罪，严重破坏了国际经济交往活动中公平、公正的原则，妨碍国际经济交往的正常进行，损害有关国家和公司、企业的利益。因此有必要运用刑法同这类犯罪行为作斗争。而中国刑法由于没有规定这方面的犯罪，对同这类犯罪作斗争造成了障碍。

---

[1] 公司、企业人员受贿罪的主体可以是在中国境内注册的任何性质的公司、企业包括外国和跨国性公司、企业的工作人员。

3. 打击腐败犯罪的国际合作问题

虽然打击国际经济交往中的腐败犯罪受到了世界各国的普遍关注，联合国也多次通过决议和宣言呼吁和号召各国采取联合行动打击国际经济交往中的腐败犯罪，但是由于各国法律规定的不同，特别是由于各国基于各种自身利益的考虑，在联合打击国际经济交往中的腐败犯罪的国际合作方面并没有取得实质性的进展。近年来，中国在为惩治携款外逃的腐败犯罪分子而寻求国际合作的过程中遇到了许多障碍，严重影响了对腐败犯罪分子的刑事制裁。

(二) 完善反腐败法律机制的建议

根据上述情况，为了有效地打击国际经济交往中的腐败犯罪，我们建议从以下三个方面完善反腐败的法律机制：

1. 扩大对域外犯罪的管辖范围

为了有效地同国际经济交往中的腐败犯罪作斗争，我们建议适当扩大刑法对域外犯罪的管辖范围，取消刑法第7条关于中国公民在中国领域外犯刑法规定的法定最高刑为3年以下有期徒刑之罪"可以不予追究"的规定和刑法第8条关于法定最低刑为"3年以上有期徒刑"的规定，或者在保持刑法第7—8条规定不变的情况下增加规定"中华人民共和国公民在中华人民共和国领域外实施国际公约中规定的犯罪，外国人在中华人民共和国领域外对中华人民共和国国家或者公民实施国际公约规定的犯罪，适用中国刑法"。这样就可以消除刑法规定上的障碍，使中国刑法更有效地适应同国际经济交往中的腐败犯罪作斗争的需要，更有利于履行有关国际公约规定的制裁腐败犯罪的义务。

另外，在国际经济交往活动中，单位（经济实体）犯罪占有一定的比例，并且比自然人犯罪具有更大的危害性。因此关于惩治腐败犯罪的法律规定，应当能够同时适用于单位。对此，刑法应当作出相应的规定，明确规定在腐败犯罪中针对自然人的规定可以适用于法人或其他单位。

2. 增设贿赂外国公职人员和国际公务员罪

运用刑法打击国际经济交往中贿赂外国公职人员和国际公务员的行为，对于维护国际经济活动的正常秩序，营造公平、公正的竞争环境，具有特别重要的意义。因此，经济合作与发展组织1997年12月17日专门通过并签署了《禁止在国际商业交易中贿赂外国公职人员公约》。联合国大会通过的《联合国打击跨国有组织犯罪公约》第8条第2款也明确规定"各缔约国均应考虑采取必要的立法和其他措施，以便将本条第1款所述涉及外国公职人员或国际公务员的行为规定为刑事犯罪。各缔约国同样也应考虑将其他形式的腐败行为规定为刑事犯罪。"该条第1款所述行为就是："（a）直接或间接向公职人员许诺、提议给予或给予该公职人员或其他人员或实体不应有的好处，以使该公职人员在执行公务时作为或不作为；（b）公职人员为其本人或其他人员或实体直接或间接索取或接受不应有的好处，以作为其在执行公务时作为或不作为的条件。"

中国是《联合国打击跨国有组织犯罪公约》的缔约国，因此有义务按照该公约的要求，把贿赂外国公职人员和国际公务员的行为规定为犯罪。为此，我们建议，在中国刑法中增设"贿赂外国公职人员和国际公务员罪"。其中包括：（1）外国公职人员和国际公务员受贿罪；（2）向外国公职人员或国际公务员行贿罪；（3）介绍国际贿赂罪。

外国公职人员和国际公务员的范围，根据有关国际公约的规定，应当包括：（1）外国立法机关、行政机关或司法机关的工作人员，其中包括依照法定程序直接任命的官员，也包括通过选举方式产生的民选代表;(2) 外国公共机构、公营企业和公用事业机构中履行公共职能的任何人员;(3) 在国际公共组织中任职的任何人员,如官员、雇员、借用人员等。"国际公共组织"包括国际、区际或超国家公共组织,如政府间国际组织、国际议事机构、国际法院,也包括地区性公共机构和经济组织。

向外国公职人员或国际公务员行贿的主体,应当包括任何自然人和任何性质的公司、企业或其他实体(当然,向外国公职人员行贿的主体不包括本国的自然人和法人)。

此外,按照中国现行刑法的规定,贿赂犯罪的对象仅限于"财物",即货币、有价证券以及可以计价的实物和商品,而不包括其他财产性利益和非财产性利益。但是有关国际文件都把"其他好处"与款项、礼物并用。从实际情况看,"其他好处"在贿赂犯罪中确实具有与款项、礼物完全相同的性质和作用。因此我们认为,刑法中应当将定义"其他好处"的财产性利益与"财物"一并作为贿赂犯罪的对象。

3. 建立国际反腐败合作机制

国际经济交往中的腐败犯罪往往包含着涉外因素。无论是犯罪人涉及一个以上的国家,还是犯罪地涉及一个以上的国家,抑或是被害人与犯罪人分属于不同国家,惩治腐败犯罪的司法活动都需要其他有关国家的协助与合作。特别是在经济全球化的进程中,腐败犯罪涉及不同国家的现象将会日趋增多。为了有效地打击国际性的腐败犯罪,就有必要建立有效的国际反腐败合作机制。为此,联合国专门成立了"反腐败公约谈判特设委员会",正在起草《联合国反腐败公约》。

但是我们认为,由于各国法律制度的重大差别和刑法规范的差异性,不可能在各国刑法中对腐败犯罪作出统一规定。即使是《联合国反腐败公约》正式通过和生效以后，可能在腐败犯罪的范围和认定方面形成一个最低标准，惩罚腐败犯罪的法律依据特别是应当判处的刑罚，还是要依赖于各国国内刑法的规定。因此，世界各国联合打击国际经济交往中的腐败犯罪，其重点应当是加强各国之间的司法协助与合作，而不是制定统一刑法。

反腐败国际合作机制应当包括：（1）司法协助。一国在查办贪污贿赂等腐败犯罪案件过程中，根据需要向有关国家请求协助时，被请求国应当在不违背本国法律原则的情况下尽可能地提供协助。如送达司法文件，协助调查、收集、移送证据。（2）赃款赃物返还。一国在追缴被腐败犯罪分子转移到国外的非法所得和赃款赃物时，有关国家应当根据请求国的请求，采取必要措施包括查封、冻结、扣押赃款赃物，尽可能地予以合作，使赃款赃物能够顺利返还其来源国。（3）引渡。一国请求引渡腐败犯罪的嫌疑人或被告人时，除本国国民不引渡外，在其境内发现该人的国家，应当根据请求采取有效措施，确保将该人优先引渡给犯罪地的请求国，以便对其追究刑事责任。（4）其他方面的合作。各国应当根据各自的法律制度，在预防、发现、调查和惩治腐败犯罪的有效方法和手段方面相互提供最广泛的合作，如快速有效地交换有关腐败犯罪的信息情报，协助调查涉嫌腐败犯罪的人的身份、行踪，追查第三方等。各个国家，应当根据国际合作的需要，调整国内法律制度，以确保上述合作内容的进行。任何基于本国经济利益、对外政策的考虑或者其他任何借口拒绝提供协助与合作的做法，都是有损于联合打击国际经济交往中的腐败犯罪的国际合作机制建立和运作的。

此外，加强反腐败执法人员的培训和交流，也是建立反腐败国际合作机制的一个重要方面。实践证明，对外国法律及其司法程序了解不够是导致许多司法协助无法成功进行的重要原因。因此培训反腐败执法人员，使各国从事司法协助的人员相互熟悉对方国家的法律和工作程序，对于反腐败国际合作机制的建立和运作，是非常必要的。同时，人员培训还可以包括预防、侦查和控制腐败犯罪的方法，侦查和监测犯罪所得、财产、设备或其他工具的去向和转移、隐瞒、掩饰这类财产的手法的方法，保护被害人和证人的方法等技能、策略的培训和技术交流。这是提高联合打击国际经济交往中的腐败犯罪的整体水平的有效途径。

(原载《国际刑法问题研究》，
中国方正出版社 2002 年版）

惩治腐败犯罪应加强国际刑事司法合作[*]

进入 21 世纪以来,国际刑法的一个重要发展,是将腐败犯罪规定为一种国际犯罪。首先是 2000 年 11 月 15 日联合国大会通过了《联合国打击跨国有组织犯罪公约》,其第 8 条明确要求各缔约国采取必要的立法和其他措施,将腐败行为规定为刑事犯罪。其次是 2003 年 10 月 31 日联合国大会通过了《联合国反腐败公约》,进一步就预防和惩治腐败犯罪的问题作了专门的规定。

腐败犯罪本来是国内法上的犯罪,之所以会受到国际社会的青睐,成为一种国际犯罪,是因为世界各国对腐败犯罪危害性的认识达到了某种共识。正如《联合国反腐败公约》序言中指出的:"本公约缔约国,关注腐败对社会稳定与安全所造成的问题和构成的威胁的严重性,它破坏民主体制和价值观、道德观和正义并危害着可持续发展和法治,并关注腐败同其他形式的犯罪特别是同有组织犯罪和包括洗钱在内的经济犯罪的联

---

[*] 本文系笔者在第二十二届世界法律大会上的发言,中国人大网 2005 年 10 月 26 日全文转发。

系，还关注涉及巨额资产的腐败案件，这类资产可能占国家资源的很大比例，并对这些国家的政治稳定和可持续发展构成威胁，确信腐败已经不再是局部问题，而是一种影响所有社会和经济的跨国现象，因此，开展国际合作预防和控制腐败是至关重要的。"正是由于腐败犯罪随着经济全球化的发展和国家之间、公民之间彼此交往的广泛进行已经成为全球公害，因此建立和加强惩治腐败犯罪的国际刑事司法合作机制越来越显得必要和迫切。

一、国际公约关于腐败犯罪的规定

腐败是指"直接或间接地许诺、请求、提议给予、给予或接受不适当的好处或期盼，使得接受贿赂、不适当好处或期盼的人不正常履行职责或作出不应有的行为"。[1]

《联合国打击跨国有组织犯罪公约》第 8 条"腐败行为的刑事定罪"中规定了腐败犯罪的范围："（a）直接或间接向公职人员许诺、提议给予或给予该公职人员或其他人员或实体不应有的好处，以使该公职人员在执行公务时作为或不作为；（b）公职人员为其本人或其他人员或实体直接或间接索取或接受不应有的好处，以作为其在执行公务时作为或不作为的条件。"该条同时规定："各缔约国均应考虑采取必要的立法和其他措施，以便将本条第 1 款所述涉及外国公职人员或国际公务员的行为规定为刑事犯罪。各缔约国同样也应考虑将其他形式的腐败行为规定为刑事犯罪。"按照《联合国打击跨国有组织犯罪公约》第 8 条的规定，腐败犯罪包括三类罪行：（1）行贿罪；（2）受贿罪；（3）其他腐败犯罪。

---

〔1〕 2002 年 1 月 21 日反腐败公约谈判工作特设委员会第一届会议审议的《联合国反腐败公约草案》第 2 条（M）。

与《联合国打击跨国有组织犯罪公约》相比,《联合国反腐败公约》对于腐败犯罪的规定更为广泛、全面和细致。按照《联合国反腐败公约》的规定,腐败犯罪实际上包括了十二种犯罪:

(1) 行贿罪,即直接或间接向公职人员[1]许诺给予、提议给予或者实际给予该公职人员本人或者其他人员或实体不正当好处,以使该公职人员在执行公务时作为或者不作为。

(2) 受贿罪,即公职人员为其本人或者其他人员或实体直接或间接索取或者收受不正当好处,以作为其在执行公务时作为或者不作为的条件。

(3) 贿赂外国公职人员[2]或国际公务员罪[3],即涉及外国公职人员、国际公务员、国际组织议事会议的成员或国际法院的任职法官或官员的贿赂犯罪。

(4) 权势交易罪,即"公职人员本人或通过第三人为协助或促成公共行政管理合同的谈判或缔结而实施的与其公职所固有的职责不符的任何行为"以及任何人为了实现某公职人员的非法行为或有助于或促成上述行为而实施的任何行为。

(5) 公职人员侵吞财产罪,即"公职人员或执行公务的任何其他人员,为了本人或他人的利益,不正当地利用因其职务和执行公务而经手的国家财产或国家在其中拥有所有人权益的

---

[1] "公职人员"系指:(1) 无论是经任命还是经选举而在缔约国中担任立法、行政、行政管理或者司法职务的任何人员,无论长期或者临时,计酬或者不计酬,也无论该人的资历如何;(2) 依照缔约国本国法律的定义和在该缔约国相关法律领域中的适用情况,履行公共职能,包括在公共机构或者公营企业履行公共职能或者提供公共服务的任何其他人员;(3) 缔约国本国法律中界定为"公职人员"的任何其他人员。

[2] "外国公职人员"系指外国无论是经任命还是经选举而担任立法、行政、行政管理或者司法职务的任何人员;以及为外国,包括为公共机构或公营企业行使公共职能的任何人员。

[3] "国际公共组织官员"系指国际公务员或者经此种组织授权代表该组织行事的任何人员。

企业或机构的财产"的行为。

（6）隐匿犯罪所得罪，即"有关人员明知动产或资金源自根据本公约确立的某项犯罪而仍故意藏匿、保留、持有或转移此种动产或资金，或充当转移和保留此种动产或资金的中间人的行为"。

（7）滥用职权罪，即"公职人员、国际公务员或执行公务的人员，为了给其本人或第三方获取非法利益，在执行公务中滥用职权或者作为或不作为"的行为。

（8）使用机要或机密资料罪，即"公职人员或执行公务的任何其他人员，为了本人或第三方的利益，不正当地利用因其职务或执行公务而获得的机要或机密资料"的行为。

（9）挪用资产罪，即"公职人员为了本人或他人的利益，将因其职务而负责、管理、保管的或由于其他原因而接收的任何国家或私人动产或不动产、钱财或证券挪用于与预定用途无关的目的"的行为。

（10）不正当好处罪，即"公职人员或执行公务的任何其他人员直接或间接地以税收或分摊费用、附加税、年金利息、工资或补贴的形式，索取任何具有货币价值的物品或其他不应有的好处，或者索取额超出法律所规定的范围"的行为。

（11）私营部门腐败犯罪，即"直接或间接向以任何身份领导私营部门实体或为该实体工作的任何人许诺、提议给予或给予该人员或其他人员或实体不应有的好处，以使该人员违背其应尽的职责作为或不作为"以及"以任何身份领导私营部门实体或为该实体工作的任何人员为其本人或其他人员或实体直接或间接索取或接受不应有的好处，以作为其违背应尽职责而作为或不作为的条件"的行为。

（12）其他腐败犯罪，如"有意为许诺、提议给予、给予、索取或接受本公约刑事定罪条款所列非法好处充当居间人""在公共工程中通过搞阴谋诡计欺骗某人或对该人或其他人造成损害而为本人或他人谋取好处""提供银行或其他金融机构不应提供的信贷或阻止需要提供的贷款或有意识地图谋实施这类行为"等。

在中国刑法中,腐败犯罪主要是指刑法分则第八章规定的各种贪污贿赂犯罪、刑法分则第三章中规定的贿赂犯罪,以及刑法分则第九章中规定的某些渎职犯罪等。

二、建立惩治腐败犯罪国际合作机制的必要性

腐败是权力主体运用公共权力谋取私人利益的行为。当权力主体把公共权力当作自己的私有财产来支配,为私人谋取特殊利益时,腐败及腐败犯罪便产生了。因此,腐败犯罪的实质是滥用权力,以权谋私。同时,腐败是一个严重的全球性问题。20世纪90年代以来,腐败犯罪成为全世界最为关注的焦点问题之一,无论是在发达国家还是在发展中国家,无论是在大国还是在小国,腐败犯罪问题都是一个十分复杂和极其敏感的政治问题和社会现象。

在国家和社会层面上,腐败犯罪的危害主要表现为:

(1)阻挠或中断政治发展。腐败犯罪可能会打断政治民主化的进程,会出现向传统的政治体制回归的倒退现象。腐败犯罪现象泛滥,严重损害了权力主体的形象,如果长期得不到有效的治理,将极大地破坏社会整合,挫伤广大社会成员的积极性,使社会丧失生机和活力,阻挠和中断政治发展的良好势头。

(2)削弱政府能力,危及政治稳定与安全。腐败犯罪的频发降低了政府的威信和公职人员的职业道德水平,削弱公共管理的廉洁性和有效运作,降低公共管理效率,有损政府的形

象，使社会公众对政府公共权力的行使产生不信任感和离心倾向，危及政治稳定与安全。

（3）破坏社会公正，败坏社会风气，毒害政治心理。腐败犯罪使财富的分配偏向于有权有钱的少数人，违反社会公正，整个社会风气败坏。同时，腐败犯罪还会造成某种程度上的政府诚信缺失。腐败犯罪的泛滥，还会毒化社会公众的心理和主流思想，造成以"腐败价值观"和"腐败道德观"为核心内容的"腐败亚文化"在社会公众中的流行，从而摧残本民族优秀的文化传统，对本民族的文化传承和社会公众的文化素质都有着极为深远的负面影响。

（4）挥霍政府的财政收入，破坏政府的合法性，阻碍私人投资和外国直接投资，最终影响经济增长。

在国际层面上，腐败犯罪的危害主要表现为损害一国政府的国际形象和国际诚信，影响国与国之间的信任与合作。

正是由于腐败犯罪在国家、社会以及国际层面上都具有严重的危害性，因而在各国，惩治腐败犯罪都是与国家安全、政治稳定和经济、文化发展休戚相关的基本任务之一。在经济全球化迅速发展的当今社会，腐败犯罪呈现出跨国性、复杂化等特点，各国反腐败犯罪的活动也应当相应地国际化，方能对腐败犯罪开展行之有效的预防和惩治。

但是，由于刑事管辖权是国家主权的重要组成部分，在各个国家都被视为一种独立的、排他性的权力，以致各国之间的刑事管辖权冲突时常成为惩治国际性腐败犯罪的首要障碍。腐败犯罪发生后，犯罪分子往往利用各国刑事法律之间的管辖权壁垒外逃他国或者将腐败犯罪所得汇往境外，使一国惩治腐败犯罪的努力和效果大打折扣。

此外，对付国际性的腐败犯罪，调查人员必须收集情报、资料和证据，继而将嫌疑犯罪人逮捕交付审判。但是，不同国家有着不同的司法制度，对证据的要求和司法程序亦有所不同。调查人员一般都可以在所属的司法管辖区，为他们所调查的个案收集情报、资料和证据。但他们不能遵循正规途径，迅速把这些资料交给其他司法管辖区的官员。这种各国间司法制度上的差异也使惩治腐败犯罪举步维艰。在实践中，由于犯罪人外逃或者犯罪所得汇往境外，腐败犯罪由国内犯罪演变为国际性犯罪之后，一国对腐败犯罪的惩治往往旷日持久、久拖不决，两国或者地区间引渡逃往境外的犯罪人以及移交犯罪所得往往遥遥无期，严重影响了各国惩治腐败犯罪活动的有效性。

因此，通过国际社会的共同努力，建立、加强惩治腐败犯罪的国际刑事合作机制，进一步规范和促进国际合作，有效控制和预防腐败犯罪，具有显而易见的必要性。

三、惩治腐败犯罪国际合作的主要形式

按照《联合国打击跨国有组织犯罪公约》和《联合国反腐败公约》的有关规定，结合国际社会开展刑事合作的实践，我们认为，在惩治腐败犯罪中开展国际刑事合作，主要有以下七种方式：

（一）相互交换情报

在同国际性腐败犯罪作斗争中，各国之间彼此交换有关腐败犯罪的情报，是保障有效惩治腐败犯罪的重要条件。《联合国打击跨国有组织犯罪公约》和《联合国反腐败公约》都一再强调各个缔约国之间应当加强情报交流，要求建立各国主管机关、机构和部门之间的联系渠道，以促进安全、迅速地交换有关腐败犯罪的各个方面的情报，包括利用虚假身份、经变造或伪造或假冒的证件和其他旨在掩饰活动的手段的资料，以及与其他犯罪活动相联系的有关情报。公约还要求各缔约国采取必

要的措施，允许本国的主管机关在必要时与其他国家主管机关交换有关公职人员财产申报的资料，以便对腐败犯罪的所得进行调查、主张权利并予以追回。

（二）执法合作与联合侦查

执法合作是各国执法机关之间在侦查腐败犯罪中直接进行合作的一种方式。《联合国反腐败公约》要求各个缔约国在符合本国法律制度和行政管理制度的情况下相互密切合作，以加强打击腐败犯罪执法行动的有效性。其中包括：同其他缔约国合作，就腐败犯罪嫌疑人的身份、行踪和活动或者其他有关人员的所在地点，来自这类犯罪的犯罪所得或者财产的去向，用于或者企图用于实施这类犯罪的财产、设备或者其他工具的去向等事项进行调查；提供必要数目或者数量的物品以供分析或者侦查之用；与其他缔约国交换关于腐败犯罪而采用的具体手段和方法的资料，包括利用虚假身份、经变造或伪造或假冒的证件和其他旨在掩饰活动的手段的资料；根据双边协定和安排派出联络官员；交换情报并协调为尽早查明腐败犯罪而酌情采取的行政和其他措施。

联合侦查是缔约国之间根据双边或多边协定或者安排，为及时有效地查明腐败犯罪，在个案基础上，建立联合侦查机构，共同开展侦查活动。

此外，为侦查腐败犯罪的需要，在个案基础上的国际一级合作时，有关国家应当允许其主管机关在其领域内酌情使用控制下交付和在其认为适当时使用诸如电子或者其他监视形式和特工行动等其他特殊侦查手段，并允许法庭采信由这些手段产生的证据。

（三）司法协助

司法协助是指国家之间根据条约或协议应委托代为履行某

些诉讼行为的活动。《联合国反腐败公约》强调：缔约国之间应当在对本公约所涵盖的犯罪进行的侦查、起诉和审判程序中相互提供最广泛的司法协助。司法协助的内容包括：向个人获取证据或者陈述；送达司法文书；执行搜查和扣押并实行冻结；检查物品和场所；提供资料、物证以及鉴定结论；提供有关文件和记录的原件或者经核证的副本，其中包括政府、银行、财务、公司或者商业记录，为取证目的而辨认或者追查犯罪所得、财产、工具或者其他物品，为有关人员自愿在请求缔约国出庭提供方便，不违反被请求缔约国本国法律的任何其他形式的协助，辨认、冻结和追查犯罪所得，追回资产等11项内容。

（四）引渡

引渡是指一国应他国的请求，将当时在其境内而被该外国指控犯有某种罪行的人移交给该外国以便起诉的活动。引渡是国家间在制裁国内犯罪中进行刑事合作的一种形式，同时也是现代国际社会在制裁危害各国共同利益的国际犯罪中普遍接受的一种刑事合作形式。《联合国打击跨国有组织犯罪公约》和《联合国反腐败公约》对此都作了明确的规定。

（五）刑事诉讼的移交与被判刑人的移管

刑事诉讼的移交是一国在认为适当的情况下将本国已经受理的刑事案件移交给另一个对该案有管辖权的国家进行追诉的行为。《联合国反腐败公约》要求：缔约国如果认为相互移交诉讼有利于正当司法，特别是在涉及数国管辖权时，为了使起诉集中，应当考虑相互移交诉讼的可能性，以便对根据本公约确立的犯罪进行刑事诉讼。

被判刑人的移管是一国将本国司法机关已经对其判处了刑罚的人员移交给他国以便执行所判刑罚。被判刑人的移管一般是将在本国判处刑罚的外国人移交给其国籍国,由其国籍国对其执行刑罚。《联合国反腐败公约》要求缔约国考虑缔结双边或多边协定或者安排,将因实施根据本公约确立的犯罪而被判监禁或者其他形式剥夺自由的人移交其本国服满刑期。

(六) 没收与资产追回

国际合作中的没收是指一国根据他国的请求,对位于本国领域内的犯罪所得、财产、设备或者其他工具,进行辨认、追查、冻结或者扣押,以便按照请求国权威当局的没收令予以没收的措施。资产追回是一国通过法律途径追回腐败犯罪分子已经转移到境外的本国国家、公民或法人的合法财产。没收与资产追回是《联合国反腐败公约》针对腐败犯罪的特点专门规定的两种国际合作方式。

《联合国反腐败公约》规定:为预防和监测腐败犯罪所得的转移,各缔约国应当考虑采取必要的措施,"允许本国的主管机关在必要时与其他国家主管机关交换资料,以便对根据本公约确立的犯罪的所得进行调查、主张权利并予以追回"。各缔约国均应当根据本国法律,采取必要的措施,"允许另一缔约国在本国法院提起民事诉讼,以确立对通过实施根据本公约确立的犯罪而获得的财产的产权或者所有权";"允许本国法院命令实施了根据本公约确立的犯罪的人向受到这种犯罪损害的另一缔约国支付补偿或者损害赔偿";"允许本国法院或者主管机关在必须就没收作出决定时,承认另一缔约国对通过实施根据本公约确立的犯罪而获得的财产所主张的合法所有权"。"各缔约国均应当根据其本国法律:采取必要的措施,在收到请求缔约国的法院或者主管机关发出的冻结令或者扣押令时,使本国主管机关能够根据该冻结令或者扣押令对该财产实行冻结或者扣押。"这些规定,对于建立惩治腐败犯罪的国际合作机制,是非常重要的。

(七) 技术援助和信息交流

近年来，在惩治腐败犯罪的国际合作中，技术援助受到普遍关注。因为技术援助是保障国际合作顺利进行的重要途径。《联合国反腐败公约》强调：缔约国应当根据各自的能力考虑为彼此的反腐败计划和方案提供最广泛的技术援助，特别是向发展中国家提供援助，包括物质支持和培训，以及为便利缔约国之间在引渡和司法协助领域的国际合作而提供培训和援助以及相互交流有关的经验和专门知识。"缔约国应当考虑相互协助，根据请求对本国腐败行为的类型、根源、影响和代价进行评价、分析和研究，以便在主管机关和社会的参与下制定反腐败战略和行动计划。""为便利追回根据本公约确立的犯罪的所得，缔约国可以开展合作，互相提供可以协助实现这一目标的专家的名单。""缔约国应当考虑利用分区域、区域和国际性的会议和研讨会促进合作和技术援助，并推动关于共同关切的问题的讨论，包括关于发展中国家和经济转型期国家的特殊问题和需要的讨论。""缔约国应当考虑建立自愿机制，以便通过技术援助方案和项目对发展中国家和经济转型期国家适用本公约的努力提供财政捐助。"

上述七个方面包含了国家之间在惩治腐败犯罪中进行合作的主要形式，虽然不是全部。这些方面的合作，对于克服刑事管辖权壁垒给惩治腐败犯罪带来的障碍，携手打击腐败犯罪，具有极为重要的意义。

四、加强惩治腐败犯罪国际刑事合作的建议

尽管有关国际公约对国际刑事合作作了明确的规定，但是由于传统观念和执法习惯的影响，以及各国对本国利益、国家关系等因素的考虑，在惩治腐败犯罪的国际合作实践中，仍然存在着一定的障碍和困难。为了加强打击腐败犯罪的国际刑事合作，我们建议：

（一）真诚合作，共建反腐法网

每个国家都应当着眼于国际社会对惩治腐败犯罪的长远需要，充分考虑经济全球化背景下腐败犯罪给整个人类带来的危害，真诚地切实按照自己所签署的有关国际公约的规定，与其他有关国家开展刑事合作，共同构建惩治腐败犯罪的不受国境阻隔的法网，使腐败犯罪分子在世界上任何一个国家都难以藏身。为此，各国之间应当广泛进行交流和对话，在《联合国反腐败公约》的基础上达成更多的共识，逐渐消除传统观念对国际刑事合作的消极影响。

（二）完善国内立法，促进国际合作

各个国家都应当按照《联合国打击跨国有组织犯罪公约》和《联合国反腐败公约》所建立的法律机制和法律框架，以及国际合作的要求，适当修改或者制定相关的国内法律，以建立和完善与本国缔结或参加的国际公约相协调的国内法律机制，以便适应开展国际刑事合作的需要。同时应当积极寻求与有关国家签订双边或者多边引渡和刑事司法协助条约，努力扩展惩治腐败犯罪的国际合作通道。

（三）扩展法律空间，广泛提供协助

法律总是具有一定的伸缩性和灵活性。各国应当在本国法律框架内，尽可能地为有关国家在惩治腐败犯罪方面提供协助。特别是在不违背本国法律原则和不危害本国利益的情况下，应当尽可能地按照他国的请求提供必要的协助。对此，《联合国打击跨国有组织犯罪公约》和《联合国反腐败公约》

都有明确规定。[1] 每个缔约国都不应当以本国法律没有明文规定为由,拒绝进行并不违背本国法律原则的合作。

(四) 建立专门人员的交流与培训

从国际刑事合作的实践中可以发现,对外国法律及其司法程序了解不够是导致许多国际合作无法开展的重要原因。加强对相关人员的业务培训和交流,了解外国法律及其司法程序,是可以速见成效的措施。因为,通过人员的交流与培训,各国从事国际刑事合作的人员可以相互熟悉他国的法律规定、司法传统和工作程序,使刑事合作的请求更容易符合被请求国法律的要求,使所提供的协助更能满足请求国的需要;通过人员的交流与培训,可以增进专业人士之间的了解、建立友谊,从而为彼此之间开展合作奠定基础。各国应当按照《联合国反腐败公约》的要求,尽可能地相互进行或者为发展中国家和经济转型国家进行人员交流与培训,以促进国际刑事合作的有效开展。

总之,建立密切合作、确实有效的国际合作机制,是国际社会惩治腐败犯罪的共同需要,因而也是我们的共同目标。我们愿与世界各国的法律工作者、法学专家们一起共同努力,为建立惩治腐败犯罪的国际合作机制、为有效地惩治腐败犯罪及其他国际犯罪,进一步加强国际刑事合作,作出贡献。

---

[1] 《联合国反腐败公约》第44条引渡中规定:"被请求缔约国在不违背本国法律及其引渡条约规定的情况下,可以在认定情况必要而且紧迫时,根据请求缔约国的请求,拘留被请求缔约国领域内的被请求引渡人,或者采取其他适当措施,确保该人在进行引渡程序时在场。"

打击腐败犯罪的
国际合作

腐败是当前跨越国界和影响所有社会和经济的一种现象，它破坏公共机构的合法性，侵害社会、道德秩序和正义以及人民的全面发展，可能危及社会的稳定和安全。因此近年来，国际社会十分关注腐败问题，联合国通过的一系列宣言、决议和公约中反复强调和呼吁各国在打击腐败犯罪中加强国际合作。本文仅就在没收腐败犯罪非法所得问题上的国际合作问题谈一点粗浅的看法。

一、关于腐败犯罪的定义

腐败犯罪是指为了个人或单位的不正当利益而使职责的行使违背其本来性质的犯罪。按照《联合国反腐败公约草案》的提法，腐败是指"直接或间接地许诺、请求、提议给予、给予或接受不适当的好处或期盼，使得接受贿赂、不适当好处或期盼的人不正常履行职责或作出应有的行为"。[1] 腐败犯罪必须是以某种不正当利益为基础，包括索取、获取、给予或许诺给

---

[1] 2002年1月21日反腐败公约谈判工作特设委员会第一届会议审议的《联合国反腐败公约草案》第2条（M）。

予某种不正当利益，并且因为这种不正当利益致使或者可能导致职权的行使或职责的履行违背了该职权或职责本来的性质和要求。不涉及非法获取不正当利益的，不应当视为腐败犯罪。与公共权力或公共职责无关的行为，也不应当视为腐败犯罪。因此不涉及权钱交易的渎职犯罪，不应当归入腐败犯罪。

按照中国刑法的规定，腐败犯罪主要是指刑法分则第八章规定的各种贪污贿赂犯罪以及刑法分则第三章中规定的贿赂犯罪，同时还应当包括中国刑法目前尚未规定的贿赂外国公职人员或国际公务员罪。

二、关于腐败犯罪的管辖问题

《联合国打击跨国有组织犯罪公约》第15条管辖权规定：

1. 各缔约国在下列情况下应采取必要措施，以确立对根据本公约第5条、第6条、第8条和第23条确立犯罪的管辖权：

（a）犯罪发生在该缔约国领域内；或者

（b）犯罪发生在犯罪时悬挂该缔约国国旗的船只或已根据该缔约国法律注册的航空器内。

2. 在不违反本公约第4条规定的情况下，缔约国在下列情况下还可对任何此种犯罪确立其管辖权：

（a）犯罪系针对该缔约国国民；

（b）犯罪者为该缔约国国民或在其境内有惯常居所的无国籍人；或者

（c）该犯罪系：

（一）发生在本国领域以外的、根据本公约第5条第1款确立的犯罪，目的是在本国领域内实施严重犯罪；

（二）发生在本国领域以外的、根据本公约第6条第1款（b）项（二）目确立的犯罪，目的是在其领域内进行本公约第6条第1款（a）项（一）目或（二）目或（b）项（一）目确立的犯罪。

3. 为了本公约第 16 条第 10 款的目的，各缔约国应采取必要措施，在被指控人在其领域内而其仅因该人系其本国国民而不予引渡时，确立其对本公约所涵盖的犯罪的管辖权。

4. 各缔约国还可采取必要措施，在被指控人在其领域内而其不引渡该人时确立其对本公约所涵盖的犯罪的管辖权。

5. 如果根据本条第 1 款或第 2 款行使其管辖权的缔约国被告知或通过其他途径获悉另一个或数个缔约国正在对同一行为进行侦查、起诉或审判程序，这些国家的主管当局应酌情相互磋商，以便协调行动。

6. 在不影响一般国际法准则的情况下，本公约不排除缔约国行使其依据本国法律确立的任何刑事管辖权。

按照这个规定，对该公约第 8 条规定的腐败犯罪享有管辖权的国家首先是犯罪地国包括船旗国和航空器注册国。犯罪地国是指犯罪在其主权所及的领域内发生的国家。一国主权所及的领域既包括一国的领陆（国境线以内的陆地及其地下层），也包括该国的领水（内水、领海及其地下层）和领空（领陆和领水之上的空间）以及拟制领土（悬挂本国国旗或在本国登记的船舶或航空器内）。在一国领域内发生的犯罪，既包括犯罪从准备、实施到危害结果发生的全过程全部在该国领域内完成，也包括犯罪的一部分或者一系列犯罪中的部分犯罪在该国领域内发生而另一部分或其他犯罪在他国领域内发生；既包括犯罪行为发生在该国领域内而犯罪结果发生在该国领域外的情况，也包括犯罪行为发生在该国领域外而犯罪结果发生在该国领域内的情况。

属地管辖原则是世界各国国内刑法中普遍采用的、最基本的刑事管辖原则，也是国际刑法公约中确立的基本管辖原则。

因此犯罪地国对腐败犯罪具有优先管辖权。这种优先管辖权意味着：第一，犯罪地国对于在本国领域内发生的、犯罪嫌疑人亦在其管辖权所及范围内的犯罪，不论犯罪嫌疑人是否为本国国民，都可以依照本国法律确立任何刑事管辖权。这种管辖权的行使，在不违背国际法一般原则的情况下，具有排他管辖的性质。第二，在犯罪嫌疑人在他国领域内被发现的情况下，犯罪地国具有优先请求权。这种请求权包括请求在其领域内发现犯罪嫌疑人的缔约国冻结、查封、辨认、扣押、没收犯罪嫌疑人的财产的权利，也包括请求引渡犯罪嫌疑人以便审判的权利。第三，犯罪嫌疑人在他国领域内被发现而有多个犯罪地国提出请求的情况下，主要犯罪地国应当具有优先请求的权利；主要犯罪地难以确定时有管辖权的请求国之间应当协商解决管辖问题。

按照上述公约的规定，犯罪对象是其国民的国家和犯罪人是其国民或在其国内有惯常居所的无国籍人的国家，对于腐败犯罪也享有管辖权。但是，这种管辖权要受到国家主权原则的限制，即"1. 在履行其根据本公约所承担的义务时，缔约国应恪守各国主权平等和领土完整原则和不干涉他国内政原则。2. 本公约的任何规定均不赋予缔约国在另一国领土内行使管辖权和履行该另一国本国法律规定的专属于该国当局的职能的权利"。这就意味着：第一，犯罪地国对于在其领域内发现的犯罪嫌疑人依照本国法律行使管辖权时，犯罪对象是其国民的国家和犯罪人是其国民或在其国内有惯常居所的无国籍人的国家就不能要求对该犯罪行使管辖权。第二，当犯罪嫌疑人在另一缔约国领域内被发现，而该国不愿将犯罪嫌疑人引渡给犯罪地国时，犯罪对象是其国民的国家或犯罪人是其国民或在其国内有惯常居所的无国籍人的国家，才可以请求将犯罪嫌疑人引渡到本国以便对其行使管辖权。第三，犯罪对象是其国民的国家和犯罪人是其国民或在其国内有惯常居所的无国籍人的国家，对腐败犯罪的管辖权，主要是在犯罪嫌疑人在其本国领域内被发现的情况下，没有其他缔约国提出管辖请求，或者虽有有权管辖的国家提出管辖请求但是在其国内发现犯罪嫌疑人的国家不能或不愿将犯罪嫌疑人引渡给请求国时，在其国内发现犯罪嫌疑人的国家才应当按照本国法律确立对该犯罪的管辖权。

此外，在其领域内发现犯罪嫌疑人的国家，虽然既不是犯罪地国，也不是犯罪对象是其国民的国家或犯罪人是其国民或在其国内有惯常居所的无国籍人的国家，如果不把犯罪嫌疑人引渡给对该犯罪有管辖权的请求国，它也有权对该犯罪行使管辖权。

由上可知，对腐败犯罪享有管辖权的国家包括三种类型：一是犯罪地国；二是犯罪对象是其国民的国家和犯罪人是其国民或在其国内有惯常居所的无国籍人的国家；三是在其领域内发现犯罪嫌疑人的其他国家。这三类国家的管辖权在范围上和行使的条件方面是不同的，由此也就决定了国际合作的不同方式。

三、关于腐败犯罪所得或财产的没收

按照《联合国打击跨国有组织犯罪公约》第 2 条的规定，没收是指"根据法院或其他主管当局的命令对财产实行永久剥夺"的法律措施。其中，"财产"的范围包括"各种资产，不论其为物质的或非物质的、动产或不动产、有形的或无形的，以及证明对这些资产所有权或权益的法律文件或文书"。

没收的对象，按照上述公约的规定，包括：（1）"犯罪所得"即"直接或间接地通过犯罪而产生或获得的任何财产"，或价值与其相当的财产；（2）"用于或拟用于本公约所涵盖的

犯罪的财产、设备或其他工具"。可见，上述公约所规定的没收，并不包括作为一种刑罚的"没收财产"。

公约所称的"没收"，实际上是我国刑法中规定的追缴赃款赃物的法律措施。我国刑法第 64 条规定："犯罪分子违法所得的一切财物，应当予以追缴或者责令退赔；对被害人的合法财产，应当及时返还；违禁品和供犯罪所用的本人财物，应当予以没收。没收的财物和罚金，一律上缴国库，不得挪用和自行处理。"我国刑法规定了三种情况：（1）追缴与退赔；（2）返还；（3）没收。而上述公约中规定的"没收"，包括了我国刑法中规定的这三种情况。

此外，在侦查过程中，为了保证没收的顺利进行，作为一种侦查措施，可以先行"冻结"或"扣押"可以没收的财产。"冻结"或"扣押"系指根据法院或其他主管当局的命令暂时禁止财产转移、转换、处置或移动或对之实行暂时性扣留或控制。

按照《联合国打击跨国有组织犯罪公约》第 12 条没收和扣押的规定，缔约国应在本国法律制度的范围内尽最大可能采取必要措施，以便能够没收：（1）来自本公约所涵盖的犯罪的犯罪所得或价值与其相当的财产；（2）用于或拟用于本公约所涵盖的犯罪的财产、设备或其他工具。缔约国应采取必要措施，辨认、追查、冻结或扣押应当没收的任何物品，以便最终予以没收。如果犯罪所得已经部分或全部转变或转化为其他财产，则应对此类财产适用本条所述措施。如果犯罪所得已与从合法来源获得的财产相混合，则应在不影响冻结权或扣押权的情况下没收这类财产，没收价值可达混合于其中的犯罪所得的估计价值。并且，对于来自犯罪所得、由犯罪所得转变或转化而成的财产或已与犯罪所得相混合的财产所产生的收入或其他利益，也应适用上述措施，其方式和程度与处置犯罪所得相同。

为了没收的有效进行，各缔约国均应使其法院或其他主管当局有权下令提供或扣押银行、财务或商务记录。缔约国不得以银行保密为由拒绝按照本款规定采取行动。缔约国可考虑要求由犯罪的人证明应予没收的涉嫌犯罪所得或其他财产的合法来源，但此种要求应符合其本国法律原则和司法及其他程序的性质。

在中国，由于贪污贿赂犯罪案件由人民检察院负责侦查和起诉，所以在侦查过程中需要冻结、扣押腐败犯罪所得或财产的，应当由负责侦查工作的人民检察院决定。并且这种决定在国际合作中应当属于公约所规定的"主管当局"作出的具有法律效力的决定。至于没收这类财产的最后决定，则应当由审判腐败犯罪案件的人民法院在有罪判决中作出。

四、关于没收赃款的国际合作

（一）合作的事实条件

对腐败犯罪进行没收时需要国际合作的情况通常有五类：

1. 犯罪行为发生在一个以上的国家

当犯罪在一个以上的国家领域内进行或者犯罪行为发生在一个国家而犯罪结果发生在另一个国家时，为了收集证据查明犯罪事实，或者为了获取犯罪所得，一国对犯罪行使管辖权时，就需要另一个缔约国的合作。在腐败犯罪中，这种情况主要发生在国际经济交往中，一国个人或实体通过国际支付渠道与另一国的公职人员或国际组织的公务员进行贿赂犯罪的场合，当然也可能发生在同一国家的个人或实体与本国的公职人员进行贿赂犯罪时通过国际支付渠道支付或收受贿赂的场合。

2. 犯罪嫌疑人分别在一个以上的国家

无论犯罪是在一国领域内完成还是在一个以上国家之间进行，犯罪嫌疑人都可能涉及一个以上的国家。犯罪嫌疑人涉及一个以上的国家，既包括在共同犯罪中共同犯罪人涉及一个以上的国家，如在腐败犯罪中，一个以上国家的个人或实体合谋侵吞某个国家或国际组织或跨国公司的财产；也包括在对合犯罪中双方分别在不同的国家，如在跨国性贿赂犯罪中，行贿人是一个国家的个人或实体，而受贿人可能是另一个国家的个人或实体。在这种情况下，无论是一国对犯罪行使管辖权还是一个以上的国家都要求对犯罪行使管辖权，都需要其他有关国家的合作。

3. 犯罪人与犯罪对象分别属于不同的国家

在一国的个人或实体非法侵吞另一个国家的财产或者其国民或实体的财产的情况下，或者在一国的个人或实体向另一个国家的个人或实体行贿或索取贿赂的情况下，其中任何一国行使管辖权，都需要得到另一个国家的合作与协助。

4. 犯罪嫌疑人在另一缔约国的领域内被发现

无论犯罪是在一国领域内完成的还是在一个以上国家之间进行的，当犯罪嫌疑人在非犯罪地的另一国被发现时，犯罪地国要对该犯罪行使管辖权，就离不开犯罪嫌疑人所在国的合作，无论犯罪嫌疑人是否属于该国国民。

5. 应当没收的财产在另一缔约国被发现

犯罪嫌疑人在犯罪过程中有意识地使犯罪所得进入非犯罪地国，如在贿赂犯罪中，受贿人要求行贿人将贿赂款直接存入另一国的银行；在侵吞、挪用等犯罪中，犯罪人通过商业活动将意图侵吞或挪用的财产转移到另一国，以便侵吞或挪用；或者犯罪人在取得赃款之后，为了洗钱或挥霍犯罪所得，而将犯罪所得转移到另一国，都可能使应当没收的财产在另一缔约国被发现。

在这种情况下，没收更需要有关国家的合作。近年来在中国境内发生的腐败犯罪中，犯罪嫌疑人将犯罪所得和被侵吞、挪用的公款转移到境外的情况，具有一定数量。这种情况使国家遭受到巨大的经济损失。对于这种情况，没有有关国家的合作与协助，就难以追回应当没收的财产。因此研究没收的国际合作对于我们国家来说是非常必要的。

（二）合作的法律条件

对于在一国领域以外的犯罪所得和用于犯罪的财产进行没收，必须得到该财产所在国的合作，而这种合作必须在国际法律框架内进行。合作双方必须都是有关国际公约的缔约国，根据缔约国应当承担的公约义务并按照公约规定的方式，对有关犯罪享有管辖权的缔约国可以请求另一缔约国提供合作。有关国家也可以根据双方签订的双边或多边条约或协定，在条约规定的范围内进行合作。

此外，这种合作还必须符合有关各国国内法上的规定。无论是请求国还是被请求国，在提出或接受没收的国际合作请求时，都必须具有国内法上的根据，都应当按照本国法律的规定，履行必要的法律手续并制作必要的法律文书。如果在国内法上没有充分的法律根据，或者没有履行必要的法律手续，就不能提出国际合作的请求，被请求国亦有权拒绝接受请求。请求合作的事项还必须符合被请求国的法律规定。但是由于各国法律制度的不同包括法律用语上的差别，为了保证国际合作的顺利进行，被请求国应当根据法律的基本精神和法律规则在实质上的一致性来决定是否接受请求和是否应当提供合作，而不应当拘泥于法律条文和法律文书的字面含义或表达方式。

（三）合作的内容

按照《联合国打击跨国有组织犯罪公约》第 13 条"没收事宜的国际合作"的规定，没收事宜的国际合作应当包括如下内容：

1. 合作的对象

合作的对象必须是针对有关国际公约或条约、协定规定的犯罪的。如果请求合作的没收事宜不是基于有关公约或条约或协定所规定的犯罪，被请求国就有权拒绝提供合作。

2. 合作的义务

缔约国在收到对公约[1]所涵盖的一项犯罪拥有管辖权的另一缔约国关于没收公约所述的、位于被请求国领土内的犯罪所得、财产、设备或其他工具的请求后，应在本国国内法律制度的范围内尽最大可能：（1）将此种请求提交其主管当局，以便取得没收令并在取得没收令时予以执行；或（2）将请求缔约国领土内的法院根据公约关于"缔约国应在本国法律制度的范围内尽最大可能采取必要措施，以便能够没收：（a）来自本公约所涵盖的犯罪的犯罪所得或价值与其相当的财产；（b）用于或拟用于本公约所涵盖的犯罪的财产、设备或其他工具"的规定签发的没收令提交主管当局，以便按请求的范围予以执行，只要该没收令涉及公约所述的、位于被请求缔约国领土内的犯罪所得、财产、设备或其他工具。

对公约所涵盖的一项犯罪拥有管辖权的另一缔约国提出请求后，被请求缔约国应采取措施，辨认、追查和冻结或扣押公约所述犯罪所得、财产、设备或其他工具，以便由请求缔约国或根据公约规定请求由被请求缔约国下令最终予以没收。

---

[1] 指《联合国打击跨国有组织犯罪公约》及正在起草过程中的《联合国反腐败公约》。

3. 提出请求时应当提供的资料

（1）协助没收的请求书应载有：第一，提出请求的当局；第二，请求所涉的侦查、起诉或审判程序的事由和性质，以及进行此项侦查、起诉或审判程序的当局的名称和职能；第三，有关事实的概述，但为送达司法文书提出的请求例外；第四，对请求协助的事项和请求缔约国希望遵循的特定程序细节的说明；第五，可能时，任何有关人员的身份、所在地和国籍；第六，索取证据、资料或要求采取行动的目的。

（2）请求被请求国主管当局签发没收令以便执行没收时，应有关于拟予没收的财产的说明以及关于请求缔约国所依据的事实的充分陈述，以便被请求缔约国能够根据本国法律取得没收令。

（3）请求根据请求国法院签发的没收令并按照请求的范围执行没收时，应有请求缔约国据以签发请求的、法律上可接受的没收令副本、事实陈述和关于请求执行没收令的范围的资料。

（4）请求辨认、追查和冻结或扣押本公约所述犯罪所得、财产、设备或其他工具以便最终执行没收时，应有请求缔约国所依据的事实陈述以及对请求采取的行动的说明。

被请求缔约国根据公约义务和请求国的请求作出的决定或采取的行动，应符合并遵循其本国法律及程序规则的规定或可能约束其与请求缔约国关系的任何双边或多边条约、协定或安排的规定。

五、关于没收的犯罪所得或财产的处置

《联合国打击跨国有组织犯罪公约》第14条"没收的犯罪所得或财产的处置"规定：

1. 缔约国依照本公约第12条或第13条第1款没收的犯罪

所得或财产应由该缔约国根据其本国法律和行政程序予以处置。

2. 根据本公约第 13 条的规定应另一缔约国请求采取行动的缔约国，应在本国法律许可的范围内，根据请求优先考虑将没收的犯罪所得或财产交还请求缔约国，以便其对犯罪被害人进行赔偿，或者将这类犯罪所得或财产归还合法所有人。

3. 一缔约国应另一缔约国请求按照本公约第 12 条和第 13 条规定采取行动时，可特别考虑就下述事项缔结协定或安排：

（a）将与这类犯罪所得或财产价值相当的款项，或变卖这类犯罪所得或财产所获款项，或这类款项的一部分捐给根据本公约第 30 条第 2 款（c）项所指定的账户和专门从事打击有组织犯罪工作的政府间机构；

（b）根据本国法律或行政程序，经常地或逐案地与其他缔约国分享这类犯罪所得或财产或变卖这类犯罪所得或财产所获款项。

《联合国反腐败公约草案》几乎是完全照搬了《联合国打击跨国有组织犯罪公约》第 14 条关于没收的犯罪所得或财产的处置的规定，同时针对腐败犯罪的特殊性，增加了一个条款，即"在国家财产受到损害的情况下向来源国归还财产"。该条规定的内容是："1. 尽管有本公约第（…）条（没收和扣押）、第（…）条（没收事宜的国际合作）和第（…）条（没收的犯罪所得的处置）的规定，各缔约国仍均应采取必要措施，以便其中心当局或负有相关职责的机构能够向来源国返还那些在损害其本国利益情况下获得的、构成犯罪所得的财产。2. 在此种情况下，这类财产不得列入请求缔约国与被请求缔约国之间分享的犯罪所得财产的范围。"

根据上述规定，笔者认为，对没收的犯罪所得或财产，应当分别不同情况予以处置：

第一，在没有其他缔约国提出请求的情况下，一国在追究腐败犯罪刑事责任的过程中没收的腐败犯罪所得或财产，由该国根据其国内法的规定处置。

第二，在一国应他国请求没收犯罪所得或财产的情况下，应当区分没收财产的来源和性质，分别不同情况予以处置。

首先，对于犯罪分子采取侵吞、盗窃、骗取、挪用或索取等犯罪手段所取得的国家财产、私人财产或实体的财产，经被害国请求而没收的，被请求国应当将这些财产返还财产来源国，以便将其归还财产的合法所有者或对犯罪被害人进行赔偿，而不应对其进行任何其他处置。

其次，只有对于犯罪活动本身所产生或形成的财产，如（在一般的跨国性有组织犯罪中常见的）通过走私以及贩卖毒品、军火、妇女儿童等活动获得的财产，或者用于犯罪的财产，如用于制造毒品的原料、设备、工具，以及用于行贿、洗钱的财产等，才应当考虑通过协定或安排，将其全部或部分捐给专门从事打击腐败工作的政府间机构，或者与其他缔约国分享这类财产或变卖这类财产所获款项。为了有利于各国在打击腐败犯罪方面的国际合作，对没收的这类财产，笔者认为，应当更多考虑由有关国家分享。

（原载《国际刑法与国际犯罪专题探索》，
中国人民公安大学出版社 2002 年版）

反腐败犯罪的国际刑事司法合作[*]

腐败现象已经成为困扰整个国际社会的公害之一,成为各国政治、经济、文化发展的桎梏。随着经济一体化和全球化的发展和各国之间国家及社会交往的广泛发展,全球范围内的腐败活动更有愈演愈烈之势,腐败已经不是某个国家或者某个人的个别现象,而是一个普遍的社会现象。联合国秘书长安南在联合国大会通过《联合国反腐败公约》之后指出,腐败是一种对社会产生广泛腐蚀作用的"隐性恶疾",它破坏民主与法治,扭曲市场,助长有组织犯罪和恐怖主义,危害正常生活。所有国家,不论大小和贫穷都存在腐败这一现象,且腐败对发展中国家犹具破坏性,是阻碍脱贫和经济发展的重要因素。正是由于腐败已经成为全球公害,建立和加强惩治腐败犯罪的国际刑事司法合作机制已经成为国际社会的共识。

一、惩治腐败犯罪国际刑事司法合作的有关规定

(一)惩治腐败犯罪国际合作的国内法规定

惩治腐败犯罪国际合作的中国国内法规定,包括1996年

---

[*] 本文系笔者2005年8月在中加贯彻实施《联合国反腐败公约》国际研讨会上的发言稿。

修订的刑事诉讼法第17条和2000年12月28日第九届全国人民代表大会常务委员会第十九次会议通过的引渡法。刑事诉讼法第17条规定："根据中华人民共和国缔结或者参加的国际条约，或者按照互惠原则，我国司法机关和外国司法机关可以相互请求刑事司法协助。"这是我国与外国进行刑事司法合作和刑事司法协助的原则规定。引渡法则是对国际刑事司法合作中的引渡问题的国内法规定，对于外国向我国请求引渡及我国向外国请求引渡的条件、程序等具体问题都作出了规定，同时也包括我国刑法中有关腐败犯罪的实体法规定。

（二）惩治腐败犯罪国际合作的国际法规定

惩治腐败犯罪国际合作的国际法规定，可以分为我国与外国签署的双边条约和我国签署或者参加的国际公约两种渊源。

1. 我国与外国签署的双边条约

截至2005年4月，我国已与47个国家签订71项双边司法合作条约和协定，与23个国家签订引渡条约。前者如2000年6月19日中美两国签署的《中华人民共和国和美利坚合众国政府关于刑事司法协助的协定》等，后者如1993年8月26日签署的《中华人民共和国和泰王国引渡条约》等。

2. 我国签署或者参加的国际公约

截至2005年4月，我国已经批准了《联合国打击跨国有组织犯罪公约》，签署了《联合国反腐败公约》，还加入了二十多项含有国际司法合作内容的多边国际公约。在我国签署或者参加的国际公约中，专门针对腐败犯罪国际刑事司法合作的国际公约是《联合国打击跨国有组织犯罪公约》和《联合国反腐败公约》。

《联合国打击跨国有组织犯罪公约》和《联合国反腐败公约》对没收犯罪所得、管辖合作、引渡合作、刑事司法协助、联合调查以及特殊侦查手段的合作等问题都作出了较为详尽的规定。

在刑事司法协助问题上，两公约规定，各缔约国可为下列任何目的请求依据本条给予司法协助：（1）向个人获取证据或陈述；（2）送达司法文书；（3）执行搜查和扣押并实行冻结；（4）检查物品和场所；（5）提供资料、物证以及鉴定结论；（6）提供有关文件和记录的原件或经核证的副本，其中包括政府、银行、财务、公司或营业记录；（7）为取证目的而辨认或追查犯罪所得、财产、工具或其他物品；（8）为有关人员自愿在请求缔约国出庭提供方便；（9）不违反被请求缔约国本国法律的任何其他形式的协助。同时，两公约还强调，各缔约国不得以银行保密为由拒绝提供公约规定的司法协助。两公约还对可以拒绝提供刑事司法协助的情况进行了专门的规定，如《联合国打击跨国有组织犯罪公约》第18条"司法协助"第9项规定："缔约国可以并非双重犯罪为由拒绝提供本条所规定的司法协助。但是，被请求缔约国可在其认为适当时在其斟酌决定的范围内提供协助，而不论该行为按被请求缔约国本国法律是否构成犯罪。"根据这一规定，缔约国不能以国内法未将公约规定为犯罪的行为拒绝提供刑事司法协助。该公约第21项规定："在下列情况下可拒绝提供司法协助：（1）请求未按本条的规定提出；（2）被请求缔约国认为执行请求可能损害其主权、安全、公共秩序或其他基本利益；（3）假如被请求缔约国当局依其管辖权对任何类似犯罪进行侦查、起诉或审判程序时，其本国法律将会禁止其对此类犯罪采取被请求的行动；（4）同意此项请求将违反被请求国关于司法协助的法律制度。"

除上述内容外，较为引人注目的是，《联合国反腐败公约》对资产追回合作的规定，创设了崭新的国际合作制度。

建立惩治腐败犯罪的国际刑事司法合作机制的根本目的包括两个方面：一是追逃，即通过引渡或者遣返等方式将腐败犯罪人追回境内以绳之以法；二是追赃，即将腐败犯罪人转移到境外的国有资产追回来以减少损失。《联合国反腐败公约》在境外追赃机制方面，创设了腐败犯罪所得资产的追回的法律机制，即直接追回机制和通过没收的间接追回机制。

所谓直接追回机制，是指当一缔约国的资产因腐败犯罪被转移到另一缔约国，在另一缔约国没有采取没收等措施处置时，通过一定的途径，主张对该资产的合法所有权予以追回的机制。《联合国反腐败公约》第53条"直接追回财产的措施"规定："各缔约国均应当根据本国法律：1. 采取必要的措施，允许另一缔约国在本国法院提起民事诉讼，以确立对通过实施根据本公约确立的犯罪而获得的财产的产权或者所有权；2. 采取必要的措施，允许本国法院命令实施了根据本公约确立的犯罪的人向受到这种犯罪损害的另一缔约国支付补偿或者损害赔偿；3. 采取必要的措施，允许本国法院或者主管机关在必须就没收作出决定时，承认另一缔约国对通过实施根据本公约确立的犯罪而获得的财产所主张的合法所有权。"

所谓间接追回机制，是指当一缔约国依据本国法律或者执行另一缔约国法院发出的没收令，对被转移到本国境内的腐败犯罪所得资产进行没收后，再返还给另一缔约国的腐败犯罪所得资产的追回方式。《联合国反腐败公约》第54条"通过没收事宜的国际合作追回资产的机制"规定："1. 为依照本公约第55条就通过或者涉及实施根据本公约确立的犯罪所获得的财产提供司法协助，各缔约国均应当根据其本国法律：（1）采取必要的措施，使其主管机关能够执行另一缔约国法院发出的没收令；（2）采取必要的措施，使拥有管辖权的主管机关能够通过对洗钱犯罪或者对可能发生在其管辖范围内的其他犯罪作出判决，或者通过本国法律授权的其他程序，下令没收这类外国来源的财产；（3）考虑采取必要的措施，以便在因为犯罪人死亡、潜逃或者缺席而无法对其起诉的情形或者其他有关情形下，能够不经过刑事定罪而没收这类财产。2. 为就依照本公约第55条第2款提出的请求提供司法协助，各缔约国均应当根据其本国法律：（1）采取必要的措施，在收到请求缔约国的法院或者主管机关发出的冻结令或者扣押令时，使本国主管机关能够根据该冻结令或者扣押令对该财产实行冻结或者扣押，但条件是该冻结令或者扣押令须提供合理的根据，使被请求缔约国相信充足理由采取这种行动，而且有关财产将依照本条第1款第（1）项按没收令处理；（2）采取必要的措施，在收到请求时使本国主管机关能够对该财产实行冻结或者扣押，条件是该请求须提供合理的根据，使被请求缔约国相信有充足理由采取这种行动，而且有关财产将依照本条第1款第（1）项按没收令处理；（3）考虑采取补充措施，使本国主管机关能够保全有关财产以便没收，例如基于与获取这种财产有关的、外国实行的逮捕或者提出的刑事指控。"

对于被没收的腐败犯罪所得资产的返还和处分，《联合国反腐败公约》第57条"资产的返还和处分"规定："1. 缔约国依照本公约第31条或者第55条没收的财产，应当由该缔约国根据本公约的规定和本国法律予以处分，包括依照本条第3款返还其原合法所有人。2. 各缔约国均应当根据本国法律的基本原则，采取必要的立法和其他措施，使本国主管机关在另一缔约国请求采取行动时，能够在考虑到善意第三人权利的情况下，根据本公约返还所没收的财产。3. 依照本公约第46条和第55条及本条第1款和第2款：（1）对于本公约第17条和第

23 条所述的贪污公共资金或者对所贪污公共资金的洗钱行为,被请求缔约国应当在依照第 55 条实行没收后,基于请求缔约国的生效判决,将没收的财产返还请求缔约国,被请求缔约国也可以放弃对生效判决的要求;(2)对于本公约所涵盖的其他任何犯罪的所得,被请求缔约国应当在依照本公约第 55 条实行没收后,基于请求缔约国的生效判决,在请求缔约国向被请求缔约国合理证明其原对没收的财产拥有所有权时,或者当被请求缔约国承认请求缔约国受到的损害是返还所没收财产的依据时,将没收的财产返还请求缔约国,被请求缔约国也可以放弃对生效判决的要求;(3)在其他所有情况下,优先考虑将没收的财产返还请求缔约国、返还其原合法所有人或者赔偿犯罪被害人。4. 在适当的情况下,除非缔约国另有决定,被请求缔约国可以在依照本条规定返还或者处分没收的财产之前,扣除为此进行侦查、起诉或者审判程序而发生的合理费用。5. 在适当的情况下,缔约国还可以特别考虑就所没收财产的最后处分逐案订立协定或者可以共同接受的安排。"

二、惩治腐败犯罪国际刑事司法合作实践的障碍和问题

近年来,我国腐败犯罪也呈现出以犯罪人外逃或者犯罪所得被汇往境外为主要表现形式的跨国性特征,相当数量的"贪官外逃"现象的发生也已经引起社会各方面的关注,作为腐败犯罪的侦查、控诉部门的各级检察机关紧密协作,认真履行职责,充分利用现行法律和国际刑事司法合作途径,及时查核犯罪人、犯罪所得的去向和涉嫌的犯罪事实,收集、固定证据,有效控制犯罪嫌疑人,从而保障审判的顺利进行和判决的切实执行。

但是,尽管《联合国打击跨国有组织犯罪公约》和《联合国反腐败公约》对惩治腐败的国际刑事司法合作机制的原则、

措施、程序等问题都作出了一定的规定，但是，当前，我国在利用国际刑事司法合作机制惩治腐败犯罪的实践仍然存在着较大的障碍和问题，认为只要参加并实施有关国际公约即可将"贪官外逃"等跨国性腐败犯罪"毕其功于一役"，腐败分子从此再无藏身之地，大批外逃贪官将被引渡回国受审，巨额财产则被悉数追回的观点过于天真和乐观。具体而言，这些障碍和问题主要表现为：

（一）国内法规定与国际公约之间的差异较大

《联合国打击跨国有组织犯罪公约》和《联合国反腐败公约》中关于腐败犯罪的实体法和程序法规定与我国现行刑法、刑事诉讼法规定相比较，还存在着较大的差异。

就实体法而言，从总体上看，国际公约中规定的腐败犯罪较我国刑法规定更为宽泛。以受贿罪为例，《联合国打击跨国有组织犯罪公约》和《联合国反腐败公约》规定的受贿罪主体包括本国公职人员、外国公职人员和国际公共组织官员。在受贿的内容上，对"财产"的理解，《联合国反腐败公约》规定，是指各种资产，不论是物质的还是非物质的、动产还是不动产、有形的还是无形的，以及证明对这种资产的产权或者权益的法律文件或者文书。而根据我国刑法的有关规定，无论从"国家工作人员"和"财物"的规定和解释上，都较之上述国际公约的规定狭窄。

虽然我国作为有关国际公约的缔约国，有履行国际公约的义务，有关国际公约的规定可以涵盖国内法的规定，但是，由于国际公约在执行上一般只能通过间接执行的模式，国际公约本身对具体实施犯罪的人并没有实际的约束力。国际公约的执行必须依靠国内法与之协调。而且，由于各国社会政治经济文化状况的差别和各国法制的不同，规定腐败犯罪行为的国际条约都只是规定某种行为是犯罪行为，没有也不可能直接规定各缔约国应当对这种犯罪行为处以何种刑罚及刑罚幅度问题，对国际犯罪行为刑罚仍应依据各国的国内刑事立法。不少国际条约甚至还要求各缔约国应当对某种国际犯罪行为通过立法手段在国内刑法上加以明确，例如，在《联合国打击跨国有组织犯罪公约》和《联合国反腐败公约》中类似"各缔约国均应当采取必要的立法措施和其他措施，将下列故意实施的行为规定为犯罪"或者"在不违背缔约国法律制度的情况下采取的适当的措施"的规定比比皆是。这些规定表明，有关国际条约对犯罪行为的规定需要有国内法的相应规定才能为各国的司法机关实际运用，没有国内法上的配套规定，有关国际条约只能是一纸空文，在实践中无法产生效用。国内法将我国缔结或者参加的国际条约所规定的犯罪行为加以明确规定，实际上是将国际法规范国内化，将其纳入国内法体系，成为国内刑法的一部分，从而使国际条约与国内法和谐地统一起来，以便各国司法机关能够充分地运用国际条约打击腐败犯罪，使国际社会为打击腐败犯罪行为所作出的努力不会付诸东流。

就程序法而言，从总体上看，国际公约对腐败犯罪的程序规定较我国刑事诉讼法的规定更为完善和细致。例如，对于国际间的刑事司法协助，我国刑事诉讼法仅在第17条作出了原则性的规定，其他关于刑事司法合作的规定相对比较分散，还没有建立起体系完备、内容翔实的法律制度，这不仅使我国司法机关对外寻求刑事司法国际合作缺少相应的国内法规范，对于外国或地区向我国寻求刑事司法合作的情形，我国国内司法机关如何提供协作和配合也缺少相应的法律规范。

在资产追回问题上，由于我国具体司法制度与《联合国反腐败公约》规定的资产追回机制不相衔接，使得我国无法利用

《联合国反腐败公约》的相关规定寻求有关国家的合作，追回被腐败犯罪人转移到境外的国有资产。《联合国反腐败公约》规定的腐败犯罪所得资产的直接追回机制和间接追回机制，或者要求请求国向被请求国提供已经发生法律效力的民事判决，作为返还资产的条件，或者要求请求国法院向被请求国主管机关发出没收令。而根据我国现行的司法制度，对于腐败犯罪，并无缺席刑事审判制度，也无向外国发出没收令的程序，从而在利用《联合国反腐败公约》追回腐败犯罪所得上存在着法律障碍。

（二）我国与其他国家签订的双边引渡条约和刑事司法协助条约较少，且规范性较差

《联合国打击跨国有组织犯罪公约》和《联合国反腐败公约》虽然对引渡和刑事司法协助问题作出了比较详细的规定，但是，由于两公约对引渡和刑事司法协助问题都采取必须符合本国法律制度的原则，所以，两公约对引渡和刑事司法协助问题实际上并不具有强制力，而且两公约各项条款刚性不足，可操作性不强，尚不能成为我国惩治就跨国腐败犯罪开展国际合作的"利器"。因此，在两公约的基础上，采取国与国之间签订双边的引渡条约和刑事司法条约的方式解决引渡和刑事司法协助问题对于惩治"贪官外逃""资产追回"等腐败犯罪现象较之直接适用两公约可能更为有效。对此，两公约的态度也十分明确。例如，《联合国打击跨国有组织犯罪公约》第16条"引渡"第17款特别指出："各缔约国均应寻求缔结双边和多边协定或安排，以执行引渡或加强引渡的有效性。"《联合国反腐败公约》第59条"双边和多边协定和安排"也规定："缔约国应当考虑缔结双边或多边协定或者安排，以便增强根据公约本章规定开展的国际合作的有效性。"

在实践中,通过缔结双边条约进行惩治腐败的国际合作是我国目前采取的一种主要途径。但是,迄今为止,我国只与47个国家签订了71项双边司法合作条约和协定,与23个国家签订了引渡条约,这意味着我国与世界上大多数国家还没有任何形式的引渡和刑事司法协助的协议,遇到相关问题,只能通过"个案协商"的方式解决,其结果也往往不尽如人意,这种状况远远不能满足我国打击腐败犯罪特别是跨国腐败犯罪的实际需要。而且,我国已经签订的引渡和刑事司法协助条约大多是在《联合国打击跨国有组织犯罪公约》和《联合国反腐败公约》生效与签署之前订立的,有不少内容与两公约不协调甚至矛盾,在当前情况下,其实际执行状况如何,令人担忧。

在我国已签订的几十项双边司法协助条约中,在内容上有的条约之间不相协调甚至相互矛盾,例如关于中方的联系机构,有的条约指定司法部,有的条约指定最高人民法院,还有的条约指定最高人民检察院。这些不协调甚至矛盾之处,反映出我国与其他国家就刑事司法协助条约的磋商和谈判似乎并无章法可寻。

此外,在无双边引渡条约的情况下,通过"个案协商"方式以外交途径请求有关国家协助乃至要求被请求国采取驱逐出境等变相引渡的方式遣返在逃犯的实践中,其非长期性与非稳定性的局限性十分明显,而且必须以国家的实力做后盾。从长远的角度考虑,这不是一个很好的选择。

三、加强惩治腐败犯罪国际刑事司法合作的建议

为加强打击腐败的国际刑事司法合作,特别是针对我国一些腐败犯罪人携款外逃比较严重,而我国尚无有效的法律合作框架与渠道与有关国家进行有效合作的现实,我国应重视并积极肯定《联合国打击跨国有组织犯罪公约》和《联合国反腐败

公约》的重要意义，充分利用公约所建立的法律机制和法律框架，适当修改或者制定有关国内立法，积极寻求与有关国家签订双边或者多边引渡和刑事司法协助条约，努力建立腐败犯罪预防机制与预警机制。

(一) 适当修改和制定有关国内立法

如前所述，我国国内法规定与《联合国打击跨国有组织犯罪公约》和《联合国反腐败公约》等国际公约之间的差异较大，已经成为制约我国惩治腐败犯罪开展国际刑事司法合作实践的障碍和问题，因而有必要适当修改和制定有关国内立法，以使我国刑事法制与《联合国打击跨国有组织犯罪公约》和《联合国反腐败公约》等国际公约相协调。

在实体法上，国际合作中的障碍，一是对腐败犯罪域外管辖的范围过小。为了更有效地同国家腐败犯罪作斗争，建议适当地扩大刑法对域外的管辖范围，取消刑法第7条关于中国公民在中国领域外犯刑法规定的法定最高刑为3年以下有期徒刑之罪"可以不予追究"的规定和刑法第8条关于法定最低刑为"3年以上有期徒刑"的规定，或者在保持刑法第7、8条规定不变的情况下增加规定"中华人民共和国公民在中华人民共和国领域外实施国际公约中规定的犯罪，外国人在中华人民共和国领域外对中华人民共和国国家或者公民实施国际公约规定的犯罪，适用中国刑法"。这样可以消除刑法规定上的障碍，使中国刑法更有效地适应国家反腐败斗争的需要。二是增加贿赂境外公务人员罪或者把境外公务人员比照国家工作人员定罪处罚。《联合国打击跨国有组织犯罪公约》规定各国将贿赂外国公务人员视为犯罪，我国是《联合国打击跨国有组织犯罪公约》的缔约国，因此有义务按照该公约的要求，把贿赂外国公务人员作为犯罪来处理，等等。

在程序法上，修改刑事诉讼法的相关条款，增加证人保护和举报人保护的规定，建立刑事缺席审判制度，增加刑事没收程序的规定，适当赋予腐败犯罪侦查机关特殊侦查手段，以与《联合国打击跨国有组织犯罪公约》《联合国反腐败公约》中业已确定的国际刑事司法合作相关机制相协调。

在刑事司法协助问题上，为解决目前我国司法机关对外寻求刑事司法国际合作缺少相应的国内法规范，对于外国或地区向我国寻求刑事司法合作，我国如何提供协作和配合也缺少相应的法律规范的状况，尽快制定一部统一的刑事司法协助法，以规范我国的刑事司法协助行为。

（二）积极寻求与有关国家签订双边或者多边引渡和刑事司法协助条约

继续积极寻求与有关国家签订双边引渡和刑事司法协助条约，并就我国已经缔结的与《联合国打击跨国有组织犯罪公约》和《联合国反腐败公约》等国际公约不协调的条约，积极与有关国家磋商，争取对其进行修改。努力推动联合国等国际组织就多边引渡国际公约展开协商，并积极地参与类似国际公约草案的制定中。

（三）努力建立腐败犯罪预防机制与预警机制

在本质上，建立和加强对腐败犯罪的国际刑事司法合作机制，是在已然的腐败犯罪演变为跨国犯罪之后采取的不得已的措施，然而，亡羊补牢莫如未雨绸缪，建立包括腐败犯罪在内的职务犯罪预防机制，防患于未然，较之消极被动地追逃、追赃更胜一筹，因而努力探索建立职务犯罪预防机制方为惩治腐败犯罪的治本之策。

同时，努力防止腐败犯罪人潜逃境外或者犯罪人将犯罪所得转移境外，建立防止腐败犯罪人携款外逃的预警机制，与建立和加强对腐败犯罪的国际刑事司法合作机制相比,不仅可以节约大量的司法资源,取得事半功倍的成效,而且不失为一条防范腐败犯罪国际化、复杂化的有效途径,为此,检察机关应当与公安、外事、边防、金融等相关部门互相配合,形成合力,尽最大可能将腐败犯罪人控制在境内。

(四)建立专门人员的交流与培训

通过多年的司法协作实践可以发现,对外国法律以及司法程序了解不够是导致许多司法协助无法开展的重要原因。必须承认,各国法律文化背景不同,对哪种行为应该认定为犯罪认识也不一致,想达成一致,还要通过修改国际公约、国内法的形式。但是,加强对相关人员的业务培训和交流,了解外国法律以及司法程序,则是可以迅速见成效的措施。通过人员的交流与培训,各国从事司法协助的人员可以相互熟悉对方国家的法律和工作程序。而且通过培训和交流的方式,各国从事司法协助的人员之间还可以增加了解、建立友谊,有时人员的交流比法律上的交流更重要。这种交流和培训可以由反腐败国际协调机构组织,也可以由地区性组织承办。两个国家相互派专门人员到对方国家学习法律制度同样是有效途径。

反腐败公约在中国的实施[*]

2005年10月27日,十届全国人大常委会第十八次会议审议批准了《联合国反腐败公约》(以下简称反腐败公约或公约)。这对推进中国的反腐败立法,加强同腐败犯罪作斗争,以及开展反腐败的国际合作,都将产生深远的历史性的影响。

一、加入《联合国反腐败公约》的意义

中国作为联合国常任理事国不仅积极支持反腐败公约的起草工作,而且十分关注《联合国反腐败公约》起草的进展情况,选派有各方面代表参加的代表团参与了特别委员会关于公约草案的每一次讨论,对于《联合国反腐败公约》的厘定和通过,发挥了积极的建设性作用。2003年12月10日,外交部副部长张业遂代表中国政府签署了该公约。2005年10月27日全国人大常委会批准加入该公约之后,按照公约的约定,中国已成为2005年12月14日起生效施行的《联合国反腐败公约》的首批国家之一。

---

[*] 本文系笔者2007年10月10日在第二届"当代刑法国际论坛"上的发言稿。

加入《联合国反腐败公约》，对于中国而言，至少有四个方面的意义：

第一，有利于向世界宣告中国人民和政府反腐败的决心，树立中国的国际形象。一个国家的腐败问题虽然是人们普遍关心的问题，但是在国际社会，人们更关心的是这个国家有没有反腐败的政治决心和真正有效的反腐败措施。中国加入《联合国反腐败公约》，表明中国在政治决策的层面上具有坚定的治理腐败问题的决心，并且愿意按照公约所规定的即国际社会公认的反腐败的有效措施进行反腐败的各项工作。这对于我国在国际社会中树立廉洁政府的形象，是非常有意义的。

第二，有利于促进中国的反腐败预防工作。近年来，中国一直在致力于从源头上预防腐败，不断加强反腐败的制度建设。预防腐败，需要学习借鉴世界各国的有益经验。而《联合国反腐败公约》正是世界各国预防腐败的成果经验的结晶。加入反腐败公约，有利于我们直接与世界各国学习交流反腐败的经验，在同一个平台上对话、交流与合作，促进中国预防腐败的制度建设和工作机制的进一步完善。

第三，有利于完善中国惩治腐败的法律制度。《联合国反腐败公约》就惩治腐败犯罪的法律机制作了具体的规定。这些规定，既反映了各国惩治腐败犯罪的法律规定，也反映了国际范围内腐败犯罪出现的新情况。而这些规定，有的在中国法律中已经有所体现，有的还没有体现。中国加入《联合国反腐败公约》之后，就有义务按照公约的要求进一步完善中国的反腐败刑事立法，以便切实履行公约义务。

第四，有利于减少腐败给我国经济建设造成的损失。腐败犯罪的一个明显趋势是发展中国家的腐败犯罪分子将腐败犯罪所得转移到发达国家，以致给发展中国家造成巨大的经济损失。而《联合国反腐败公约》的一个重大突破就是在国际范围内建立腐败犯罪所得的资产追回机制。资产追回机制与国际公约中普遍包含的刑事司法合作相结合,十分有利于建立比较畅通的国际合作渠道,追回被腐败犯罪分子转移到国外的资产,从而减少腐败犯罪所造成的损失。这对于像中国这样的发展中国家而言,当然是十分有利的。

二、中国实施反腐败公约的法律基础

反腐败公约中提出的要求和措施,都是缔约国应当承担和履行的公约义务。各个缔约国严格遵守和切实履行公约义务,是实现公约目的的基本保证和先决条件。中国作为国际社会中有影响的、负责任的国家,在签署和批准该公约的时候,就意味着要认真承担公约规定的义务,严格按照公约的要求,采取有效措施,做好预防和打击腐败的各项工作,包括加强与其他缔约国的合作,共同实现公约关于预防和打击腐败的目标。

审视中国的法律制度和社会实践,笔者认为,中国在许多基本的、重要的方面都具备了履行公约义务的条件,并且中国反腐败的实践在许多方面也符合公约的要求。

首先,关于反腐败的预防机制,中国不仅十分重视预防腐败的问题,而且建立了比公约的要求更为有效的预防腐败的工作机制,如党委统一领导、党政齐抓共管、部门各负其责、社会广泛参与的工作机制,以及与社会主义市场经济体制相适应的教育、制度、监督并重的惩治和预防腐败体系。其中,中国检察机关的反贪污贿赂部门,就是公约所要求的"专职负责通过执法打击腐败"的"拥有根据缔约国法律制度基本原则而给予的必要独立性"的专职机关,设有专门的举报中心、预防机构和查办职务犯罪机构。按照这种预防腐败的工作机制和预防体系,有关部门进行了大量的、卓有成效的工作。中国不仅重视预防腐败的机制建设,同时也十分重视预防腐败的制度建设,积极努力地完善教育、制度、监督三位一体的工作机制,从源头上预防腐败。

其次,反腐败公约中规定的犯罪在中国刑法中得到充分体现,中国有条件依据本国法律对反腐败公约规定的犯罪行使管辖权。《联合国反腐败公约》规定了11种腐败犯罪,即:(1)贿赂本国公职人员罪(包括向本国公职人员行贿罪和本国公职人员受贿罪);(2)贿赂外国公职人员[1]或国际公共组织官员[2]罪(包括向外国公职人员或国际公共组织官员行贿罪和外国公职人员或国际公共组织官员受贿罪);(3)公职人员侵犯财产罪(包括贪污罪、挪用罪和侵吞受托财产罪);(4)影响力交易罪;(5)滥用职权罪;(6)非法增加资产罪;(7)私营部门内的贿赂罪(包括向私营部门人员行贿罪和私营部门人员受贿罪);(8)私营部门内的侵吞财产罪;(9)洗钱罪;(10)窝赃罪;(11)妨碍司法罪。这些犯罪中,有10种在中国刑法分则第八章规定的贪污贿赂犯罪、刑法分则第三章中规定的破坏社会主义经济秩序犯罪,以及刑法分则第六章和第九章中规定的犯罪中都可以找到类似的规定。

再次,中国法律中为实施《联合国反腐败公约》中规定的制裁措施提供了法律依据。中国的刑事诉讼法对侦查、起诉和审判腐败犯罪的主管机关、法定程序、必须遵循的法律原则以及国际合作等问题作了明确的规定;对扣押、没收犯罪所得作了具体的规定。中国的引渡法以及与许多国家签订的引渡条约

---

[1] "外国公职人员"系指外国无论是经任命还是经选举而担任立法、行政、行政管理或者司法职务的任何人员;以及为外国,包括为公共机构或者公营企业行使公共职能的任何人员。

[2] "国际公共组织官员"系指国际公务员或者经此种组织授权代表该组织行事的任何人员。

和司法协助条约,为中国司法机关履行《联合国反腐败公约》规定的缔约国义务,与有关国家在打击腐败犯罪方面进行合作,提供了法律依据。

最后,中国已经与世界上许多国家在联合打击跨国性犯罪方面建立了良好的合作关系和情报交流及人员培训机制,进行了许多卓有成效的合作,为进一步的国际合作打下了良好的基础。

三、实施反腐败公约需要解决的问题

中国加入《联合国反腐败公约》以来,按照全面实施公约的要求做了一系列卓有成效的工作。如成立了国家预防腐败局,修改了反洗钱立法,明确地把腐败犯罪规定为洗钱的上流犯罪,开展了治理商业贿赂的专项活动,制定了反腐败国际合作的主管机关等。这些都有力地促进了反腐败公约在中国的实施。

当然,实施反腐败公约是一个长期的过程,而不是一朝一夕所能完成的,也不是一件一劳永逸的事情。笔者认为,实施《联合国反腐败公约》最重要的是进行教育,包括对国家工作人员的教育和对全体公民的教育。在教育的同时,需要加强制度建设,不断消除管理制度中容易导致和滋生腐败的成分和容易被腐败分子利用的部分。而在这两个方面需要做大量的、长期的工作。

有效地打击腐败犯罪是实施《联合国反腐败公约》中不可或缺的重要方面。有效打击腐败犯罪,需要完备的法律制度。我国现行的法律制度特别是刑事法律,与《联合国反腐败公约》的规定相比较,虽然基本具备了实施公约的条件,但还存在着某些不一致或不吻合的地方。这对我们切实履行公约义务、加强惩治腐败犯罪的力度,具有一定的影响。因此有必要

按照《联合国反腐败公约》的规定进一步完善我国的刑事法律制度，更有效地开展反腐败斗争。

(一) 完善刑法关于腐败犯罪的规定

就刑事实体法而言，我国刑法需要从三个方面加以完善：

第一，需要修改某些犯罪的构成要件。受贿罪是腐败犯罪中最具代表性的，也是最常见的一种犯罪。全国人大常委会在1988年制定《关于惩治贪污罪贿赂罪的补充规定》时，为了防止扩大打击面，在贿赂罪的构成要件中增加了"为他人谋取利益"的要素，从而大大缩小了受贿罪的涵盖面，为那些拿人钱财又不给人办事的道德沦丧的腐败分子逃避法律制裁钻法律的空子提供了根据。另外，我国传统的刑法理论认为，贿赂犯罪的对象是财物，不包括其他财产性利益。这也使一些提供或接受财物以外的贿赂的行为无法受到刑法的惩罚。这两点在1997年修订的刑法中进一步被确认。但是，按照《联合国反腐败公约》的规定，受贿罪就是"公职人员为其本人或者其他人员或实体直接或间接索取或者收受不正当好处，以作为其在执行公务时作为或者不作为的条件"的行为。其中"不正当好处"，既包括了我国刑法中规定的"财物"，也包括我国刑法中尚未规定的其他好处。并且，公约中规定的"作为或者不作为"也比我国刑法中规定的"为他人谋取利益"的范围要宽。因此，为了更好地与《联合国反腐败公约》相衔接，也为了严密对腐败犯罪刑事制裁的法网，有必要修改完善我国刑法中关于受贿罪犯罪构成要件的规定。

第二，需要增设某些腐败犯罪的罪名。公约中规定的某些犯罪是我国现行刑法中所没有的，因而有必要对之作出补充规定。例如，向外国公职人员或国际公共组织官员行贿的犯罪和外国公职人员或国际公共组织官员受贿的犯罪，在中国刑法中并没有相应的规定。而这类犯罪恰恰是需要通过国际合作来打击的犯罪。如果中国刑法中没有规定，中国就很难在打击这类犯罪中与其他缔约国开展刑事合作。

第三，需要调整某些犯罪的法定刑。首先，行贿罪与受贿罪作为一种对合性犯罪，在公约中是一并规定的。这体现了对行贿罪要与受贿罪一并予以制裁。但是在中国刑法中，行贿罪的构成要比受贿罪严格得多，只有为了谋取不正当利益的行贿行为才构成行贿罪，而且对行贿罪规定的法定刑比受贿罪的法定刑要轻。这种规定本身不利于打击行贿犯罪。其次，公约虽然没有关于刑罚的具体规定，但是按照国际社会普遍认可的价值观念，私人财产和公共财产在法律上应当受到相同的保护，对于侵犯私人财产的犯罪应当与侵犯公共财产的同类犯罪受到同样的处罚，而我国刑法却对贪污罪和侵占罪规定了轻重不同的刑罚。这种情况不利于对私人财产和公共财产同等保护的要求，应当在修改刑法时对之加以修改。最后，公约中对腐败犯罪规定了资格刑，这也是许多国家刑法中的做法，建议在修改刑法的时候，能够根据公约的要求增加职务犯罪的资格刑。从某种意义上讲，这种资格刑对于遏制和预防腐败犯罪，比监禁刑更为有效。

（二）完善惩治腐败的诉讼制度

就刑事程序法而言，我国刑事诉讼法需要从四个方面加以完善：

第一，关于没收的规定。为了保障资产追回机制的有效运行，《联合国反腐败公约》要求各缔约国"采取必要的措施，允许另一缔约国在本国法院提起民事诉讼，以确立对通过实施根据本公约确立的犯罪而获得的财产的产权或者所有权"；"采取必要的措施，使拥有管辖权的主管机关能够通过对洗钱犯罪或者对可能发生在其管辖范围内的其他犯罪作出判决";"采取必要的措施,以便在因为犯罪人死亡、潜逃或者缺席而无法对其起诉的情形或者其他有关情形下,能够不经过刑事定罪而没收这类财产"。但是,按照中国目前的法律规定,这些要求很难做到。一方面,中国刑事诉讼法中关于没收、追缴、收缴、返还的制度很不完善;另一方面,在刑事诉讼法中尽管有追缴犯罪所得的规定,但是在腐败犯罪分子外逃的情况下,按照法律规定,检察机关是不能对犯罪分子提起公诉的,因而也就谈不上提起刑事附带民事诉讼的问题,而检察机关又没有独立提起民事诉讼的权力,要获得能够被外国司法机关认可的没收资产的法律文书,几乎是不可能的。因此,如何完善中国的诉讼制度,在因为犯罪人死亡、潜逃或者缺席而无法对其起诉的情形或者其他有关情形下,能够不经过刑事定罪而没收这类财产,以保障在犯罪嫌疑人外逃的情况下追回被犯罪分子转移到国外的资产,是有效利用《联合国反腐败公约》建立的资产追回机制,减少腐败犯罪给我国造成的经济损失所要重点研究解决的一个十分重要的问题。

第二,关于司法协助法的制定。《联合国反腐败公约》的宗旨是要建立世界范围内的反腐败机制,而在这种反腐败机制中,国家之间的司法协助与合作,既是其存在的前提,也是其运作的基础。我国虽然已经与50多个国家签订了司法协助条约,并且加入了许多包含司法协助内容的国际公约,但是至今还没有一个国内司法机关可以遵照执行的司法协助法,刑事诉讼法中关于司法协助只有一条十分原则的规定,远远不能适应按照反腐败公约的要求进行司法协助的需要。而中国又没有直接援引国际条约办案的法律传统,司法机关在具体案件中与外国进行司法协助必须有国内法上的依据。因此制定一部系统的司法协助法，或者通过修改刑事诉讼法完善中国的司法协助制度，可以说是迫在眉睫。

第三，关于侦查手段的规定。《联合国反腐败公约》明确规定："为有效地打击腐败，各缔约国均应当在其本国法律制度基本原则许可的范围内并根据本国法律规定的条件在其力所能及的情况下采取必要措施，允许其主管机关在其领域内酌情使用控制下交付和在其认为适当时使用诸如电子或者其他监视形式和特工行动等其他特殊侦查手段，并允许法庭采信由这些手段产生的证据。"但是目前，中国法律关于查办腐败犯罪案件职能部门即检察机关侦查手段的规定还只限于一般的公开调查和强制措施的范围，缺乏关于技术侦查和秘密侦查的授权性规定。这对于有效地侦查起诉腐败犯罪是十分不利的，同时也不符合反腐败公约的要求。因此，有必要通过修改法律授权检察机关直接采取技术侦查和秘密侦查的手段查办腐败犯罪案件。

第四，关于证人保护制度。《联合国反腐败公约》明确规定："各缔约国均应当根据本国法律制度并在其力所能及的范围内采取适当的措施，为就根据本公约确立的犯罪作证的证人和鉴定人并酌情为其亲属及其他与其关系密切者提供有效的保护，使其免遭可能的报复或者恐吓。"但是在中国法律中，目前还缺乏有关证人保护的明确规定。特别是对于证人、被害人的亲属及其他关系密切的人员的保护措施，急需加强。在这些方面，需要通过修改和完善刑事诉讼法的相关规定，建立有效保护证人、被害人及其亲属的法律制度。

（三）建立和完善其他方面的法律制度

为了切实履行中国按照《联合国反腐败公约》的规定而应当承担的义务，也为了更有效地与世界各国开展反腐败方面的国际合作，除了刑事法律的修改完善之外，还应当在其他方面进一步完善相关的法律。例如，关于反腐败机构问题，按照《联合国反腐败公约》的规定，各缔约国应当设有一个或多个机构，实施公约第 5 条所述政策，并在适当情况下对这些政策的实施进行监督和协调；积累和传播预防腐败的知识；并能够协助其他缔约国制订和实施具体的预防腐败措施。中国虽然有多个反腐败机构，但是应该说还没有一个机构能够完全胜任公约所规定的这些职能。又如，近年来中国在反腐败方面作了大量的工作，取得了许多成功的经验，特别是全国各级纪委监察部门在查办腐败案件方面取得的成功经验，如何上升为法律，使之制度化、法律化，以便更好地推广利用；纪委监察部门查办腐败案件与检察机关查办腐败犯罪案件的衔接问题，如何进一步规范；行政部门的管理如何与查办腐败犯罪案件的部门建立经常性的工作联系制度等，都需要通过法律的制定和修改来解决。这既是建立有效反腐败机制的需要，也是在国际上特别是在未来的缔约国会议上宣传中国反腐败的法律制度和成就的需要。再如，在国际合作方面，中国一直保持积极的态度与其他国家开展反腐败方面的国际合作，并且取得了一定的成效；但是还不能满足打击腐败犯罪特别是国外追逃追赃的实际需要。如何进一步加强这方面的工作，国内的反腐败职能部门如何与国外的相关机关按照《联合国反腐败公约》的规定进行执法合作包括联合侦查，如何有效地进行反腐败方面的情报交换和技术培训，目前还缺乏相应的法律规定和实施方案。这些都是需要研究解决的。

（原载《联合国公约在刑事法治领域的贯彻实施》，中国人民公安大学出版社 2010 年版）

《联合国反腐败公约》与中国贿赂犯罪的立法完善

2005年10月27日，十届全国人大常委会第十八次会议审议批准了《联合国反腐败公约》。这对推进我国的反腐败立法，加强同腐败犯罪作斗争，以及开展反腐败的国际合作，都将产生深远的影响。

一、《联合国反腐败公约》产生的背景

腐败是一个严重威胁社会稳定与安全，破坏法治国家的价值观、道德观和正义，危害发展中国家可持续发展的问题。特别是在经济全球化的背景下，腐败的危害性不仅仅涉及一个国家，而且关系到整个国际社会。因为经济全球化的标志之一是跨国性贸易在经济交往中所占比重显著增加、跨国性经济组织的活动空前活跃。而在跨国性经济交往活动中，总有一些人，为了获取不正当利益，不惜用犯罪的手段包括贿赂的方式，获得或保持商业竞争中的优势，进行非法交易。

随着经济全球化趋势的出现，国际社会越来越重视国际经济交往活动中的腐败犯罪问题，从而出现了一系列共同谴责这类犯罪行为的国际文件。1975年7月10日美洲国家组织通过了

《关于跨国公司行为的决议》,其中明确规定跨国公司对外国官员行贿的行为是一种犯罪行为,需要加以预防、禁止和惩治。1975年12月15日联合国大会在其通过的第3514号决议中特别谴责跨国公司和其他公司及其中间人和其他有关人员违法所在国的法律和条例而实施的包括贿赂在内的一切腐败行径,禁止由一些公司在国际谈判的场合进行一切贿赂活动。1976年欧共体起草了一个有关欧共体官员和公务员贿赂的公约草案,其中规定,在每个成员国中,惩治本国国家公务员的受贿等犯罪的刑事规定,同样适用于欧洲经济共同体委员会的官员;对索贿、行贿进行制裁的国内法规定应当扩展于对欧共体官员的保护。

20世纪90年代以来,随着经济全球化的进程,在国际经济交往活动中贿赂外国公职人员的行为,受到越来越多的国家和地区的关注。联合国极力促进对国际经济交往中的腐败问题的国际认识和合作,连续通过了一系列决议,呼吁各国采取联合行动,遏制国际经济交往中的腐败犯罪。

1996年12月16日联合国大会通过了《联合国反对国际经济交往中的贪污贿赂行为宣言》。其中指出,联合国大会"深信为所有国家的国际经济交往提供稳定透明的环境是跨国界调动投资、金融、技术、技能和其他重要资源,是促进经济及社会发展和环境保护的基本条件","认识到在所有各级切实努力取缔和防止所有国家内的贪污贿赂是改善国际商业环境的基本因素,这些因素是加强国际经济交往中的公平性和竞争性,构成所有国家促进透明、负责的施政方法、经济及社会发展和环境保护的一个关键部分,并认识到在竞争日益激烈的全球化国际经济环境中尤其迫切需要作出这种努力"。

1997年12月12日联合国大会通过了题为《国际合作打击国际经济交往中的贪污贿赂行为》的决议。其中明确指出,联合国大会"不安地注意到在国际经济交往中他国的个人和企业向公职人员行贿的现象,确信这种行径因助长公共部门的腐败而会破坏国家机关的廉洁和削弱社会和经济政策,从而减损其威信","确信打击贪污腐败一定要有真诚的国际合作努力为基础"。

1998年12月15日联合国大会通过了题为《国际经济交往中的反贪污贿赂行动》的决议,再次强调联合国大会"关切腐败造成的问题的严重性,它可能危及社会的稳定与安全,破坏民主价值和道德并危害社会、经济和政治发展,不安地注意到在国际经济交往中有他国的个人和企业向公职人员行贿","吁请各会员国采取一切可能的措施进一步执行《联合国反对国际经济交往中的贪污贿赂行为宣言》"。

2000年1月15日联合国大会通过了《防止腐败行径和非法转移资金》的决议,再次强调联合国密切关注腐败造成的问题的严重性,"谴责腐败、贿赂、洗钱和非法转移资金","要求进一步采取国际和国内措施打击在国际交易中的腐败行径和贿赂,并要求进行国际合作支持这些措施","请国际社会支持所有国家为加强防止腐败、贿赂、洗钱和非法转移资金的体制能力而作出的努力"。

除了联合国的努力之外,一些国际组织也注意到贿赂外国公职人员的行为对国际经济交往活动的严重危害,陆续通过了一些规范性文件,禁止在国际经济交往中贿赂外国公职人员的行为。如1994年5月27日欧洲合作与发展组织提出了《打击官员在国际经济交往过程中的贿赂》的建议,号召各国预防和制裁出现在国际经济交往过程中的贿赂,尤其是对外国公职人员的贿赂。美洲国家组织1996年3月29日通过了《美洲反腐败公约》,其中明确规定了关于禁止外国商业行贿的条款。国际商会专门制定了《打击国际商业交易中的勒索和贿赂的行为准则》。世界贸易组织为增强政府采购程序的透明度、公开性以及应当遵循的原则，制定了一系列规则。

1996年，经济发展与合作组织提出了制定关于打击国际经济交往活动中贿赂外国公职人员罪的公约的建议，得到许多国家的响应。1997年11月21日经济合作与发展组织在其全体会员大会上通过了《禁止在国际商业交易中贿赂外国公职人员公约》，同年12月17日经济合作与发展组织成员国和5个非成员国签署了该公约，1999年2月15日该公约正式生效。联合国在其1998年12月15日通过的大会决议《国际经济交往中的反贪污贿赂行动》中，对经济合作与发展组织通过的《禁止在国际商业交易中贿赂外国公职人员公约》给予关注并表示欢迎。

此外，欧洲联盟理事会于1997年5月26日通过了《打击涉及欧洲共同体官员或欧洲联盟成员国官员的腐败行为公约》、欧洲委员会部长委员会于1999年1月27日通过了《反腐败刑法公约》、欧洲委员会部长委员会于1999年11月4日通过了《反腐败民法公约》、非洲联盟国家和政府首脑于2003年7月12日通过了《非洲联盟预防和打击腐败公约》。

这些决议和行动显示了世界各国打击国际经济交往中的腐败犯罪的决心和努力，对开展国际合作打击腐败犯罪，引导各国加强国内刑事立法，制裁国际经济交往中的腐败犯罪具有积极的推动作用。

正是在这种国际背景下，第55届联合国大会于2000年12月4日通过55/61号决议，决定设立一个特别委员会，起草一份预防和打击腐败的综合性国际法律文件。在完成一系列的准备工作后，从2002年2月开始至2003年10月，包括中国在内的107个国家及28个国际组织和非政府组织代表在维也纳，就《联合国反腐败公约》前后进行了 7 轮谈判，终于完成了公约的起草工作。2003 年 10 月 31 日第 58 届联合国大会对特别委员会提出的《联合国反腐败公约》草案进行了审议，并通过了该公约。2003 年 12 月 9 日至 11 日在墨西哥梅里达召开高级别政治签署会议后，供各国开放签署。

二、中国刑法中有关贿赂犯罪的立法和《联合国反腐败公约》的契合与冲突

贿赂犯罪是腐败犯罪中最具代表性的、最常见的一类犯罪，也是《联合国反腐败公约》所要重点打击的犯罪。就贿赂犯罪而言，中国刑法与《联合国反腐败公约》的规定和要求相比，在许多方面可以说是一致的。首先，从行为类型上看，《联合国反腐败公约》中规定的贿赂犯罪，在中国刑法中都有规定。如公约中规定的受贿罪、行贿罪、影响力交易罪，在中国刑法中都有规定。其次，从主体范围上看，除了贿赂外国公职人员和国际组织公共官员的犯罪之外，其他贿赂犯罪的主体在中国刑法中也都有规定。如国家公职人员、私营部门人员、法人的贿赂犯罪等。最后，从对贿赂犯罪的刑罚规定上看，中国刑法对贿赂犯罪所规定的法定刑，也基本符合《联合国反腐败公约》第 30 条关于公约规定的犯罪应当"受到与其严重性相当的制裁"的要求。此外，《联合国反腐败公约》中关于共同犯罪、犯罪未遂、犯罪中止、时效等问题的规定，与中国刑法中的相关规定，是一致的，公约关于作为犯罪要素的明知、故意和目的可以根据客观实际情况予以推定的规定，与中国的司法实践中的普遍做法也是一致的。

当然，中国刑法对贿赂犯罪的规定，与《联合国反腐败公约》相比，也还存在着某些不协调的问题。这些问题主要表现在以下几个方面：

(一) 在立法思想方面

《联合国反腐败公约》坚持从严的原则,而中国刑法采取了从宽的倾向。1979年刑法可以说对贿赂犯罪的规定是比较严格的。但是,1988年全国人大常委会在制定《关于惩治贪污罪贿赂罪的补充规定》时,为了防止扩大打击面,对贿赂犯罪规定了严格的限制条件,从而大大缩小了贿赂犯罪的范围。1997年刑法延续了1988年补充规定的立法精神。这与《联合国反腐败公约》的主旨是不相吻合的。

贿赂犯罪包括行贿罪和受贿罪,行贿罪与受贿罪是一种对合性犯罪,没有行贿罪就没有受贿罪,并且是先有行贿罪而后有受贿罪。《联合国反腐败公约》正是按照这种逻辑,把行贿罪规定在先(主动贿赂),受贿罪规定在后(被动贿赂)。但是在中国刑法中,为了突出从严治吏的精神,把受贿罪作为刑法打击的重点,而把行贿罪作为一种附带的犯罪来规定(1979年刑法将行贿罪规定在"渎职罪"一章中,1997年刑法将其规定在国家工作人员的贪污贿赂罪中),因而对行贿罪的规定与对受贿罪的规定极不相称。在司法实践中,更是集中查办受贿犯罪案件,而很少重视对行贿犯罪的打击。

(二) 在犯罪构成方面

与立法精神相适应,《联合国反腐败公约》对贿赂犯罪规定了严格的构成要件,而中国刑法则对贿赂犯罪规定的构成要件相对较松。[1]

---

[1] 关于贿赂犯罪,中国刑法中对自然人犯罪和单位犯罪分别作了规定。由于《联合国反腐败公约》明确规定"各缔约国均应采取符合其法律原则的必要措施,确定法人参与根据本公约确立的犯罪应当承担的责任。在不违背缔约国法律原则的情况下,法人责任可以包括刑事责任、民事责任或者行政责任",据此可以认为中国刑法中关于单位贿赂犯罪的规定,与《联合国反腐败公约》的要求是一致的。在此,本文仅就自然人的贿赂犯罪,加以分析。

1. 关于受贿罪

《联合国反腐败公约》对受贿罪分别规定了三种情况：一是公职人员的受贿罪，即"公职人员为其本人或者其他人员或实体直接或间接索取或者收受不正当好处，以作为其在执行公务时作为或者不作为的条件"；二是影响力交易罪，即"公职人员或者其他任何人员为其本人或他人直接或间接索取或者收受任何不正当好处，以作为该公职人员或者该其他人员滥用本人的实际影响力或者被认为具有的影响力，从缔约国的行政部门或者公共机关获得任何不正当好处的条件"；三是私营部门人员的受贿罪，即"以任何身份领导私营部门实体或者为该实体工作的任何人为其本人或者他人直接或间接索取或者收受不正当好处，以作为其违背职责作为或者不作为的条件"。

中国刑法规定了四种情况：一是国家工作人员的受贿罪，即"国家工作人员利用职务上的便利，索取他人财物的，或者非法收受他人财物，为他人谋取利益的，是受贿罪"；二是"准受贿罪"，即"国家工作人员在经济往来中，违反国家规定，收受各种名义的回扣、手续费，归个人所有的，以受贿论处"，"国家工作人员利用本人职权或者地位形成的便利条件，通过其他国家工作人员职务上的行为，为请托人谋取不正当利益，索取请托人财物或者收受请托人财物的，以受贿论处"；三是公司、企业的工作人员受贿罪，即"公司、企业的工作人员利用职务上的便利，索取他人财物或者非法收受他人财物，为他人谋取利益，数额较大"；四是介绍贿赂罪，即"向国家工作人员介绍贿赂，情节严重的"。

比较《联合国反腐败公约》和中国刑法关于受贿罪的规定，可以发现其中规定的构成要件，既有相同之处，也有不同之处。其相同之处是：第一，犯罪的主体范围基本相同，无论是"公职人员"还是"国家工作人员",都包括在国家立法、行政和司法机关工作的人员,在公共机构和公营企业从事管理职能的人员,以及其他依法从事公务的人员;第二,受贿的行为方式相同,都包括索取贿赂和收受贿赂两种情况;第三,无论是将其作为独立罪名还是将其作为受贿罪的一种情况,都规定利用本人的影响力收受贿赂是一种犯罪。

其区别主要在以下五点:

第一,关于受贿的行为要件。《联合国反腐败公约》的规定中包含了三个要素,即"为其本人或者其他人员或实体""直接或间接""索取或者收受"。中国刑法的规定中没有前两个要素,可以说,无论是为本人还是为其他人员或实体收受贿赂,也无论是直接收受还是间接收受,都符合中国刑法的规定。但是中国刑法中在收受之前加了两个限制性条件,而这两个限制性条件是《联合国反腐败公约》规定的构成要件中所没有的,即"利用职务上的便利"和"非法"。"利用职务上的便利"意味着收受他人财物的行为如果与职务没有关系,就不构成受贿;"非法"则意味着收受他人财物的行为如果是合法的,也不构成受贿。在1979年刑法中,对收受贿赂的行为构成犯罪,并没有"非法"的限制。1988年的补充规定在增加索贿行为的同时,在收受贿赂之前加上了"非法"一词。按照提请审议通过该补充规定的说明,其目的在于"区别不正之风与受贿犯罪的界限"。这就意味着,因不正之风而收受他人财物的,不构成受贿犯罪。而在实践中,什么是合法的收受、什么是非法的收受,区分这两种收受他人财物行为的界限如何确定,常常引起争论。比如,一个国家工作人员收受了与自己既有私人交情也有工作关系的人的财物,究竟是合法收受还是非法收受,人们的认识往往大不相同。

第二,关于受贿的对象。《联合国反腐败公约》使用了"不正当好处"的概念,而中国刑法只是将其规定为"财物"。"不正当好处"既包括了"财物",也包括了其他好处,其范围要比财物宽泛得多。"不正当好处"中涉及两个概念,即"好处"和这种好处的"不正当"性。所谓"好处",就是利益,包括可以通过金钱购买的、能够满足人的某方面需要的、有形的和无形的各种物品或服务,以及无法用金钱购买的某种利益。在美洲国家组织制定的《美洲反腐败公约》中,贿赂犯罪的对象包括"任何财物或其他利益如礼物、便利、承诺、或优惠待遇等"。"不正当"是对行贿人所给予或允诺给予的好处亦即受贿人所收受的好处的性质的界定。所谓不正当,实际上就是依据其职务不应当得到的好处。可见,《联合国反腐败公约》所规定的受贿对象,比中国刑法所规定的受贿对象范围要广得多。

第三,关于作为交换条件的结果要件,即收受贿赂之后要不要实施一定的职务行为作为交换的条件。《联合国反腐败公约》和中国刑法都规定了一定的条件,但内容不同。过去,许多中国学者认为,受贿作为一种权钱交易的犯罪,必须有为他人谋利益的要件,否则反映不出权钱交易的特点。所以,中国刑法中明确规定,构成受贿罪必须有"为他人谋利益"的要件。按照中国刑法的规定,即使利用职务上的便利,收受他人的贿赂,只要没有为他人谋利益,就不构成受贿罪。而《联合国反腐败公约》中规定的是"以作为其在执行公务时作为或者不作为的条件"。这就意味着,按照《联合国反腐败公约》的规定,收受他人贿赂只要是以在执行公务时作为或者不作为为条件,而不论收受贿赂的人在执行公务时是否实际实施了该作为或不作为,也不论这种作为或不作为是否能够给行贿的人带来利益，都构成受贿罪。这种规定，既表明了受贿罪的权钱交易的特点，又没有限定受贿罪的构成必须要有为他人谋利益的行为，只要在执行公务中以实施某种作为或不作为为条件收受他人提供的不正当好处，即构成受贿罪，而不问这种作为或不作为是否是为了行贿人的利益。

第四，关于受贿的数额。《联合国反腐败公约》对于受贿罪的构成没有任何关于数额的规定。这就意味着无论收受多少不正当好处，只要符合其他要件，就构成受贿罪（当然，公约也不是要求对任何轻微的收受不正当好处的行为都作为犯罪来追诉）。中国刑法在构成要件中虽然也没有直接规定数额，但是按照刑法第386条、第383条的规定，受贿数额不满5000元，情节较轻的，不予刑事处罚。受该条规定的约束，在司法实践中，收受他人财物没有达到刑罚处罚数额的，检察机关就不作为犯罪进行追诉，审判机关也不作为刑事案件受理。这实际上就使受贿数额成为认定受贿行为是否构成犯罪、是否要对其进行追诉的一个重要要件。

第五，国家工作人员的受贿罪与私营部门人员的受贿罪在构成要件上的区别。从规定的构成要件上看，《联合国反腐败公约》在公职人员的受贿罪中只规定索取或者收受不正当好处，"以作为其在执行公务时作为或者不作为的条件"；而在私营部门人员受贿罪中规定，索取或者收受不正当好处，"以作为其违背职责作为或者不作为的条件"。这就意味着，公职人员收受贿赂，只要是在执行公务中有作为受贿条件的作为或不作为即可构成犯罪；但是私营部门人员收受贿赂，必须是以违背职责的作为或不作为为条件，虽有职务上的作为或不作为，但没有违背职责，就不构成受贿罪。这体现了对公职人员从严要求的精神。但是中国刑法则没有这种区别，比较中国刑法第

163 条对公司、企业人员受贿罪的规定和第 385 条（以及第 383 条、第 386 条）对国家工作人员受贿罪的规定，唯一的区别是公司、企业人员受贿罪的构成要件中有"数额较大"的要件，而在国家工作人员受贿罪中，虽然第 385 条中没有明确规定这个要件，但结合第 383 条、第 386 条处罚的规定看，数额较小的同样不作为犯罪处罚。

2. 关于行贿罪

《联合国反腐败公约》对行贿罪规定了三种情况：一是向公职人员行贿罪，即"直接或间接向公职人员许诺给予、提议给予或者实际给予该公职人员本人或者其他人员或实体不正当好处，以使该公职人员在执行公务时作为或者不作为"；二是向私营部门人员行贿罪，即"直接或间接向以任何身份领导私营部门实体或者为该实体工作的任何人许诺给予、提议给予或者实际给予该人本人或者他人不正当好处，以使该人违背职责作为或者不作为"；三是影响力交易罪中的行贿，即"直接或间接向公职人员或者其他任何人员许诺给予、提议给予或者实际给予任何不正当好处，以使其滥用本人的实际影响力或者被认为具有的影响力，为该行为的造意人或者其他任何人从缔约国的行政部门或者公共机关获得不正当好处"。

关于自然人的行贿犯罪，中国刑法中规定了四种情况：一是向国家工作人员行贿罪，即"为谋取不正当利益，给予国家工作人员以财物的"，包括在经济往来中，违反国家规定，给予国家工作人员以财物，数额较大的，或者违反国家规定，给予国家工作人员以各种名义的回扣、手续费的；二是向单位行贿罪，即"为谋取不正当利益，给予国家机关、国有公司、企业、事业单位、人民团体以财物的，或者在经济往来中，违反国家规定，给予各种名义的回扣、手续费的"；三是向公司、企业人员行贿罪，即"为谋取不正当利益，给予公司、企业的工作人员以财物，数额较大的"；四是介绍贿赂罪，即"向国家工作人员介绍贿赂，情节严重的"。

　　比较《联合国反腐败公约》和中国刑法关于行贿罪的规定，可以看出，在犯罪的构成要件上，除了反腐败公约规定的贿赂对象是"不正当好处"而中国刑法规定的贿赂对象是"财物"之外，还有三个重要的区别：一是从行为要件看，中国刑法规定的是"给予"行为，在刑法理论和司法实践中，这种给予只是指实际给予这一种情况，而《联合国反腐败公约》规定的是"许诺给予、提议给予或者实际给予"。按照《联合国反腐败公约》的规定，只要有许诺或者提议给予不正当好处的行为，就符合行贿罪的行为要件，这显然比中国刑法对行贿罪的规定要严格。二是从目的要件看，中国刑法明确规定了"为谋取不正当利益"这样的目的要件，而《联合国反腐败公约》仅规定了以使其在执行公务时作为或者不作为的目的要件。按照《联合国反腐败公约》的规定，构成行贿罪，只要求有使对方在执行公务时作为或不作为的意图即可，而这种作为或不作为，既可能是违反职责的，也可能是并不违反职责的作为或不作为，并且这种作为或不作为可能是为行贿人带来利益的，也可能是对行贿人没有什么好处的（但对第三人不利）。按照中国刑法的规定，不仅行贿时没有明确要求受贿人为自己谋利益的，不构成犯罪，而且行贿时要求受贿人为自己谋取的利益本身不是不正当的，也不构成犯罪。三是从数量上看，中国刑法明确规定行贿"数额较大"的才构成犯罪，介绍贿赂情节严重的才构成犯罪。而《联合国反腐败公约》则没有行贿数额的规定。

3. 影响力交易罪

《联合国反腐败公约》第 18 条专门规定了"影响力交易罪"。其中包括两种情况：

（1）"直接或间接向公职人员或者其他任何人员许诺给予、提议给予或者实际给予任何不正当好处，以使其滥用本人的实际影响力或者被认为具有的影响力，为该行为的造意人或者其他任何人从缔约国的行政部门或者公共机关获得不正当好处。"这种情况，可以包括在中国刑法第 389 条规定的准行贿罪即"为谋取不正当利益，给予国家工作人员以财物"的情形之中。因为这里的"为谋取不正当利益"并没有限定是要求国家工作人员自己实施某种行为来为行贿人谋取不正当利益还是让国家工作人员利用其影响力来为行贿人谋取不正当利益。在没有限定的情况下，就包括了各种可能的情形。所不同的是，中国刑法第 389 条所规定的行贿罪只包括向国家工作人员行贿的情况，而《联合国反腐败公约》中所指的这种情况不仅包括向公职人员行贿而且也包括向任何人行贿以求利用其影响力获取不正当好处的情形。

（2）"公职人员或者其他任何人员为其本人或者他人直接或间接索取或者收受任何不正当好处，以作为该公职人员或者该其他人员滥用本人的实际影响力或者被认为具有的影响力，从缔约国的行政部门或者公共机关获得任何不正当好处的条件。"这种情况与中国刑法第 388 条规定的情形是基本相同的，都包含了索取或收受贿赂、通过第三人的行为、为行贿人谋取不正当利益这些要素。其区别主要在四个方面：一是反腐败公约将其规定为一个独立的罪名，而中国刑法将其规定为准受贿罪即"以受贿论处"。二是在犯罪的主体上，不仅包括公职人员，而且包括"其他任何人员"。三是《联合国反腐败公约》

强调的是"滥用本人的实际影响力或者被认为具有的影响力",而中国刑法规定的是"利用本人职权或者地位形成的便利条件"。这二者之间虽然具有一致性,但也存在着某些差别,即前者既包括本人实际具有的影响力,也包括"被认为"具有的影响力,后者只包括本人实际具有的影响力;前者没有限定这种影响力的来源,后者明确规定这种影响力(即便利)只能是来源于本人的职权或地位。四是《联合国反腐败公约》将意图谋取的不正当好处限定为从行政部门或者公共机关获得的,而中国刑法中没有这样的限制。

比较《联合国反腐败公约》和中国刑法的规定可以看出,一个人向某个高官配偶或子女行贿并利用其影响力(在该高官不知情的情况下),从政府部门获取某种商品的特许经营证或者承揽某项工程,行贿和受贿的人,按照《联合国反腐败公约》的规定,都可能构成影响力交易罪,而按照中国刑法的规定,两个方面的人都可能完全不构成贿赂犯罪。

(三)在制裁措施方面

《联合国反腐败公约》规定:"各缔约国均应当使根据本公约确立的犯罪受到与其严重性相当的制裁";"各缔约国均应当在符合本国法律制度基本原则的范围内,考虑建立有关程序,使有关部门得以对被指控实施了根据本公约确立的犯罪的公职人员酌情予以撤职、停职或者调职,但应当尊重无罪推定原则";"各缔约国均应当在符合本国法律制度基本原则的范围内,根据犯罪的严重性,考虑建立程序,据以通过法院令或者任何其他适当手段,取消被判定实施了根据本公约确立的犯罪的人在本国法律确定的一段期限内担任下列职务的资格:(一)公职;(二)完全国有或者部分国有的企业中的职务";"本条第一款不妨碍主管机关对公务员行使纪律处分权"。按照上述规定，贿赂犯罪应当受到"与其严重性相当的制裁"。

但是，在中国刑法中，对贿赂犯罪所规定的刑罚存在着明显不相当的情况：

1. 受贿罪与贪污罪同罚

在中国刑法的传统中，受贿罪与贪污罪是不同罚的。1952年制定的《惩治贪污条例》中收受贿赂是作为贪污罪的一种表现形式加以规定的，其法定刑自然与其他贪污行为的处罚没有二致。1954年宪法颁布以后，刑法草案经过38次修改，在1979年正式颁布的刑法中，对贪污罪保留了死刑，而对受贿罪规定的法定刑是"五年以下有期徒刑或者拘役"，只有犯受贿罪同时"致使国家或者公民利益遭受严重损失的，处五年以上有期徒刑"。但是1982年3月8日全国人民代表大会常务委员会《关于严惩严重破坏经济的罪犯的决定》将刑法第185条修改为"国家工作人员索取、收受贿赂的，比照刑法第155条贪污罪论处；情节特别严重的，处无期徒刑或者死刑"。1988年全国人民代表大会常务委员会《关于惩治贪污罪贿赂罪的补充规定》沿用了1982年决定的立法精神，但也略有不同，即除了规定根据受贿数额和情节依照贪污罪的法定刑处罚之外，还规定："受贿数额不满1万元，使国家利益或者集体利益遭受重大损失的，处10年以上有期徒刑"（该补充规定对贪污罪的规定是"个人贪污数额在2000元以上不满1万元的，处1年以上7年以下有期徒刑；情节严重的，处7年以上10年以下有期徒刑"）；"受贿数额在1万元以上，使国家利益或者集体利益遭受重大损失的，处无期徒刑或者死刑，并处没收财产"（该补充规定对贪污罪的规定是"个人贪污数额在1万元以上不满5万元的，处5年以上有期徒刑，可以并处没收财产；情节特别严重的，处无期徒刑，并处没收财产"）；"索贿的从重处罚"。这一规定，实际上是对受贿罪规定了比贪污罪更重的刑罚，但是又体现了1979年刑法中对收受贿赂没有给国家利益或者集体利益造成损失的情况与造成损失的情况区别对待的精神，以及收受贿赂与索取贿赂区别对待的精神。1997年刑法再次沿用了1982年决定的立法精神，对于受贿罪完全按照对贪污罪规定的法定刑来处罚，并不再区分受贿行为是否使国家利益或者集体利益遭受重大损失。

实际上，贪污罪是由主动出击而构成的犯罪，受贿罪是由被动接受所构成的犯罪，前者的社会危害性远远大于后者。贪污罪不仅在主观方面表现为行为人主动地想要利用职务上的便利非法占有公共财物，而且在客观方面表现为行为人采取了侵吞、窃取、骗取及其他非法手段，侵犯了公共财产的所有权。与之相反，受贿罪除了实践中极少见到的索贿行为之外，行为人在主观方面没有非法占有公共财物的故意，不是主动要侵犯公共财产或他人财产的所有权；在客观方面也没有实施直接针对财产所有权的非法行为；至于其"为他人谋利益"，其中至少包含依照其职责应当为他人谋利益的部分，其社会危害性主要表现为违反了职务的廉洁性的要求。因而受贿罪并没有贪污罪那么大的社会危害性，不应当将其与贪污罪同等处罚。

2. 行贿罪与受贿罪不同罚

1952年《惩治贪污条例》中，对行贿罪的处罚规定是十分严格的。其第6条规定："一切向国家工作人员行使贿赂、介绍贿赂者，应按其情节轻重参酌本条例第三条的规定处刑；其情节特别严重者，并得没收其财产之一部或全部；其彻底坦白并对受贿人实行检举者，得判处罚金，免予其他刑事处分。凡为偷税而行贿者，除依法补税、罚款外，其行贿罪，依本条例的规定予以惩治。凡胁迫或诱惑他人收受贿赂者，应从重或加重处刑。凡因被勒索而给予国家工作人员以财物并无违法所得者，不以行贿论；其被勒索的财物，应追还原主。"按照该条例第3条对贪污罪的处罚规定，行贿罪和贪污罪（包括受贿）情节特别严重的，都可以判处死刑，并且明显体现了不让行贿者在经济上占便宜的精神和鼓励行贿人检举揭发受贿人的精神。1979年刑法对行贿罪和受贿罪规定了不同的刑罚，但是差别不大：单纯受贿罪的最高法定刑是5年有期徒刑，行贿罪的最高法定刑是3年有期徒刑，最低法定刑都是拘役。1982年决定把受贿罪的最高法定刑提高到死刑以后，对行贿罪没有作任何新的规定，即仍然按照1979年刑法的规定，行贿罪的最高法定刑为3年有期徒刑。1988年补充规定提高了行贿罪的法定刑，即"对犯行贿罪的，处5年以下有期徒刑或者拘役；因行贿谋取不正当利益，情节严重的，或者使国家利益、集体利益遭受重大损失的，处5年以上有期徒刑；情节特别严重的，处无期徒刑，并处没收财产"。但是该补充规定同时规定："行贿人在被追诉前，主动交代行贿行为的，可以减轻处罚，或者免予刑事处罚"。1997年刑法沿用了补充规定对行贿罪的处罚规定，但是对向单位行贿的，作为独立罪名，规定了3年以下有期徒刑或者拘役的法定刑。从立法过程看，我国刑法对行贿罪的处罚规定，前后所遵循的精神是不一致的，这反映了对行贿罪的危害性及其程度缺乏以一贯之的认识。

3. 向国家工作人员行贿罪与向公司、企业人员行贿罪不同罚

在1979年刑法中，只有向国家工作人员行贿罪的规定。1988年的补充规定，在把集体经济组织工作人员作为受贿罪主体的同时，也增加了向"向集体经济组织工作人员"行贿的规定（依然是行贿罪）。1995年2月28日通过的全国人民代表大会常务委员会《关于惩治违反公司法的犯罪的决定》首次规定

了公司人员受贿罪,但是没有关于向公司人员行贿罪的规定。1997年刑法在规定公司、企业人员受贿罪的同时规定了向公司、企业人员行贿罪。按照1997年刑法的规定,公司、企业人员受贿,数额较大的,处5年以下有期徒刑或者拘役;数额巨大的,处5年以上有期徒刑,可以并处没收财产(第163条)。与之相适应,向公司、企业人员行贿,数额较大的,处3年以下有期徒刑或者拘役;数额巨大的,处3年以上10年以下有期徒刑,并处罚金(第164条)。

这就意味着,同一个人,如果是向国家工作人员行贿,依照刑法第390条的规定,最高可以判处无期徒刑,并处没收财产,但是如果他只是向公司、企业人员行贿,其最高可以判处的刑罚只有10年有期徒刑,并处罚金。而按照刑法第93条的规定,国家工作人员不仅包括国家机关中从事公务的人员,而且包括国有公司、企业、事业单位、人民团体中从事公务的人员和国家机关、国有公司、企业、事业单位委派到非国有公司、企业、事业单位、社会团体从事公务的人员,以及其他依照法律从事公务的人员。因此,一个人在向一个股份制企业中从事管理的人员行贿时,如果要想避免可能被判处较重刑罚的风险,就要仔细辨别收受贿赂的人是国有单位委派来的还是企业本身聘任的。如果他行贿的对象具有国家工作人员的身份,他就可能被判处较重的刑罚,而如果他所行贿的对象恰好不具备国家工作人员的身份或者司法机关没有认定其国家工作人员的身份,他就可能被判处较轻的刑罚。这种规定的不合理性,可以说是不言自明的。

此外,《联合国反腐败公约》中有关于资格刑的规定,即第30条第7款规定的"各缔约国均应当在符合本国法律制度基本原则的范围内,根据犯罪的严重性,考虑建立程序,据以通过法院令或者任何其他适当手段,取消被判定实施了根据本公约确立的犯罪的人在本国法律确定的一段期限内担任下列职务的资格:(一)公职;(二)完全国有或者部分国有的企业中的职务"。资格刑是各国刑法中对职务犯罪普遍规定的一种刑罚,而中国刑法中没有类似的制裁性规定。

(四)在救济措施方面

《联合国反腐败公约》第34条规定:"各缔约国均应当在适当顾及第三人善意取得的权利的情况下,根据本国法律的基本原则采取措施,消除腐败行为的后果。在这方面,缔约国可以在法律程序中将腐败视为废止或者撤销合同、取消特许权或撤销其他类似文书或者采取其他任何救济行动的相关因素。"第35条又规定:"各缔约国均应当根据本国法律的原则采取必要的措施,确保因腐败行为而受到损害的实体或者人员有权为获得赔偿而对该损害的责任者提起法律程序。"这些规定,旨在防止任何人(善意第三人除外)从腐败行为中得到好处,以消除腐败的后果。在中国刑法中,只有处罚的规定,没有关于消除腐败的后果的措施性规定。

三、完善贿赂犯罪立法的建议

为了全面履行反腐败公约规定的缔约国的义务,更有效地打击腐败犯罪,也为了使中国刑法关于贿赂犯罪的规定更为科学、更为严密,根据以上分析,并参考其他国家的立法例,笔者认为,中国刑法应当从以下几个方面完善有关贿赂犯罪的规定:

(一)扩大贿赂犯罪的主体范围

首先,要按照《联合国反腐败公约》的规定,把向外国公职人员和国际公共组织官员行贿和外国公职人员和国际公共组织官员的受贿行为纳入贿赂犯罪。中国刑法中目前没有这方面的规定，不利于遏制向外国公职人员和国际公共组织官员行贿的行为，严重影响了中国在对外交往特别是在国际经济交往中的国际形象，也不利于保护中国公民和企业在国际交往中的利益。在立法方式上，有两种可能的方案：一是通过全国人民代表大会常务委员会的立法解释，将刑法第八章中的"国家工作人员"扩大解释为包括外国的国家工作人员和国际公共组织的官员；二是对刑法第八章作出补充规定，增加向外国国家工作人员和国际公共组织官员行贿罪和外国国家工作人员和国际公共组织官员受贿罪。比较这两个方案，笔者认为，第二个方案更为恰当。虽然第一个方案更为简便易行，但是在理论上可能会面临一些障碍。因为在一个主权国家的国内立法中，"国家"的概念总是指本国，通常都不包括外国，国家工作人员也都是指依据本国法律从事公务的人员。并且，惩治国家工作人员的贿赂犯罪，具有强化国家管理职能、整肃吏治的功能，而惩治外国公职人员和国际公共组织官员的贿赂犯罪则不具有这方面的功能。因此，将其与国家工作人员的贿赂犯罪分别规定，更具合理性。

其次，应当按照《联合国反腐败公约》关于影响力交易罪的规定，扩大斡旋贿赂的主体范围。在司法实践中，国家工作人员的配偶或子女利用国家工作人员的职权和地位收受贿赂的行为，有时将其作为共同受贿罪的主体，与国家工作人员一并予以追究，但是这必须是在国家工作人员知情的情况下才能按照共同犯罪来追究。如果国家工作人员不承认自己知道配偶或子女收受了别人的财物，或没有亲自向有关人员打过招呼或说过情，就无法追究任何人的刑事责任。而这种情况在现实生活中又是时常发生的，其危害性并不亚于国家工作人员亲自收受贿赂的情况。因此建议在修改刑法时，将第388条的规定作为一个独立的罪名加以规定，并扩大其主体范围，即任何人，凡利用本人实际具有的影响力或者被认为具有的影响力，以为他人谋取不正当利益为条件而收受贿赂的，都应当作为犯罪主体予以追究，而不问其是否具有国家工作人员的身份。相应的，凡是为了利用对方实际具有或者被认为具有的影响力谋取不正当利益而向他人行贿的，也都应当作为犯罪予以追究。

(二) 减少对贿赂犯罪构成的限制

如前所述，中国刑法对行为构成受贿罪规定了诸多的限制性条件，不利于有效地打击受贿罪，也不利于严格履行《联合国反腐败公约》规定的缔约国的义务。因此建议对受贿罪的构成加以修改，以便与《联合国反腐败公约》规定的构成要件相一致。具体而言，一是取消对收受他人财物的性质的限制，收受他人财物的行为，不应当区分是"合法"收受还是"非法"收受，收受的好处只要是不应当得到的，就应构成收受贿赂。二是扩大贿赂对象的范围，把各种不应该得到的好处都作为贿赂犯罪的对象。不论是财物还是其他财产性利益，也不论是有形的财物还是无形的其他好处，只要能够满足收受人的某种需要，都应当能够成为贿赂的对象。1997年修改刑法的时候，就有不少单位和学者提议扩大贿赂对象的范围。当时没有纳入的原因主要是考虑到财物以外的好处不便计算，担心扩大打击面。现在，这个问题已经在世界范围内达成共识，并且中国政府在国际社会上已经认同，中国刑法中就没有理由再不扩大其范围。三是把"为他人谋利益"的要件修改为"以实施职务上的作为或不作为为条件"。以"为他人谋利益"为构成受贿罪的必要条件，不仅使相当多的受贿行为得不到法律的追究，不符合从严治吏的精神，而且有意无意地助长了一些官员"拿人钱财不为人办事"的流氓作风，不利于国家工作人员公共道德的养成。并且，在实践中，行贿的目的并不完全是直接为自己谋利益，有的纯粹是要借受贿人之手打击自己的商业对手。国家工作人员如果收受他人贿赂并按照行贿人的要求实施某些行为帮助行贿人达到其目的，但是没有直接为行贿人谋利益的行为，按照现行刑法，就难以追究其受贿罪的刑事责任。为了严密刑事法网，有必要取消受贿罪中"为他人谋利益"的要件。只要是为了使受贿人利用职务上的便利实施某种行为而给予其某种好处，就应当构成行贿罪。并且，构成行贿罪不能仅仅规定"给予"贿赂一种情况。对于要求国家工作人员利用职务上的便利为其办事并许诺或约定给予其好处，而在办完事之后没有实际给予任何好处的，也应当作为行贿罪加以惩治。

（三）加大对行贿犯罪的打击力度

《联合国反腐败公约》虽然没有关于刑罚的具体规定，但是在规定各种贿赂犯罪的时候总是把行贿与受贿一起规定的，没有对行贿行为另行规定。这在一定意义上表明其对行贿行为的评价与对受贿行为的评价是相同的。

从外国刑法的有关规定看，大陆法系国家通常对行贿罪规定的刑罚与对受贿罪所规定的刑罚往往是完全相同的。如法国旧《刑法典》第179条规定："任何人为获取他人完成或放弃某项行为，或者为获取第177条及第178条所指之优惠待遇或利益，采取殴打、威胁、许诺、赠送、馈赠或礼金，或者顺从于旨在进行贿赂的请求，即使此种要求并非其本人主动提出，也不论强制手段或贿赂手段是否产生效果，均处第177条及第178条对受贿人规定的相同刑罚。"法国新《刑法典》第433-1条对行贿罪规定的刑罚与第342-11条对受贿罪规定的刑罚也是完全相同的；第433-2条则明确规定斡旋受贿与斡旋行贿"处相同之刑罚"。意大利《刑法典》第321条"对行贿者的刑罚"也明确规定:"第 318 条第 1 款、第 319 条、第 319 - 2 条、第 319 - 3 条以及与第 318 条和第 319 条相联系的第 320 条规定的刑罚,也适用于向公务员或受委托从事公共服务的人员给予或者许诺给予钱款或其他利益的人。"[1] 德国刑法典把收受贿赂与索取贿赂分别规定并对索取贿赂规定了比收受贿赂更重的刑罚,同时把仅仅是给予贿赂的行为与要求公职人员违反职责而提供贿赂的行贿行为相区别,并对后一种行贿行为的特别严重情形与索贿的特别严重情形一起加以规定(见德国《刑法典》第 331—335 条)。经济合作与发展组织还专门制定了《禁止在国际商业交易中贿赂外国公职人员公约》,重点强调打击向外国公职人员行贿的行为。这说明,在西方国家,人们对行贿行为危害性的评价并不低于对受贿行为危害性的评价。而这种评价与中国 20 世纪 50 年代制定《惩治贪污罪条例》时对行贿行为的评价是一致的。

为了从源头上遏制腐败犯罪,有必要重新评价行贿行为的危害性,将主动贿赂(行贿)与被动贿赂(受贿)看作同样具有危害性的行为,予以相同的处罚。因此建议修改中国刑法中关于行贿罪的法定刑,使其与受贿罪的法定刑基本相同。

(四)修改贿赂犯罪的刑罚规定

首先,应当取消按照受贿数额确定法定刑档次的规定。目前中国刑法中按照受贿数额规定法定刑档次的做法导致了司法实践中极不合理的现象。例如,按照刑法第 383 条的规定,如果没有严重的或特别严重的情节,个人受贿数额在 5000 元以上不满 5 万元的,处 1 年以上 7 年以下有期徒刑;个人受贿数

---

[1] 第 318 条为"因职务行为受贿"、第 319 条为"因违反职责义务的行为受贿"、第 319 - 2 条为"加重情节"、第 319 - 3 条为"在司法行为中受贿"、第 320 条为"受委托从事公共服务的人员受贿"。

额在5万元以上不满10万元的，处5年以上有期徒刑，可以并处没收财产；个人受贿数额在10万元以上的，处10年以上有期徒刑或者无期徒刑，可以并处没收财产。这就意味着，一个人，受贿1万元，大致上要判处1年的有期徒刑。但是实际上，受贿数额较小的，可以按照刑法规定的标准来判刑，而受贿数额巨大的，就无法按照这个标准来判刑。如一个人受贿500万元或1000万元，按照受贿1万元判处1年有期徒刑的标准就会作出极为荒谬的判决。因此在司法实践中，往往难以按照刑法规定的标准来对受贿数额巨大的犯罪分子进行判刑。这在很大程度上影响了刑法的权威性和刑事司法的严肃性。综观世界各国的刑法典，都没有按照受贿数额来规定法定刑的立法例。因为随着经济的发展，货币的价值是在不断变化的，人们拥有货币的量及其对人们的实际生活的影响也在随之发生变化，一定量的货币在社会生活中的意义同样在随之变化。以货币的量来确定法定刑的档次，违背了刑法需要相对稳定的基本要求，无法适应刑法适用的需要。

其次，应当按照贿赂犯罪的不同情况来规定法定刑的档次。从外国刑法的规定看，有的国家刑法中只规定构成贿赂犯罪的处什么样的刑罚，而没有法定刑档次的区分。有的国家在刑法中明确规定了贿赂犯罪的不同情况，并对之规定了不同的刑罚。最典型的是意大利刑法，将索贿、不违反职责的受贿、违反职责的受贿分三个罪名加以规定。意大利《刑法典》第317条"索贿"规定："公务员或受委托从事公共服务的人员，滥用其身份或者权力，强迫或者诱使他人非法地向自己或第三人给予钱款或其他利益的，或者强迫或又是他人非法承诺给予钱款或其他利益的，处以4年至12年有期徒刑。"第318条"因职务行为受贿"规定："公务员应履行其职务行为而为自己或第三人接受表现为钱款或利益的、不因接受的报酬，或者接受有关的许诺的，处以6个月至3年有期徒刑。如果公务员因已经履行的职务行为而接受上述报酬，处以1年以下有期徒刑。"第319条"因违反职责义务的行为受贿"规定："公务员为不履行或拖延其职务行为或者因曾未履行或曾拖延履行其职务义务，或者为实施违反其职责义务的行为或者因曾实施过违反其职责义务的行为，为自己或第三人接受钱款或其他利益的，或者接受有关的许诺的，处以2年至5年有期徒刑。"第319-3条"在司法行为中受贿"规定："如果实施第318条和第319条列举的行为是为了帮助或者损害民事诉讼、刑事诉讼或者行政诉讼中的一方当事人，处以3年至8年有期徒刑。如果因上述行为导致对某人不公正地判处5年以下有期徒刑，处以4年至12年有期徒刑；如果导致对某人判处5年以上有期徒刑或者无期徒刑，处以6年至20年有期徒刑。"这些规定体现了对索取贿赂的行为从重处罚、对收受贿赂的行为从轻处罚；对普通受贿行为从轻处罚、对违反职责的受贿行为从重处罚；对一般公务员的受贿行为从轻处罚、对司法人员的受贿行为从重处罚、对司法人员枉法裁判的行为尤其从重处罚的精神。应该说这种规定，比将受贿行为统一规定并笼统地规定情节严重的从重处罚更具确定性，也更容易让人理解立法的精神，有利于避免司法实践中因对情节的不同理解而产生争议。德国刑法典中也是把接受贿赂与索取贿赂、普通行贿与要求违反职责的行贿分别予以规定，处以不同的刑罚。这样规定更能反映其行为在社会危害性程度上的差别。

按照《联合国反腐败公约》关于对公约确立的犯罪应当使其受到"与其严重性相当的制裁"的要求，参照其他国家的立法例，建议修改中国刑法中关于贿赂犯罪法定刑的规定。修改的内容应当包括四个方面：第一，对于贿赂犯罪应当根据其社会危害性规定独立的法定刑，改变目前与贪污罪同罚的立法。第二，对于一般的行贿罪和受贿罪应当规定相同的刑罚，并且应当明显低于贪污罪的法定刑。第三，对于利用职权主动索取贿赂的、因受贿而实施违反职责行为的、受贿数额巨大的，应当规定比较重的法定刑。第四，对于行贿罪的处罚不应当因为受贿人的身份而有所区别，但是应当对要求受贿人实施违反职责行为损害国家或第三人利益的行贿罪与一般的行贿罪规定不同的刑罚，确保使前者受到更重的刑罚。

再次，应当增加关于资格刑的规定。贿赂犯罪是一种利用职务进行的犯罪，实施这种犯罪的行为本身表明这种人已经丧失了担任公共职务的资格。如果允许实施了贿赂犯罪的人在犯罪之后（包括刑满释放之后）继续担任公共职务，就可能给社会带来新的危害，也不利于用教育改造犯罪人。因此，应该在刑法中明确规定犯有贿赂犯罪的人在服刑结束后的一定期限内（对于犯罪特别严重的可以规定终身）不得担任相关的公共职务。

最后，刑法应当明确规定，在贿赂犯罪中获得的不正当好处一律没收或者取消。按照中国现行刑法的规定，对于贿赂犯罪中的犯罪对象即受贿人所收受的财物，可以按照刑法第64条的规定予以追缴。但是对于行贿人因为行贿所获得的好处则没有如何处理的规定，在实践中也难以对之进行处理。按照不让犯罪分子占便宜的立法精神，应当明确规定，国家工作人员因收受贿赂而实施的违反职责的行为无效，因行贿而获得的好处，应当予以取消。

（原载《反腐败法治建设的国际视野》，
法律出版社 2008 年版）

论贿赂外国公职人员罪[*]

中国加入世界贸易组织,将标志着中国经济融入世界经济,成为经济全球化进程中的一朵浪花。中国经济一旦成为世界经济的一部分,就必将吮吸经济全球化的乳汁,同时也不得不吞食经济全球化的苦果。而在经济全球化的进程中,国际商业交易中的贿赂犯罪特别是贿赂外国公职人员的犯罪,将是世界各国共同面临的并且是国内刑法难以解决的问题之一。这个问题,在中国加入世界贸易组织之时,也将是中国刑法必然要面对的问题。

一、国际社会联合禁止贿赂外国公职人员行为的努力

经济全球化的标志之一是跨国性贸易在商业交易中所占比重显著增加、跨国性经济组织的活动空前活跃。而在跨国性商业交易活动中,总有一些人,为了获取不正当利益,不惜用犯罪的手段包括贿赂的方式,获得或保持商业竞争中的优势,进行非法交易。而在另一方面,各国国内刑法中规定的贿赂罪,

---

[*] 2006年10月获中国法学会"西湖杯"优秀刑法论文(2000—2005)一等奖。

通常都是指贿赂本国国家工作人员的犯罪。对于贿赂外国公职人员的行为，往往没有纳入刑法的视野，以致在国际商业交易活动中贿赂外国公职人员的犯罪，在有关国家常常得不到有效的制裁。

随着经济全球化趋势的出现，国际社会越来越重视国际商业交易活动中贿赂外国公职人员的现象，出现了一系列共同谴责这类危害国际社会经济合作与发展的行为的国际文件。

1975年7月10日美洲国家组织通过了《关于跨国公司行为的决议》，其中明确规定跨国公司对外国官员行贿的行为是一种犯罪行为，需要加以预防、禁止和惩治。1975年12月15日联合国大会在其通过的第3514号决议中特别谴责跨国公司和其他公司及其中间人和其他有关人员违法所在国的法律和条例而实施的包括贿赂在内的一切腐败行径，禁止由一些公司在国际谈判的场合进行一切贿赂活动。1976年欧共体起草了一个有关惩治欧共体官员和公务员贿赂的公约草案，其中规定，在每个成员国中，惩治本国国家公务员的受贿等犯罪的刑事规定，同样适用于欧洲经济共同体委员会的官员；对索贿、行贿进行制裁的国内法规定应当扩展于对欧共体官员的保护。

20世纪90年代以来，随着经济全球化的进程，在国际商业交易活动中贿赂外国公职人员的行为，受到越来越多的国家和地区的关注。联合国极力促进对跨国商业中贿赂问题的国际认识和合作的事态发展，连续通过了一系列决议，呼吁各国采取联合行动，遏制国际商业交易中的贿赂之风。

1996年12月16日联合国大会通过了《联合国反对国际商业交易中的贪污贿赂行为宣言》。其中指出：联合国大会"深信为所有国家的国际商业交易提供稳定透明的环境是跨国界调动投资、金融、技术、技能和其他重要资源，是促进经济及社会发展和环境保护的基本条件，认识到必须促使从事国际商业交易的公私营公司，包括跨国公司和个人负起社会责任并遵守适当的道德标准，特别是遵守在其境内经商的国家的法律和条例，并考虑到其活动对经济及社会发展和环境保护的影响"，"认识到在所有各级切实努力取缔和防止所有国家内的贪污贿赂是改善国际商业环境的基本因素，这些因素是加强国际商业交易中的公平性和竞争性，构成所有国家促进透明、负责的施政方法、经济及社会发展和环境保护的一个关键部分，并认识到在竞争日益激烈的全球化国际经济环境中尤其迫切需要作出这种努力"。宣告各会员国自行并通过国际和区域组织，在遵照本国自己的宪法和基本法律原则并按照本国法律和程序采取行动时，承诺："采取有效的具体行动取缔国际商业交易中一切形式的贪污、贿赂及有关违法作风，特别是致力于有效地执行禁止在国际商业交易中行贿的现行法律，鼓励没有这种法律的国家为此目的通过法律，并吁请在其管辖范围内从事国际商业交易的公私营公司，包括跨国公司和个人促进本宣言的目标"；"切实采取协调一致的行动，将贿赂外国公职官员的这种行为治罪，但决不排除、阻碍或推迟推动本宣言的执行的国际、区域或国家行动"；"尚未这样做的国家应禁止一国的任何公私营公司或个人利用向另一个国家的任何公职官员或民选代表支付的贿金来减税，并为此目的研究它们各别采用的方法"；"制订或保持会计标准和惯例，增加国际商业交易的透明度，并鼓励从事国际商业交易的公私营公司，包括跨国公司和个人防止和对抗贪污、贿赂及有关违法作风"；"制订或鼓励酌情制订商业守则、标准或最佳惯例，禁止国际商业交易中的贪污、贿赂及有关违法作风"；"在对国际商业交易中的贪污和贿赂行为进行刑事调查和采取其他法律程序方面合作并相互提供尽可能最大的协助";"确保银行保密规定不阻碍或妨碍对国际商业交易中的贪污、贿赂或有关违法作风进行的刑事调查或其他法律程序,并确保向寻求关于这类交易的资料的各国政府提供充分合作"。该宣言还特别强调,"各会员国同意,它们为确立对贿赂外国公职官员的行为的管辖权而采取的行动,应该符合国际法中关于一国法律在域外适用的原则"。

1997年12月12日联合国大会通过了题为《国际合作打击国际商业交易中的贪污贿赂行为》的决议。其中明确指出,联合国大会"不安地注意到在国际商业交易中他国的个人和企业向公职人员行贿的现象,确信这种行径因助长公共部门的腐败而会破坏国家机关的廉洁和削弱社会和经济政策,从而减损其威信","确信打击贪污腐败一定要有真诚的国际合作努力为基础";商定所有国家应采取一切可能的措施,进一步执行《联合国反对国际商业交易中的贪污贿赂行为宣言》和《公职人员国际行为守则》;并"促请各会员国以有效和协调的方式将在国际商业交易中向其他国家公职人员行贿的行为按刑事罪论处,并鼓励它们酌情开展方案活动,阻止、防止和打击行贿受贿和贪污腐败"。

1998年12月15日联合国大会通过了题为《国际商业交易中的反贪污贿赂行动》的决议。再次强调联合国大会"关切腐败造成的问题的严重性,它可能危及社会的稳定与安全,破坏民主价值和道德并危害社会、经济和政治发展,不安地注意到在国际商业交易中有他国的个人和企业向公职人员行贿","吁请各会员国采取一切可能的措施进一步执行《联合国反对国际商业交易中的贪污贿赂行为宣言》"。

2000年1月15日联合国大会通过了防止腐败行径和非法转移资金的决议,再次强调联合国密切关注腐败造成的问题的严重性,"谴责腐败、贿赂、洗钱和非法转移资金","要求进一步采取国际和国内措施打击在国际交易中的腐败行径和贿赂,并要求进行国际合作支持这些措施","请国际社会支持所有国家为加强防止腐败、贿赂、洗钱和非法转移资金的体制能力而作出的努力"。

除了联合国的努力之外,一些国际组织也注意到贿赂外国公职人员的行为对国际商业交易活动的严重危害,陆续通过了一些规范性文件,禁止在国际商业交易中贿赂外国公职人员的行为。如1994年5月27日欧洲合作与发展组织提出了《打击官员在国际商业交易过程中的贿赂》的建议,号召各国预防和制裁出现在国际商业交易过程中的贿赂,尤其是对外国公职人员的贿赂。美洲国家组织1996年3月29日通过了《美洲反腐败公约》,其中明确规定了关于禁止外国商业行贿的条款。国际商会专门制定了《打击国际商业交易中的勒索和贿赂的行为守则》。世界贸易组织为增强政府采购程序的透明度、公开性以及应当遵循的原则,制定了一系列规则。特别值得一提的是经济合作与发展组织通过的《禁止在国际商业交易中贿赂外国公职人员公约》。

1996年,经济发展与合作组织提出了制定关于打击国际商业交易活动中贿赂外国公职人员罪的公约的建议,受到许多国家的响应。1997年11月21日经济合作与发展组织在其全体会员大会上通过了《禁止在国际商业交易中贿赂外国公职人员公约》,同年12月17日经济合作与发展组织成员国和5个非成员国签署了该公约,1999年2月15日该公约正式生效。联合国在其1998年12月15日通过的大会决议《国际商业交易中的反贪污贿赂行动》中,对经济合作与发展组织通过的《禁止在国际商业交易中贿赂外国公职人员公约》给予关注并表示欢迎。

1999年1月27日欧洲理事会通过了《反腐败刑法公约》，详细规定了有关贪污贿赂方面的犯罪及其制裁措施。

二、贿赂外国公职人员罪的构成要素

巴西奥尼在其主持起草的《国际刑法典》中对贿赂外国官员罪所下的定义是："一国之国民、法人或其代理人，意图使另一国家之官员不履行其法定职责而给予该官员钱财或其他报酬者，为贿赂外国官员罪。"

但是按照《禁止在国际商业交易中贿赂外国公职人员公约》[1]第1条的规定，贿赂外国公职人员罪是指："任何人，为了在国际商业交易活动中获得或保持商业交易或其他不正当利益，跨国性地向外国公职人员直接或间接地提出、允诺或给予任何不正当的款项或好处，以使该公职人员或第三人履行或不履行其职责的行为。"

这里涉及一个问题，即贿赂外国公职人员罪是否仅限于国际商业交易活动中？从实际情况看，贿赂外国公职人员的行为当然不限于国际商业交易中。为了政治目的或个人目的而向外国公职人员行贿的，大有人在。但是为了政治目的而向外国公职人员行贿的，往往是基于本国的国家利益或者执行本国对外政策的需要而实施的。在这种情况下，要行贿人所在国对行贿人追究刑事责任，几乎是不可能的。所以，贿赂外国公职人员罪是无法包括这种情况的。而在国际商业交易之外，为了个人目的向外国公职人员行贿的行为，其危害性是极为有限的，不易引起国际社会的共同关注，因而很难成为一种国际犯罪。只有国际商业交易活动中贿赂外国公职人员的行为，能够在世界

---

[1] 该公约没有中文文本。本文所引该公约的有关条文，皆系笔者根据英文文本翻译而来。读者引用时，请以英文文本为准。

市场上破坏国际商业交易中的公平性和竞争性，从而在竞争日益激烈的全球化国际经济环境中构成对国际社会共同利益的危害。并且，这种在国际商业交易中贿赂外国公职人员的行为，对任何一个进入世界市场的国家来说，都是一种潜在的威胁，因而国际社会联合禁止这种行为，容易得到世界各国的认可和支持。因此，把贿赂外国公职人员罪限定在国际商业交易活动中，是有必要的。

按照《禁止在国际商业交易中贿赂外国公职人员公约》的规定，贿赂外国公职人员罪涉及四个构成要素，即行贿的主体、受贿的主体、提供或接受贿赂的行为、提供或接受贿赂的理由（目的）。

（一）行贿的主体

《禁止在国际商业交易中贿赂外国公职人员公约》对行贿主体没有进行任何限制，即"任何人"在国际商业交易中向外国公职人员行贿，都可以构成该罪。但是从实际情况看，贿赂外国公职人员罪的主体，通常是跨国公司和各个国家的具有对外贸易权的国有公司或私营公司，以及国际商业交易中的中介公司或经纪人。

笔者认为，《禁止在国际商业交易中贿赂外国公职人员公约》第1条第1款中的"任何人"，应该理解为自然人。也就是说，在自然人代表公司或受雇于公司而向外国公职人员行贿的时候，构成犯罪的首先是该自然人。这是因为，第一，对于任何种类的国际犯罪，首先追究实施国际犯罪行为的自然人的刑事责任，是国际刑法的一项基本原则。即使是代表法人或国家，或者为了法人或国家的利益而实施的国际犯罪，也不能免除行为人个人的刑事责任。第二，追究法人的刑事责任并不是世界各国共同认可的法律原则。对于那些法律没有规定法人可以作为犯罪主体承担刑事责任的国家来说,直接把指使、授权或委托自然人实施犯罪的公司或其他法人作为犯罪主体,是其国内法所不能接受的。

正是基于这个原因,该公约第 2 条规定,"每一个缔约国都应按照其本国的法律原则,采取可能必要的措施,确立贿赂外国公职人员的法人的责任"。这就意味着,在其国内法承认法人刑事责任的国家,应当将法人规定为贿赂外国公职人员罪的主体,直接追究其刑事责任;而在其国内法不承认法人刑事责任的国家,应当采取其他必要的法律措施追究贿赂外国公职人员的法人的责任。

(二)行贿的对象(即受贿主体)

按照《禁止在国际商业交易中贿赂外国公职人员公约》的规定,贿赂外国公职人员罪的贿赂对象是"外国公职人员"[1]。外国公职人员本身是一个比较宽泛的概念,而对外国公职人员的界定又是该犯罪构成中一个十分重要的因素。因此,该公约第 1 条第 4 款对外国公职人员作了专门的界定。该款规定:"外国公职人员"是指拥有某一外国的立法、行政、司法职责的任何人,不论其是任命的还是选举产生的;为某一外国包括为某一公共机构或公共企业履行公共职能的任何人;国际公共组织的任何官员或代理人。

按照该款的规定,外国公职人员包括三类人员:(1)外国立法机关、行政机关或司法机关的工作人员,其中包括依照法定程序直接任命的官员,也包括通过选举方式产生的民选代表。(2)外国公共机构或公共企业中履行公共职能的人员。

---

[1] Public official 一词,可以译为"公务员""公共官员"等。《联合国反对国际商业交易中的贪污贿赂行为宣言》文本中使用的是"公职官员"。根据《禁止在国际商业交易中贿赂外国公职人员公约》中对该词的定义,笔者认为,译为"公职人员"更符合中文的用语习惯。

"公共机构"应当是指按照公法组成的从事特定的公益任务的实体。这类机构通常是政府资助或授权设立的。"公共企业"应当是指政府或政府组织可以直接或间接地对其行使支配性影响的任何企业,而不论该企业的法律形式如何。这就要求政府或政府组织握有该企业注册资本的多数,控制该企业决定重大问题的多数投票权,或者能够任命该企业行政管理机构、经理机构或监督机构的多数成员。"公共职能"应当是指在公共机构或公共企业中从事管理的职能或授权从事与公共利益有关的职能。这两种人都是外国人。所谓"外国",不仅仅是指另一个国家,它也包括任何有组织的地区或实体,如自治领土或传统上分离的领土。"外国"也不仅仅包括作为整体的另一个国家,而且包括从中央到地方的各级政府及其分支。(3)国际公共组织的任何官员或代理人。"国际公共组织"包括国家间、政府间、其他国际公共组织间组成的国际组织,也包括地区性经济组织,如欧共体。

《反腐败刑法公约》对"公职人员"作了更为严格的限定。在其第1条"贿赂外国官员罪"中,将"公职人员"定义为:应当按照国内法中的"官员""公务员""市长""部长""法官"(包括检察官和其他享有司法职位的人员)的定义来理解,并且在涉及另一个国家的公职人员的诉讼案件中,起诉国只能按照与其国内法一致的定义来适用公职人员的定义。但是该公约又专门规定了"贿赂国内公共机构成员罪""贿赂外国公共机构成员罪""贿赂国际组织官员罪""贿赂国际议事机构成员罪""贿赂国际法院法官和成员罪"等。这种规定,只是将《禁止在国际商业交易中贿赂外国公职人员公约》中贿赂外国公职人员罪进一步分解细化,并没有缩小国际贿赂犯罪的范围。

作为一种国际犯罪，贿赂外国公职人员罪的行贿主体与受贿主体不是同一个国家的公民或法人。正是这一点，决定了该罪具有国际性，决定了它不同于各国国内刑法中的贿赂犯罪。

(三) 贿赂的行为

贿赂行为是指直接或间接地提出、允诺或给予任何不正当的款项或好处。贿赂行为是贿赂犯罪的核心要素。对此，应当按照各国国内法中的规定来理解。《禁止在国际商业交易中贿赂外国公职人员公约》对之采取了比较宽泛的规定方式：从贿赂的方式上看，贿赂行为不仅包括直接行贿的行为，而且包括间接行贿的行为；从贿赂的过程上看，贿赂行为不仅包括实际给予贿赂的行为，而且包括提出或允诺给予贿赂的行为；从贿赂的内容上看，不仅包括任何"款项"，而且包括任何"好处"。此外，按照该公约第1条第2款的规定，贿赂行为不仅包括亲自实施贿赂的行为，而且包括唆使、帮助、教唆或授权他人实施贿赂的行为，以及未遂或共谋贿赂外国公职人员的行为。

作为一种国际犯罪，贿赂行为必须是"跨国性地"实施的。

值得注意的是，《禁止在国际商业交易中贿赂外国公职人员公约》使用了任何"不正当的"款项或好处的表述。而《联合国反对国际商业交易中的贪污贿赂行为宣言》关于贿赂的要素中，使用的是"任何款项、礼物或其他好处"。笔者认为，公职人员收受不应当收受的款项或好处，本身就是"不正当的"款项或好处。上述公约之所以要使用"不正当的"一词，主要是考虑到一些国家法律或条例允许公共官员在职务活动中收受小额给付。这种法律或条例允许收受的财物，当然不属于不应当收受的财物，因而也不是"不正当的"款项或好处。

至于"好处"如何理解,上述公约没有明确规定。《联合国反对国际商业交易中的贪污贿赂行为宣言》的提法是把款项、礼物与"其他好处"相并列,可见"好处"首先包括款项和礼物,除了款项和礼物之外,好处还应当包括与款项、礼物同质的财产性利益。

(四)提供或接受贿赂的理由(目的)

行贿主体之所以要给外国公职人员提供贿赂,总是基于一定的理由;而外国公职人员收受他国公司或个人的贿赂,也总是具有一定的理由。这种理由,对于行贿主体来说,就是要通过这种贿赂达到一定的目的;对于受贿主体来说,就是他已经或者准备利用他的或他人的职权为对方谋取一定的利益,而其所收受的贿赂,则是这种"服务"的报酬。

行贿的目的,通常是为了使外国公职人员在国际商业交易中履行或不履行其职责,以便使行贿主体自己或者任何其他自然人或法律实体获得或保持商业交易或者其他不正当利益;而收受贿赂的理由则是对这种行贿目的的认可、承诺或兑现。

由于贿赂外国公职人员的行为发生在国际商业交易中,因而行贿主体向外国公职人员行贿的目的总是与商业交易有关。行贿主体或者是为了获得某项商业交易,或者是为了继续保持自己或者其他自然人或法律实体已经获得的某项商业交易,或者是为了获得或保持与商业交易有关的其他不正当利益。这种"不正当利益",并不意味着行贿主体或任何第三人不行贿就不可能得到这种利益,而是指其不公平地获得的利益,如在若干投标人中不是通过公平竞争而是通过行贿中标,或一个没有达到法定要求的工厂通过行贿手段获得营业执照等。

行贿主体的这种目的,在客观上需要通过外国公职人员履行或不履行其职责来实现。"履行或不履行其职责",既包括外国公职人员在其职能活动中为了行贿主体的利益而实施或不实施某种行为,也包括外国公职人员利用自己的身份或职位影响或改变其国内政策;既包括外国公职人员在其职责范围内实施的任何行为,也包括外国公职人员利用自己的身份或职位在其职责权限范围之外实施的任何行为。

"履行或不履行其职责",是否意味着违反职责,有关国际文件中没有明确规定。一般认为,是否违反职责,不影响贿赂犯罪的构成。有的学者将不违反职责地履行或不履行其职责称为"干净贿赂",把违反职责地履行或不履行其职责称为"肮脏贿赂"。有的国家法律中,把"干净贿赂"规定为基本的贿赂罪,把"肮脏贿赂"规定为加重的贿赂罪,即行贿人要求受贿人违反职责地履行或不履行其职责的,对行贿人加重处罚;受贿人违反职责地履行或不履行其职责的,对受贿人加重处罚。

值得注意的是,《禁止在国际商业交易中贿赂外国公职人员公约》只规定了贿赂外国公职人员罪,即向外国公职人员行贿的犯罪,而没有规定外国公职人员收受贿赂罪。这种规定,可能是考虑到每个国家的刑法都规定了本国公共官员的受贿罪,而这种受贿罪的构成中实际上已经包含了收受外国公司或个人的贿赂的情况。但是实际上,行贿罪与受贿罪是一种对合性犯罪。有行贿罪,必然就有受贿罪;禁止和打击向外国公职人员行贿的犯罪,必须同时禁止或打击收受外国贿赂的犯罪。从另一方面看,把国际商业交易中收受外国公职人员受贿的行为规定为国际犯罪是很有必要的。特别是在涉及打击贿赂外国公职人员罪的刑事司法协助、引渡等问题时,把贿赂外国公职人员的行为与外国公职人员受贿的行为同时规定为国际犯罪,就能够消除"双重犯罪"的障碍,更有利于打击和预防这类犯罪。

《联合国反对国际商业交易中的贪污贿赂行为宣言》也指出:"除其他外,贿赂可包括下列要素:(a)一个国家的任何公私营公司,包括跨国公司或个人直接或间接向另一个国家的任何公职官员或民选代表提出、允诺或给予任何款项、礼物或其他好处,作为该官员或代表在国际商业交易中履行或不履行其职责的不正当报酬;(b)一个国家的任何公职官员或民选代表直接或间接向另一个国家的任何公私营公司,包括跨国公司或个人要求、索取、接受或收取任何款项、礼物或其他好处,作为该官员或代表在国际商业交易中履行或不履行其职责的不正当报酬。"

这个宣言显然强调,联合国所关注的并要求国际社会联合打击的贿赂犯罪包括贿赂外国公职人员罪和外国公职人员收受贿赂罪两种犯罪。

欧洲理事会《反腐败刑法公约》规定了10种贿赂犯罪,其中包括"主动贿赂"与"被动贿赂"两种情况。该公约第2条"主动贿赂国内公职人员罪"是指"任何人,为了其本人或他人的利益,跨国性地向其本国的任何公职人员直接或间接地允诺、提出或给予任何不正当的好处,以使其履行或不履行其职责";该公约第3条"被动贿赂国内公职人员罪"是指"国内任何公职人员,跨国性地为其本人或他人要求或收受任何不正当的好处,或者接受他人提出或允诺的这类好处,以履行或不履行其职责"。按照该公约第5条的规定,主动贿赂和被动贿赂的行为中,如果涉及任何另一个国家的公职人员,都构成"贿赂外国公职人员罪"。

根据以上两个国际文件,笔者认为,国际贿赂犯罪应当包括对外国公职人员行贿罪和外国公职人员受贿罪两种犯罪。这两种犯罪可以统称为贿赂外国公职人员罪。

三、中国刑法如何应对贿赂外国公职人员罪

《禁止在国际商业交易中贿赂外国公职人员公约》通过后，签署和批准该公约的一些国家，在国内立法上很快作出反应，以履行公约规定的缔约国的义务。其中有的国家通过了专门的法令，如加拿大于1998年12月参议院、众议院分别通过了《外国公职人员贪污贿赂法令》，不仅就公约中规定的犯罪的构成要素作了具体的规定，对罪与非罪的界限作了明确的界定，而且规定了贿赂外国公职人员罪的法定刑以及其他制裁措施。有的国家则通过对国内刑法的有关规定进行补充修改的方式，履行公约规定的义务，如澳大利亚1998年12月7日签署该公约（该公约于1999年2月15日起对澳大利亚生效）后，国民议会于1999年通过刑法修正案，对澳大利亚刑法典第4章第70节进行了修改，补充规定了贿赂外国公职人员罪，并对该罪的构成要素及其相关用语作了明确规定。这样做，一方面是为了履行公约规定的义务，另一方面也是本国同这类犯罪作斗争的客观需要。

由于经济合作与发展组织控制了世界贸易的70%，中国一旦进入世界市场，就将面临签署和批准《禁止在国际商业交易中贿赂外国公职人员公约》的问题。而中国一旦签署和批准该公约，就会涉及履行该公约规定的义务与国内刑法的协调问题。笔者认为，不论中国是否加入《禁止在国际商业交易中贿赂外国公职人员公约》，都有必要根据国际刑法的发展，把贿赂外国公职人员的犯罪纳入国内刑法的视野。因为：第一，把贿赂外国公职人员的行为规定为犯罪，有利于保持和维护中国公司在世界市场上的形象，申明中国政府同国际贿赂犯罪作斗争的决心和态度。第二，把外国公职人员受贿的行为规定为犯罪，有利于顺利进行国际刑事司法协助与合作，特别是在中国

公司向外国公职人员行贿的场合，有利于中国司法机关向受贿的外国公职人员追回赃款。第三，把贿赂外国公职人员的行为规定为犯罪，有利于遏制外国公司、企业及其工作人员贿赂中国公职人员的现象，进而有利于预防和遏制国内的腐败现象和贿赂犯罪。第四，通过国内立法明确宣布贿赂外国公职人员的行为是一种犯罪，有利于对外国公职人员在中国境内收受贿赂的行为进行制裁，维护中国刑法的尊严和权威。

中国刑法规定贿赂外国公职人员罪，有两种可供选择的方案：其一，通过制定单行刑事法律补充修改刑法，即在刑法分则第八章中增设外国公职人员受贿罪和对外国公职人员行贿罪；其二，通过立法解释对刑法第385条、第387条、第388条、第389条、第391条、第392条、第393条作扩大解释，将其中的"国家工作人员"扩大解释为包括外国公职人员，并将其中的国有单位扩大解释为包括外国和国际公共机构。

在上述两种方案中，第二种方案，一是在法理上难以自圆其说，因为在任何国家的国内法中，"国家"一词都是指自己国家，而不可能包括外国；二是在法律上与刑法第93条关于"国家工作人员"的规定相矛盾；三是在法定刑上难以得到国际社会的认可，因为按照刑法第386条和第383条的规定，受贿罪的法定最高刑是死刑，而世界上许多国家在法律上已经废除了死刑，即使没有废除死刑的国家，也很少有对贿赂犯罪适用死刑的规定。因此，笔者认为，中国刑法要应对贿赂外国公职人员罪，比较可行的方案是上述第一种方案。

如果按照上述第一种方案补充修改刑法以增设贿赂外国公职人员罪，仍有几个问题值得研究：

第一，应当增设一个罪名还是两个罪名，即只规定对外国公职人员行贿罪，还是同时规定外国公职人员受贿罪？笔者认为，同时规定上述两个罪名，有利于明确这两种犯罪的不同主体，容易根据这两种犯罪的不同形式明确规定其构成要素，同时也与中国刑法对国内贿赂犯罪的规定方式相协调。因此，建议在制定单行刑事法律增设贿赂外国公职人员罪时，同时规定对外国公职人员行贿罪和外国公职人员受贿罪。

第二，如何界定"外国公职人员"的范围，是仅仅指其他国家的官员，还是也包括其他公职人员？尽管欧洲理事会的《反腐败刑法公约》要求对"公职人员"按照国内法中的"官员""公务员""市长""部长""法官"的定义来理解，但是该公约在规定贿赂外国公职人员罪的同时，又规定了贿赂外国公共机构成员罪、贿赂国际组织官员罪、贿赂国际议事机构成员罪、贿赂国际法院法官和官员罪等罪名，从而使国际贿赂犯罪的主体扩大到外国国家官员以外的享有公共事务管理职能的其他公职人员。而《禁止在国际商业交易中贿赂外国公职人员公约》则明确规定"外国公职人员"是指拥有某一外国的立法、行政、司法职责的任何人，为某一外国包括为某一公共机构或公共企业履行公共职能的任何人，国际公共组织的任何官员或代理人。这个规定中"公职人员"的范围，与中国刑法对"国家工作人员"范围的规定比较接近。因此，按照《禁止在国际商业交易中贿赂外国公职人员公约》的规定来确定"外国公职人员"的范围，既符合国际公约的规定，也符合中国刑法对公职人员的规定。

第三，关于单位贿赂犯罪问题。在中国刑法中，有单位受贿罪、对单位行贿罪和单位行贿罪。而《禁止在国际商业交易中贿赂外国公职人员公约》并没有明确规定单位贿赂犯罪。因此，在中国刑法中增设国际贿赂犯罪时，要不要明确规定单位贿赂犯罪，就是一个值得研究的问题。笔者认为，上述公约虽然没有明确规定法人贿赂犯罪，但是该公约第 2 条规定，"每一个缔约国都应按照其本国的法律原则，采取可能必要的措施，确立贿赂外国公职人员的法人的责任"。而按照中国刑法的原则，单位即法人[1]可以成为行贿和受贿的主体。并且，《联合国反对国际商业交易中的贪污贿赂行为宣言》在指出贿赂的要素时，明确地把行贿主体界定为"一个国家的任何公私营公司，包括跨国公司或个人"。所以，在规定自然人的国际贿赂犯罪的同时，把法人作为国际贿赂犯罪的主体，既符合中国刑法的原则，也符合有关国际公约的精神。不过，在国际贿赂犯罪中，不能完全按照中国刑法关于单位犯罪的规定来规定国际商业交易中的法人贿赂犯罪。一方面应当借鉴上述公约的规定方式，把行贿主体界定为外国的任何公私营公司包括跨国公司和个人，而把行贿对象和受贿主体界定为外国公职人员和外国公共机构、公共企业；另一方面也要充分考虑国际商业交易活动的特殊性，把符合国际商业交易规则或惯例的给付和收取回扣或手续费的单位行为与单位贿赂犯罪区别开来，以保证国际商业交易的正常进行。

第四，如何规定贿赂外国公职人员罪的法定刑？中国刑法虽然对行贿罪没有规定死刑，但是对受贿罪却规定了死刑。如果按照中国刑法现有的关于贿赂犯罪法定刑的规定来设计国际贿赂犯罪的法定刑，如前所述，恐怕难以为国际社会所认可，难以在打击这类国际犯罪上与其他国家进行刑事司法协助与合作，从而给中国刑法的适用造成障碍。从另一方面看，一个国家通过刑法制裁本国公职人员收贿的立法宗旨是为了保持本国

---

[1] 中国刑法中的"单位"与"法人"的概念是有区别的，但是在规定国际贿赂犯罪时，笔者认为应当用"法人"的概念来取代"单位"的概念，以与其他国家的刑法用语相一致。

权力运作的廉洁性,为了使国家工作人员履行职责的行为得到公众的认可和支持。而外国公职人员收受贿赂的行为,与这种宗旨并没有直接的联系,因此不能完全按照对本国国家工作人员受贿罪的处罚来处罚外国公职人员收受贿赂的行为。基于上述两点考虑,笔者认为,对于贿赂外国公职人员罪包括外国公职人员受贿罪设定的法定刑,应以有期徒刑为限,不应包括无期徒刑和死刑。

(原载《新千年刑法热点问题研究与适用》,
中国检察出版社 2001 年版)

预防和引渡外逃贪官的理论思考[*]

近几年,贪官外逃的问题已经成为反腐败斗争中的一个热点问题。特别是随着互联网的快速普及和广泛运用以及媒体对重大案件报道的及时跟进,贪官外逃案件也引起了国民的普遍关注和国家相关部门的高度重视。但是,解决贪官外逃的问题,说来容易做来难。笔者认为,治理贪官外逃的问题,关键是建立预防机制,同时也要充分运用国际刑法提供的国际刑事合作手段追逃追赃。本文拟就这两个方面谈谈对治理贪官外逃问题的若干思考。

一、建立预防机制,防止贪官外逃

根据中国商务部研究院在《离岸金融中心成中国资本外逃中转站》报告中的不完全统计,我国外逃贪官目前有4000多名,卷走的资金在500亿美元左右。贪官一旦逃到国外,将其追缉或引渡回国的成本非常高,时间也会相当长。贪官外逃,不仅给国家公共财产带来重大损失,而且导致了另外一些与外逃贪官有着犯罪联系的其他人的犯罪事实难以查清。因此贪官

---

[*] 原题目为《如何预防贪官外逃与引渡外逃贪官》。

外逃之前的预防、堵塞工作显得尤为重要。

预防贪官外逃,重点是建立两个机制:

(一) 预警机制

最高人民检察院副检察长朱孝清指出:"许多案件发生之后,不一定马上能够被检察机关发现,包括自己的主管部门也不一定能够发现。所以有一些案件往往发生了,人携款外逃了,他的主管部门才发现。……根据这样的情况,检察院采取3项措施。第一,怎么样尽量争取早发现。第二,一旦发现案件线索,抓紧查处,如果有外逃的可能的,有毁灭证据、转移证据可能的,要抓紧采取措施。第三,如果发现已经外逃了,我们就和公安机关密切配合,争取及早地缉拿归案,有一些逃到外国,我们通过国和国之间的司法协助,争取把他引渡回来。"[1] 这表明,如何尽早发现有可能外逃的贪官,已经引起司法机关的重视。只有尽早发现,才有可能采取有效的预防措施,防止贪官外逃。

尽早发现可能外逃的贪官是完全有可能的。从犯罪学和犯罪心理学的角度来分析,贪官外逃类犯罪属于预谋性故意犯罪,其犯罪故意有一个形成发展到实施的过程。该类犯罪的行为人在决定戴罪外逃时,会将所有的赌注都押在外逃是否成功这一点上,因而其会不惜一切代价地去实施外逃计划。有人根据历年贪官外逃案件,总结出贪官外逃的活动轨迹。其中一般包括以下几个环节:转移资产—家属先行—准备护照—猛捞一笔—辞职或不辞而别—藏匿寓所—获得身份。这一安排周密的外逃过程,是贪官们煞费苦心精心设计出来的。各个环节前后相继,具有一定的规律可循。因此,我们应该在总结具体案例

---

[1] 引自新华网:《高检副检察长朱孝清:3项措施预防贪官外逃》,载 http://news.xinhuanet.com/legal/2005-03/07/content_2662583.htm,2007年4月14日访问。

经验教训的基础上，积极探寻贪官外逃的规律，有针对性地建立预警机制，以便尽早发现和预防贪官外逃。

防止贪官外逃的预警机制，是在反腐败斗争系统工程的总体框架内进行的。发现问题官员，及时对其进行警示教育，是预防贪官外逃的重要环节。纪检监察部门应当根据干部群众的检举举报等线索，注意发现有贪污受贿、违法违纪行为的官员，及时对其进行政治思想教育和警示教育，防止其实施更重要的贪污贿赂犯罪。对于有重大贪污贿赂犯罪嫌疑，并有外逃迹象的人员，要采取重点控制措施，认真做好防范工作。一旦其有外逃动向，及时予以阻止。

防止贪官外逃预警机制的另一个重要方面是建立重点岗位人员透明账户制度。建立透明账户制度，现在面临的障碍主要来自两个方面：一是认识上的。一些人认为，一个人的财产状况，属于个人隐私的范畴。建立透明账户制度，将会侵犯到个人隐私权的保护。特别是国家机关工作人员，对于建立透明账户制度抵触情绪非常大。二是法律上的。我国目前的法律制度中还没有建立个人财产申报制度，要求重点岗位人员如实申报个人财产，尚无法律依据。

我们认为，建立透明账户制度对于及时发现重点岗位人员的可疑资金及其流动情况，防止非法转移出境，是非常有效的。一直以来，我们在反腐败工作上存在一种理想化的偏执认识，即寄希望于官员的自制、自律，但是事实已经证明光凭这一点期望于事无补。既然如此，我们为何不能尝试这种新的官员个人账户透明化管理制度，通过强化管理来防止贪污贿赂犯罪的发生呢？一方面，我们应当教育干部对组织忠诚坦白，个人的财产可以向外界保密，但是不应该向组织保密。因为在我国，国家机关工作人员的财产来源主要是组织上发给的薪金和其他合法的劳动收入。这对组织来说,既没有保密的必要,也不应当有组织上不知道的情况,除非其财产的来源超出了薪金和合法劳动收入的范围。另一方面,我国有必要通过制定法律,明确规定哪些人员的个人财产应当按照法律规定的程序和要求进行申报。从法律上保障透明账户制度的合法性,同时规范对透明账户的管理,以防止对国家机关工作人员个人财产状况等信息的不当泄露和不当使用。

透明账户制度的内容主要包括以下几个方面:

一是建立透明账户的对象范围。我们认为,透明账户的对象,应当主要是各级党政机关的领导干部[1]及其近亲属;国有公司、企业、事业单位的领导人[2]、部门经理、财务人员及其近亲属;金融机构人员[3]及其近亲属。这些人员都是直接管理或者经手国家财产、公共财产的重点岗位人员,具有利用职务上的便利贪污受贿的机会。因而从国家管理的角度看,有必要将其列入重点管理的对象,加强对其财产状况的监管。需要说明的是,在我国,人们的家庭观念普遍比较重。在实现生活中,确有不少人,个人的财产与家庭的财产没有实际上的区分,有的人甚至故意把自己的财产存在配偶、子女的名下。如

---

[1] 个别党政机关部门的腐败官员,乃至级别较高的领导干部,这两年也开始或明或暗地汇入了海外潜逃的逆流。远华大案案发之初,中央项目组进驻厦门,索取、收受贿赂折合人民币500多万元的厦门市原副市长蓝甫,就持因私护照,携妻仓皇出逃澳大利亚,后于2000年1月21日归案。

[2] 国有企业是贪官外逃的又一重灾区。2001年被北京市检察机关立案的120余名在逃犯罪嫌疑人中,有70%为国有企业总经理、副总经理以及财会人员。国有控股的西安市机电设备有限公司总经理兼汽车部经理周长青,曾16次赴澳门豪赌,赌光了4800多万元公款后,持假名为"李志明"的护照,在广州白云机场出境,经由香港转法国,再由法国逃至厄瓜多尔。由于语言不通,生活无着落,他被抓获时几乎身无分文。

[3] 国内一些金融部门堪称发生贪官外逃事件的头号重灾区。中国银行广东开平支行的三任负责人许国俊、余振东、许超凡盗用4.83亿元后,分别逃往海外。

果只要求重点岗位人员个人申报财产,而不同时申报其近亲属的财产,透明账户制度就会丧失其应有的功能。因此凡是需要纳入透明账户管理的人员,其近亲属的财产应当一并纳入。

二是透明账户的管理。对于透明账户应当加强管理。首先,一旦国家法律确立建立透明账户制度,就应当指定透明账户的管理机构。管理机构应当严格执行透明账户管理的规定,确保一切应当纳入透明账户管理的人员无一例外地进入透明账户管理的视野。以往,我们要求领导干部财产申报,但是一方面由于要求申报的范围过宽,另一方面由于相当一部分人没有申报财产,所以申报的人也就不如实申报。这样的财产申报实际上没有任何作用。我们所主张的是建立一种严格的透明账户制度,凡是纳入透明账户管理的人员,无论职务多高、权势多大,都必须如实进行财产申报包括如实申报近亲属的财产的制度。如果不申报或者不如实申报,就应当承担相应的法律责任。否则,透明账户制度就难以发挥其应有的功能作用。其次,透明账户制度所说的透明并不是向社会公开个人的财产状况,而是向有关的管理部门透明。透明账户管理机构应当严格遵守保密的规定,不得向任何没有权力了解个人财产状况的机关和人员透露他人的财产状况。如果不能严格限制透明的对象和范围,就必然对个人财产的隐私权构成威胁,使纳入透明账户管理的人员个个心有余悸。透明账户制度的设置也就会因此而丧失其正当性。

三是透明账户的预警机制。透明账户管理机构应当加强对透明账户中财产流动情况的监管,注意及时发现资金的非正常流动。对于可疑的资金流动,应当及时报告有关部门。有关部门对资金的非正常流动进行监控,以防止资金非法转移国外。

四是审查透明账户的程序。审查透明账户,应当由法律授权的部门进行,并且应当严格依照法定程序进行。应当建立必要的严格的制度,以确保未经法律授权的部门不得审查任何人的个人账户。有关部门根据办理贪污贿赂犯罪案件的需要,审查个人财产状况时,应当填写申请表并履行报批手续,注明审查的理由和范围。需要冻结或者扣押个人账户上的财产时,更要严格审批程序。

透明账户制度,只有既可以保证及时发现非正常的个人财产流动,防止资金非法转移国外,又可以防止对国家机关工作人员个人财产权利的不当侵犯,才是我们主张建立的具有正当性的预警机制。如果滥用透明账户,构成对国家机关工作人员财产权利的不当侵犯,就丧失了制度基础,也就缺乏制度的生命力。

当然,如要建立起充分有效的预警机制,其他方面的配套工作也是不可或缺的。如举报线索的受理、收集和调查;大额可疑交易的监控;对干部的教育;权力制约机制的完善等。

(二) 反洗钱机制

我国的贪官外逃案件几乎毫无例外地都涉及大规模资金外逃。就我国的贪官外逃而言,其资产转移的途径主要有三:(1)地下钱庄[1];(2)港澳转移之路[2];(3)国际贸易洗钱[3]。实际上,贪官通过地下钱庄或港澳转移路线的资产转移

---

[1] 作为一种游离于金融监管体系之外的非法组织,地下钱庄是随着成克杰、赖昌星案的曝光而被大众熟悉的,而这些地下钱庄在中国贪官向外转移资产中扮演了重要的角色。孙民逃往美国前,其巨额财产就是从地下钱庄转移出去的。

[2] 据了解,一些海关工作人员和一些免检的车辆都成为了贪官转移资产的突破口。而现金在香港或者澳门兑换成美元以后,再转移到欧美国家,就显得易如反掌。

[3] 事实上,据对贪官外逃情况熟悉的人员介绍,贪官转移资产另外一个经常使用的方法是通过国际贸易洗钱。中国大陆的一些腐败官员和民营企业,利用离岸公司的便利条件,把国有资产和国内资金打往海外公司账号,非法转移到国外。

行为都属于洗钱行为，只不过将赃款流向境外，提前为其外逃做好准备而已。这种现象的发生源于我国相关的法律法规和管理体制不完善，防止资本外逃的"软硬件"尚不具备，金融外汇管制系统尚未建立起为大额资金外流进行有效监控的预警机制，从而给资本外逃预留下较大的空间。

洗钱与贪污腐败具有密切的联系。近些年来，我国发生的几桩震动全国的贪污贿赂犯罪案件几乎同时都有洗钱的情况。央行反洗钱局局长凌涛2006年接受《财经》专访时也明确指出，从近几年的司法实践看，贪污、贿赂、腐败犯罪有不断上升的势头，其中一个重要原因是对这类犯罪所得的洗钱活动打击不力。[1] 有洗钱，就有反洗钱。我国自20世纪90年代初以来，一方面制定了以刑法第191条洗钱犯罪为核心的反洗钱刑事法律规定，另一方面初步建立了以央行制定的《金融机构反洗钱规定》《人民币大额和可疑支付交易报告管理办法》《金融机构大额和可疑外汇资金交易报告管理办法》为主体的反洗钱预防监控制度，在预防和打击洗钱方面发挥了一定作用。

但在新反洗钱法[2]出台前反洗钱的相关法规实际上只是散落于诸多法规之中，缺乏一套系统化的"基本大法"，存在法律体系不完整，系统性、协调性差等问题，影响了反洗钱的力度和效果。随着外逃贪官等洗钱活动的日益猖獗，一部专门性反洗钱法的出台变得越来越迫在眉睫。而且，根据原刑法的规

---

[1] 广东中行开平支行三任前行长许超凡、许国俊、余振东将挪用的4.85亿美元"洗钱"存入香港、加拿大的个人账户，是新中国成立以来中国最大的监守自盗案；全国人大常委会原副委员长的成克杰和情妇受贿4109万元，通过香港空壳公司"洗钱"，曲线存入个人账户；四川乐山市原副市长李玉书收贿索贿现金等折合人民币1400万元，秘密注册一家外商独资公司购买3处房产"洗钱"；厦门远华走私洗钱案涉及的人数和金额世所罕见，洗钱金额达500多亿元。

[2] 2006年10月31日第十届全国人民代表大会常务委员会第二十四次会议通过。

定，洗钱罪的上游犯罪只限于毒品犯罪、黑社会性质的组织犯罪、走私犯罪和恐怖主义犯罪。也就是说，贪官将贪污受贿等得来的赃款、脏钱转移至国外，并不属于洗钱罪的范围。将贪污、贿赂、腐败犯罪和其他严重犯罪规定为洗钱罪的上游犯罪，势在必行。

洗钱上游犯罪范围的过窄，将不能适应中国打击洗钱及其上游犯罪的客观要求，而新出台的反洗钱法则是在实质上、至少是形式上对这一空缺进行了弥补，将贪污贿赂犯罪等划为洗钱罪的上游犯罪。同时，《刑法修正案（六）》也在刑法第191条中增加"贪污贿赂犯罪、破坏金融管理秩序犯罪、金融诈骗犯罪"，作为洗钱犯罪的上游犯罪。在弥补了刑法规范上的空缺漏洞之后，接下来需要我们做的就是积极地预防任何洗钱的行为。

真正要做到预防贪污贿赂犯罪所得的资产外逃，就不仅仅是刑事法律规范层面的问题，更需要其他相关部门的积极工作和部署，尤其是金融机构部门的配合。根据反洗钱法、中国人民银行法等法律规定，中国人民银行制定了《金融机构反洗钱规定》（以下简称《规定》）。在《规定》中，有多处写明了金融机构要给予反洗钱工作积极配合，如第3条第2款规定"中国人民银行在履行反洗钱职责过程中，应当与国务院有关部门、机构和司法机关相互配合"；第14条第1款规定"金融机构及其工作人员应当依法协助、配合司法机关和行政执法机关打击洗钱活动"。这些规定为金融机构配合国家反洗钱的刑事法律打击工作奠定了规范基础。就具体工作而言，金融机构应当重点从以下几个方面给予配合。（1）金融机构的境外机构的配合协助。如《规定》第14条第2款规定："金融机构的境外分支机构应当遵循驻在国家或者地区反洗钱方面的法律规定，协助配合驻在国家或者地区反洗钱机构的工作。"（2）可疑交易的及时报告和配合调查。如《规定》第15条第2款规定："金融机构及其工作人员应当对报告可疑交易、配合中国人民银行调查可疑交易活动等有关反洗钱工作信息予以保密，不得违反规定向客户和其他人员提供。"第21条第1款规定："中国人民银行或者其省一级分支机构发现可疑交易活动需要调查核实的，可以向金融机构调查可疑交易活动涉及的客户账户信息、交易记录和其他有关资料，金融机构及其工作人员应当予以配合。"（3）账户冻结配合。如《规定》第23条第2款规定："侦查机关接到报案后，认为需要继续冻结的，金融机构在接到侦查机关继续冻结的通知后，应当予以配合。"如何按照这些规定，建立有效的配合协作机制，还需要在实践中不断探索和加强。

除此之外，我们需要做的其他工作还有很多，如改进外汇管理手段，加强银行结售汇和跨境收付汇监管；加强对携带现钞出入境的管理；完善对利用外资和境外投资的监管，健全外商出资撤资审核、评估制度，规范企业境外投资行为等。总之，无论是对贪官外逃的预防，还是对贪污贿赂犯罪本身的遏制，都需要各部门在工作上的配合与协助，更需要尝试新的预防机制来形成一种合力，从而实现有效的预防作用。

二、加强国际合作，有效追缉外逃贪官

通过刑事领域的国际合作，成功地追查和引渡外逃贪官，对于遏制贪官外逃具有巨大的震慑效果，也是反腐败斗争中的重要一环。

近年来，我国在外逃贪官的追查和引渡方面也取得了丰硕的成果和经验。如云南省人民检察院已与老挝、越南、缅甸等国家签署了涉及刑事、民事司法协助合作的会议纪要和双边检察合作文件，建立起与公安、司法、外交等部门以及国际间的密切合作机制。同时，为适应开展追诉腐败犯罪国际合作的实际需要，弥补双边引渡条约不足的现状，我国早在2000年12月就已颁布了引渡法，以国内法的形式确立了中国对外开展引渡的原则和具体程序。同时，为及时调整我国对外司法协助关系，我国正在就制定司法协助法进行研究和起草论证工作。这表明我国在继续开展与外国进行引渡合作、深入打击外逃贪官方面的决心。

但是目前在追查和引渡外逃贪官方面也还存在很多问题，需要我们采取有效措施予以改进，以利于外逃贪官的及时引渡。

（一）争取与更多的发达国家签署引渡协议

引渡是指"一个国家把在该国境内被他国追捕、通缉或判刑的人。根据有关国家的请求移交给请求国审判或处罚"。[1]实际上，引渡就是一国主管机关应有管辖权的他国主管机关的请求，根据国际刑法与国内法的有关规定，将本国境内的犯有可引渡之罪的人送交请求国追诉和惩处的一种法律制度。

《联合国反腐败公约》为引渡外逃贪官提供了国际刑法上的根据。但是该公约也规定："以订有条约为引渡条件的缔约国如果接到未与之订有引渡条约的另一缔约国的引渡请求，可以将本公约视为对本条所适用的任何犯罪予以引渡的法律依据。""以订有条约为引渡条件的缔约国应当：（一）在交存本公约批准书、接受书、核准书或者加入书时通知联合国秘书长，说明其是否将把本公约作为与本公约其他缔约国进行引渡合作的法律依据；（二）如果其不以本公约作为引渡合作的法

---

[1] 王铁崖：《国际法》，法律出版社1995年版，第185页。

律依据，则在适当情况下寻求与本公约其他缔约国缔结引渡条约，以执行本条规定。"这些规定本身意味着承认有些根据没有引渡条约就不予引渡逃犯的传统。在以订有条约为引渡条件的国家不把《联合国反腐败公约》作为与其他国家进行引渡合作的法律依据的情况下，要从这些国家引渡外逃的贪官，就必须首先与其签署引渡条约或者在具体案件中达成遣返协议，否则将无法把外逃的贪官押解回国。

贪官外逃的规律是：涉案金额相对小、身份级别相对低的，大多就近逃到我国周边国家，如泰国、缅甸、马来西亚、蒙古、俄罗斯等，如王德宝案；案值大、身份高的贪官大多逃往西方发达国家，如美国、加拿大、澳大利亚、荷兰等，如余振东案；一些弄不到直接前往西方国家证件的，先龟缩在非洲、拉美、东欧不起眼的、法制不健全的小国暂作跳板，伺机过渡；另有相当多的外逃者通过香港中转，利用香港世界航空中心的地位以及港民前往原英联邦所属国家可以实行"落地签"的便利，再逃到其他国家，如卢万里案。而很多被罪犯视为最佳避难所的国家，大都与中国没有引渡条约。

在没有引渡条约的情况下，对于外逃贪官，我国只能通过"友好合作"的谈判方式请求有关国家就外逃的贪官遣返。而能否遣返，则要看对方国家的态度是否积极。而目前与我国签订双边引渡条约的国家较少且其中多数为发展中国家，没有与我国签订引渡条约的国家多数为发达国家。在发达国家中，只有西班牙是有条约基础的。继与西班牙签订引渡条约之后，2007年3月20日，中国与法国正式签署了《中华人民共和国和法兰西共和国引渡条约》。这是我们在引渡条约工作方面所取得的又一可喜成绩。但是像美国、加拿大等发达国家尚未达成相应的引渡条约。[1] 而像美、加等移民国家又是外逃贪官们的首选，因为贪官在到达移民国家后，可以通过金钱和一些政治上的避难要求等手段，获得合法身份。[2] 因此，我们应当将工作重点放在与更多发达国家签署引渡条约上，同时要积极利用《联合国反腐败公约》提供的有利的国际舆论环境，探索与有关国家达成遣返外逃贪官的协议，为引渡和遣返外逃贪官奠定法律基础。

(二) 死刑不引渡原则与量刑承诺

根据我国刑法的规定，无论对于贪污还是受贿的行为，"情节特别严重的"，最高刑罚都可以达到死刑。而几乎所有外逃贪官的涉案金额都属巨大，而且基本上外逃行为本身就可以达到"情节特别严重"的要求，所以对于已外逃的贪官们，若按照我国刑法规定的量刑标准，在要将其引渡回来的时候，几乎都面临着适用死刑的可能。

但是，由于世界上许多国家已经废除了死刑或者不适用死刑，"死刑犯不引渡"成为国际社会在国际间引渡罪犯问题上坚持的一个基本原则。"死刑不引渡原则"对于我国来说，往往是我国在向有关国家请求引渡罪犯时的一道障碍。[3] 如果坚持对外逃的贪官严格按照我国刑法的规定判处刑罚，就可能会给引渡罪犯的工作带来很大的屏障和难度。因此，如若要避开

---

[1] 贪官们选择逃往目的地的另外一个标准是，必须是没有和中国签订引渡条例的国家。中国社会科学院国际法研究中心研究员林欣介绍说：目前，与我国签订双边引渡条约的只有十来个国家，其中多数是发展中国家，没有一个西方国家。一些被外逃贪官视为避难"天堂"的国家，大都与中国没有引渡协议。

[2] 而像许多欧洲国家不是移民国家，相比之下，中国的贪官就较少选择这些地方为落脚点。

[3] 赵秉志：《死刑不引渡原则探讨——以中国的有关立法与实务为主要视角》，载《政治与法律》2005年第1期。

这一不予引渡的通行原则，则必须予以灵活的应变处理。目前，解决这一问题的主要途径是运用引渡制度中的量刑承诺。

所谓量刑承诺，是指由请求引渡或遣返犯罪嫌疑人的国家司法机关向被请求引渡或遣返的国家作出引渡或遣返该犯罪嫌疑人回国受审后减轻刑罚处罚，包括本应罪该判处死刑而不被判处死刑或判处死刑不予执行的许诺或保证。这其实是为了避免因适用"死刑犯不引渡原则"而最终导致引渡和遣返不能实现的一项国际法律变通制度，是国际上的一种通行做法。

量刑承诺的国际法依据是《联合国引渡示范条例》第4条第4项的规定，即："按请求国的法律作为请求引渡原因的罪行应判处死刑，除非该国作出被请求国认为是充分的保证，表示不会判处死刑，或即使判处死刑，也不会予以执行。"我国虽然没有明确地作出死刑犯不引渡变通做法的规定，但是在实践中已经默认这一规则。如在余振东案中，其成功移交的前提就是我国向美国进行了官方承诺，不对余振东执行死刑。[1] 我国在跟西班牙签订的《中华人民共和国和西班牙王国引渡条约》中，也首次明确规定对被引渡人可以作出不判处或不执行死刑的承诺的引渡条约。[2] 同样因灵活运用"死刑不引渡原则"而对我国产生有利结果的还有赖昌星案。我国曾发出外交照会，承诺"对他在遣返前所犯的所有罪行，中国有关适当的刑事法庭不会判处死刑"。

当然，这也形成了一个不平等，即没有外逃的人留在国内

---

[1] 承诺不判处余振东死刑，并非完全出自我们的本意。但是如不同意不判死刑，对方国家就不同意引渡，这就是现实。在这种情况下，作出尊重并适用公认的"死刑犯不引渡"原则的选择，是我们应当付出的司法代价。

[2] 量刑承诺的国内法依据是《引渡法》第50条规定，"对于量刑的承诺，由最高人民法院决定"；"在对被引渡人追究刑事责任时，司法机关应当受所作出的承诺的约束"。

将可能判处死刑,而外逃的人根据国际惯例反而不会被判死刑。但这一不平等是在目前国际情势之下不可避免的结果,只能通过遏制贪官外逃的方法才能在量刑上减少这种不平等发生的概率。另外,随着我国在严格控制死刑的适用方面所采取的一系列措施,对贪污贿赂犯罪适用死刑的情况会大大减少。这种量刑上的不平等也将逐渐消除。

三、预防重于引渡

对于贪官们的成功追缉和引渡,的确是挽回腐败造成的政治影响和经济损失的一条重要途径。但是实际上,将贪官堵截在国内,监控他们的行动链和资金动向,从源头上防止腐败的滋生和蔓延,让其没有机会外逃,比起贪官外逃后千辛万苦地去追逃,更经济、更有效。在任何时候,预防贪官外逃的工作都要重于引渡和追讨的工作。其主要理由如下:

首先,严密有效的防范措施可从源头上减少贪官外逃的机会,并可起到威慑腐败分子的政治作用。对于多数腐败官员来说,他们深知自己所处的政治生态存在极高的风险,一旦腐败环节暴露,整个过程便告终结和崩溃,其政治生命也将随之结束。如果我们将预防点提前到贪污腐败行为本身的预防,实施透明账户制度,那么便可以从制度上起到防微杜渐、止之于源头的作用。同时,防范措施和力度的加大,资金外流的全方面监控,又可以反映我国反腐败的坚强决心,严密反腐败法网,使那些有可能走上贪污贿赂犯罪道路的官员望而生畏、放弃恶念,使那些企图外逃的贪污贿赂罪犯尽早被发现和阻止。

其次,对于贪官外逃的防范在实际上能够对目前社会中存在的部分地下非法资金交易组织给予重大打击。由于通过合法途径转移资金和寻找外逃之路有相当的困难,许多贪官在资金转移和人员外逃过程中,往往求助于地下钱庄等途径。这些途径给他们提供了许多便利,他们也养活了这些途径上的犯罪分子。这些非法资金交易组织不但与贪官合作,而且主要经营偷渡、高利贷等活动,给整个社会稳定造成巨大冲击。因此,阻断其主要的资金来源,实际上可以压缩这些非法组织的生存空间。

最后,加强对贪官外逃的防范,能够降低反腐败的成本。由于目前我国与世界上大部分国家在引渡条款上仍然存在一定的空白,贪官外逃者,正在基于这些空白而获取自己的安全。国际合作制度上的缺位和艰难,实际上导致了贪官外逃通路的顺畅。因此,大量的反腐败成本,其实用在了跨国追缉外逃贪官的花费上。贪官外逃导致反腐败成本上升,是有许多案例佐证的。因而只有极力加强反腐败的预防工作,方可节省用于国际合作和对外追缉的成本,减少国民经济的开支,从而增强相关部门打击腐败的决心和意志。

据悉,我国将组建国家预防腐败局,这既是认真履行《联合国反腐败公约》所规定的义务,也是借鉴国际上预防腐败的有效做法。[1] 反腐败的工作已经进入了一个全新的阶段。在全新的阶段里面,我们必须用全新的思维去思考预防和引渡外逃贪官这样一个大课题。唯有如此,方有可能加大反腐败的力度,卓有成效地治理贪官外逃的问题。

(本文系与蔡新苗合作,
原载《中州学刊》2007 年第 4 期)

---

[1] 引自《监察部副部长透露:国家预防腐败局今年成立》,载新华网,http://news.xinhuanet.com/legal/2007-03/09/content_5821254.htm,2007 年 4 月 6 日访问。

战犯审判的理念与启示

一、审判战犯的国际实践

对战犯的制裁,可以追溯的历史十分久远。但是,古代对战犯的制裁实际上是"胜者为王、败者为寇"的复仇。真正具有"审判"意义的制裁,则是第一次世界大战以后的事情。审判战犯的历史,可以分为四个阶段:

(一)第一阶段:宣言式审判

第一次世界大战以后,国际社会就试图建立一个国际性的特别刑事法庭来审判违反战争法规和习惯的战争罪犯。1919年6月28日签订的《协约及参战各国对德和约》即《凡尔赛和约》,决定把德国皇帝威廉二世作为主要战犯交付国际法庭审判;德国及其同盟国的军队人员中严重破坏战争法规和惯例者交由各国单独或数国联合组成的军事法庭进行刑事制裁。为了该项决定的执行,协约国专门设立了调查破坏战争规则罪行的特别委员会即关于战争发动者刑事责任和刑罚执行委员会。但是由于威廉二世逃到荷兰,而荷兰政府拒绝引渡,以致对威廉二世的国际审判成为泡影。同时由于德国拒不接受《凡尔赛和约》中关于由协约国单独或联合审判犯有战争罪行的德国军人的规定，协约国不得不与德国达成妥协，同意由德国法院来审判德国有关人员。其结果，协约国提交审判的900名战争罪行的犯罪嫌疑人，只有12人最终受到了审判，其中一些还被宣告无罪。

（二）第二阶段：实质性审判

第二次世界大战结束时，为了审判欧洲轴心国的主要战犯，苏联、美国、英国和法国在伦敦签署了《关于控诉和惩处欧洲轴心国主要战犯的协定》（其附件即《欧洲国际军事法庭宪章》）。此后，澳大利亚、比利时等19个国家于同年先后交存了加入书。按照该宪章的规定，1945年11月20日至1946年10月1日，苏、美、英、法四国，各派1名法官组成欧洲国际军事法庭，同时各派1名检察官组成检察起诉委员会，在纽伦堡审判了德国主要战犯，被告人24人，除1人自杀、1人丧失行为能力外，其余22人受到了审判。其中H. 戈林等12人被判处绞刑，R. 赫斯等3人被判处无期徒刑，K. 德尼茨等4人分别被判处10—20年徒刑，H. 沙赫特等3人被宣告无罪；纳粹党领导机构、秘密警察和党卫军被宣告为犯罪组织。

与此同时，盟军最高统帅总部于1946年1月19日发布了《盟军最高统帅总部特别通告》（其附件即《远东国际军事法庭宪章》）。根据该宪章的规定，盟军最高统帅从签订日本投降书签字国所提名的人选和印度、菲律宾的代表中任命了澳大利亚、美国、中国、英国、苏联、加拿大、法国、荷兰、新西兰、印度、菲律宾等11个国家的法官、检察官，组成远东国际军事法庭。该法庭于1946年5月3日至1948年11月12日对28名日本战犯进行了审判，1948年11月12日对其中25名被告人宣告判处甲级战犯东条英机等7人绞刑、甲级战犯荒木真夫等16人无期徒刑、甲级战犯东乡茂德等2人7—20年有期徒刑[1]（另有3人因在关押期间病死或患有精神病而被法庭撤销或中止了审判）。除东京审判外，盟国还在马尼拉、新加坡、仰光、西贡、伯力等地，对乙、丙级战犯进行了审判。据统计，被盟国起诉的日本各类战犯总数为5423人，被判刑者4226人，其中被判处死刑者941人。从1945年12月中旬起，中国也在一些地方设立了审判战犯军事法庭。从1945年底至1947年底，各军事法庭共受理战犯案件2435件，判决的有318件，经国民政府国防部核定判处死刑的110件（其中包括对南京大屠杀的主犯之一日军第6师团师团长谷寿夫判处死刑），判处徒刑的208件，不起诉的有661件，宣告无罪的283件。中华人民共和国成立后，根据全国人大常委会1956年4月25日通过的《关于处理在押日本侵略中国战争中犯罪分子的决定》，最高人民法院特别军事法庭分别在沈阳、太原开庭，对在押日本战犯进行了公开审判。

1946年12月11日联合国大会通过的第95（1）号决议肯定了由纽伦堡国际军事法庭宪章和判决所确定的国际刑法原则。1947年联合国建立了国际法委员会，界定纽伦堡宪章和判决所确定的法律原则并起草侵犯人类和平与安全犯罪的草案以确认该原则。

（三）第三阶段：过渡性审判

1993年5月25日联合国安理会通过了《前南斯拉夫国际

---

[1] 被判处绞刑的7人是东条英机、广田弘毅、土肥原贤二、板垣征四郎、木村兵太郎、松井石根、武藤章；被判处无期徒刑的16人是荒木贞夫、桥本欣五郎、畑俊六、平沼骐一郎、星野直树、贺屋兴宣、木户幸一、小矶国昭、南次郎、冈敬纯、大岛浩、佐藤贤了、岛田繁太郎、白鸟敏夫、梅津美治郎、铃木贞一；被判处有期徒刑的2人是东乡茂德（20年）、重光葵（7年）。

刑事法庭规约》(全称为《起诉应对 1991 年以来在前南斯拉夫境内所犯的严重违反国际人道法行为负责的人的国际法庭规约》),决定在海牙设立前南斯拉夫国际刑事法庭,审判"应对 1991 年以来前南斯拉夫境内所犯的严重违反国际人道主义法行为负责的人",审判管辖的罪行包含严重违反 1949 年各项《日内瓦公约》的情事、违反战争法和惯例的行为、灭绝种族和危害人类罪。截至 2007 年 11 月,法庭起诉的有 161 个被告人,11 个被告人处于预审阶段,4 人在逃,27 个被告人正在受审,8 个被告人提出了上诉,其他案件均已完成。

1999 年 5 月 24 日,米洛舍维奇以反人道罪和违反战争法规及惯例罪被起诉到前南刑事法庭,是世界上第一个被起诉的在位总统。2001 年 6 月 28 日,米洛舍维奇被送到前南法庭;7 月 3 日,米洛舍维奇首次出庭;10 月 29 日法庭再次传其出庭。这些开庭实际上均为审前程序。2002 年 2 月 18 日法庭正式开庭询问该案的第一个控方证人。

1994 年 11 月 8 日联合国安理会通过了《卢旺达国际刑事法庭规约》(全称为《起诉 1994 年 1 月 1 日至 12 月 31 日期间发生在卢旺达境内或卢旺达国民在邻国所犯灭绝种族和其他严重违反国际人道法行为的人的国际刑事法庭规约》),决定设立卢旺达国际刑事法庭,审判"应对 1994 年 1 月 1 日至 1994 年 12 月 31 日期间在卢旺达境内的种族灭绝和其他严重违反国际人道主义法行为负责者和应对这一期间邻国境内种族灭绝和其他这类违法行为负责的卢旺达公民",审判管辖的罪行包括灭绝种族和危害人类罪,以及严重违反 1949 年《日内瓦公约》的共同第 3 条和《第二附加议定书》的行为。

这两个特设的国际刑事法庭,与"二战"后设立的两个国际军事法庭相比,具有一定的优越性。它是国际社会依据已有的国际公约进行的审判,而不是由战胜国单方面对战败国所进行的审判。一方面,其管辖权受到严格的限制,只管辖特定期间和特定国家内发生的罪行,不溯既往,亦不涉及其他国家;另一方面,注重对受害人和被告人权利的保护,强调无罪推定原则,不适用死刑。但是这两个法庭对联合国的依赖过多,以致其独立性受到质疑,并且,这两个法庭都是针对特定对象而组织的临时法庭。当然,它们作为一种过渡,为后来的常设国际刑事法院提供了经验和基础。

(四)第四阶段:定型化审判

联合国1998年7月17日外交全权代表会议通过《国际刑事法院规约》(又称《罗马规约》),2002年7月1日起正式生效,国际刑事法院也于当天正式成立。

国际刑事法院成立后,受理了缔约国刚果民主共和国、乌干达和中非共和国主动提交的案件和非缔约国科特迪瓦自愿就其境内有关情势接受管辖的案件,以及联合国安理会就苏丹达尔富尔情势提交的案件。其中,刚果(金)前武装组织领导人托马斯·卢班加·迪伊洛的案件,国际刑事法院于2012年3月14日宣判。据国际刑事法院发布的新闻公报,审判团的法官一致认定,卢班加因在2002年9月1日至2003年8月13日期间的地区武装冲突中招募并使用15岁以下童军等罪行,而被判处战争罪。

2004年4月19日,国际刑事法院检察官办公室收到刚果民主共和国政府提交的犯罪情势,两个月后他们决定展开调查。2006年2月10日,国际刑事法院预审一庭签发逮捕令,卢班加于3月17日被捕,并由国内羁押转为国际羁押。2006年3月20日,卢班加参加"首次出庭聆讯",这是国际刑事法院首次"有被告人"参加的开庭,也是国际刑事法院首次正式开庭审判案件。2009年1月26日，国际刑事法院对卢班加案进行正式开庭审理（这是国际刑事法院成立后首次开庭审理的案件）。刚果（金）武装首领卢班加被控在民主刚果伊图里地区发生的武装冲突期间（2002年9月至2003年8月）犯有11项战争罪，包括招募并使用15岁以下的儿童兵。在卢班加案件的审理期间，由3位法官组成的预审分庭进行了两百多天的听证，听取了包括3名专家在内的36名证人的证词。此外，另有4名专家应邀出庭作证。2009年7月8日，国际刑事法院第一审判分庭宣布，暂停审理卢班加被控招募和使用儿童兵的案件，并且要求释放卢班加；检察官随后提出上诉。10月8日，上诉分庭作出了推翻原判的决定，继续审理该案。2011年8月，卢班加提交了最后陈述。

虽然国际刑事法院受理刚果民主共和国提交的情势并不是国际刑事法院开始审理的第一案，但由于卢班加是第一个被移交国际刑事法院的犯罪嫌疑人，因而刚果民主共和国提交的情势成为国际刑事法院真正意义上的诉讼第一案，卢班加也因此成为国际刑事法院审判中的第一个被告人。此外，国际刑事法院还于2008年5月签发了对刚果（金）前副总统本巴的逮捕令，本巴在比利时被捕，随后被送往海牙羁押。本巴是国际刑事法院逮捕的首名被告人。2009年3月4日，国际刑事法院以苏丹总统巴希尔涉嫌在苏丹达尔富尔地区犯有10项罪名为由向其发出逮捕令。这是自国际刑事法院成立以来首次对一个在位的主权国家领导人发布逮捕令。2011年11月30日，科特迪瓦前总统洛朗·巴博于乘包机被押送至荷兰海牙国际刑事法院。

二、审判战犯的理论根据

战争犯罪，是指推行侵略政策、违反战争法规和惯例，严重危害人类和平与安宁而为国际社会严厉禁止的行为。

战争犯罪不是一个具体的罪名,而是一类犯罪的总称。它包括侵略罪[1]、战争罪[2]、危害人类罪[3]、灭绝种族罪[4]和非法使用武器罪[5]。这些犯罪通常都是为了推行侵略政策、发动侵略战争而实施的,或者是发生在战争或武装冲突状况下的,都与即将发生或已经发生的战争有关,都严重地违反了有关调整交战双方、交战国与中立国或非交战国之间的关系以及作战方法和手段的战争法规和惯例,因而统称为战争犯罪。

审判战犯,具有充分的理由。首先,这是世界各国人民的共同呼声。战争犯罪不论何时发生,都严重地危害到整个或某一部分人类社会的和平与安宁,而不仅仅是危害某个或某些特定的人和财产的安全,所以战争犯罪历来受到全世界人民的一致谴责。第一次世界大战期间,德国军国主义者的野蛮罪行,

---

[1] 侵略罪,亦称反和平罪、危害和平罪,是战争犯罪的一种。1928年巴黎《非战公约》废弃了以战争作为推行国家政策的手段,即意味着任何国家使用武力侵犯他国的主权、领土完整的行为构成国际犯罪。第二次世界大战后,据以审判欧洲轴心国和远东主要战犯的《欧洲国际军事法庭宪章》(第六条)、《远东国际军事法庭宪章》(第五条)都把反和平罪列为甲级战争犯罪。按照上述条款的规定,反和平罪就是计划、准备、发动或实施侵略战争或违反国际条约、协定或保护之战争,或者参与为实现任何上述行为的共同计划或同谋的行为。

[2] 战争罪,亦称违反战争法规罪,是指在战争和武装冲突中违反国际社会公认的战争法规则,严重危害人类安全的行为。

[3] 危害人类罪是指在广泛或有系统地针对任何平民人口进行的攻击中,在明知这一攻击的情况下,作为攻击的一部分而实施的下列任何一种行为:谋杀;灭绝;奴役;驱逐出境或强行迁移人口;违反国际法基本规则,监禁或以其他方式严重剥夺人身自由;酷刑;强奸、性奴役、强迫卖淫、强迫怀孕、强迫绝育或严重程度相当的任何其他形式的性暴力;基于政治、种族、民族、族裔、文化、宗教、性别,或根据公认为国际法不容的其他理由,对任何可以识别的团体或集体进行迫害,而且与任何一种其他危害人类罪的行为或任何一种国际刑事法院管辖权内的犯罪结合发生;强迫人员失踪;种族隔离罪;故意造成重大痛苦,或对人体或身心健康造成严重伤害的其他性质相同的不人道行为。

[4] 灭绝种族罪,亦称灭种罪、灭绝人群罪。它是指蓄意全部或局部消灭某一民族、族裔、种族或宗教群体而实施的迫害行为。

[5] 非法使用武器罪,或称非法使用、生产和储存禁用武器罪,是指在和平时期或者在战争和武装冲突中首先使用禁用武器,或者在禁止放置的地区放置禁放武器,严重危害和威胁人类和平与安全的行为。

造成了极为惨重的人身伤亡和财产损失。受害国人民强烈要求审判和惩处德皇威廉及其他罪魁祸首，并设立了调查破坏战争规则罪行的特别委员会。第二次世界大战期间，纳粹德国的法西斯分子和日本的军国主义者严重违反战争法规和惯例的空前暴行，激起了全世界人民的义愤，从而促进了在国际社会中正式确立制裁战争犯罪的制度。其次，审判战犯具有国际法上的依据。19世纪中叶以来，国际社会就陆续出现了一系列旨在调整战争和武装冲突规则的国际性文件，如1856年4月16日《关于海战的巴黎宣言》、1864年8月22日《改善伤病员待遇的日内瓦公约》、1868年12月11日《禁止在战争中使用某些燃烧性和爆炸性子弹的圣彼得堡宣言》、1899年7月29日《海牙公约和宣言》、1907年10月18日《第二次海牙和平会议公约与宣言》、1925年6月17日《关于禁用毒气或类似毒品及细菌方法作战的日内瓦议定书》、1961年11月24日《禁止使用核及热核武器宣言》、1972年4月10日《禁止细菌（生物）及毒素武器的发展、生产及储存以及销毁这类武器的公约》、1980年10月10日《禁止或限制使用某些可被认为具有过分伤害力或滥杀滥伤作用的常规武器公约》、1993年1月13日《关于禁止发展、生产、储存和使用化学武器及销毁此种武器的公约》等。这些国际文件作为战争法规，反映了国际社会对交战双方的基本要求，也明确规定了对侵略战争和战争中的非人道行为的谴责和禁止。第二次世界大战以后，国际社会出现了一系列旨在制裁战争犯罪的国际公约和国际性文件。如1945年8月8日《关于控诉和惩处欧洲轴心国主要战犯的协定》及其附件《欧洲国际军事法庭宪章》；1946年1月19日《远东盟军最高统帅总部宣布成立远东国际军事法庭的特别通告》及其附件《远东军事法庭宪章》；1946年12月11日《联合国大会确认纽伦堡宪章承认的国际法原则的决议》；1949年8月12日日内瓦四公约，即《改善战地武装部队伤病员待遇的日内瓦公约》《改善海上武装部队伤病员及遇船难者待遇的日内瓦公约》《关于战俘待遇的日内瓦公约》《关于战时保护平民的日内瓦公约》；1968年11月26日由联合国大会通过的《战争罪及反人道罪不适用法定时效公约》、1973年12月3日联合国大会通过的《关于侦察、逮捕、引渡和惩治战争罪犯和危害人类罪犯的国际合作原则》；1968年11月26日《战争罪及反人道罪不适用法定时效公约》；1977年6月8日《关于重申和发展适用于武装冲突的国际人道主义法律的日内瓦协定书》，包括《1949年8月12日日内瓦四公约关于保护国际性武装冲突受难者的附加议定书》和《1949年8月12日日内瓦四公约关于保护非国际性武装冲突受难者的附加议定书》等。特别是20世纪末叶以来，国际社会为禁止国际性和非国际性武装冲突中严重危害人类的罪行，作出了不懈的努力，制定了一系列国际公约，如1993年5月25日联合国安理会通过的《前南斯拉夫国际刑事法庭规约》、1994年11月8日联合国安理会通过的《卢旺达国际刑事法庭规约》、1998年7月17日国际刑事法院规约缔约国全权代表大会签订的《国际刑事法院规约》等。这些国际公约和国际性文件，都为审判战犯提供了国际法上的依据。最后，审判战犯也具有国内法上的依据。目前，世界上许多国家的刑法中都有关于战争罪、侵略者、危害人类罪的规定，特别是缔结和加入有关国际公约的国家都承诺承担国际公约中规定的惩罚战争犯罪的国际义务。根据这种国际法上的义务，有关国家可以按照国内刑法中的相关规定，对战争犯罪中的大多数罪行进行审判。

战争犯罪是一种特殊的犯罪形态。它通常都不是由单个个人孤立地实施的,而是在准备发动战争的过程中或者在战争状态下以集体决议、发布或执行命令、群体活动等形式出现的。但是个人的故意行为始终是这类犯罪得以发生的必要前提。因此纽伦堡审判中明确提出了个人责任原则,任何从事构成危害和平罪、战争罪和反人道罪的犯罪行为的人都应当承担个人责任并受刑罚惩罚。按照1945年《欧洲国际军事法庭宪章》的规定以及联合国大会决议所确认的纽伦堡审判原则,这种"个人责任"意味着:第一,凡参与战争犯罪之共同计划或阴谋之决定或执行的领导者、组织者、教唆者与共犯者,对于执行此种计划之任何人所实施的一切行为,均应负责。第二,犯罪人的官职不能成为免除其刑事责任的理由,即任何人包括国家元首和政府各部门之负责官吏,不得以自己在犯罪时系代表国家或政府为借口,强调自己的行为是国家行为而不是个人行为,从而推卸其应当承担的个人责任。第三,具体实施战争犯罪行为的人不能因"遵令行事"而免除其实施者个人的刑事责任,即实际实施战争犯罪的人,即使是遵照其所属政府或某一上级或长官的命令而行动,也不能因为其行为是执行命令而免除其作为个人犯罪的刑事责任。第四,被告人的行为并没有违反其所在国的国内法亦不能作为免除个人刑事责任的理由。当然,在这种情况下,可以考虑到犯罪时的实际情况而减轻其刑罚。这些原则,在罗马规约中得到了进一步的体现。

此外,战争犯罪通常是为了推行特定国家的国家政策或者是在推行国家政策的过程中发生,因此它不仅涉及有关个人的刑事责任,而且可能涉及有关国家的责任问题。但是,如何确定和追究有关国家的责任,国际社会至今尚无明确的规则和成功的实践。

战争犯罪的严重危害性,使国际社会一致认识到对这类犯罪实行普遍管辖的必要性。为了确保对犯有这类罪行的人追究刑事责任,1967年12月14日联合国大会通过的《领域庇护宣言》明确规定,犯有战争罪行的罪犯无权要求庇护。1968年11月26日联合国大会通过的《战争罪及反人道罪不适用法定时效公约》也规定,对这类犯罪的追诉不受法定时效或其他时效的限制。1973年12月3日联合国大会再次通过《关于侦察、逮捕、引渡和惩治战争罪犯和危害人类罪犯的国际合作原则》,强调在惩治战争犯罪方面的国际合作,以确保对犯有这类罪行的人的制裁。

三、审判战犯面临的问题与启示

目前国际社会流行的由一个临时或者常设的刑事法院(法庭)来审判战争犯罪的实践,在一定程度上彰显了世界各国人民为维护世界和平和安宁所作出的努力,促进了世界各国在打击和惩罚战争犯罪方面的国际刑事合作。但是也要看到,这种审判还存在许多问题,值得进一步研究。

首先,国际刑事法院虽然已经运作,但是在国际社会具有重要影响的美国、中国、俄罗斯都没有加入罗马公约,因而也就不参加国际刑事法院的审判活动,亦不受该法院的管辖。这就使国际刑事法院的作用受到极大的限制。

其次,国际审判耗力耗时,效率极为低下。前南国际刑事法庭在联合国安理会的强力推进下,审判的战犯寥寥无几,结果也令人大失所望。[1] 国际刑事法院成立后宣判的第一个案

---

[1] 米洛舍维奇案,从2001年7月3日米洛舍维奇首次出庭至2005年,仅是法庭陈述记录就已接近4.5万页;自从2002年2月12日该案正式开审以来,在两年多的起诉阶段已经传唤了298名证人;在2004年8月31日开始的辩护阶段,按照米洛舍维奇的计划,将有1600名证人出庭作证,其中包括美国前总统克林顿、英国首相布莱尔和俄罗斯前总理普里马科夫。2006年3月14日,联合国前南国际刑事法庭正式宣布结束对前南斯拉夫总统米洛舍维奇的审判,并对这起审判无疾而终表示遗憾。

件，即托马斯·卢班加·迪伊洛案件，花了整整 8 年的时间，才刚刚完成一审，并且还是在所在国主动提请国际刑事法院管辖并积极配合的情况下进行审判的。其他案件的审判更是有始无终。

最后，国际刑事法院的审判离不开有关国家的配合。如果有关国家不愿意把战犯提交国际刑事法院，或者不愿意为国际刑事法院的审判提供帮助，国际刑事法院检察官的调查就将难以有效进行。即使提交法庭审理，也很难保证证人出庭，很难获得充分的证据支持审判。因为战争犯罪往往是在大规模的武装冲突中实施的，被告人个人在其中究竟实施了什么样的行为、发挥了什么样的作用，必须有其他人的证言和大量的证据材料来证明。如果没有被告人所在国的帮助，要想获取这些证言和材料，是十分困难的。

因此，由一个常设的国际法院来审判战争犯罪，并不是唯一有效的方式。审判战犯，一方面离不开世界各国在惩罚战争犯罪方面的高度共识和密切配合；另一方面，也可以在发挥常设的国际法院作用的同时，考虑就已经发生的战争罪行通过联合国大会责成有关国家按照国际法的原则，在本国法律框架内进行审判。这种审判，可以是就本国公民所犯的战争罪行进行审判，也可以是根据联合国大会的授权或按照普遍管辖原则对他国公民所犯的战争罪行进行审判。当然，这种审判，需要在国际社会的监督下进行，以便确保被告人受到公正的审判。

（原载韩国《比较刑事法研究》2014 年第 2 期）

附录：
有关国际刑法学的成果索引

一、著作类

（一）独著

1. 《国际刑法通论》，中国政法大学出版社1993年版（1994年获北京市高等学校第三届哲学社会科学中青年优秀成果奖；1994年获中国人民公安大学优秀学术著作一等奖；作为中青年法学文库丛书之一，该文库1993年获中国图书奖二等奖）
2. 《国际刑法通论》（增补版），中国政法大学出版社1999年版
3. 《国际刑法通论》（第三版），中国政法大学出版社2009年版

（二）主编

1. 《国际刑法问题研究》，中国方正出版社2002年版
2. 《国际反贪污贿赂犯罪的理论与实践》（副主编之一），人民法院出版社1999年出版（本书为国家哲学社会科学基金资助项目）

（三）合译

《国际刑法典草案》，载西南政法学院《国外法学参考》1984年增刊（其中部分内容收入群众出版社1985年出版的《国际刑法与国际犯

罪》、四川人民出版社 1993 年出版的《国际刑法概论》）

二、文章类

1. 《论国际刑法中的几个问题》，载《法律科学》1991 年第 3 期
2. 《论国际刑法中的普遍管辖原则》，载《法学研究》1992 年第 5 期
3. 《试论国际刑法规范在国内刑法中的确认和体现》，载《法律科学》1993 年第 1 期
4. 《国际刑法与中国刑法的完善》，载《刑法完善专题研究》，中央广播电视大学出版社 1996 年版
5. 《涉外犯罪的管辖与公约义务》，载《检察日报》1996 年 12 月 23 日
6. 《引渡问题研究》，载《刑法论丛》（第 2 卷），法律出版社 1999 年版
7. 《论国际刑事法院的管辖权》，载《当代国际刑法的理论与实践》，吉林人民出版社 2001 年版
8. 《论贿赂外国公职人员罪》，载《新千年刑法热点问题研究与适用》，中国检察出版社 2001 年版 [2006 年 10 月被中国法学会评为中国法学会"西湖杯"优秀刑法论文（2000—2005）一等奖]
9. 《区际刑事司法协助的理性基础》，载《区际刑事司法协助研究》，澳门特别行政区检察院、澳门检察律政学会 2002 年出版
10. 《呼唤反腐败国际机制》，载《半月谈》（内部版）2002 年第 3 期
11. 《国际经济交往中的腐败及其相关犯罪》（合写），载《国际刑法问题研究》，中国方正出版社 2002 年版
12. 《国际刑法的基本问题》，载《国际区际刑法问题探讨》，法律出版社 2003 年版
13. 《论国际刑事法院的管辖权与国家刑事管辖权的关系》，载《国际刑事法院专论》，人民法院出版社 2003 年版
14. 《中国重刑刑事政策及其对反酷刑刑事立法、司法的影响》，载《酷刑遏制论》，中国人民公安大学出版社 2003 年版

15. 《重刑刑事政策对反酷刑立法的影响》，载《河南省政法管理干部学院学报》2004年第2期
16. 《恐怖主义与国际刑事合作》（合译），载《中国刑事法杂志》2003年第3期
17. 《国际刑法研究的主要问题》，载《中韩刑法基本问题探讨》，中国人民公安大学出版社2005年版
18. 《反腐败的国际合作》，2005年在第17届世界刑法大会上的发言
19. 《国际刑法研究的主要问题》，载《中韩刑法基本问题研讨——首届中韩刑法学术研讨会学术文集》，中国人民公安大学出版社2005年版
20. 《〈联合国反腐败公约〉与中国贿赂犯罪的立法完善》，2006年6月25日在"《联合国反腐败公约》与中国刑事法治的协调完善学术研讨会"上的发言
21. 《惩治腐败犯罪应加强国际刑事司法合作》，2005年9月6日在第二十二届世界法律大会上的发言，载中国人大网2005年10月26日
22. 《国际刑事司法协助的新发展》，载《中韩国际刑事司法协助及相关犯罪研究》，中国人民公安大学出版社2006年版
23. 《酷刑刑事法网的现状与缺陷》，2006年8月13日在中欧"反酷刑公约以及附加议定书"国际研讨会上的发言
24. 《国际刑事法院的检察官》，2007年2月3日在"关注国际刑事法院的运作系列论坛"上的发言
25. 《论贿赂犯罪的立法完善——〈联合国反腐败公约〉与我国刑法的衔接问题》，载《和谐社会与中国现代刑法建设》，北京大学出版社2007年版
26. 《反腐败公约在中国的实施》，2007年10月10日在第二届"当代刑法国际论坛"上的发言
27. 《如何预防贪官外逃与引渡外逃贪官》（合写），载《中州学刊》

2007年第4期
28. 《技术援助提高国际反腐能力》,载《方圆法治》2008年2月20日总217期
29. 《〈联合国反腐败公约〉与中国贿赂犯罪的立法完善》,载《反腐败法治建设的国际视野》,法律出版社2008年版
30. 《国际犯罪国内立法问题研究》,载《现代法学》2009年第5期
31. 《战犯审判的理念与启示》,载韩国《比较刑事法研究》2014年第2期
32. 《防止公职人员利益冲突域外模式》,载《检察日报》2018年4月19日第3版

图书在版编目（CIP）数据

刑事法研究. 第二卷，国际刑法学 / 张智辉著. —北京：中国检察出版社，2019.10

ISBN 978 - 7 - 5102 - 2290 - 0

Ⅰ.①刑… Ⅱ.①张… Ⅲ.①刑法 – 中国 – 文集②国际刑法学 – 文集 Ⅳ.①D924.04 - 53②D997.9 - 53

中国版本图书馆 CIP 数据核字（2019）第 065059 号

刑事法研究（第二卷·国际刑法学）
张智辉　著

出版发行：	中国检察出版社
社　　址：	北京市石景山区香山南路 109 号（100144）
网　　址：	中国检察出版社（www.zgjccbs.com）
编辑电话：	（010）86423751
发行电话：	（010）86423726　86423727　86423728
	（010）86423730　68650016
经　　销：	新华书店
印　　刷：	鑫艺佳利（天津）印刷有限公司
开　　本：	710 mm×960 mm　16 开
印　　张：	29.75
字　　数：	341 千字
版　　次：	2019 年 10 月第一版　2019 年 10 月第一次印刷
书　　号：	ISBN 978 - 7 - 5102 - 2290 - 0
定　　价：	105.00 元

检察版图书，版权所有，侵权必究
如遇图书印装质量问题本社负责调换